곰쌤의 임용 심층면접

다진고기

다모았다 진짜배기 고득점 기술

고창훈 지음

발행일 2025년 11월 20일(5쇄)
발행처 인성재단(지식오름)
발행인 조순자
편저자 고창훈
디자인 백진주

※ 낙장이나 파본은 교환해 드립니다.
※ 이 책의 무단 전제 또는 복제행위는 저작권법 제136조에 의거하여 처벌을 받게 됩니다.

정 가 33,000원
ISBN 979-11-7491-027-1

| 들어가며 |

저는 1차 시험에서 '0.33'이라는 아주 근소한 차이로 겨우 합격했습니다. 그때는 '1차 시험만 어떻게든 합격해 보자. 그 이후는 알아서 되겠지.'라는 생각이었죠. 평소에도 워낙 공부의 효율성을 추구하는 성격이라 고득점은 애초에 목표하지도 않았습니다. 주어진 시간 동안 합격선만 넘을 정도로 공부하는 것이 저의 일관된 목표였죠.

그러나 2차 시험은 달랐습니다. 1배수에 들기는커녕 1차 합격자 중 꼴찌에 가까운 성적을 받았으니, 2차는 무조건 고득점을 받아야 하는 상황이었습니다. 이때부터 저는 두 달 남짓한 짧은 시간 동안 '어떻게 하면 최대한 높은 점수를 받을 수 있을까?'만 연구하였습니다.

하지만 머지않아 2차 시험이 1차 시험보다 더 준비하기 까다롭다는 것을 알게 되었죠. 시험 문제가 공개되는 1차 시험과는 달리, 2차 시험은 경험자들의 복기에만 의존해서 관련된 정보와 자료를 구하기 힘들었기 때문입니다. 게다가 주변에서는 벌써 매일 아침 일어나서 수업 실연과 심층 면접 연습을 하고 있었습니다. 뒤처지는 기분이 드는 와중에 설상가상으로 면접 문제는 너무 두루뭉술해서 어떻게 답변해야 할지 갈피도 잡지 못했습니다. 참 답답했습니다. 수업 실연이야 뭐, 지금까지 학교나 학원에 오가면서 여러 방식의 수업을 보아 왔으니 알 법도 한데, 면접이라니. 겪어보지 못한 방식의 시험에 참 낯설었습니다. 여러분들도 아마 저와 비슷한 감정이 드시지 않을까 생각합니다.

저는 1차 점수가 낮았기 때문에, 단순히 다른 사람들만큼 해서는 불합격이 확실한 상황이었습니다. 무조건 더 잘해야 했죠. '남들만큼, 그럭저럭해서는 불합격한다. 무조건 그들보다 잘해야 하고, 최대한 높은 점수를 받아야 한다.'라는 생각으로 학원도 다녀보고 합격자들의 자료도 쉬지 않고 검색하고 주변 친구들, 선배들에게 조언을 구했죠. 그 과정에서 나름의 아이디어를 얻어 저만의 방법을 만들고 하나씩 준비해 나갔습니다.

'잘해야 한다.'는 부담감이 '어떻게 하면 잘 할 수 있을까'라는 질문을 만들어 내었고, '이렇게 하면 되겠다.'라는 확신으로 간절함을 채워나갔습니다. 그 결과, 2차 시험에서 단 -3점대의 감점으로 여유롭게 최종합격하였고, 특히 심층 면접에서는 40점 만점에 39.7점을 받아냈습니다. 그동안의 방법이 옳았음을 스스로 증명했고 간절함은 안도의 기쁨으로 바뀌었습니다.

저만의 합격 노하우를 많은 예비 교사분들과 나누고 싶습니다. 그동안 노력의 과정이 얼마나 고통스러운지 알기에, 얼마나 간절한지 알기에 조금이나마 도움이 되고 싶었습니다. 이러한 마음으로 저의 수험시절 준비 과정과 현직에서의 경험을 녹여내어 이 책을 출간합니다. 우리 같이 준비해봅시다! 말뿐이 아니라, 책과 함께 인스타그램 '@gom.ssam.official'을 태그하시면 제가 여러분들을 응원해드리겠습니다! 그 어떤 상황이든, 옳은 방법에 대한 확신을 가진다면, 할 수 있습니다. 함께 해봅시다!

마지막으로, 2차 시험 준비 당시 너무나도 큰 도움이 되었던 류진 선생님, 같이 스터디를 진행하며 반짝이는 아이디어와 열정으로 끝까지 함께 해주었던 이철형님과 J에게 깊이 감사드립니다. 또한, 집필의 전 과정에서 영감을 불어넣어 주신 선배, 후배, 동료 교사분들, 그리고 항상 변치 않는 믿음으로 저의 곁을 지켜주는 소중한 친구들과 가족에게도 감사의 마음을 전합니다. 그동안 보내주신 믿음과 응원에 보답하며 한분 한분 잊지 않고 소중히 간직하며 살아가겠습니다. 감사합니다.

곰쌤 교실
고 창 훈

- Special Thanks to -

비교과 문항 복기, 답변 검토 및 전공 연계 아이디어 공유에 도움을 주신
네 분께 깊은 감사를 드립니다.

이수환(보건)
2019(강원), 2021(경남), 2022(부산) 합격
경남 산청고등학교, 부산 명진중학교 근무

정혜진(영양)
2020(부산) 합격
부산 광일초등학교, 부산일과학고등학교, 부산교육대학교부설초등학교 근무

박현정(상담)
2022(부산) 수석 합격
부산일과학고등학교 근무

이현숙(사서)
2021(부산) 합격
부산 다선초등학교 근무

또한, 후배 수험생을 위하여 임용 2차 문항 복기에 참여해 주신
아래 선생님들께도 진심으로 감사의 마음을 전합니다.

**전지훈, 유진20, 지야, 김권택, 권예진, lyb0495, 오종범, 지니티, 부스터, 김상월,
워킹앤트, 씽어쑝T, 쫄구리, 위즈덤, 중중, 도리, 설쪽이, 으닝**

 ## 다진고기 합격자의 꿀팁!

선배 합격자의 진심 어린 응원과 조언이 가득 담긴 메시지입니다!
공부하다가 지치거나 힘들 때, 방향이 잡히지 않을 때 한 번씩 읽어보세요.
우리 진짜 거의 다 왔습니다. 마지막 문턱입니다!
여러분도 합격자로서 당당히 메시지를 남길 수 있도록 조금만 더 힘을 내 봅시다!

**2025년
경남(보건) 합격자
김삼월**

　보건은 비교과지만 25 임용의 경우 교과 기출도 공부한 선생님들이 잘 풀 수 있었던 문제인 것 같습니다.
　비교과라고 비교과 기출문제들만 보기보다는 교과 문제도 같이 공부하시는게 다양한 문제를 접하고 실제 현장에서 당황하지 않는 방법인 것 같습니다 :)
　다진고기에서는 교과, 비교과 모두 다른 책들과는 다른 방향으로, 틀을 갖추어 모범 답안을 제시하고 있으니 면접을 준비하시는 선생님께 큰 힘이 될거라고 생각합니다!
　개인적으로 저는 답변이 누구나 생각할 수 있는 기본적인 답변이 아니라는 점이 이 책의 가장 큰 장점이라고 생각합니다. 그러니 다진고기를 바탕으로 남들과 차별화된 특색있는 답변할 수 있기를 바랍니다! 합격까지 모두 파이팅하세요!

**2025년
인천(정보컴퓨터)
합격자
김○중
(초수합격)**

　일단 곰쌤에게 감사하다는 말씀드립니다.
　초반 면접 틀을 잡을 때 아주 큰 도움이 되었던 거 같습니다!
　현재 이 글을 읽고 있는 여러분들도 이번 시험에서 좋은 결과 있으시길 바랍니다!
　일단 1차에서 저는 졸업 학점을 따기에 바빠 공부할 시간이 없었지만 운이 좋게 좋은 성적으로 합격할 수 있었습니다. 다시 생각해보면 이런 점수를 어떻게 받을 수 있었는지 되돌아보면 필요한 내용들을 구조화 하여 나만의 것으로 만들었던게 크지 않았나 싶습니다!
　여러분들도 잘 이해가 가지 않으면 일단 큰 틀부터 만들어 구조화 해보는 것은 어떨지 조그만한 조언 해봅니다..!
　2차에서 면접의 기본은 무수히 많은 연습이 기반되어야 한다고 생각합니다. 저 역시도 수없이 연습하다보니 저만의 틀이 생기고, 비슷한 유형들이 보이기 시작했습니다. 이러한 단계까지 왔다면 많은 점수는 깎이지 않을 것이라 생각합니다.

**2025년
인천(일반사회)
합격자
황○호
(초수 합격)**

　안녕하세요. 2025학년도 중등 임용에 초수로 합격한 합격생입니다! 우선 1차 시험을 끝낸 여러분에게 정말 큰 박수를 보내고 싶습니다. 여기까지 포기하지 않고 오셨다는 것만으로도 여러분은 이미 박수 받을 자격 있는 사람이라고 생각해요.

　저는 1차 시험이 '아주 희미하게 보이는 정상을 향해 산을 끝없이 올라야 하는 느낌'이었다면, 2차 시험은 '망망대해에서 수영하는 느낌'이었습니다. 그만큼 갈피를 잡기 어려웠고, 일반 면접과는 전혀 다른 임용 심층 면접을 어떻게 준비해야 하는지도 잘 몰랐죠. 또한 1차 시험과 달리 정보도 확실히 적고, 기출문제 역시 공식적으로 일절 공개된 바가 없었으니까요.

　이러한 망망대해에서 수영하는 저에게 보트를 태워주었던 것은 곰쌤이었습니다. 저는 곰쌤 유튜브를 통해 처음 여러 가지의 임용 심층면접에 관한 정보를 얻을 수 있었습니다. 나아가 이를 기반으로 2차 심층면접을 위한 책인 '다진고기'를 보기 시작했어요. 특히 가장 많이 도움을 받았던 것은 '답변 틀'과 이러한 답변 틀이 적용된 '주제별 아이디어 & 예시 답변'이었습니다. 처음에는 이러한 답변 틀을 입에 붙이는 것조차 어려웠지만, 점차 스터디원들과 연습을 하다보니 답변 틀이 자연스럽게 저만의 틀로써 입에 붙었고, 그 이후에는 어떠한 문제가 나와도 이러한 틀에 맞게 자동으로 답을 이야기할 수 있게 되었습니다. 그리고 이를 현직 교사분들께서도 보고 피드백해주셨을 때, 정말 긍정적인 피드백을 들을 수 있었어요. 나아가 주제별 아이디어를 통해 올해 트렌드를 반영한 다양한 문제를 접할 수 있었으며, 이를 토대로 다양한 아이디어를 저만의 아이디어로 가꾸어 낼 수 있었습니다.

　2차 시험은 결국 실전 연습이 가장 중요하다고 생각합니다. 1차 시험은 많이 외우면 충분히 좋은 점수를 얻을 수 있었습니다. 그러나 2차 시험은 많이 안다고 되는 것이 아니라, 그렇게 배우고 깨달은 것을 적절한 답변 형식에 녹여내어 논리적이고 설득력 있는 답안을 실제로 뱉어야 합니다. 따라서 다진고기 책 안에 있는 모든 소스를 충분히 가져가셔서 여러분만의 것을 잘 만드신다면, 분명 합격하실 것이라고 믿습니다. 화이팅입니다!

　끝으로, 2차 시험에 대해 무지했던 제게 큰 도움을 주었던 곰쌤께 감사의 말씀을 드립니다.

**2025년
충북(사서) 합격자
(초수 합격)**

　초수라서 면접을 어떻게 준비해야 할지 감이 안 왔는데, 곰쌤 유튜브에 만능틀과 교직관 등 다양한 영상들을 보고 정말 도움이 많이 되었습니다! 특히 교재에 활용하기 좋은 아이디어들이 정말 많아서 초수라면 꼭 교재 보시기를 권해드려요. 기출문제 답변도 풍부하여 더 좋습니다. 권해드리는 건, 면접 준비 본격적으로 시작하기 전에 곰쌤 답변을 몇 번 읽어보시고 그 틀을 흡수한 후에 인풋 및 연습하시면 훨씬 효율적으로 공부하실 수 있을 거예요! 진심으로 응원합니다 :)

**2025년
전남(수학) 합격자**

안녕하세요. 2025학년도 중등 임용고시 합격자(평가원)입니다. 곰쌤을 만난 건 제 임용생활 중 손에 꼽을 정도로 운이 좋았고, 잘한 일이라고 생각합니다. 재수 때는 곰쌤 책으로 공부하지 않았는데, 나름 열심히 준비했지만 결과는 41점으로 매우 낮은 점수였습니다. 돌이켜 생각해보면, 재수 때는 무작정 많은 아이디어만 생각해두었지 그 구체적인 내용은 전혀 생각하지 않았고, 틀은 두괄식 빼곤 없었으며, 면접할 때 구상지만 보는 등 아쉬웠던 부분이 많았는데 이런 것들 때문에 낮은 점수가 나오지 않았나 싶습니다. 거기에 문제 핀트도 어긋났었구요.

하지만 올해는 기존에 준비하던 면접 책을 바꿔 곰쌤 책을 메인으로 공부하였고, 나름 준수한 면접 점수로 합격할 수 있었습니다. 제가 생각했을 때 곰쌤 책의 장점은 다음과 같습니다.

1. 틀 제공

이 틀이라는 게 저는 정말 유용했습니다. 어떤 방안이든 짜임새 있게 말할 수 있다는 안정감이 있었고, 더 나아가 단순히 해결 방안 자체에서 끝나는 게 아니라 그에 대한 구체화, 기대효과를 생각하게 됨으로써 더 깊게 생각하게 되었고 이는 중요한 인풋이 되었습니다. 어떤 주제든 구체화 기대효과를 생각해보게 되니까 생각하는 힘 자체가 길러지는 느낌..? 또한 이렇게 말했을 때 상대방에게는 조리있게 잘 말한다는 인상을 주게 됩니다. 이해도 훨씬 잘되구요.

2. 답변 아이디어 제공

대부분의 주제에 대해 아이디어 제공 + 그 구체화, 기대효과를 모두 제공한다는 점이 좋았습니다. 따로 추가 논의가 필요 없을 정도로 많은 아이디어가 있고, 쓰여진 구체화, 기대효과를 보면서 아 이런 식으로 생각하면 되는 구나. 이런 식으로 답변하면 되는 구나. 를 알게 되기 때문입니다. 저는 이걸 적당히 제가 편한 워딩으로 좀 바꿔서 달달 외우다시피 했습니다.

3. 면접 공부의 방향성 제공

곰쌤 면접을 만나기 전 저는 면접 공부라고 하면 정말 불안하고 막막했습니다. 내가 하고 있는 게 맞는 건지, 막상 알고 있는 게 있긴 한지 등등.. 실제로 잘못된 방식으로 공부를 했었구요. 그런데 곰쌤은 인풋에서 아웃풋 과정을 거쳐 실전연습으로 하는 이런 일련의 과정들을 제시해줍니다. 파워 포즈 등과 같은 꿀팁도 제공해주고요. 이렇게 방향성을 제공해주니 비교적 편안한 마음으로 공부했습니다. 저는 실제로 책에 나온 일련의 과정들을 거의 그대로 따랐고, 파워 포즈도 했습니다.

이러한 책의 장점을 믿고 열심히 공부한다면 여러분들도 충분히 좋은 성적을 받을 수 있으리라 생각합니다. 마지막으로 곰쌤 정말 감사합니다. 덕분에 이 막막한 면접 시험 무사히 잘 치를 수 있었습니다. 감사합니다!

**2025년
울산(음악) 합격자
송○인
(초수, 면접 고득점 뒤집기)**

안녕하세요 선생님들!! 저는 2025 울산 음악 임용고시에 초수로 합격하게 된 신규교사입니다. 이걸 도대체 어떻게 하는거지?, 도대체 누가 이런 어려운 시험에 합격하는거지? 하며 불안해하고 있을 여러분의 마음을 너무 이해하고 공감합니다. 하지만 이 글을 보는 여러분들은 이미 합격에 가까워졌습니다! 곰쌤의 다진고기를 만났기 때문이죠 ㅎㅎㅎㅎ

저는 학교 선배인 합격자 언니의 추천으로 곰쌤을 알게 되었습니다. 시험을 처음 준비해보기 때문에 불안함도 크고 막막했는데 곰쌤의 유투브와 다진고기 책 덕분에 대비할 수 있었던 것 같아요!

저는 실기 전날 독감에 걸리고, 수업실연 전날 급성위염으로 최악의 몸 상태로 2차를 준비하게 되었습니다. 그래서 면접은 다른 과목들에 비해 대비를 하지 못해 문제도 몇 개 못 풀어보고 눈물을 머금고 시험장에 들어갔어요. 적은 연습량에도 제가 면접 고득점을 받을 수 있었던 건 실전과 굉장히 유사한 다진고기 실전 문제를 전날에 쭈욱 풀어봤기 때문이에요! 여러분들도 꼭!! 다 풀어보시고 시험장에 들어가시길 권합니다.

처음에는 시중에 유명한 다른 면접책으로 공부해봤지만 문제가 와닿지 않았고 답안이 제 생각과 달라 납득하지 못하는 경우가 있었습니다. 하지만 다진고기는 깔끔한 만능틀, 감점할 수 없는 답안의 논리, 답안의 참신성으로 전공과 연계한 저만의 만능 답안을 만드는데 큰 도움이 되었어요!! 그리고 이동할 때나 밥먹을 때 유튜브 곰쌤 강의를 봤고, 다른 쇼츠 보지않고 곰쌤 답안 숏츠 봤습니다ㅎㅎ

이 글을 읽고 있는 선생님들도 이 보물같은 책과 강의를 꼭꼭 씹고 이해하신다면 무조건 고득점 할 수 있을거에요! 1차 준비하신다고 너무 지치셨겠지만 ㅜㅜ 조금만 참고 모든 일상을 2차 준비에 매진해봅시다!!!! 선생님들의 합격을 격하게 응원합니다! 우리 교단에서 만나요! ♡ (+몸관리가 최우선입니다 !!!!!!!!!!!!!!!)

그리고 저를 합격의 길로 이끌어주신 곰쌤ㅠㅠㅠ 너무 너무 감사합니다!!

**2025년
강원(보건) 합격자
이○영
(초수, 컷에서 뒤집기-최종 컷 +12)**

1차컷으로 붙었고 임용면접이 무엇인지도 몰라 갈팡질팡하던사이 곰쌤유투브를 알게 되었습니다. 곰쌤께서 녹화해주신 유튜브동영상 반복해서 보면서 따라말하는 연습을 하다가 보면 볼수록 내용이 풍부한게 좋아서 책을 곧장 구매했습니다. 책 구매직후부터 빠르게 회독을 하면서 모범 답안을 전체적으로 머리에 인풋하려는 계속 노력을 했습니다. 좋은 멘트, 활용도 높은 멘트는 따로 정리해서 반복해서 외우고 말하고 연습했습니다. 곰쌤이 제시해주신 모범답안이 나의 것이 되어갈 쯤 면접장에 들어가게 되었고 결국 제 기준 최고의 성적으로 완벽한 뒤집기에 성공했습니다!

2025년 경기(보건) 합격자 (초수, 1차 +0.33 에서 뒤집기, 면접 점수 99.57)

　저는 스터디원의 추천으로 뒤늦게 곰쌤의 유튜브를 알게 되고, 짧은 시간에 많은 내용을 듣고 싶어 시험보기 일주일 전 다진고기 교재를 쭉 읽었습니다. 교재를 읽으면서 대답을 쉽게 할 수 있는 방법을 배울 수 있었습니다. 컷에 가까운 점수 탓에 불안한 마음에 답변을 화려하게 만들어야 한다는 생각이 있었는데 맘처럼 되지 않아 어려움을 겪고 있었습니다. 다진고기 교재를 읽고 질문이 요구하는 답변의 틀을 세울 수 있었고, 이를 기반으로 쉽게 논리적으로 설득할 수 있는 답변 방법을 익힐 수 있었습니다.

　쉽게 답변하는 형식을 익히자 화려한 답변을 해야 한다는 불안함에서 벗어날 수 있었고, 1차 점수가 컷에 가까운 점수였지만 (+0.33점) 면접으로 뒤집을 수 있었습니다.

　컷에 가깝게 붙어 화려한 답변을 해야 한다는 불안함에 시달리는 수험생 여러분이 초기에 면접의 방향을 잡는데 곰쌤의 유튜브와 교재가 도움이 될 것입니다. 면접 준비 초기에 다진고기를 읽고 방향을 잡은 뒤 구상형 문제 분석 방법 익히기, 경기 시책과 전공 아이디어를 덧붙이면 효율적인 면접 준비를 하실 수 있을 것입니다.

　유튜브와 교재를 통해 좋은 정보 알려주셔서 진심으로 감사드립니다.

　감사의 마음을 전하고 싶어 합격 수기 남깁니다. :)

2025년
충북(가정) 합격자
권○진
(3수, 1차컷에서
합격)

안녕하세요! 곰쌤덕에 평가원 면접 고득점으로 1차컷에서 뒤집은 (전)임고생입니다 ㅎㅎ

저는 3수이며, 초수는 관광 시험이었고 세번째 시험만에 처음으로 1차를 붙었습니다.

올해 1차를 너무 망쳤다는 생각에, 1차 합격 발표전 한 달 여의 기간을 허송세월로 보냈습니다...

여러분..... 다진고기 극초반부에 곰쌤이 말씀하셨듯.. 1차 시험 친 후 2차 공부는 필수입니다.

선택이 아닙니다....... 안 하면 안됩니다. 큰일납니다 ㅠㅠ

저는 전혀 예상치 못하게 1차를, 그것도 컷점수로 덜컥 붙어버리고 그만 멘탈이 나가버렸습니다. 왜냐면 2차준비에 정말 문외한이었기 때문입니다. "3주에서 조금 더 남은 시간 동안 내가 해낼 수 있을까?" 하는 생각이 저를 괴롭혔습니다. 수업실연은 그나마 학교에서 몇번 연습해봤는데, 면접은 정말 백지상태였습니다. 그때 한참을 방황하다가 유튜브를 통해 곰쌤을 알게되었고, 면접까지 3주남은 시점에서 유튜브 댓글로 곰쌤께 자문을 구했습니다. 곰쌤께서는 시간이 얼마 남지 않은 상황을 고려해서 '매일 실전 연습(아웃풋) + 하루 2-3시간은 개인공부(인풋)+ 다진고기 책의 키워드를 참고해서 나만의 답안으로 암기해보라'고 조언 해주셨습니다. 곰쌤의 면접 영상을 접한 뒤 곰쌤에 대한 신뢰도가 무한대였기 때문에, 곰쌤을 믿고 조언해주신 방향대로 공부하려고 노력했습니다. 결과적으로 저는 수업 실연보다 면접을 더 잘했습니다. 면접 3주 준비로 -1.2x 감점을 통해 최종 합격까지 이뤘습니다. 제가 단기간에 나름의...고득점을 할 수 있었던 가장 큰 요인은 곰쌤의 답변틀과 답변예시로 면접에 대한 감을 익혀나갔던 것입니다.

조금 더 구체적으로 추천 공부법을 작성해보겠습니다.

1. 곰쌤의 답변 틀은 최고다.

저는 시중에 나와 있는 여러 면접책을 구매했고, 면접 영상도 많이 찾아봤습니다.

그러나 그중 곰쌤이 제시해주시는 답변틀이 단연 최고라고 생각합니다.

가장 구조화가 잘 되어있고, 구체적이고 직관적이게 답안을 풀어낼 수 있는 답변틀입니다.

따라서 제가 가장 잘한 점은 곰쌤의 답변틀을 체화시키기 위해 노력한 점 같습니다.

다진고기에 답변 틀에 대한 설명과, 틀을 적용한 기출 예시 답안까지 정말 친절히 잘 적혀있습니다! 수험생분들께서 꼭 공부하셨으면 좋겠습니다. 인풋이 어느 정도 되어서, 저만의 답안을 구상할 때도, 곰쌤의 답변 틀을 최대한 활용해서 작성해보려고 노력했습니다. 논리적으로 꼼꼼하고 풍부한 답변을 할 수 있는 길이었습니다.

2. 곰쌤의 유튜브 면접 영상을 적극 활용하자.

저는 일단 곰쌤의 면접영상을 순서대로 쭉 들었습니다. 곰쌤께서 "이거 먼저 보고오세요!"하는 영상이 있으니 순서대로 영상을 봐주시면 될 것 같습니다. 저는 이 영상들이 정말 정말 큰 도움이 되었습니다. 우선 이 영상들을 처음 정주행하며 '면접'에 대한 감을 올바르게 잡았습니다. 처음에 정~~말 막막하기만 했었거든요. 그런데 곰쌤이 올려주시는 면접영상 정주행하면서 정리하니까 면접에 대한 이해도가 올라갔습니다. 눈으로 읽는 것과 귀로 듣는 것은 정말 다릅니다!! 면접에서 중요한 키워드들에 대한 예시들을 곰쌤의 멋진 목소리로! 곰쌤의 최고되는 답변틀에 적용하여 말씀해주십시다. 저는 이걸 들으면서 타이핑으로 정리도 했고, 길을 걸을때나 이동할 때 틀어두고 계속 들었습니다. 귀로 듣기만 하지 않고, 들으면서 저도 똑같이 따라해보려는 노력도 많이 했습니다. 곰쌤께서도 입으로 내뱉어보라고 강조해주십니다ㅎㅎ 곰쌤 답변들으면서 저도 입으로 중얼중얼~뱉어보면서. 곰쌤처럼 생각하고 말해보려고 노력했습니다. 답변예시의 내용도 정말정말 좋습니다. 영상도 그렇고 다진고기에 수록된 예시도 당연히 너무너무 좋습니다 ㅠㅠ 기억하고있으면 다양한 곳에 답변을 녹여낼 내용이 많으니 마음에 와닿는 내용들 본인의 만능틀로 만들어두셔도 좋을 것 같습니다. 저도 곰쌤의 '학급단합대회'키워드와 내용이 저의 만능틀 중 하나였고, 면접 스터디할 때 구체적이어서 좋다는 칭찬 많이 들었습니다. 내용이 너무 너무 좋아요.

3. 면접 극초반 추천 공부: 면접 고수 답변을 노트에 쭉 써보기.

저는 극초반에, "도대체 어떻게 답변을 구성해야하지? 뭘 말해야 하지? 어떤 구조를 가져야 하지?"에 대한 지식이 없었을 때 이 방법을 썼습니다. 유튜브 영상에 현직교사 분들이나 면접잘하시는 분들의 실전 면접영상이 많습니다! 아니면 우수한 스터디원분의 답변을 들으면서 노트에 작성해 보셔도 좋습니다. 저는 이 방법이 도움이 많이 됐던 것 같습니다. 귀로 들으면서, 펜으로 쓰고, 눈으로 읽어보는 것. 아날로그적인 방법 같지만 정석 공부법이기도 하죠! 면접 준비에도 이 방법이 저는 통했습니다. "아~ 이렇게 말해야 하는구나~" 에 대한 감을 잡을 수 있었습니다.

4. 마음가짐: 못 먹어도 고! 하자.

저는 3주 남은 시점에서, 인풋과 아웃풋을 병행했기 때문에 초반에는 인풋없이 아웃풋을 해야했습니다. 당연히 정말 못했습니다! 정말 정말 못했습니다.. 스터디원분께 "다른 구상지를 보고 답변하는 줄 알았다." "처음부터 끝까지 이해가 잘 안된다." 같은 이야기도 들었습니다... 제 답변이 끝나면 뭔가 분위기가 안 좋았어요... 수치스럽고 힘들었지만 그냥 했습니다. 그냥 하는 것 밖에 방법이 없더라고요. 그런데 놀랍게도 어느 순간 실력이 비상합니다. 저는 늘 시간에 쫓기면서 공부했고, 늘 자신이 없었습니다. 그런데 후반부로 갈수록 잘한다는 칭찬도 많이 듣게 되었습니다. 발성도 점점 자신감이 생기면서 또렷하고 힘찬 목소리로 변했고요. 구상지를 계속 쳐다보면서 답변하는 게 항상 고민이었는데, 면접시험 당일에는 면접관님들 보면서 술술 답변이 나오더라고요. 열심히 하면 됩니다. 어느 순간 해결이 되는 것 같아요. 연습과 반복이 살길 같습니다. 많을 때는 하루에 실전 문제 5개를 구상하며 스터디하고, 개인공부도 했습니다. 수업 실연연습도 같이 하면서요. 걸어 다닐 때도 면접영상 만능틀 키워드 매일 듣고(곰쌤꺼 당연히 많이 들었습니다).. 밥먹을 때도 면접 영상 틀어두고 보고.. 3주 동안 5시간 이상 자본적이 없습니다. 밤을 새기도 했습니다. 하면 돼요 여러분!! 컷이나 컷근처이신 분들, 포기하지 마세요! 저는 끝까지 했습니다. 평가원이라고 포기하지 마세요! 저도 평가원 1차컷이었는데 뒤집었습니다.

5. 개인적인 꿀팁: 시책 공부/ 유튜브 교육tv/ 행복한 교육(교육부 칼럼 사이트)

1) 시책 공부:

저는 평가원이었고, 자체문제는 없었지만 컷이었기 때문에 시책 공부를 했습니다. 가볍게요!

컷이었기 때문에 튀고 싶은 마음이 있어서 그렇게 했습니다.

특히 '교육청 블로그'에서 많은 소스를 얻어서 타이핑하며 정리했습니다. 실제로 면접 보기 전날에 교육청 블로그에서 '오 이거 좋다'하고 발견한 내용을 그 다음날 실제 답변에 활용했습니다.

2025년도에 마을공동체에 관한 면접 문제가 나왔는데, 교육청 블로그에서 마을공동체 정책 관련 사례를 보고 기억해 뒀기에, 그걸 활용해서 답변할 수 있었습니다. 제가 잘 얻어 걸린 케이스 같긴 합니다..

교육청 블로그, 교육청 유튜브, 교육청에 게시된 시책자료 등 쓸만한 내용들 선별해서 정리해두면 좋은 것 같아요. 저도 시간이 없어서 모두 꼼꼼하게 보진 않았습니다. 면접 공부를 하다보면 '이거 키워드로 가지고 있으면 좋겠다'하는 것들을 선별하는 눈이 생깁니다. 그럴 때 몇 가지 알아두면 특별한 무기가 될 수도 있을 것 같습니다.

2) 유튜브 '교육tv':

교육tv는 교육부에서 운영하는 유튜브 채널입니다. 현재 교육정책들에 대한 친절한 안내 영상들이 있습니다. 또 교육부 장관님, 사회자, 현직교사들이 모여 이야기 나누는 그런 영상들도 있고요. 면접책에서 중요하게 다루는 키워드에 대한 이해가 더 필요할 때, 그런 영상들을 교육tv에서 찾아보면 좋습니다. 또한 면접은 '나만의 답안'을 독특하게 만들어내는 것도 중요한 것 같습니다. 그럴 때도 교육tv에서 현직교사분들의 수업사례나 현장사례를 담은 영상들을 참고하여 답변 준비를 하기도 했습니다. 같은 교과이신 선생님 영상을 보는 것도 도움되리라 생각됩니다.

3) 행복한 교육 (교육부 칼럼 사이트)

교육부에서 운영하는 교육 사이트 입니다. 올해는 아쉽게도 현재 교육에서 이슈가 되고 있는 키워드는 등장하지 않았지만, 그런 키워드들을 '행복한 교육'사이트를 통해 더 공부할 수 있습니다. 그 외에도 눈길이 가는 교육 칼럼을 통해 현직교사분들의 교육철학을 배우고, 좋은 문장을 따와서 면접답변에 보충해서 답변하는 것도 도움이 되었습니다. 사실 제가 면접 준비기간이 짧아서 실전에서는 크게 활용하지 못했습니다.. 그리고 이런건 공부해도 그해 문제가 어떻게 나오냐에 따라..! 활용할수있냐 없냐가 나뉘는 것 같아요. 시간 여유가 있을 때 참고하시면 좋을 것 같습니다.

마지막으로!

다진고기 초반부에 나와있는 곰쌤의 기본 안내 설명글 꼭 정독 추천드립니다.

피와 살이 되는 내용들이 정말 많습니다.

시작은 무조건 곰쌤으로 하셔야 합니다 !! 최고의 첫 단추는 곰쌤이었습니다.

감사합니다.

**2024년
경기 차석합격자
이○민**

안녕하세요 선생님들! 1차 시험 치르시고 2차 다시 준비하시느라 너무 고생 많으셨어요. 저도 작년에 처음 2차 준비를 할 때 굉장히 막막했던 기억이 납니다. 특히 영어과목이라 영어로 답변하는 것에 대한 걱정 때문에 면접이 더욱 불안했습니다. 그래도 다진고기책과 곰쌤의 면접 관련 영상들을 보며 나름의 방향성을 잡을 수 있었어요.

가장 큰 도움이 된 것은 구상의 차원을 다양하게 하는 것이었어요. 면접 문제를 풀 때 항상 다양한 관점에서 아이디어를 생각해보고자 노력했습니다. 예를 들면 '어떠한 주제에 대해 담임교사의 입장에서 방안을 제시하시오'와 같은 문항의 경우 담임 교사로서 할 수 있는 교사-학생, 학생-학생, 교사-학부모 측면의 방안들을 각각 고민했어요. 물론 처음에는 시간이 많이 걸렸지만 점차 다양한 관점에서 고민하는 훈련을 하다 보니 자연스럽게 다양한 측면을 고려할 수 있게 되었습니다. 실제 시험에서도 이처럼 여러 측면에서 접근한 것이 면접 만점을 받게 해 준 주요한 요인이 아니었나 생각합니다 :)

2차를 준비하면서 "내가 실력이 늘고 있는게 맞나?"하는 고민도 많이 들 것입니다. 저 역시도 시험장에 들어가기 직전까지도 온전히 준비되었다는 생각은 전혀 없었습니다. 하지만 열심히 했다는 것만은 자신할 수 있었고, 백점을 맞기 위한 시험이 아니니 자신감있게 하고 나오자라는 생각으로 시험에 임했습니다. 선생님들도 자신을 믿고 열심히 준비하셔서 좋은 결과 얻으시기를 바랍니다. 2차를 준비할 때는 누구보다 자기 자신이 자신의 실력을 과소평가한다고 생각합니다. 선생님들은 선생님들이 생각하시는 것보다 훨씬 잘하시고 열심히 노력하시니까 자신을 믿고 최종 합격까지 달려가시기를 응원합니다!

**2024년
강원합격자
홍○민**

*처음 들어갈 때부터 진짜 밝게 웃었다고 생각하나 실제로는 굳어있었을 수 있습니다.
*면접관분들도 다들 웃어주시고 편안함 분위기라 면접한다는 생각보다는 대화를 하고 왔다고 생각합니다.
*풍부한 예시를 들지는 않았지만 물어보는 말에만 깔끔하게 답변했다고 생각합니다. 또한 저의 진정성을 담아 답변했다고 저는 생각해요.
*총 답변 시간은 11분 ~ 11분 30초 정도(강원은 15분 주어짐)
*말은 빨랐던 것 같으나 발음이 뭉겨지거나 그런것은 없었던 것 같아요. 가끔 생각이 안 나거나 말이 꼬일 것 같으면 구상지보고 읽었고, 활짝 웃고 다시 말 시작했습니다.
*시선분배 정말 고르게 한 것 같아요. 시선뿐만 아니라 고개까지 돌리면서 해당 면접관의 눈이니 정수리를 보며 말했습니다. (체크리스크에 체크하고 있는 분도 정수리 주시함)
*12월에는 곰쌤 영상과 책 그냥 눈과 귀로 익히며 보고 듣고, 다큐멘터리 등 시청 1월에는 곰쌤 책 정독하며 총 5-6회독 실시하고 시험장에도 책 가져갔습니다.

**2024년
서울합격자
차○호**

안녕하세요 2024학년도 서울 체육 과목 임용 합격자입니다! 2차 시험 준비 기간 동안 면접 준비하면서 다진고기 책을 이용했는데, 특히 아웃풋 연습을 할 때 도움이 정말 많이 되었습니다.

'주제별 아이디어 & 예시 답변' 파트에서는 답변 틀을 적용하여 실제 면접 때 사용하기 좋은 방식으로 모범 답안이 적혀져 있었습니다. 면접 때 출제될 것 같은 주제별로 2~3가지 답안들을 암기해서 저만의 답변으로 익숙해지게 훈련했고, 실제 면접 때도 이 답안을 실제로 활용했습니다. 모범답안을 활용한 답변이기 때문에 면접 때 자신감을 가지고 매끄럽게 이야기할 수 있었던 것 같습니다. 앞으로 임용 준비하시는 분들도 '주제별 아이디어 & 예시 답변'을 정독하고, 좋은 답안들은 암기해서 자기 것으로 만드는 것을 추천합니다.

다진고기 책 덕분에 면접 잘 마무리할 수 있었습니다 좋은 자료 정말 감사합니다:)

**2024년
충남 수석 합격자
김현선
(면접 0.3점 감점)**

곰쌤을 만난 것은 합격의 시작입니다. 저는 오랜기간 공부를 하며 늘 저의 공부방법에 의구심을 가졌기 때문에 항상 불안감이 있었습니다. 그리고 첫 번째 2차 시험 기회에서 면접이 5점이 감점되며 최종적으로 소수점 차로 불합격하였습니다. 그 당시 저는 면접 준비 내내 깜깜한 길을 걷는 기분이었습니다.

그리고, 이번 면접 시험에서 0.3점 감점이 되며 좋은 성적을 받을 수 있었던 핵심 중 하나는 곰쌤의 유튜브와 서적입니다. 저에겐 깜깜한 임용 길에 밝은 손전등이었습니다. 구체적으로 저는 곰쌤의 유튜브와 서적을 다음과 같이 활용하였습니다.

1. 틈새 시간 적극 활용
→ 12월, 1월에 걸쳐 영상과 서적을 꾸준히 반복하였습니다. 또한, 유튜브에 올려주신 예시 답안 영상을 식사, 이동 등 틈새 시간에 여러 번 본 후 소리만 듣고 따라서 말하였습니다. 말의 모양새, 속도 등을 잡아가는 데 있어서 큰 도움을 받았습니다. 특히, 1월에는 쇼츠에 올려주신 예시 답안 영상들은 거의 매일 반복적으로 보았던 것 같습니다.

2. 곰쌤의 공부법 활용
→ 곰쌤께서 서적과 유튜브에 공부법과, 보면 좋은 교육 영상 등을 꼼꼼히 수록해주셨습니다. 특히, ebs 미래교육플러스, 교육TV와 같은 유튜브에 영상을 틈틈이 보아서 최근 디지털 교육 등을 현장에서 적용하는 사례들을 구체적으로 접할 수 있어서 답안 작성에 있어서 큰 도움을 받았습니다. 또한, 나라면 어떻게 적용할 수 있을지 영상을 본 후 잠시라도 생각해보며 마무리한 것이 저의 것으로 만드는 데 도움이 되었습니다.

→ 파워포즈 정말 중요합니다! 저는 스터디에서 많이 들었던 피드백 중 하나가 정답을 말하는데도 자신감이 없어서 틀린 것 같다는 것이었습니다. 자신감이 없어보였던 부분은 어깨가 말린 자세와 자신감 없는 문장에서 끝을 내려서 말하는 것이었습니다. 그래서 면접 연습을 할 때마다 평가받는 자리보다는 '나는 이러한 교직관을 가진 교사이고, 나는 앞으로 이렇게 가르칠 것이라는 계획을 말하는 자리'라고 생각하며 임하였습니다. 여러분만의 파워포즈를 찾아가는 데 있어서 곰쌤의 서적과 유튜브를 열람하시면 큰 도움 받으실 수 있으리라 생각됩니다.

3. 스터디에 활용
→ 스터디에서 기출문제와 예시 문제를 기반으로 변형 문제를 낸 후 피드백을 나눌 때 나라면 어떻게 대답했을지, 예시 답안과의 비교, 주제와 관련한 추가 문제 예상 등으로 상세한 피드백을 나누었습니다. 이후, 제가 한 면접 영상을 보고, 스터디원들이 풀이한 문제들도 복기하였습니다.

임용이라는 시험은 저에겐 너무 긴 불안의 길이었습니다. 하지만, 돌이켜보면 어떤 순간도 허튼 시간은 없었던 것 같습니다. 의구심이 들었던 과거의 저에게 이야기할 수 있다면, 그 의구심조차 정말 간절하기에 드는 것이니 무언가 조금이라도 하고 있는 거라면 그것이 옳은 길이다 라고 이야기해주고 싶습니다. 임용의 길을 걷고 계신 선생님들께서 끝까지 자신을 믿고 걸어가시길 늘 응원하겠습니다! 저도 곰쌤처럼 손전등 같은 교사가 될 수 있게 노력하겠습니다. 곰쌤 정말 깊이 감사드립니다!!

2023년
부산합격자
박정은

　제 임용시험 준비는 곰쌤을 알기 전과 후로 나뉩니다. 초수 때 범위가 방대한 임용시험을 그냥 무턱대고 모두 외우려고 하다 보니 일찍 지쳐 포기했던 경험이 있었습니다. 하지만 유튜브 곰쌤 교실에서 알려준 효율적인 공부법과 제공해 주신 다양한 자료들 덕분에 이번 시험에서는 포기하지 않고 끝까지 잘 달려왔다고 생각합니다. 특히 처음에 교육학이 너무 막막했었는데 곰쌤의 RQ 암기법이 정말 도움이 되었고, 교육학에서 20점을 받을 수 있었습니다. 2차 시험 역시 곰쌤 교실과 다진고기에서 너무 큰 도움을 받았어요.

　특히 다진고기의 만능틀을 적용하여 계속해서 연습한 점이 이번 면접에 큰 도움이 되었습니다. 면접실에 들어가기 직전에도 다진고기에 나와 있는 다양한 아이디어를 읽고, 곰쌤이 알려주신 파워포즈를 유지하면서 갔던 점이 실전에서 자신 있게 답하도록 도왔습니다.

　제가 첫 답변을 시작했을 때 면접관님 모두가 고개를 들고 저를 쳐다봤던 기억이 나네요ㅎㅎ 당시엔 그게 무슨 시그널인가 두려웠지만 1.3점 감점이라는 결과를 받고 난 지금은 아마 좋은 시그널이었을 거라 생각합니다! 또 저는 2차 경험이 전혀 없었기 때문에 다진고기와 곰쌤 교실에서 2차 시험장과 관련된 이야기를 공유해 주신 부분이 정말 좋았어요. 실전에서도 면접관님들의 표정과 반응에 동요하지 않고 자신 있게 제 이야기를 잘 전달하고 오게 한 힘이었습니다! 이 자리를 빌려 다시 한번 곰쌤께 감사하다는 말씀드립니다.

　다음은 시험을 준비하시는 예비 교사 선생님들께 드리고 싶은 이야기입니다. 며칠 전 1년 전에 제가 썼던 블로그 글을 읽어보았어요. "사실 올해 어디에도 소속되지 못하는 것이 나를 계속 불안하게 만든다. '올해를 이렇게 시험 준비에 올인해도 괜찮을까'라는 고민이 계속 나를 괴롭힌다. 이 시간들이 후회되지 않도록 최선을 다하는 것이 내가 할 수 있는 일이겠지? 아직 불안한 미래이지만 올해 시험 칠 땐 그 불안이 확신이 되면 좋겠다." 비록 결과 발표 직전까지 불안에 떨었던 건 사실이지만 한 가지 말씀드리고 싶은 것은 그 불안함 때문에 수험 기간 동안 자신을 갉아먹지 않으면 좋겠다는 것입니다. 저를 포함한 많은 수험생들이 수험 기간 동안 자책하는 시기가 많을 것 같은데 충분히 잘 하고 계신다고 말씀드리고 싶어요! 이번 시험에 합격하고 많은 지인들에게서 '나는 너의 노력과 실력을 믿었다'라는 말을 들었어요.

　사실 저는 시험 전에도, 시험 후에도 저를 믿지 못했기 때문에 심적으로 너무 힘들었던 것 같습니다. 선생님들은 선생님 자신을 더 믿으시고 사랑해 주시면서 합격하시길 바랍니다! 여러분은 여러분이 생각하는 거보다 더 무한한 잠재력을 가지고 있어요. 그러니 두려움에 떨지 말고 우리 한 번 해봅시다. 잘 해내실 겁니다!

**2023년
서울 합격자
김○엽**

　먼저 생생한 2차 시험 후기와 더불어 다양한 면접 답변 아이디어들을 구조화하여 제시해 줌으로써 면접 대비에 실질적 도움을 받을 수 있었습니다. 서울 지역이라 부산과는 문제 양식이 달랐지만 답변으로 사용할 만한 아이디어들이 많이 수록되어있어 따로 정리하여 면접 시험 전날까지도 보았던 기억이 납니다.

　예상과 다르게 1차 시험 점수가 너무 낮게 나와 2차 시험 결과가 나오기 전까지 두려움 속에 빠져 살았습니다. 허나 이 책의 지은이께서도 유사한 케이스였다는 이야기를 책을 통해 알게 되며 2차 시험으로 충분히 최종합격의 길을 만들어 낼 수 있다는 자신감을 얻을 수 있었습니다. 자신감을 가지고 준비한 결과 꽤 안정적인 점수와 석차로 최종합격을 이루어 냈습니다.

　구조화가 생명인 심층 면접에서 이 책만큼 깔끔한 구조를 바탕으로 답변을 구상할 수 있는 책을 본 기억이 없을 정도로 퀄리티가 우수하다는 점을 말씀드립니다.

　책을 집필해 주신 선생님께 다시 한번 감사 인사를 드리며, 예비 선생님들의 성공을 기원하겠습니다!

**2023년
전북 합격자
배○은**

　안녕하세요. 2023 중등 임용고시 평가원 지역 합격자입니다. 1차 시험의 문턱을 어렵사리 넘자마자 2차 시험의 불안감이 확 다가오고 있죠? 저도 하루하루가 불안의 연속이자 고통이었습니다. 그나마 이 불안함을 줄일 수 있었던 것은 곰쌤의 유튜브 영상과 다진고기 연습문제였어요. 특히 저는 곰쌤의 교직관 영상을 보고 저만의 교직관 답안 틀을 만드는 데 큰 도움을 받았습니다. 또한, 다진고기가 딱 평가원 지역을 준비하는 분들에게 안성맞춤이라고 생각해요!

　저는 스터디원들과 총 세 명이서 다진고기 한 세트를 실전처럼 매일 진행하고 피드백을 받은 후에, 집에서 답안을 수정하고 끊임없이 재연습을 했습니다. 곰쌤 유튜브 영상에서 배운 것들을 녹여서 답변해 보기도 했고요. 이 과정들이 큰 도움이 되었고 결국 높은 2차 점수로 최종합격하게 되었습니다.

　곰쌤에게 정말 감사드립니다. 이 글을 읽으시는 여러분 모두 열심히 달려오셨음을 잘 알고 있습니다. 조금만 더 힘내셔서 곰쌤이 주시는 여러 팁들을 활용하여 본인만의 멋진 면접 틀을 만들어 보시고, 실전에서 당당하게 답변하시길 바랍니다. 이 글을 보시는 모두 최종 합격하시길 진심으로 기원하며 다시 한번 곰쌤에게 정말 감사드립니다! 선생님들 교단에서 함께하길 바라며 글 마치겠습니다. :)

2023년
경기합격자
김○우

[수험생들께 드리는 팁!]
1. 선생님의 틀을 기반으로 자신의 교과 내용을 추가 생각해 보기.
2. 창의적인 것보다는 현직 교사들의 피드백을 통해 현실화할 수 있는 내용으로 해야 함.
3. 자신감 있는 발성과 태도는 덤.

2023년
경북합격자

저는 곰쌤의 유튜브와 책을 이용해서 심층면접을 정말 잘 준비하게 됐어요!
초수 때는 1차에서 컷 +1점으로 붙었지만 2차에서 심층 면접, 수업 실연에서 각각 2점 정도씩 감점되어서 최종에서 1점가량 부족해서 떨어졌었어요. 특히, 이때는 매일매일 컷 +1점이라는 점수 때문에 불안해하면서 2차 준비에 집중하지 못한 것 같아요.
재수 때는 1차에서 컷으로 붙어서 초수 때보다 더 합격에 대한 마음을 비우게 된 거 같아요. 하지만 곰쌤의 다진고기 책에서 곰쌤의 합격 수기를 읽으면서 다시 마음을 다잡았게 되었어요.
스터디원들과 다진고기의 예상문제를 이용하고 답변할 때 곰쌤이 만드신 틀을 많이 활용하려고 노력했었어요! 더 자세히 말씀드리면 다진고기 주제별 아이디어를 먼저 읽어봤었고, 예시 답변을 무작정 외우기보다는 '내가 대답한다면…'하고 생각해 보고 책 위에 나의 답변을 조금씩 수정했었어요! 그리고 다진고기의 예상문제는 스터디원들과 실제 면접처럼 진행하면서 스터디원들의 답변을 정리하고 마지막에 예시 답변을 보며 내용을 추가했었어요! (답변할 때는 곰쌤 틀에 맞추어서)
또한, 개인적으로 곰쌤에게 예상문제에 대한 댓글을 남겨 피드백도 받았어요! 피드백을 통해서 답변에 대한 수정과 곰쌤의 응원을 받으면서 '내 방향이 맞구나! 좀 더 노력하자'하고 의지를 더 다졌었어요!
그래서 재수 때는 심층 면접에서 39.7/40을 맞고 최종 컷플 2.11로 합격하게 되었습니다!
다시 돌이켜보니 2차는 자신을 믿고 준비하는 것이 가장 중요한 것 같아요. 그리고 그 자신감을 갖고 스터디 계획을 꼼꼼히 세워서 스터디원들과의 피드백, 그리고 피드백만 받는 것이 아니라 자신의 답변을 다시 돌이켜보는 시간을 가지는 것도 중요하다고 생각해요.
임용을 준비할 때는 붙을까… 떨어질까… 매일매일이 괴롭고 힘들지만, 자신을 믿고 행한다면 다들 해내실 수 있을 거예요! 아니 해낼 거예요!!
곰쌤께 너무 감사하고, 모두 모두 힘내세요!

**2023년
경기합격자
원O희**

저는 1차 점수 컷 플러스 2.33이라는 불리한 악조건을 뚫고 면접에서 좋은 성적으로 뒤집어 올해 경기 중등임용에 최종합격하였습니다.

곰쌤에게 2차 시험에서 큰 도움을 받았기에, 감사한 마음으로 글을 남깁니다.

임용고시 심층 면접 필독서 다진고기의 최대 장점이자 제가 가장 크게 도움받은 부분은
1. 구상의 차원(학생/교사/학부모/교육공동체/학교 등등)
2. 각 주제별 쉽게 써먹을 수 있는 면접용 아이디어 및 아이템
3. 파워포즈
입니다.

먼저, 구상의 차원을 통해 구상형과 즉답형 답변뿐만 아니라, 경기도의 수업 나눔 부분에서도 크게 도움을 받았습니다. 짧은 답변 구상 시간에 구상의 차원을 달리해서 답변의 다양성을 확보할 수 있었습니다.

다음으로, 다진고기의 다양한 주제별 아이디어들은 2차 스터디원들에게 '참신하다'라는 평가를 받게 도와주었고, 2차 시험 대비에 자신감을 불어넣어 주었습니다. 무엇보다 시험장에서 어떠한 질문들이 나오더라도, 머릿속에 담긴 곰쌤의 여러 가지 아이디어를 빠르게 꺼내서 쓸 수 있는 점이 좋았습니다.

마지막으로 파워포즈, 즉 면접에서의 자신감은 저를 합격으로 이끌어 주었습니다.

첫날에도 마지막 순서, 둘째 날에도 마지막 순서였지만, 당황하지 않고 오히려 피곤해 하시는 면접관님들을 위해서 어깨를 쫙 펴고, 더 크고 당당한 목소리로 수업 실연과 면접에 임했습니다.

제 자세와 태도가 자신감이 있어 보이니, 제 답변 또한 신뢰성이 높아지는 효과가 있었습니다. 면접관님들도 아마 그런 점들을 좋은 점수에 반영해 주신 것 같습니다.

이 외에도 다양한 장점들이 있는 곰쌤의 다진고기를 통해 후배 교사분들께서도 심층 면접에서 자신감과 함께 좋은 성적을 얻기를 기도하겠습니다.

곧 교직에서 뵙겠습니다! 감사합니다. :)

**2023
전북합격자
김가영**

교과든 비교과든 평가원이라면 모두 곰쌤의 다진고기 하나로만 공부하세요!!!
곰쌤님은 평가원 면접 준비 방향을 A부터 Z까지 알려줍니다.

곰쌤의 다진고기는 평가원 면접의 바이블이라고 할 수 있어요.
막막했던 2차 면접 준비의 한 줄기 빛… 그저 빛…

다진고기에는 곰쌤님의 면접 노하우가 가득 담겨 있기 때문에 다 떠 먹여주는 자료들 놓치지 않고 흡수하시길 바랄게요.

일반인들은 곰쌤님 모범답안의 반의반의 반만이라도 대답할 실력이 된다면 고득점 가능합니다! 다진고기를 활용해서 나에게 적합한 만능 틀을 완성해 나가세요!

2023
충남합격자
김○송

　면접 작년에 50점 만점에 42점 받고 최종탈락했었어요. 올해는 소수점 감점으로 최종 합격했습니다. 사실 올해 1차 합격하자마자 곰쌤교실 영상 찾아봤는데 틀을 강조하시는 거 보고 "꼭 틀에 맞춰서 이야기 해야 되나? 그냥 내가 이야기하고 싶은 대로 하면 안 되나…"라는 생각으로 그냥 제멋대로 답했었어요.

　그러다 1주일 남은 시점에서 '틀을 갖춰서 답변하라'는 피드백을 여러 번 받고 부랴부랴 다시 곰쌤교실 임용심층면접 모범답안 공유영상 보고 그 틀대로 말하는 연습을 했어요. 선생님처럼 서론과 결론 일절 이야기하지 않았고 첫째-, 둘째-로 시작하는 답만 이야기했습니다.

　틀이라는 게 너무 막막하고 어떤 식으로 이야기하는 게 틀을 갖춰 이야기하는 걸까? 하는 생각이 많이 들었었는데, 어렵게 생각할 것 없이 두괄식으로 이야기하기+근거/구체적인 사례 이야기하기+기대되는 효과 정도로 이야기하겠다 라고 생각하니 조금 쉽게 다가왔던 것 같습니다. 그리고 두루뭉술한 답변은 피하도록 노력했고 최대한 구체적인 답안으로 이야기하려고 했습니다! 이게 가장 중요한 것 같아요.

　구체적인 답안과 틀도 중요하지만 진짜 가장 중요한 것은 자신감인 것 같아요. 아무리 멋진 답안을 말한다 해도 자신감 없는 모습을 보이면 안 될 것 같아요. 올해는 작년에 2차 시험장에 들어갔던 경험 덕에 떨지 않고 더 자신감 있는 모습으로, 더 또랑또랑한 목소리로 말하고 나왔습니다. 면접을 보고 문을 나오면서 '답은 잘 말했는지 모르겠지만, 확실하게 자신감 있는 모습은 보이고 왔다.'라는 느낌은 있었습니다. 즉답형 두 번째, 세 번째 문항을 같은 내용으로 반복해서 이야기했었는데도 소수점 감점인 걸 보면 그 어떤 것보다 자신감이 우선인 것 같아요.

　최종탈락 후 '2차 하면 되는 거 맞나?'라는 의문을 가지고 올해 계속 준비했었어요. 괜히 올해 면접도 망칠 것 같고… 그런데 해보니 되네요. 합격도 기쁘지만 면접이 0.7점 감점되었다는 사실이 더욱더 기쁩니다!

　최탈 후 다시 2차를 준비하는 분들께는 2차 시험장에서의 경험이 아주 큰 밑거름이 될 것이고 꼭 합격하실 수 있다고 말씀드리고 싶어요. 하루하루 불확실함의 연속이지만 분명 끝은 온다는 것!! 꼭 기억하시고 좋은 결과 얻으셨으면 좋겠습니다.

　다시 한번 좋은 영상 올려주신 곰쌤 감사드립니다. 정말 감사드립니다! 복 받으실 거예요.

2023 경기합격자 이예진

저는 1차 시험을 친 후 2차 스터디를 꾸준히 진행하였지만, 어딘가 모르게 구조화되지 않는 제 답변을 보며 불안한 시간들을 보냈습니다. 1차 합격 후 다진고기를 사서 읽으며 아직 늦지 않았다는 마음으로 만능 예시답안을 매일 20개 정도 읽었습니다. 그리고 각 유형별로 내가 써먹을 수 있을 법한 답안들만 따로 정리하였습니다.

제가 개인적으로 느낀 다진고기의 강점은 누구나 답변할 법한 답안이 아닌 참신한 예시 답변들이 많았다는 것입니다. 이는 저만의 답안을 만들어내는 데도 큰 도움이 되었습니다. 이와 더불어 어디서도 얻을 수 없었던 답안 구조화 방법을 제시해 주었다는 것입니다. 실제로 다진고기를 매일 읽고 그다음 날 스터디에 참여하면 입이 더 잘 풀리는 듯한 느낌이 들었고 이에 자신감을 얻어 더 열심히 준비할 수 있었습니다.

그리고 다진고기와 함께 곰쌤 유튜브 채널을 통해 유익한 정보도 많이 얻어가시길 바랍니다. 파워포즈, 자신감 등과 같이 곰쌤 채널에서 학습한 요소가 정말 시험장에서 점수와 직결된다는 것을 몸소 깨달았습니다.

오랜 시간 공부를 하면서 제가 스스로 느낀 점은 효율적으로 공부해야 합격과 가까워진다는 것입니다. 임용 시험의 특징을 정확히 파악하고 효율적이고 계획적으로 공부한다면 조금은 빠르게 합격이라는 문을 맞닥뜨릴 수 있을 거예요! 긴 수험생활에도 결국엔 끝이 있습니다. 여러분도 할 수 있다는 긍정적인 마음으로 하루하루를 보내다 보면 반드시 멋진 선생님이 되실 거예요!!

2023 부산합격자 김재상

저는 실기 교과라 2차를 처음 준비할 때 면접에 많이 투자할 시간이 부족했고 특히 면접에 대한 감이 없어 가장 어렵고 두려웠습니다. 1차 합격 발표 전에는 스터디원들과 다른 교재를 선택해서 공부하였습니다. 그 교재는 모든 지역을 다루기 때문에 평가원 면접을 준비하기에 다소 지엽적인 지식들도 많았고 그렇기 때문에 시험을 3주 앞두기 전까지도 면접에 대해 갈피를 전혀 잡지 못했습니다. 그때 찍었던 영상들을 보면 어떻게 저렇게 말을 못 했나 싶더라고요.

1차 합격 발표 후 본격적으로 다진고기 책을 보기 시작했는데 저에게 되게 신선한 충격이었습니다. 정해진 답변 틀 내에서 다양한 예시 답변을 외우며 그 틀을 기반으로 공부를 시작하니 1주일 만에 평가원 면접에 대한 감이 잡혔습니다. 결과적으로 가장 자신이 없었던 면접이 시험을 친 직후에는 가장 고득점을 받을 수 있겠다는 자신감에 차 있었습니다.

다진고기의 최대 장점은 면접에서 어떻게 말할지에 대한 고민을 할 시간을 줄여준다는 점 같습니다. 아마 모든 수험생들께서 처음 면접을 접할 때 어떻게 말을 해야 할지에 대한 고민이 크다고 생각합니다.

여기에 대한 답은 다진고기에 있다고 생각합니다. 의심치 마시고 모든 문제를 자신의 답으로 녹여낼 수 있는 그날까지 파이팅입니다. 파이팅! 곰쌤 사랑해요.

2023 전남합격자

　1차 점수가 높지도 않고 2차는 처음이라 막막했는데 곰쌤 유튜브 채널&다진고기로 2차 면접 1.xx 감점되고 나름 고득점으로 합격했어요!

　저는 가장 먼저 곰쌤 유튜브 채널에 있는 여러 문제 유형별 답안 틀에 대해 정리해 두었고, 기출문제와 연습문제를 풀 때 답안 틀에 맞춰서 답변하는 연습을 꾸준히 했습니다ㅎㅎ 저도 말을 조리 있게 못 하는 스타일이라 처음 연습할 땐 횡설수설했지만, 답안 틀을 내재화한 후로는 구상할 때 시간을 절약하고 다양한 내용을 생각할 수 있어서 좋았습니다!

　그리고 곰쌤 유튜브에 있는 다양한 영상들을 저장해 두고 스터디를 가는 버스 안에서 계속해서 보았습니다. 또한, 다진고기 연습문제를 풀다 모르는 부분이 있으면 곰쌤 유튜브나 블로그에 댓글을 남기면서 궁금증을 해소했던 것이 참 많은 도움이 되었어요. 곰쌤 연습문제가 정말 퀄리티가 높으니 꼭 풀어보셨으면 좋겠습니다.

　참고로 개인적인 꿀팁은 내 답변이 맞는지 의문을 가지지 않는 태도입니다!

　저는 제가 말하는 것이 완벽한 답이 아니라는 걸 잘 알고 있지만, 제 답변에 대해 자신이 없고 망설인다는 태도를 절대로 보이지 않으려고 노력했습니다. 답변이 타당하다는 것을 보여주기 위해 구체적인 예시와 함께 뒷받침하는 주장을 충분히 제시하였고 동시에 당당한 태도로 답변한 것이 점수가 많이 깎이지 않았던 요인 같아요.

2023 경기합격자 최○영

　짧은 시간 동안 2차 준비를 하시면서 체력적으로, 정신적으로 많이 힘드실 것 같아요. 수업은 연습을 해도 더 나아지지 않는 것 같고, 면접 아이디어도 너무 진부한 것만 떠올라서 걱정도 되실 것 같고요.

　저도 그랬었기 때문에, 그 불안한 마음이 잘 상상이 가네요. 하지만 준비 초기에 녹화했던 영상과 시험 날에 가까워졌을 때의 영상을 비교해 보면 얼마나 성장했는지 직접 보실 수 있을 거예요!

　고지가 얼마 남지 않았습니다! 자신을 믿고 하루하루 성장한다는 마인드로 준비하면 합격의 기쁨이 곧 다가올 거예요! '나는 할 수 있다, 나는 해낸다'를 외치며, 한 번에 많은 걸 고치려 하지 말고 부족한 점을 차근차근 하루에 한 개씩 고쳐나간다는 느낌으로 해보세요! 파이팅!!

2023 부산합격자

저는 12월 중순쯤 유튜브 곰쌤 교실을 알게 되었는데 그게 정말 행운이었던 것 같습니다. 이동 중에는 늘 곰쌤 교실을 들으며 최대한 답변 틀에 익숙해지려 노력했고 그 틀에 맞추어 저만의 답변도 구상하는 연습을 했어요.

1월부터는 스터디원들끼리 다진고기 실전 문제를 풀었는데 평가원인만큼 8분 정도 구상하고 한 문제당 2분 내외로 말하는 연습을 했습니다. 비록 아주 높은 점수로 합격하진 못했지만, 면접을 처음 준비해 본 저에겐 정말 망망대해 속 등대와 같은 감사한 책이었습니다.

이 책을 써주신 곰쌤께 정말 감사드리며, 임용을 준비 중이신 모든 선생님들! 마지막까지 의심하지 말고, 여기까지 달려온 자신을 믿고, 앞으로 나아가시길 바라겠습니다!

2023 경기합격자 조○진

곰쌤이 알려주시는 "주제 문장/구체화(예를 들면~)/기대 효과(이를 통해~)" 틀이 큰 도움이 되었습니다. 평소에 논리적으로 말을 하는 게 어렵다고 생각했는데, 곰쌤이 알려주시는 걸 따라 하니까 논리적으로 말을 할 수 있게 되었습니다!

또한, '주제별 아이디어&예시 답변'에서 그 틀을 적용한 여러 예시도 함께 볼 수 있어서 스스로 체화시키는데 수월했습니다. 그뿐만 아니라 Part 1, 2, 3에서 알려주시는 꿀팁이 한가득이라, 곰쌤 덕분에 면접에서 0.8 감점으로 뒤집기에 성공해 최종합격할 수 있었다고 생각합니다. 감사합니다 선생님~!

CONTENTS

Part 1 — 심층 면접 준비하기 전에 알아둬야 할 것

2022 개정 교육과정에 대하여 … 32
일단 2차 준비는 무조건 하고 봐야 한다 … 38
2차 뒤집기, 가능하다! … 40
스터디를 구성하라 … 41
심층 면접에는 '정답'이 없다 … 46
정답은 없지만, 오답은 있다 … 47
여러 아이디어를 준비해두는 것이 중요하다 … 49
자신감 있는 태도를 유지하라 … 50
학교 현장을 간접적으로라도 경험하라 … 52
교육의 흐름과 최신 이슈를 파악하라 … 54
결국, 다 피가 되고 살이 된다 … 56
2차 시험장 이야기 … 57

Part 2 — 심층 면접 준비 전략

심층 면접 준비의 3단계 … 68
심층 면접 INPUT … 70
심층 면접 OUTPUT … 82
심층 면접 실전 연습 … 120

Part 3 — 심층 면접 실전 문제

심층 면접 기출 문제 … 138
심층 면접 기출 문제 (비교과) … 174
심층 면접 연습 문제 … 192

Part 4 — 기출 문제&연습 문제 예시 답변

심층 면접 기출 문제 예시 답변 … 238
심층 면접 기출 문제 예시 답변 (비교과) … 288
심층 면접 연습 문제 예시 답변 … 327

Part 5 주제별 아이디어&예시 답변

학교폭력 예방	388
학교폭력 사후 처리	338
학교생활 부적응 학생	395
인성 교육	399
자기관리 역량	403
지식정보처리 역량	406
창의적 사고 역량	408
심미적 감성 역량	412
협력적 소통 역량	414
공동체 역량	416
진학 지도 방안	419
학력 신장	421
건강/환경 교육	424
다문화 학생	427
엎드린 학생(학습 동기 부여)	429
통합교육 대상 학생	435
교육복지 대상 학생	437
학부모와의 관계	439
동료와의 관계	442
학생과의 관계	446
학급 경영	451
수업 전문성	455
평가 전문성	460
교직관	465

심층 면접 Q&A 473

부록 481

Part 1

심층 면접
준비하기 전에
알아둬야 할 것

Chapter 01 2022 개정 교육과정에 대하여

1 2022 개정 교육과정, 왜 알아야 할까?

지난 2022년, 앞으로의 교육 방향 지침이라고 할 수 있는 '2022 개정 교육과정'이 확정 발표 되었습니다. 그리고 드디어 2025학년도부터 중학교 1학년, 고등학교 1학년이 되는 학생들부터 2022 개정 교육과정이 적용됩니다. 따라서, 지금부터의 임용 합격자들은 현장에서 2022 개정 교육과정에 따라 교육 활동을 펼쳐야 하므로 임용 시험도 이에 맞춰 준비해야 할 필요가 있습니다.

<학년별 2022 개정 교육과정 적용 시기>

	2023	2024	2025	2026	2027	2028
중1 고1	2015 개정 교육과정			2022 개정 교육과정		
중2 고2	2015 개정 교육과정				2022 개정 교육과정	
중3 고3	2015 개정 교육과정					2022 개정 교육과정

2 2022 개정 교육과정, 2015 개정 교육과정과 비교하여 어떤 것이 달라졌을까?

다행인 점은 임용을 준비하는 입장으로서 2022 개정 교육과정은 2015 개정 교육과정과 방향성이 크게 다르지 않다는 것입니다.

<교육부 보도자료: 2022 개정 교육과정 총론 주요사항 신·구 대비표>

내용	주요 내용	
	2015 개정	2022 개정
교육과정 개정 방향	• 지식정보 사회가 요구하는 창의 융합 인재 양성을 위한 교육 기반 마련 • 모든 학생이 인문·사회·과학기술에 대한 기초 소양을 함양할 수 있는 문·이과 통합형 교육과정 필요 …	• 미래사회의 불확실성에 대응할 수 있는 기본 역량 및 변화 대응력을 키워주는 교육 체제 구현 • 미래 사회 역량 함양이 가능한 교육과정 개발 및 학습자 주도성을 강화하는 모든 학생의 개별 성장 맞춤형 교육과정 구현 …

위 방향성을 보면, 전체적으로 2015 개정 교육과정과 방향이 비슷하되 조금 더 구체적으로 변화한 것을 알 수 있습니다. '미래 사회의 불확실성', '기본 역량', '변화 대응력', '학습자 주도성', '개별 성장 맞춤'과 같은 키워드가 등장하며 2022 개정 교육과정이 추구하는 방향을 알 수 있죠.

2022 개정 초·중등학교 및 특수교육 교육과정 확정·발표
(자세한 내용은 신규대비표 및 전체 보도자료를 참고하세요.)

3 '임용 심층 면접 준비'의 관점에서 바라본 2022 개정 교육과정

임용 심층 면접은 교사로서 자질과 교직관, 인성, 전문성 등을 두루 평가하고자 하는 시험입니다. 따라서 앞으로 2022 개정 교육과정 시대에 현장에서 근무할 미래 교사를 선발하기 위해서는 당연히 2022 개정 교육과정에서 강조하는 부분을 물어볼 수밖에 없을 것이라고 예상하는 것이 전략적입니다.

다행히도 2022 개정 교육과정은 개정 방향과 추구하는 인간상 및 교육 목표, 핵심 역량이 큰 틀에서 2015 개정 교육과정과 비슷합니다. 그럼 지금부터 '임용 심층 면접 준비'의 관점에서 알아두면 답변에 도움이 될 만한 내용을 하나씩 살펴보겠습니다.

3-1. 추구하는 인간상과 핵심 역량

심층 면접 답변을 구성할 때에는 해당 교육과정이 추구하는 인간상과 핵심 역량을 알아두는 것이 중요하며 이를 정리하면 아래와 같습니다.

인간상	자기주도적인 사람	전인적 성장을 바탕으로 자아정체성을 확립하고 자신의 진로와 삶을 스스로 개척하는 사람
	창의적인 사람	폭넓은 기초 능력을 바탕으로 진취적 발상과 도전을 통해 새로운 가치를 창출하는 사람
	교양 있는 사람	문화적 소양과 다원적 가치에 대한 이해를 바탕으로 인류 문화를 향유하고 발전시키는 사람
	더불어 사는 사람	공동체 의식을 바탕으로 다양성을 이해하고 서로 존중하며 세계와 소통하는 민주시민으로서 배려와 나눔, 협력을 실천하는 사람
핵심 역량	자기관리 역량	자아정체성과 자신감을 가지고 자신의 삶과 진로를 스스로 설계하며 이에 필요한 기초 능력과 자질을 갖추어 자기주도적으로 살아갈 수 있는 능력
	지식정보처리 역량	문제를 합리적으로 해결하기 위하여 다양한 영역의 지식과 정보를 깊이 있게 이해하고 비판적으로 탐구하며 활용할 수 있는 능력
	창의적 사고 역량	폭넓은 기초 지식을 바탕으로 다양한 전문 분야의 지식, 기술, 경험을 융합적으로 활용하여 새로운 것을 창출하는 능력
	심미적 감성 역량	인간에 대한 공감적 이해와 문화적 감수성을 바탕으로 삶의 의미와 가치를 성찰하고 향유하는 능력
	협력적 소통 역량	다른 사람의 관점을 존중하고 경청하는 가운데 자신의 생각과 감정을 효과적으로 표현하며 상호협력적인 관계에서 공동의 목적을 구현하는 능력
	공동체 역량	지역 국가 세계 공동체의 구성원에게 요구되는 개방적 포용적 가치와 태도로 지속 가능한 인류 공동체 발전에 적극적이고 책임감 있게 참여하는 능력

위와 같이 2022 개정 교육과정에서 추구하는 인간상으로는 '자기주도적인 사람', '창의적인 사람', '교양 있는 사람', '더불어 사는 사람'으로 총 4가지를 제시하고 있으며, 핵심 역량으로는 '자기관리 역량', '지식정보처리 역량', '창의적 사고 역량', '심미적 감성 역량', '협력적 소통 역량', '공동체 역량'으로 총 6가지입니다.

2015 개정 교육과정	2022 개정 교육과정
전인적 성장을 바탕으로 자아정체성을 확립하고 자신의 진로와 삶을 개척하는 자주적인 사람	전인적 성장을 바탕으로 자아정체성을 확립하고 자신의 진로와 삶을 **스스로** 개척하는 **자기주도적인 사람**
다양한 상황에서 자신의 생각과 감정을 효과적으로 표현하고 다른 사람의 의견을 경청하며 존중하는 의사소통 역량	**다른 사람의 관점을 존중하고 경청**하는 가운데 자신의 생각과 감정을 효과적으로 표현하며 **상호협력적인 관계에서 공동의 목적을 구현**하는 **협력적 소통 역량**

위 표는 2015 개정 교육과정에서 2022 개정 교육과정으로 넘어오면서 개선된 부분을 요약한 것입니다. 먼저, '자주적인 사람'에서 '자기주도적인 사람'으로 문구가 바뀌고, '스스로'라는 단어가 추가된 것으로 보아, 이번 교육과정에서는 학생이 스스로 자신의 삶에 대해 책임감을 지니고 자율적인 판단을 내릴 수 있는 모습을 강조하는 것을 알 수 있습니다. 또한, '의사소통 역량'이었던 것이 '협력적 소통 역량'으로 바뀌었고, '다른 사람의 관점을 존중하고 경청', '상호협력적인 관계에서 공동의 목적을 구현'이라는 표현이 추가된 것으로 보아, '협력'의 가치를 더욱 강조하고 있다는 느낌을 받을 수 있습니다.

3-2. 2022 개정 교육과정의 지향점

미래 전망	4차 산업혁명 도래, 인구 급감, 학습자 성향 변화, 기후환경 변화 등 불확실성 심화	**인간상 설정 시 고려사항**	
국민 의견	개인과 사회 공동의 행복 추구 자기 정체성을 바탕으로 한 자기 주도적 학습, 책임 있는 시민으로 성장 ※ 국가교육회의 설문조사('21.5.17.~6.17.)	▶**자기 주도성** (주체성, 책임감, 적극적 태도) ▶**창의와 혁신** (문제해결, 융합적 사고, 도전)	
글로벌 동향	학생 행위 주체성(student agency) 변혁적 역량, 세계 시민 역량 등 강조	▶**포용성***과 시민성 (배려, 소통, 협력, 공감, 공동체 의식)	

2022 개정 교육과정 총론 주요사항, 12p (교육부 보도자료)

포용성*: 사회 구성원들 사이의 차이와 다양성에 대한 상호 이해와 존중을 바탕으로, 개개인의 교육적 성장과 공정하고 지속가능한 사회를 함께 실현해 나가고자 하는 태도 및 소양

위 <2022 개정 교육과정의 지향점>을 보면 '4차 산업 혁명'과 '불확실성', '변화하는 학습자 성향' 등에 발맞추어 '자기 주도성', '창의와 혁신', '포용성과 시민성'을 인간상의 핵심 주제로 설정한 것을 확인할 수 있습니다. 따라서 이러한 지향점을 염두에 두고 관련 답변을 미리 준비해놓는 것이 고득점을 위한 심층 면접 대비 전략일 것으로 생각합니다.

3-3. 2022 개정 교육과정에서 추구하는 교육

다음은 「2022 개정 교육과정 총론 주요사항」에 소개되는 교육 내용 중 임용 심층 면접과 관련하여 의미 있는 부분입니다. '학습자 주도성 강화', '디지털 소양', '생태전환과 민주시민 교육'이 있으며, 주제별로 내용과 키워드를 하나씩 정리하면 아래와 같습니다.

3-3-1. 자기 주도성: 학습자 주도성 강화

학습자 주도성의 정의	학습자가 자신의 삶과 학습을 주도적으로 설계하고 구성하는 능력
관련 내용	• 학습자 스스로 목적의식을 가지고 자신의 진로와 적성을 바탕으로 무엇을 어떻게 배울지 주도적으로 교육과정을 설계 • 고교학점제 등 모든 학생의 개별 성장 맞춤형 교육과정 • 미래의 다양한 진로와 직업 사이에서 이동할 수 있도록 융통성을 유지 하고, 스스로 삶과 진로를 설계할 수 있도록 진로연계 교육과정 운영 • 자기주도적 학습 능력과 기초 학력을 함양
심층 면접 키워드	**학습자 목적의식, 진로와 적성, 주도적인 설계, 고교학점제, 성장 맞춤형 교육과정, 진로 선택 융통성, 자기주도적 학습 능력, 기초 학력**

3-3-2. 창의와 혁신: 디지털 소양

디지털 소양의 정의	디지털 지식과 기술에 대한 이해와 윤리의식을 바탕으로, 정보를 수집 분석하고 비판적으로 이해 평가하여 새로운 정보와 지식을 생산·활용하는 능력
관련 내용	• AI·SW 등 신산업기술 혁신에 따른 미래 세대 핵심 역량으로 디지털 기초소양을 함양하고, 교실 수업 개선 및 평가 혁신 • 비대면 원격교육 확대화와 디지털 시대의 교육 환경에 부합하는 미래형 교수·학습 방법과 평가 체제 구축 • 온·오프라인 학습, 에듀테크 활용 등 학습자 개별 맞춤형 지도 및 평가 강화 • 교사의 디지털 에듀테크 활용 역량 함양
심층 면접 키워드	**디지털 리터러시, 컴퓨팅 사고력, 에듀테크, 블랜디드 수업, 맞춤형 학습, 심화 학습**

3-3-3. 포용성과 시민성: 생태전환과 민주시민 교육

생태전환 교육의 정의	기후변화와 환경재난 등에 대응하고 환경과 인간의 공존을 추구하며 지속가능한 삶을 위한 모든 분야와 수준에서의 생태적 전환을 위한 교육
민주시민 교육의 정의	학생이 자기 자신과 공동체적 삶의 주인임을 자각하고, 비판적 사고를 통해 자신이 속한 공동체의 문제를 상호 연대하여 해결할 수 있도록 지원하는 교육
관련 내용	• '지속가능한 발전', '기후 위기 대응', '생태전환' 등에 포함된 가치(생명존중, 지속 가능, 생태 환경 감수성 등)를 교육목표에 반영 • 공동체 가치 함양과 역량 강화를 위해 민주시민교육과 연계하여 평화, 인성 교육, 인문학적 소양 교육 등 내실화
심층 면접 키워드	**지속 가능한 발전, 생명 존중, 생태·환경 감수성, 비판적 사고, 갈등 해결, 인성 교육, 독서 교육, 문화적 다양성, 교과 융합, 자치활동**

Chapter 02 일단 2차 준비는 무조건 하고 봐야 한다

시험을 준비하다 보면 번 아웃이 반드시 한 번씩 오게 되어있습니다. 임용 1차 시험이 끝나면 그동안 참아왔던 것에 대한 보상 심리로 모든 긴장이 풀리고 급격히 게을러집니다. 이렇게 1차가 끝나면 모든 것을 놓고 싶은 것이 자연스러운 감정인데, 만약 1차 시험에 대한 자신감마저 없다면 어떨까요. 2차 시험 준비는 더 하기 싫을 겁니다.

1차 시험장을 나오면서 왠지 내 실력만큼 보지 못했다고 생각될 때, 뭔가 느낌이 불길할 때, 어차피 떨어질 거라는 불안한 생각에 휩싸일 때, '내가 지금 2차 준비할 필요가 있을까?' 스스로 의심하게 될 것입니다. 이렇게 자기 스스로 의심을 하기 시작하면 심리적으로 많이 흔들리고 또 시간도 많이 허비하게 됩니다. 그러면 또다시 슬럼프에 빠지게 되고 뒤처지고 있는 자기 자신을 보며 더 자괴감에 빠지곤 하죠. 악순환입니다.

그러나 우리는 이러한 악순환 고리를 끊고 모든 부정적 생각과 상관없이 무조건 2차 준비를 해야 합니다. 그 이유를 지금부터 하나씩 알려드리겠습니다.

1 시기는 바로 지금뿐이다.

2차 시험은 생각보다 단순하지 않습니다. 1차는 잘 읽고 잘 쓰면 되는 시험이지만 2차는 교육학적인 지식, 학교 현안에 관한 문제, 개인의 교직관 등 알아두어야 하는 내용도 많을 뿐 아니라 말과 행동, 표정까지도 아웃풋으로 나타나야 하는 시험입니다. 훨씬 더 많은 시간이 필요하죠. 수험생 대부분은 11월 말부터 1월까지 3개월간 2차를 준비하며, 이는 1차에 투자했던 시간에 비해 4분의 1밖에 되지 않습니다. 설령 올해 1차에 합격하지 않더라도 내년 1월부터는 결국 다시 1차 준비에 돌입할 것이기 때문에 2차에 시간을 투자할 수 있는 골든 타임은 바로 지금뿐입니다.

2 초수가 제일 불리하고 N수일수록 유리해진다.

2차 시험을 준비할 수 있는 황금 같은 시간은 1년에 고작 길어봤자 3개월뿐입니다. 이러한 이유로, 2차에 들어와서는 초수와 재수 이상의 실력 차이가 가장 크게 벌어집니다. 처음 2차를 준비하는 초수의 입장에서는 고작 2~3개월 준비하고 바로 시험장에 나가게 됩니다. 그러나 N수 이상 수험생은 준비가 N배 더 된 상태이기 때문에 학습량, 연습량의 격차가 가장 크게 나타납니다.

만약 이 책을 읽고 계신 여러분이 초수라면 또는 2차 준비 경험이 아예 없으신 분들이라면, 1차 시험 결과에 대한 쓸데없는 고민 따위는 버려두시고 2차 준비에 모든 힘을 다 쏟아야 합니다. 이때 N수와 실력 차이가 가장 많이 나타나는 구간이고 이를 최대한 좁혀야 하기 때문입니다. 설령 1차에 불합격하더라도 상관없습니다. 다음번 준비할 때 다른 초수보다 훨씬 더 앞선 출발선에서 시작하는 것이기 때문입니다. 3개월 공부한 것과 6개월 공부한 것의 차이가 엄청나듯, 내년에 아주 유리한 위치를 점하게 될 것입니다.

실제로 자신이 불합격할 것이라고 확신했음에도 불구하고 덜컥 1차에 합격하는 기적 같은 경우가 종종 있습니다. 이때 모두 입을 모아 후기로 전해주는 것이 '그때 준비하길 참 잘했다.'였습니다. 반대로 최종 탈락을 경험해보신 분도 '그때 2차 준비를 해야 했는데, 너무 후회된다.'라고 말씀해주셨죠.

기회는 준비된 사람만이 잡을 수 있습니다. 1차 합격의 기회가 기적과 같이 주어진다 할지라도 준비되지 않은 상태로 2차 시험장에 간다면 기회를 잡을 수가 없습니다. 어느 정도 준비가 된 상태여야 기회가 찾아왔을 때 놓치지 않을 수 있습니다.

1차에 합격하든 불합격하든, 예감과 상관없이 2차 시험을 준비해야 한다는 사실에는 변함이 없습니다. '지금 2차 준비를 하는 것이 다 무슨 소용일까?'라는 생각이 자꾸 든다면, 불안감과 두려움, 모든 것이 물거품이 될 것 같다는 허무함과 무력감에 회피 기제가 발동하려고 하는 것입니다. 이러한 부정적인 생각들을 떨쳐버리고 우리 지금 바로 준비합시다!

Chapter 03 2차 뒤집기, 가능하다!

1차에 아슬아슬한 점수로 합격했다 할지라도 2차에서 뒤집어 최종 합격하는 경우가 종종 있습니다. 저 역시도 그랬죠. 1차에서 0.33점 차이로 합격하였지만 2차에서 만점에 가까운 점수를 받아 최종에는 여유롭게 합격했습니다.

이러한 일이 가능한 이유는 2차 시험의 변별력이 점점 더 커지고 있기 때문입니다. 물론 지역마다 변별을 주는 정도는 차이가 있으며 소수 인원을 선발하는 과목일수록 변별력이 낮은 특징을 보입니다. 그러나, 심층 면접에서는 요즘 들어 N가지 이상 의견을 제시하라는 유형이 자주 출제되고 있습니다. 이는 변별력을 확보하려는 시도로 분석됩니다. 개수에서부터 가짓수가 부족하면 점수를 획득할 수 없으니까요.

자체 출제지역의 경우에는 시책에서 면접 문제가 많이 출제됩니다. 이는 정확하게 정답을 요구하는 문제이므로 변별력이 더욱 크게 확보됩니다. 실제로 자체 출제지역인 경우 최종 탈락자의 2차 시험 하방선이 -30점, 평가원의 경우 -20점 가까이 발생한 것도 보아왔습니다. 이는 1차 시험에서 20~30점 정도의 점수 차이는 2차에서 충분히 극복할 수 있다는 의미가 되기도 합니다.

위와 같은 사례를 본다면, 1차에서 설령 1등에 가까운 고득점을 받았다고 하더라도 절대로 방심할 수 없으며, 반대로 커트라인으로 겨우 합격했다고 해서 주눅이 들 필요는 전혀 없습니다.

Chapter 04 스터디를 구성하라

저는 다른 사람과 함께 공부하는 것보다 혼자 계획을 세우고 실천하는 것을 선호하는 편입니다. (MBTI도 'J' 성향이 99%가 나옵니다) 그래서 1차 시험에는 그 흔한 교육학 스터디조차도 진행하지 않고 혼자서 시험을 준비하였는데요. 이런 성향의 저도 2차는 스터디를 구성하는 것이 너무 중요하다고 말씀드리는 바입니다. 그 이유를 하나씩 알려드리도록 하겠습니다.

1 1차 시험과 2차 시험의 차이

모든 시험에서는 고득점을 받기 위한 전략이 존재합니다. 임용도 예외는 아니죠. 그러나 임용 시험은 1차 시험과 2차 시험으로 구성되어 각각 고득점을 받기 위한 전략은 다릅니다. 그래서 1차 시험을 준비할 때와 같은 방식으로 2차 시험을 준비한다는 것은 전략적인 태도로 시험을 바라보고 있다고 말하기 어려울 것입니다.

이러한 전략적 차이가 발생하는 이유는 1차 시험과 2차 시험에 필요한 인풋의 특성이 다르기 때문입니다. 1차 시험에서는 한 문제를 푸는 데 필요한 인풋이 정확하게 정해져 있습니다. 그러므로 해당 문제에 대해서 스터디원과 토의하고 상의하는 것은 비효율적일 수밖에 없습니다. 왜냐하면, 그 문제를 풀기 위한 지식을 스터디원의 머릿속에서 꺼내는 것보다 책이나 구글, 학교나 학원 강의에서 찾는 것이 더 빠르고 정확하기 때문이죠. 그래서 그 문제에 대해서 스터디원과 토의하는 것은 지름길을 두고 돌아가는 행위라고 생각했습니다. '모로 가도 서울로만 가면 된다'고 할 수도 있겠습니다만, 돌아가는 과정에서 접하게 되는 오개념과 불필요한 인풋은 여러분들로부터 합격과 멀어지게 만드는 요소들입니다. 이런 '빌런'들을 하나하나 상대하며 힘을 빼는 것보다 체력을 비축해서 빨리 목표 지점으로 도달하는 것이 전략적이겠죠.

그러나, 2차 시험에서 고득점을 받기 위해서는 스터디가 필요합니다. 왜냐하면, 2차 시험에서 요구하는 답변들은 1차 시험에서 요구하는 답변들과 특성 자체가 다르기 때문입니다. 1차에서는 문제에 대한 답이 정확하게 존재하는 반면 2차는 그 문제에 대한 답으로 정해진 것이 없죠. 그래서 문제로 주어진 주제에 대해서 최대한 다양한 관점과 아이디어, 더 좋은 답변을 떠올리는 과정이 필요하다고 생각했습니다. 이 과정을 모두 혼자 하기에는 한계가 분명해 보였습니다. 그래서 이를 해결하고자 스터디를 구성해서 면접을 연습하고, 끊임없이 답변 자체에 대한 피드백과 더 새롭고 좋은 아이디어에 대한 토의를 계속해서 진행했습니다. 이러한 사고 확장이 2차 시험 고득점의 핵심이기 때문에 심층 면접 준비 과정에서는 스터디가 아주 효과적입니다.

2 긴장 관리 연습

2차 시험은 긴장 관리가 중요합니다. 1차 시험과 같이 교실에서 시험지 넘기는 소리와 펜이 움직이는 소리에만 익숙해져 있는 우리에게 2차 시험은 새롭고 부담되는 환경이 아닐 수 없습니다. 다른 사람들 앞에서 자기 생각을 논리 정연하게 전달하고, 학생들이 아무도 없는 교실에서 학생이 있다고 생각하며 1인 연극을 해야 합니다. 바로 앞에는 현직 교장, 교감, 장학사, 장학관, 베테랑급 부장 선생님들이 매서운 눈빛으로 당신만을 지켜보고 있죠. 여기서 긴장을 안 할 사람이 있을까요?

긴장을 이겨내는 방법은 바로 자동화입니다. 여기서 자동화란, 쉽게 말해, '익숙해지기 전략'으로, 단순히 아웃풋에 대한 자동화뿐만 아니라 환경에 대한 자동화도 의미합니다.

누구나 처음 겪는 상황에서는 긴장합니다. 그렇지만 매일 지겹도록 반복되면 긴장감도 줄어들기 마련입니다. 최대한 시험장과 비슷한 긴장감을 유지할 수 있도록 환경적으로 세팅해두는 것도 좋은 전략이 됩니다. 하지만 현실적으로 교장, 교감, 장학사, 장학관 선생님처럼 교육 전문직 인력들을 연습하는데 매번 와달라고 할 수는 없겠죠. 비슷하게나마 스터디원이 그러한 긴장 요소가 되어주어야 할 것입니다.

수업 실연과 심층 면접 연습을 아무도 없는 곳에서 혼자 한다거나, 마음속으로 혹은 혼잣말로 읊어보는 것보다 누군가 앞에서 지켜보며 아웃풋 연습을 한다면 실제 시험장에서 분명히 훨씬 더 좋은 결과를 낼 수 있을 것입니다. 또한, 가능하다면 주변의 현직 교사나 다른 스터디원 등 새로운 사람들 앞에서 아웃풋 연습을 하는 것도 긴장 관리 연습에 아주 큰 도움이 될 것입니다.

긴장과 공포는 미지의 세계에 내던져진 불안감으로부터 비롯됩니다. 자신이 이전에 겪어보지 못한 새로운 상황을 헤쳐 나가야 한다는 부담감, 어떤 위험 요소가 갑자기 자기 앞에 들이닥칠지 모르는, 한 치 앞을 예측할 수 없는 두려움으로부터 긴장감이 만들어집니다.

그렇다면 긴장을 줄이는 방법은 이와 반대로 접근하면 됩니다. 시험 상황을 '우리가 새롭게 겪는 미지의 세계'가 아니게 만들면 되죠. 연습 때 최대한 모든 상황을 시험과 같게 세팅하고 연습 때마다 실제 시험이라고 스스로 최면을 겁니다. 매 순간 실제 시험인 것처럼 아웃풋 연습에 임하도록 합니다. 그리고 실제 시험장에서는 지금까지 해왔던 수많은 연습의 연장선이라고 생각해보세요.

실제 시험장을 연습과 다르게, 실제 그대로 느껴버리면 스스로 시험장을 '새로운 상황'으로 취급하는 꼴이 되어버립니다. 실제 시험을 연습의 연장선으로 여기고, 늘 그랬듯, 평소와 마찬가지로 자기 자신을 보여준다고 생각해보길 바랍니다.

3 제삼자의 관점을 활용하라

스터디가 필요한 세 번째 이유는 자기 객관화입니다. 1차 시험에서는 문제에 대한 답이 정확하게 정해져 있으므로 자기 객관화를 혼자서도 할 수가 있습니다. 그러나 2차 시험에서는 해당 문제에 대한 답이 정확하게 나와 있지 않습니다. 만약 5명이 한 문제에 대해 답변한다면, 5명 모두 다른 내용이 나올 것입니다. 그래서 자신이 어느 정도의 아웃풋을 보이는지, 어떤 인상으로 비치는지 스스로 판단하기가 어렵습니다. 나는 분명히 A라는 의미로 말한 문장인데 다른 사람에게는 B라는 의미로 받아들여지기도 하고, 나는 분명 웃는 표정을 지었는데 상대방에게는 화난 표정으로 읽히는 경우가 빈번한 것처럼요. 자신의 답변을 녹음하여 아무리 다시 들어보고 스스로 거울을 보며 매일 연습해도 결과는 크게 달라지지 않을 겁니다. 오히려 자신의 표정에 신경 쓰랴 답변에 신경 쓰랴 주의가 분산됩니다.

스터디를 활용하면 제삼자의 시선에서 바라본 나의 답변, 나에 대한 정보를 얻을 수 있습니다. 물론 주관적인 평가에 의존한 정보이지만, 가치가 없다고 평가절하해서는 안 됩니다. 채점관들도 각자 나름 자신의 주관적인 인상으로 여러분을 평가할 것이거든요.

이렇게 제삼자를 통해 얻은 나에 대한 정보를 바탕으로 자기 스스로 객관화하고 성찰해야 합니다. 그러면 더욱 알기 쉬운 정확한 표현으로 모두에게 좋은 인상을 보여주는 면접 준비를 이어갈 수 있을 것입니다.

4 사람은 어쩔 수 없이 자신에겐 관대하고 남에게는 엄격하다.

스터디에 대한 경험 자체가 많이 없었던 저로서는 2차 스터디가 아주 새로운 경험이었습니다. 여기서 느꼈던 것은 '사람이라면 어쩔 수 없이 자신에겐 관대하고 남에게는 엄격하다.'라는 사실입니다. 스스로 그렇지 않으려고 아무리 노력하더라도 다른 사람의 단점이 자신의 단점보다 더 잘 보이는 법입니다. 이러한 부분이 2차 스터디에서 시너지 효과로 나타날 수 있도록 해야 할 것입니다.

실제로 다른 사람 앞에서 수업 실연을 하거나 면접을 하면 자신의 안 좋은 습관들이 모두 드러납니다. 다리를 떤다거나 머리카락을 만진다거나 눈을 굴린다거나 등 무의식적으로 하는 행동이지만 보는 사람 입장에서는 아주 거슬리는 습관들이 많이 있습니다. 심지어 자기 스스로 영상을 촬영해서 돌려보더라도 이러한 부분을 눈치채지 못하는 경우가 허다하죠. 그렇지만, 우리가 다른 사람을 볼 때는 그러한 약점을 잘 잡아냅니다. 자신의 실수는 뇌가 못 본 채 넘어가지만 다른 사람의 실수에는 더 민감하게 반응하기 때문입니다.

다른 사람에게서 발견되는 안 좋은 습관들에 대해서 정녕 자기 자신은 그러한 습관이 없는지 생각해 볼 필요가 있습니다. 그리고 다른 사람이 자신에 대해서 제공하는 피드백 자체도 눈여겨 받아들일 필요가 있습니다.

이렇게 발견된 무의식적으로 하는 안 좋은 습관은 의식의 영역으로 가져오기만 하면 의외로 쉽게 해결됩니다. 왜냐하면, 자신이 그러한 습관을 지니고 있다는 사실을 스스로 인지하고 알아차린 상태에서는 곧바로 자기 자신을 제어할 수 있기 때문입니다.

스터디원이 서로 약점을 발견해주고 각자 이를 고치는 것을 연습해 나간다면 모두가 전보다 훨씬 개선된 모습으로 시험장에 들어설 수 있을 것입니다.

Chapter 05 심층 면접에는 '정답'이 없다

실제로 심층 면접 기출 문제를 보면 이런 방향으로 답을 해도 저런 방향으로 답을 해도 맞는 것 같은 질문들이 자주 출제되는 것을 확인할 수가 있습니다. 이처럼, 심층 면접에 등장하는 문제들은 특정한 정답을 요구하지 않습니다. 정답이 없는 상황에서 과연 여러분들이 교사가 된다면 어떻게 대처할 것인지, 자기 행동에 대한 이유를 적절하게 제시할 수 있는지, 그 이유가 타당하고 설득력이 있는지를 평가하는 것입니다. 한마디로, 인성과 논리적인 사고력, 순발력 등을 확인하고자 하는 것이죠.

심층 면접 문제를 번뜩이고, 창의적이고, 획기적인 아이디어로 해당 문제 상황을 '해결'하는 것에 초점을 맞추고 고민하기 시작한다면 문제가 정말 어려워지고 복잡해집니다. '해결'보다는 '대응'의 관점에서 심층 면접 문제를 바라보기를 바랍니다.

실제로 심층 면접을 평가하는 채점관들은 현직 교감, 교장 선생님, 장학사, 장학관, 고경력 부장급 교사 등으로 구성됩니다. 즉, 학교 현안에 대해서 그 누구보다 경험도 많으시고 이미 여러 가지 문제에 대한 다양한 접근법들을 실천해보시고 경험해보신 분들이죠.

심층 면접에서 무리하게 자신의 아이디어가 옳다고 주장하는 것보다 학교에서 무난하게 실천되고 있는 아이디어를 제시하는 것이 고득점을 받기에 유리한 전략입니다. 무난한 아이디어가 채점관들을 이해시키기 쉽기 때문이죠.

다만, 아이디어는 무난하게 제시하되, 그 아이디어를 제시하는 설명은 논리적이고 설득력이 있어야 할 것입니다.

Chapter 06
정답은 없지만, 오답은 있다

    심층 면접에서 방금 정답은 없다고 말씀드렸습니다. 맞습니다. 정답은 없습니다. 그러나 오답은 있습니다. 그렇다면 정답과 오답을 가르는 기준은 무엇이 될까요? 그 기준은 현재 우리나라 교육이 추구하는 방향이라고 생각합니다. 현재 교육이 취하고 있는 트랜드가 바로 정답과 오답을 가를 수 있는 기준이 되겠죠.

    교육의 현재 트랜드는 과거로부터의 성찰로 시작됩니다. 과거에 부족했던 부분을 개선하며 더 나은 교육으로 발전해 나가는 것이 바람직한 교육 패러다임의 변화라고 할 수 있습니다.

    이러한 흐름에서, 과거에 행해졌던 교육은 오답의 스펙트럼에 아주 가까울 것입니다. 과거의 시행착오를 겪었기에 현재 방향성이 결정된 것이기 때문입니다. 이 부분을 염두에 두고 답변을 구상하면 심층 면접 답변의 방향성을 쉽게 찾을 수 있습니다.

    예를 들면 수직적인 학교 문화보다 수평적인 학교 문화, 권위적인 교사상보다 민주적인 교사상, 전통적 교사 중심 수업보다 학생들이 직접 배움에 흥미를 느끼는 학생 중심 수업, 학생을 바라보는 관점도 훈육의 대상이 아니라 존중의 대상, 하나의 인격체로 보고 답변의 방향을 설정하는 것이 오답 범위에서 멀어질 수 있습니다.

    심층 면접에서는 교육에 대한 과거의 관점과 현재의 관점을 비교하듯 물어보는 문제가 종종 출제됩니다. 문제점을 찾아보는 유형, 자질을 제시하라는 유형, 비판적 관점을 취하라는 유형 등이 여기에 해당합니다.

    이러한 문제들이 출제되었을 때 과거의 관점을 긍정하는 것보다 현재의 관점을 긍정하는 방향의 답변이 유리할 것입니다. 왜냐하면, 과거의 관점을 긍정하는 것에는 훨씬 더 많은 타당성과 논리성이 요구될 것이기 때문입니다. 설령 자신의 생각이 그렇다고 할지라도, 심층 면접은 엄연한 시험이기에 현재 교육 트랜드를 잘 수행할 수 있는 교사를 선발하는 것에 목적이 있습니다. 그러므로 현재 교육 방향과 다른 생각을 지니고 있음을 굳이 시험장에서 보여줄 필요는 없을 것입니다.

    교육 트랜드가 바뀌는 데에는 아주 길고 깊은 숙고 과정을 거칩니다. 수많은 교육 전문가들의 기나긴 논의와 토론 끝에서야 비로소 지금의 방향이 더 학생들을 위한 길이라고 결론이 지어진 상태죠. 이 흐름을 거스르는 내용의 답변은 쉽사리 오답으로 간주할 수도 있으니 각별한 주의가 필요합니다.

Chapter 07
여러 아이디어를 준비해두는 것이 중요하다

    심층 면접은 한 주제에 대해서 하나의 아이디어를 떠올리는 것이 절대 충분하지 않습니다. 지역마다 최소 2개에서 많게는 5개까지 요구하는 경우도 종종 있습니다. 이러한 이유는 교육 활동을 전개할 때 고려해야 할 부분이 많기 때문입니다. 따라서 학교를 구성하고 있는 학생, 교직원, 학부모, 지역사회의 관점에서 해당 문제를 생각해 볼 수 있다면 다양한 관점에서 해결책을 손쉽게 제시할 수 있습니다. 이와 같은 내용을 다룬 '구상의 차원'에 대해서는 이후에 소개하도록 하겠습니다.

    해결책에서 가짓수를 제시하는 것은 득점과도 직결됩니다. 3가지를 제시하라고 하였는데 2가지밖에 답을 하지 못하였다면 당연히 만점을 받을 수 없을 것이기 때문입니다. 특히나, 임용 2차 시험에서는 1차 시험과는 달리 주관성이 많이 개입되므로 공정하게 변별력을 부여하려는 장치가 존재합니다. 해결책의 가짓수도 이러한 장치 중 하나이므로 요구한 개수를 제대로 충족하는 것이 정말 중요할 것입니다. 따라서, 심층 면접을 준비할 때 항상 한 주제에 대해서 최소 3개 이상의 답변을 준비해두는 것이 안전합니다.

    여기서 만능 아이디어의 중요성이 대두됩니다. 상담 활동, 지역사회 연계 프로젝트, 전문가 매칭, 성찰 일지, 캠페인 활동 등 하나의 아이디어가 폭넓은 주제에 대한 해결책이 되는 사례가 많이 있습니다. 이러한 아이디어를 정리해두면 시험장에서 문제 상황에 적합한 아이디어가 떠오르지 않았을 때 위 '만능 아이디어'를 활용함으로써 대처할 수 있습니다.

Chapter 08 자신감 있는 태도를 유지하라

당연한 말이지만, 면접장에서는 항상 자신감 있는 태도를 유지하는 것이 중요합니다. 그 이유는 자신감이 없으면 아무리 맞는 말을 하더라도 틀린 말처럼 들리기 때문입니다.

실제로 제가 심층 면접을 준비할 때 알게 되었던 한 분의 사례가 떠오릅니다. 저는 그분의 답변을 들을 때면 항상 저도 모르게 그분의 틀린 부분이나 반박할 거리를 찾게 되곤 했습니다. 그러나, 그분의 답변을 막상 곱씹어 다시 생각해 보면 정말 논리적이고 반박할 수 없이 올바른 답변인 경우가 대부분이었습니다. 적합한 답변을 했음에도 제가 그런 태도로 듣게 된 것은 그분에게서 자신감이 느껴지지 않았기 때문이었습니다. 이때 저는 '맞든 틀리든 일단은 자신감 있는 태도를 유지하는 것이 중요하겠다.'라고 깨달았습니다. 자신감 있는 사람의 답변은 '옳음'을 전제하고 경청하게 되지만, 자신감 없는 사람의 답변은 '틀림'을 전제하게 되기 때문입니다.

실제 시험장에서는 채점관들이 답안을 꼼꼼하게 다시 읽어보거나 들어보지 않습니다. 여러분들이 입 밖으로 내뱉는 말 한마디 한마디가 즉시 채점됩니다. 앞에 앉아 계신 채점관들이 '저 수험생이 너무 긴장했구나.'라고 생각해 주면 다행이지만, 혹여나 '이 수험생이 교사가 된다면 학생이나 학부모 앞에서도 저렇게 자신감 없는 모습을 보이게 되지는 않을까?', '실제 교실에 가면 학생들이 20~30명은 앉아 있을 텐데 그 긴장되는 상황을 잘 이겨낼 수 있을까?' 하는 생각도 할 수 있을 것입니다. 후자와 같은 생각이 들게 한다면 고득점 확률은 낮아질 수밖에 없습니다.

항상 자신감 있는 눈빛과 자신감 있는 목소리를 연습하는 것이 중요합니다. 이후에 더 자세히 다루겠지만, 저는 '파워 포즈'를 적극적으로 활용했습니다. 어깨를 최대한 넓게 펴고 목소리를 낮고 굵게 하며, 말의 속도를 줄였습니다. 이후 자신감이 올라오면 약간의 제스처와 눈을 피하지 않고 아이 컨택을 활용하며 확신에 찬 모습을 보여주며 답변했습니다.

우리가 흔히 말하는 '저 사람 기가 세다.'라는 말의 의미는 '저 사람, 스스로 확신에 찬 기세가 느껴진다.'입니다. 시험도 일련의 기 싸움입니다. 기 싸움에서 가장 중요한 것이 바로 '자신감'입니다. 불안하고 무거운 시험장 공기를 확신에 찬 자신감으로 이겨내 봅시다.

Chapter 09 학교 현장을 간접적으로라도 경험하라

강사나 기간제 경험이 있다면 큰 어려움이 없을 것이지만, 학교 현장에 대한 경험이 하나도 없는 수험생이라면 심층 면접을 대비하기 위해서 반드시 학교 현장을 간접적으로라도 경험하는 것이 중요합니다.

저 역시도 학교 현장에 대한 경험은 교생 실습 외에는 하나도 없었습니다. 그래서 심층 면접의 모든 문제가 낯설게 느껴졌고 어떤 아이디어를 제시해야 학교 현장에서 실제로 적용이 가능한 것인지 전혀 감을 잡을 수가 없었습니다.

이럴 때는 다큐멘터리나 책이 정말 도움이 많이 됩니다. 그중에서 개별적인 사건에 집중하기보다는 그 학교 현장을 둘러싸고 있는 여러 주체를 중심으로 어떤 관계 속에서 어떤 갈등이 벌어질 수 있는지를 파악하기를 추천합니다.

예를 들면 학교를 둘러싸고 있는 주체는 교사와 학생뿐만 아니라 학부모와 지역사회도 교육의 주체가 될 수 있습니다. 그렇다면 학교 안팎에서 일어나는 다양한 주제들은 학생 간의 갈등, 교사와 학생의 갈등뿐만 아니라 교사와 학부모와의 갈등, 학생과 학부모와의 갈등, 동료 교사와의 갈등, 행정 업무에 관한 고충, 교무실과 행정실의 갈등, 교사와 관리자와의 갈등, 지역사회의 요구에 적합한 교육 활동 추진 등과 같을 것입니다.

이뿐만 아니라 심층 면접에서는 도움이 필요한 학생이 있음을 가정하여 어떻게 적절하게 교육 활동을 펼칠 것인지 물어보는 유형도 종종 출제됩니다. 저소득층 학생, 다문화 학생, 가정불화 학생, 자해하는 학생, 말이 없는 학생, 감정 조절에 어려움을 겪는 학생, 정신적 트라우마를 가지고 있는 학생 등 이러한 주제가 등장하면 실질적인 학교 경험이 없는 수험생은 당황할 수밖에 없습니다. 그렇기 때문에, 학교생활에 대한 경험 여부가 답변에서 적절성, 전문성의 차이로 나타납니다.

학교 현장에 대한 인풋을 쌓는 여러 방법 중 한 가지를 꼽으라면 단연 다큐멘터리를 가장 추천합니다. 1차 이후 머리도 식힐 겸 시청하기 좋은 다큐멘터리 리스트를 이후에 소개해 드리니 확인해보시길 바랍니다!

Chapter 10 교육의 흐름과 최신 이슈를 파악하라

    심층 면접을 준비하는 데에 교육의 흐름과 이슈를 파악하는 것도 중요합니다. 교육부 네이버 블로그를 팔로우하면 카드뉴스 형식으로 요즘 교육의 트렌드를 쉽고 빠르게 파악할 수 있습니다. 또한, 각 지방 교육청에서 홍보용 블로그나 인스타그램을 운영하는 경우도 있습니다. 이렇게 지방 교육청에서 "우리 요즘 이렇게 하고 있어! 우리 이렇게나 잘하고 있어!"라고 소리치고 있는데 몰라주면 안 되겠죠?

    저는 교육부와 제가 응시한 지역의 SNS뿐만 아니라 다른 지역의 SNS도 살펴봤습니다. 특히 경기도 교육청은 다른 교육청에 비해서 조금 더 트랜디하고 실험(?)적인 것도 많이 실시하는 경향이 있었기 때문입니다. 그곳에서 더 창의적이고 획기적인 아이디어를 몇 가지 얻어올 수도 있었습니다. 이와 같은 이유로 경기도를 응시하지 않더라도 경기도 교육청 SNS를 팔로우하는 것을 추천합니다.

    물론 평가원 심층 면접 문제에서는 각 지역의 특색이 드러나는 문제가 노골적으로 출제되지는 않습니다. 그러나 채점관들은 해당 지역에서 20~30년 근무하고 계시는 분들이기 때문에 자신의 교육청에서 어떤 부분을 중요하게 생각하는지, 어떤 교육 사업이 진행되고 있는지 아주 정확하게 잘 파악하고 계십니다. 심지어 해당 사업의 담당자가 채점관으로 등장할 수도 있죠.

    비록 평가원 출제지역이라 심층 면접 문제에 지역 특색 사업이 직접 언급될 가능성은 없다고 생각했을지라도 적절히 답변에 녹아낼 수 있도록 대비하는 것이 중요합니다. 해당 교육청이 요즘에는 어떤 사업에 관심이 있고 어떤 교육적인 부분을 개선하려고 하는지 해당 지역의 관심사와 흐름을 파악하려는 방식으로 SNS를 활용하며 심층 면접을 준비하는 것을 추천합니다.

교육 사업의 실행 흐름을 보면, 먼저 교육부에서 중요하게 생각하는 부분을 발표하고 이에 대한 정책을 이야기합니다. 그리고 각 시도 교육청에서 이를 어떻게 학교 환경에서 실행할지 구체적인 방안을 제시합니다. 그러면 해당 지역 학교에서 실제적인 다양한 활동으로 실현되는 것이죠.

예를 들면, 교육부에서 "기초 학력이 문제다. 기초 학력 향상에 힘쓰겠습니다."라고 하면 각 시도 교육청에서 "우리는 기초 학력 향상을 위해 지역사회 멘토-멘티 프로그램을 활성화하겠습니다."라고 한 단계 구체적인 방안이 제시됩니다. 그다음 해당 학교에서 실제로 대학생과 중·고등학생을 연계하여 방과 후 수업을 진행하는 등 교육 사업이 실현되는 순서입니다.

자체 출제지역을 준비하는 수험생이라면 당연히 더 구체적인 실현 방안까지 공부해야겠지만, 평가원 지역이라고 해서 방심할 수는 없습니다. 답변이 더 구체적이고 현실적일수록 설득력이 높아지고 고득점에 가까워질 것이기 때문입니다.

Chapter 11 결국, 다 피가 되고 살이 된다

    1차 시험을 공부하다 보면 간혹 '이게 결국 내가 교사가 되어서 쓸 수 있는 지식일까?', '너무 교육 현장과 동떨어진 내용 아닌가?' 하는 생각이 들 때도 있었을 것입니다.

    그러나 2차 시험은 다릅니다. 이론만을 물어보는 1차보다 실제 교육 현장에 관해 물어보는 2차 시험이 교사가 되고 난 상황을 훨씬 더 현실적으로 잘 반영하고 있습니다. 나중에 현직 교사가 된다면 2차 시험을 준비하면서 배웠던 모든 내용이 교직에 성공적으로 적응하는 데 아주 큰 밑거름이 되었음을 깨닫게 될 것입니다.

    지금 2차 시험을 준비할 때 단순히 시험이라고만 생각하는 것보다 '정말 미래의 나에게 피가 되고 살이 된다.'는 생각으로, 진심으로 몰입하셨으면 좋겠습니다. 합격 후에 분명히 수업 측면이나 학교생활 측면에서 훨씬 더 행복하고 능숙한 교사 생활을 하실 수 있게 될 것입니다.

Chapter 12 2차 시험장 이야기

심층 면접을 준비하기에 앞서서 임용 2차 시험장의 분위기와 채점관은 어땠는지, 그곳에서 무슨 일이 벌어졌는지 등 경험자의 생생한 이야기를 들으면 시험장에 있는 자신의 모습을 상상할 수 있어 어느 정도 감을 잡는 데 도움이 됩니다. 물론, 지역마다 세세한 부분부터 큰 부분까지 운영 방식에 약간의 차이가 있습니다. 그러므로 되도록 같은 지역, 같은 과목의 시험장 이야기를 참고하시길 바랍니다. 여기서는 부산에서의 저의 이야기를 공유하지만, 유튜브 '곰쌤 교실' 채널의 '합격자 인터뷰' 콘텐츠를 보시면 다양한 과목과 지역별 2차 이야기를 다루었으니 한번 찾아보시길 추천해드립니다.

1 시험 하루 전날

저는 시험 하루 전날에 미리 시험장 가까이에 있는 숙소를 잡아서 시험 준비를 했습니다. 제가 지금까지 준비해 왔던 유형별 틀과 여러 상황에서 쓸 수 있는 아이디어들을 한번 쭉 읽어 보면서 정리하는 시간을 가졌습니다. (여기서 언급되는 유형별 틀과 아이디어 및 예시 답변은 모두 차례대로 소개될 예정입니다.)

운동선수 마냥 저는 중요한 시험 전 항상 12시간 이상 자야 한다는 습관이 있습니다. 그래서 간단하게 밥을 먹고 면접에 관한 유형별 틀과 아이디어, 예시 답변을 확인하니 오후 6~7시 정도 되었습니다. 그 뒤로 바로 잠자리에 들었죠. 잠은 잘 오진 않았지만 알람을 맞춘 후 방을 어둡게 하고 임용 커뮤니티에 올라오는 카페 글이나 유튜브의 유혹으로부터 견디고 싸우며 누워있다가 보니 어느샌가 잠이 들었습니다.

2 시험 첫째 날 (심층 면접)

간단하게 간식거리와 물을 편의점에서 사 들고 시험장으로 향했습니다. 간식으로는 중간중간 시험장에서 꺼내 먹을 수 있는 초콜릿과 과자류, 빵 한 개 그리고 물 두 병 정도를 챙겨갔습니다. 시험장에 들어서니 대기실이 아주 많았고, 수험번호에 따라 어느 대기실에 가야 할지 적혀 있었습니다.

대기실에서 몇 분 기다리자 감독 선생님이 유의 사항을 전달하였습니다. 유의 사항을 전한 다음 관리번호를 바로 추첨했습니다. 관리번호를 추첨하는 상자는 마치 투표함 같은 상자에 주먹 하나가 들어갈 만한 구멍이 뚫려 있었습니다. 그곳에 손을 넣어서 제비를 뽑으면 관리번호가 나오는데, 그 번호에 따라 1번부터 끝 번호까지 자리를 바꾸어 착석하였습니다. 그 뒤로 자신의 면접 순서가 다가올 때까지 대기합니다.

대기하는 중에는 종이로 된 서적(또는 자료)을 볼 수 있었기에 수험생들은 본인이 준비한 면접 자료들을 꼼꼼히 살펴보고 있었습니다. 그러나 저는 순서가 아주 앞번호(제가 기억하기론 3번)를 뽑았기 때문에 자료를 보기보다는 '시험장 매뉴얼'(이후에 자세히 다룹니다)을 천천히 읽어 보며 긴장을 관리하고, 마인드 컨트롤에 집중했습니다.

위와 같이 자기 차례가 올 때까지 서적을 허용하는 지역이 있습니다. 지역에 따라서는 필기구 사용까지 가능하기도 합니다. 그래서 대기 시간 동안 볼 최종 마무리 자료를 들고 가는 것도 하나의 시험장 팁이 될 것입니다. 그렇지만, 이 부분은 지역마다 규칙이 다르므로 반드시 임용 2차 시험과 관련한 지역별 공문을 확인해보시기 바랍니다. 해당 공문은 임용 1차 합격자 발표 당일에 지역별 교육청 홈페이지에 게시됩니다.

대기하는 동안 대화는 일절 금지입니다. 화장실도 남녀 구분 없이 한 대기실마다 한 명씩만 다녀올 수가 있습니다. 화장실을 한 명만 다녀올 수 있어서 너무 불편하지 않을까 생각이 들었지만, 융통성 있게 대기 번호가 앞인 수험생부터 먼저 보내주었고, 뒤로 갈수록 대기실에 사람이 얼마 없게 되니 화장실 이용에는 큰 불편함이 없었습니다.

본인 차례가 되면 인솔 위원이 데리러 옵니다. 인솔 위원의 안내에 따라 가져온 짐을 모두 챙기고 구상실로 이동하게 됩니다. 구상실을 혼자 사용하는 줄 알았으나 과목이 다른 5

명의 수험생과 함께 사용하였습니다. 이미 자리가 정해진 책상 5개가 있었습니다. 책상 위에 구상지가 놓여 있었고 교탁에는 타이머가 있었습니다. 저는 가운데 자리에 앉았는데, 이 부분이 살짝 당황스러웠던 기억이 있습니다. 왜냐하면, 저는 항상 조용한 분위기에서 구상 연습을 했는데, 바로 앞에 타이머가 있고 5명의 볼펜 쓰는 소리를 들으면서 구상을 하니 생각보다 집중력이 많이 흐트러졌습니다. 이러한 상황은 제가 생각하지 못한 부분이라 약간 당황했습니다. 이렇게 면접 당일, 구상실에 여러 명이 들어갈 수도 있으니 확인해보시고 실전 연습을 할 때 참고하시길 바랍니다.

그렇게 5명이 동시에 구상을 끝내고, 그 5명은 각자 다른 5개의 시험장으로 흩어져서 면접을 보게 됩니다. 한 팀이 면접실로 모두 들어가면, 그다음 팀이 구상실로 입장하는 방식으로 운영되었습니다. 면접장에는 채점관이 5명이 있었습니다. 보통 다른 지역은 3명이지만 부산은 5명이라는 이야기를 미리 합격한 지인에게 들었기 때문에 크게 당황하지는 않았습니다.

채점관 5명 모두 아주 아주 날카롭게 저를 잡아먹을 듯한 기세로 쳐다보았습니다. 평소 제가 말을 하는 데 긴장을 별로 잘 안 하는 타입임에도 불구하고 너무 날카롭게 바라보고 있었습니다. 스스로 맞는 말을 하고 있다고, 잘 답변하고 있다고 확신함에도 불구하고 '혹시나 내가 지금 잘못 이야기하고 있나?', '실수하고 있나?' 하는 생각이 계속 들었습니다. 답변하는 와중에 자신감이 떨어지고 위축되게끔 하는 분위기였죠.

지나와서 보니, 채점관들은 가급적 수험생에게 반응하지 말라는 내용의 매뉴얼이 있다고 합니다. 혹시라도 웃어주거나 고개를 끄덕이는 행동 등을 보이면 수험생이 실제 의도와 다른 의미로 받아들이기 때문이겠죠. 이러한 공정성의 문제로 '나는 아무런 반응을 너에게 보여주고 있지 않다.'라는 태도를 적극적으로 표현합니다. 그런 이유로 인해 오히려 무섭게 정색하는 표정이 나오는 건 아닌가 하는 생각이 듭니다.

이렇게 무섭게 쳐다보시는 채점관 외에는 너무 부담스럽게 금방이라도 자리에서 일어나실 것처럼 얼굴을 가까이 들이미시는 채점관도 있었습니다. 그러나, 제가 문제 핵심 내용에 해당하는 답변을 언급하자 마치 제 입에서 정답이 나오기를 기다렸던 듯 바로 채점 종이에 필기하는 것을 보았습니다.

위와 같이 극도로 긴장되는 면접장 분위기 속에서 채점관들이 보여주는 다양한 방식의 사소한 반응은 수험생에게 큰 부담으로 다가옵니다. 그렇지만 저는 최대한 자신 있는 목소리와 톤을 놓지 않으려고 노력을 했고 한 명 한 명 아이컨택을 맞춰가는 것에 집중했습니다.

타이머는 제 기준 왼쪽에 놓여 있었으며 10분에서 아래로 내려가는 방식이었습니다. 계속 시간을 확인하면서 구상형 답변을 진행했습니다. 구상형 답변이 모두 끝나면 책상에 붙어있던 도화지 덮개를 열어서 즉답형 문제를 확인할 수가 있습니다. '즉답형 문제를 확인하겠습니다'라고 말하고, 잠깐 생각할 시간을 1분에서 1분 30초 정도 가진 후에 '즉답형 답변을 시작하겠습니다.'라고 짧게 언급을 한 후 즉답형 답변을 이어 나갔습니다. 10분을 가득 채워 답변했습니다. 퇴실 이후 시험장 교실 밖에 두었던 짐을 챙기고 바로 귀가하였습니다. 그때 시간이 오전 10시 반 정도였습니다.

숙소로 돌아와서 간단히 밥을 먹고 한숨 자고 목욕도 하고 피로를 푼 다음 내일 있을 수업 실연 준비를 했습니다. 반복하여 출제되었던 부분을 위주로 짧게 수업 실연 시나리오를 떠올려 보았습니다. 주제를 찾아보게 하는 활동, 세부 정보를 이용해서 질문에 답해보는 활동, 이해점검, 그룹 역할 부여, 동료 평가, 체크리스트 활용 등 교사 발언 위주로 점검해 보았습니다. 점검이 끝나니 오후 6시에서 7시쯤이 되었고 12시간 취침의 루틴을 지키기 위해 침대에 누웠습니다.

3 시험 둘째 날 (수업 실연)

　둘째 날에는 간단하게 아침을 먹고 편의점에서 첫째 날과 마찬가지로 물 2병과 초콜릿, 빵 두 개를 사서 시험장으로 향했습니다. 그러나, 이는 제가 거의 끝 번호를 뽑게 될 줄 모르고 저지른 실수였습니다. 시험장에서 아침 8시부터 오후 7시까지 대기해야 하는 상황이 벌어지는데요. 그때 너무 배가 고파서 힘들었습니다. 다행히 물은 정수기에서 계속 받아 마실 수 있었는데, 계속 물을 마시게 되면 화장실에 자주 가게 되니까 오히려 잘 안 마시게 되었습니다. 내심 앞 순서 수험생분에게 간식 동냥이라도 해볼까 했지만, 대화가 금지되었기 때문에 이것마저도 불가능했습니다. 그래서 2차 시험장에 가시는 길에는 늦은 관리번호를 뽑게 되는 것을 대비하여 꼭 충분한 간식거리를 준비하시길 바랍니다!

　9시부터 10시까지는 지도안을 작성하기 시작했습니다. 저는 지도안 시험지를 받자마자 바로 칸이 부족하다는 것을 직감하였습니다. 다른 분들은 거의 다 자를 하나씩 꺼내서 가로 줄을 추가하는 모습이었습니다. 저는 자를 따로 챙겨가지 않아서 한 칸에 두 줄씩 쓰는 방식으로 지도안 시험을 치렀습니다. 이렇게, 시험 응시 지역이 지도안 시험을 치른다면 자를 꼭 챙겨가시기를 바랍니다. 최근 합격자 인터뷰를 진행하다 알게 된 사실로는, 지도안의 형식이 많이 바뀌었다고 합니다. 학생란을 쓰는 부분이 사라졌다고 하니, 이 부분도 참고하여 대비하시길 바랍니다.

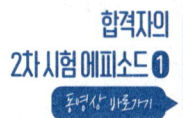

　시험장에는 시계가 없습니다. 보통 1차 시험 때는 손목시계를 빠지지 않고 다들 챙겨가실 겁니다. 그러나 2차 시험장에는 은근히 시계를 가져가지는 걸 깜빡하시는 분들이 많이 계십니다. 저도 사실은 시계에 대한 생각은 딱히 없었습니다. 제가 입은 정장과 어울린다고 생각해서 패션용으로 가져갔던 손목시계가 신의 한 수가 될 줄은 몰랐습니다.

　실제로 시험장에 시계를 가지고 오지 않으신 분들이 생각보다 꽤 많았습니다. 시험을 치르는 도중에도 양옆에서 수험자들이 손을 들며 계속 지금 몇 분 남았는지 감독관을 불러 확인하는 모습을 보았습니다. 제가 그분들의 상황이었다면 아주 초조해지고 둘째 날 첫 단추를 잘못 끼웠다는 생각에 걱정이 많이 되었을 것 같습니다. 따라서, 지도안 작성도 엄연히 제한 시간이 정해져 있는 시험이고 고사실에는 시계가 없을 확률이 높으니, 꼭 2차 시험장에서도 항상 손목시계를 챙겨가는 것을 습관화하시길 바랍니다.

　지도안 작성 시험이 끝난 다음 짧은 시간이 주어졌습니다. 그때 약속이라도 한 듯이 모든 수험생이 노트와 펜을 꺼내서 무언가 적기 시작했습니다. 저도 '이게 지금 무슨 일이지?' 하고 있었는데 알고 보니 지도안에 등장했던 문제와 조건을 복기하고 있었습니다. 저도 다행히 습관적으로 가방에 노트와 펜을 들고 다녀서 다른 사람들과 마찬가지로 복기를 했습니다. 이는 지역마다 규칙이 다른 것 같습니다. 어떤 지역은 필기구 사용이 허용되지 않는다고 하니, 머릿속에서 반복적으로 조건과 문제를 복기하는 연습도 필요할 것 같습니다.

　저는 여기까지의 상황을 겪으면서 두 차례 안도의 한숨을 내쉬었습니다. 손목시계도 우연히 들고 간 것이고, 노트와 펜도 우연히 가방 속에 있었거든요. 저도 나름대로 2차 시험장에 대한 시뮬레이션을 많이 했다고 생각했는데, 자칫 크게 불리해질 수 있었던 돌발 상황이 발생하였습니다. 여러분도 최대한 많은 합격자의 시험장 에피소드, 복기를 참고하여 시뮬레이션을 해보시기 바랍니다.

　그 이후에는 관리번호 추첨을 진행합니다. 첫 번째 날과 똑같은 제비뽑기 상자였습니다. 저는 맨 끝에서 한 칸 앞의 순서(기억하기론 14번)를 뽑았습니다. 관리번호 추첨이 끝난 후 대기 순서대로 자리를 바꾸어 착석합니다. 그리고 점심시간이 시작되었습니다. 점심시간에도 일체의 대화가 허용되지 않았습니다. 모두 조용히 자기 자리에서 밥을 먹었고, 화장실도 여전히 한 번에 한 명씩만 다녀올 수 있었습니다. 앞번호를 뽑은 사람은 점심을 먹지 않고 수업 실연 연습을 하는 듯 보였습니다.

　점심시간이 끝나고 나면 수업 실연이 시작됩니다. 수업 실연은 두 개의 조로 나누어 진행되었기 때문에, 한 대기실에서 2명씩 구상실로 이동했습니다. 예를 들어, 한 대기실에 40명이 있다고 가정하면, 1번부터 20번까지가 1조, 21번부터 40번까지가 2조로 나뉘고, 1번과 21번이 동시에 구상실로 이동하게 됩니다. 그러니, 21번을 뽑았다고 해서 21번째가 아닐 수도 있다는 것이죠. 첫 번째가 될 수도 있다는 뜻입니다!

구상실로 이동 시에는 첫째 날과 마찬가지로 인솔 위원이 데려오고 짐을 모두 챙기고 이동합니다. 20분 동안 구상을 하고, 정해진 수업 실연 교실에 들어가서 수업을 시작하면, 또 다음 순서에 해당하는 사람이 구상실에 들어와서 구상하게 되는, 쉽게 말해 '밀어내기' 방식이었습니다.

참고로, 저는 맨 뒤에서 한 칸 앞의 번호를 뽑아 대략 저녁 6시 10분 정도가 되어서야 구상실로 이동할 수가 있었습니다. 대기할 때 감독관이 예상 대기 시간을 알려주는데, 제가 안내받은 시각은 5시 15분이었습니다. 그러니 1시간 가까이 지체된 것이죠. 이렇게 예상보다 지체되는 경우가 많이 있다고 합니다. 여러분도 늦은 번호를 뽑게 되는 것을 대비하여 마음의 준비(특히, 간식 준비)를 해두시기 바랍니다.

구상실에서 개인 볼펜을 사용할 수가 있었으나, 색깔 볼펜은 사용이 금지되었습니다. 수업 실연도 면접과 마찬가지로 서로 다른 과목 응시생 5명이 동시에 구상실에 입장하는 방식이었습니다. 그중 한 분이 진행 요원에게 파란색 펜을 사용하면 안 되냐고 직접 문의를 하였는데, 단호하게 검은색 볼펜만 사용할 수 있다고 대답하였습니다. 아마 그분은 수업 실연을 연습할 때 검은색과 파란색을 구분하여서 지도안에 필기하는 방식으로 연습을 하셨나 봅니다. 여러분도 구상실에서 색깔 펜이 허용되지 않는 지역이라면 실전 연습을 할 때부터 검은색만 사용하는 것에 익숙해질 필요가 있을 것입니다.

수업 실연 구상실도 면접과 마찬가지로 5개의 책상 위에는 오전에 제출했던 자신의 지도안 사본이 놓여 있었습니다. 교탁에는 20분이 맞춰져 있었고, 모두 준비가 되면 카운트다운이 시작됩니다. 20분 구상이 끝나고 나면 5명은 각자 흩어져 본인의 수업 실연 교실로 이동하게 됩니다. 저는 거의 마지막 순서에 해당하였기 때문에 이미 시험이 끝난 과목도 많이 있었습니다. 그래서 아주 정숙한 복도 분위기에서 수업 실연을 진행하게 되었습니다.

교실 밖에 짐을 두고, 간단하게 용모를 정리한 후 교실에 입장하였습니다. 관리번호를 언급하며 소리 내어 인사하는 것이 금지되었기 때문에, 간단히 묵례만 하였습니다. 채점관은 총 5분이 계셨는데 아주 많이 피곤해하시는 표정이었습니다. 금방이라도 쓰러져서 주무실 것만 같은, 억지로 힘듦을 참아보려고 하시는 모습이 제 눈에도 선히 보였습니다. 아침부터 지금까지 계속 똑같은 내용의 수업 실연을 듣고 계시는데 얼마나 피곤하실까요. 저 역시도 스터디를 할 때 똑같은 내용을 연속 4번 들은 적이 있었는데 너무 피곤하고 지루했습니다. 그런데 채점관 선생님들은 14번째 듣고 있다고 생각하니 그 상태가 절로 이해가 되었습니다. 실제로, 수업 실연 채점관으로 다녀오신 선배 교사의 이야기를 들어보니 '정말 다시는 하고 싶지 않은 최악의 경험'이었다고 후기를 전하였습니다.

   그렇지만, 막상 수업 실연을 시작하니 모두 다 경청해주셨습니다. 지금껏 여기까지 온 수험생들의 열정과 노력을 존중해주시는 듯 한 명 한 명 최선을 다해서 열심히 눈도 맞춰주시고 수업을 들어주시려고 하는 모습이 느껴졌습니다. 그러한 모습에 감동하여 8시간에 가까운 대기 시간 동안 간식도 제대로 못 먹어서 아주 피곤하고 배고픈 상태였으나 앞 교실, 뒷 교실에 제 목소리가 들릴 정도로 쩌렁쩌렁하게 수업 실연을 했던 기억이 납니다.

   수업 실연 교실에는 여러 색깔의 분필이 모두 준비되어 있었습니다. 합격자 인터뷰를 진행하다 보니, 칠판이 화이트보드인 경우도 있었고, 하얀색 분필이 없었던 에피소드도 있었습니다. 이렇게, 수업 실연 교실 환경에 대해서는 여러 돌발 상황이 발생할 수 있으니 이에 대한 대비도 필요할 것입니다.

   저는 분필이 너무 잘 부서지는 재질이었습니다. 긴장한 탓인지는 몰라도, 수업 실연을 하면서 4~5번 분필을 부러뜨렸던 것 같습니다. 그렇지만 당황하지 않고 부수면 부수는 대로 자연스럽게 다시 분필을 꺼내서 수업을 진행했습니다. 계속 분필을 부수는 모습에 채점관 선생님들 머릿속에 아마 '분필 부수는 선생님'으로 각인되었을 수도 있었겠네요.

   타이머는 수업 중간에 계속 확인을 할 수 있게 교실 문 옆에 배치되어 있었습니다. 적당히 제가 준비된 모습을 보이면 감독 선생님께서 '수업 실연 시작하세요.'라는 안내와 함께 타이머를 누르셨습니다. 채점관 선생님들은 대부분 바른 자세로 경청해주셨지만 20분이라는 시간이 상당히 긴 시간이기 때문에 중간에 피곤함을 못 이겨내시는 때도 있었습니다.

   특히, 수업 중간에 제가 개그 요소들을 넣어도 절대로 웃어주지 않으셨습니다. 이 때문에 상당히 무안한 상황이 연출되었는데요. 그럼에도 굴하지 않고 뻔뻔하게 제가 준비한 수업 실연을 계속 이어 나갔습니다. 이전에도 언급했듯이, 원래 채점관은 수험생에게 아무런 반응을 하지 않으려고 최선을 다해 노력합니다. 무안한 분위기에 당황하지 마시고 오히려 자연스럽게, 때로는 뻔뻔하게 본인이 준비한 것을 계속 진행하시길 바랍니다.

수업 실연이 끝나고 나서 밖에 나가니 비가 쏟아지고 있었습니다. 하늘도 어두컴컴하였습니다. 새삼 아침부터 저녁까지 온종일 시험장에 있었다는 사실을 깨닫게 되었습니다. 택시를 기다리며 비에 머리가 헝클어지고 양복이 젖어가는데 무언가 후련한 감정이 마음속에서 느껴졌습니다. 저녁 8시 정도가 되어서야 집에 도착하였고 따끈한 진수성찬으로 길고 지루하고 배고팠던 하루의 허기를 달랬습니다.

Part 2

심층 면접
준비 전략

Chapter 01 심층 면접 준비의 3단계

심층 면접을 할 때 아래와 같이 '인풋 쌓기 – 아웃풋 연습하기 – 자동화', 이 3단계를 거치면 짧은 시간 안에 효과적으로 면접 대비를 할 수가 있습니다.

(1) 1단계 : 인풋 쌓기

많은 합격자분을 만나 뵈어 '심층 면접에서 가장 중요한 것은 무엇이라고 생각하세요?'라고 물었을 때 공통으로 말씀을 해주셨던 것이 '인풋이 정말 중요하다.'라는 것이었습니다. 이에 정말 공감합니다. 인풋이 없으면 아웃풋이 나올 수가 없거든요.

2차 준비 기간이 두 달 남짓하여 마음이 초조해지고 매우 조급해지기도 합니다. 그러나 사실 두 달은 정말 긴 시간입니다! 급하다고 무턱대고 아웃풋 연습부터 하다 보면 '빈 수레가 요란하다.'라는 말처럼 횡설수설하고 있는 자신을 발견하게 될 겁니다.

꼭 마음을 차분하게 잡으시고 인풋 쌓는 것에 집중하세요!

(2) 2단계 : 아웃풋 연습하기

인풋이 어느 정도 쌓였으면 아웃풋을 연습해야 합니다.

말하기를 좋아하고 잘하는 성향의 사람들이 있지만 그렇지 않은 분들도 많이 있습니다. 평소에 긴장을 잘하는 사람이 있고 그렇지 않은 사람도 있죠. 그러나 시험은 이러한 차이를 배려해주지 않습니다.

자신이 쌓은 인풋을 온전하게 아웃풋으로 뱉어낼 수 있으려면 이에 대한 고민과 연습이 생명입니다! 자신이 알고 있는 내용을 어떤 논리적 전개로 풀어나갈 것인지, 유형별로 어떻게 답변하면 좋은 답안이 될지, 자기 답변을 간단명료하면서 설득력 있게 구조화하는 방법을 고민하고 연습하는 과정이 필요합니다.

(3) 3단계: 실전 반복 연습을 통한 자동화

심층 면접에 필요한 지식이 어느 정도 쌓이고, 이를 다른 사람에게 전달하는 방법을 충분히 익혔다면 이제는 실전 연습을 해 볼 차례입니다. 자신이 응시하는 지역에 맞게 문항을 준비하고 제한 시간에 맞게 구상하고 답변하는 연습을 해 봅시다.

이때 자신의 심층 면접에 대해서 피드백을 해 줄 수 있는 스터디가 있다면 더욱 효과적입니다. 새로운 문제에 대응하는 방법을 익히고 실제 시험장과 같은 상황을 연출함으로써 실전 감각을 키워나가야 합니다. 또한, 반복 연습으로 시험장 루틴에 익숙해지도록 연습하는 것도 필요합니다.

이 단계의 핵심은 자신감 있는 답변, 답변 틀 자동화, 긴장 관리입니다. 실전 반복 연습을 통해 문제를 보자마자 핵심 키워드를 떠올리고 이를 답변 틀에 맞게 문장을 구성할 수 있어야 합니다. 구상 시간이 단축된 문제가 많을수록 낯선 문제에 쏟을 구상 시간이 많아지며, 돌발 상황에 대처할 수 있는 여유로움도 가지게 됩니다.

이렇게 심층 면접 준비는 '인풋-아웃풋-실전연습', 이 3단계로 큰 가닥을 잡습니다. 단계별로 어떤 부분에 초점을 맞추어 준비하면 좋을지 하나씩 자세히 살펴보도록 합시다.

Chapter 02 심층 면접 INPUT

　심층 면접 인풋의 핵심은 '깊이'보다 '넓이'입니다. 좁고 깊은 지식보다, 얇고 넓은 지식이 심층 면접 답변에는 아주 유리합니다.

　심층 면접 준비를 해본 적이 없는 수험생이라면 인풋 쌓기 단계에 2~4주 정도 시간을 넉넉히 투자하시기 바랍니다. 그 이상도 좋습니다.

　비록, 대부분 주변에서 1차 시험이 끝나고 곧바로 실전 심층 면접 연습 문제로 무작정 부딪혀보는 스터디를 꾸리기는 하지만, 절대 흔들리지 마세요! 1차 이후 2차 시험날까지 시간은 충분히 기므로, 비록 지금은 약간 돌아가는 길처럼 보이지만 결국 마지막에 합격하는 사람은 바로 여러분일 것입니다!

01 구상의 차원을 떠올리기

심층 면접을 준비하다 보면 문제에서 '해결 방안을 적게는 2개에서 많게는 5개까지 제시하라는데 도대체 그 많은 아이디어를 어떻게 다 떠올릴 수 있을까?' 하는 어려움을 마주치게 됩니다. 이러한 고민을 해결해 주는 방법이 바로 구상의 차원입니다.

구상의 차원이란 한 주제에 대해 다양한 관점에서 아이디어를 떠올려보는 것을 말합니다. 교육과 관련된 문제 상황이라면 보통 교사와 학생의 관점에서 접근하는 것이 일반적입니다.

그러나, 교사와 학생 관점에서 확장하여 학부모와 지역사회 차원까지 총 4가지 큰 관점을 떠올리고, 세부 관점으로 교사의 관점에서 교사 개인의 관점과 교사 협력의 관점, 학생의 경우에서도 학생 개인과 주변 학생의 관점으로 떠올려본다면 한 문제에 대해서 총 6개의 관점으로 접근하게 되므로 다양한 아이디어를 떠올릴 수 있습니다.

구상의 차원

문제 상황 혼자 다니는 학생			
	교사	교사 개인(담임)	개별 상담
		교사 협력	상황 공유, 면밀한 관찰 요청, 선배 교사 조언, 상담교사 협력
	학생	해당 학생	1일 1미션 활동
		주변 학생	수호 천사 활동
	학부모	-	상황 공유, 대화/정서적 지원 당부, 협력 요청
	지역사회	-	진로 체험

예를 들어, 문제 상황으로 '혼자 다니는 학생'이 출제되었다고 생각해 봅시다. 이를 해결하는 방안을 떠올려야 하는데, 구상의 차원을 기준으로 생각해 보면 훨씬 더 빠르게 더 다양한 관점의 해결책을 제시할 수 있습니다.

먼저 교사의 관점에서 생각해 봅시다. 교사의 관점은 다시 교사 개인, 즉 담임교사의 관점과 교사 협력의 관점으로 나누어집니다. 담임교사로서 제일 먼저 떠오르는 해결 방안은 '학생 개별 상담 시행' 정도가 될 것 같습니다. 교사 협력의 관점에서는 학년 부 및 교과담임 동료 교사에게 해당 학생에 대한 상황을 공유한 후 면밀한 관찰을 요청할 수가 있을 것입니다. 선배 교사에게 조언을 구할 수도 있고, 전문적인 도움이 필요하다고 판단될 경우 상담교사와 협력하는 것도 동료 교사의 차원에서 떠올릴 수 있을 방법입니다.

학생 차원에서 생각해 본다면 학생 개인과 주변 학생의 관점으로 분리해서 떠올려야 합니다. 학생 개인의 차원에서는 1일 1미션을 부여하는 것이 방법이 될 수 있습니다. 지우개를 빌려보라고 한다거나 숙제 물어보기, 인사해보기 등 학생에게 1일 1미션으로 친구와 대화해보는 활동을 제시할 수 있습니다. 주변 학생의 차원에서는 수호천사 활동이 제일 먼저 떠오릅니다. 학급 내에서 선한 영향력이 있는 학생에게 혼자 다니는 학생을 보살펴주는 수호천사 역할을 제안할 수 있습니다.

학부모 차원에서는 학부모와 현재 상황을 공유한 후 관련된 주제로 가정에서 주기적인 대화를 하도록 제안하고, 정서적으로 조금 더 보살펴 줄 수 있도록 협력을 요청할 수 있습니다.

지역사회 차원에서는 진로체험 활동이 있습니다. 비록 학교 안에서 혼자 다니더라도 학교 밖에서는 활발한 경우가 많으므로 학교 밖에서 자신과 비슷한 관심사를 가진 또래를 만날 기회를 제공해주는 것입니다. 그러면 그곳에서 친구를 사귀고 자연스럽게 사회성이 발달할 수 있을 것입니다. 학교 안에서 혼자 다녔던 기간이 길면 길수록 학교 안에서 불편함을 느끼는 경우가 많으므로 학교 밖으로 나가서 문화, 체육, 미술 활동을 접하도록 합니다. 밖에서의 경험을 토대로 학교 안의 문제를 해결하는 것도 좋은 접근이 됩니다.

이렇게 한 가지 문제 상황에 대해서 6가지 차원에서 답변을 할 수 있습니다. 이렇게 구상의 차원을 활용하면, 짧은 시간 안에 다양한 해결책을 제시할 수 있을 뿐만 아니라 문제를 해결하는 데 다양한 접근법을 동시에 생각할 수 있는 교사라는 인상을 줄 수도 있습니다. 따라서 저는 답변을 할 때도 '교사의 관점에서는 ~', '학생의 관점에서는 ~', '학부모의 관점에서 ~', '지역사회와 협력하여서는 ~'과와 같이, 최대한 다양한 관점을 언급하며 답변을 하였습니다.

위와 같이 여러 관점으로 접근하여 다양한 해결책을 제시한다면 심층 면접에서 훨씬 더 높은 점수를 받을 수 있을 것입니다!

| 02 | 다큐멘터리 시청 |

초반에 인풋을 빠르게 쌓는 효율적인 방법은 교육 관련 다큐멘터리를 시청하는 것입니다. 교육적이기도 하면서 심지어 재미있기까지 합니다. 그동안 시험 준비로 지친 자기 자신에게 휴식과 보상을 선사한다는 생각으로 다큐멘터리를 틈틈이 선물해주세요.

저의 경우에는 1차 시험이 끝난 직후 하루에 3~5편씩 몰아보곤 했습니다. 학원 강의를 들으러 이동하는 시간이나, 스터디 중간 쉬는 시간, 자기 전, 주말 등 부담 없는 시간대를 활용하여 틈틈이 다큐멘터리를 접해보시기 바랍니다.

아래는 심층 면접에 도움이 될 만한 다큐멘터리 리스트입니다. 이 외에도 다양한 다큐멘터리를 접해보시면서 실제 학교 현장에서 벌어지는 일을 확인하고, 이에 대해서 교사는 어떻게 대처하며 교육 전문가는 어떤 조언을 하는지 살펴보시기 바랍니다.

다큐멘터리를 볼 때는 너무 집중에서 공부하듯이 본다는 생각보다는, 가벼운 마음가짐으로 '임용과 관련된 넷플릭스'를 본다고 생각하세요. 다큐멘터리 시청이 '지루한 공부'가 되어서는 안 됩니다!

1 학교란 무엇인가 (EBS 다큐프라임, 10부작)

'학교란 무엇인가'는 시리즈가 많은 만큼 정말 넓고 다양한 교육 관련 논의 주제들을 전반적으로 모두 다 대비할 수가 있습니다. 학업 중단 위기 학생, 교육 행위에 있어서 학습자와 교육자의 역할, 교사가 바뀌면 학생도 바뀔 수 있는가 아니면 아무리 좋은 교사라도 학생이 노력하지 않으면 바뀔 수가 없는가 등 실제로 다큐멘터리에서 언급된 주제들이 심층 면접 문제로 출제되기도 하였습니다.

이 외에 칭찬하는 방법, 동기 부여 방법에 따른 학생들의 행동 변화, 최상위권 학생들은 어떤 생각을 하고 있으며 어떻게 학습하는가에 대한 주제도 다룹니다. 또한, 대안학교에 관한 주제들도 있습니다. 이우학교를 비롯한 국내외 대안학교들은 어떻게 교육을 펼치며 학생들은 이러한 교육 활동으로 어떤 것을 느끼고 어떤 인간으로 성장해 나가는가도 언급이 되죠. 이뿐만 아니라, '학교란 무엇인가'는 비록 10년 전에 만들어진 다큐멘터리지만 독서 교육이나 사교육처럼 오늘날까지 관심이 많은 주제도 다루기도 합니다.

2 학교의 눈물 (SBS 스페셜, 3부작)

'학교의 눈물'이라는 제목에서부터 알 수 있듯이 학교 폭력 관련 주제를 다루고 있습니다. 교육 현장의 어두운 부분으로, 따돌림, 신체폭력 등에 관한 주제가 주로 언급됩니다. 학교 폭력은 피해자에게 영원히 씻을 수 없는 상처를 준다는 사실을 아주 잘 그려낸 다큐멘터리입니다.

3 인터넷 폭력 예방 프로젝트 (EBS 다큐프라임, 2부작)

'인터넷 폭력 예방 프로젝트'는 사이버 학교 폭력에 관한 주제를 다룬 다큐멘터리입니다. 앞서 추천해드린 '학교의 눈물'은 신체폭력에 관한 주제가 주를 이루었습니다. 그러나, 요즘에는 점점 더 많은 학생이 스마트폰을 소유하게 되어 자연스럽게 SNS 활동을 친숙하게 여기고, 이에 따라 발생한 사이버 폭력에 관한 문제가 교육 현장에서 골칫거리가 되고 있습니다.

실제로 사이버 학교 폭력의 증가 추세가 신체폭력보다 훨씬 더 가파르게 증가하고 있습니다. 신체폭력이 주를 이뤘던 과거에는 학교를 벗어나면 그나마 학교 폭력에서 벗어날 수 있는 상황이었습니다. 하지만 사이버 폭력은 시간과 공간의 제약을 벗어나서 학교 밖에서까지 피해 학생을 계속 따라다닌다는 문제가 있습니다.

사이버 폭력의 대표적인 사례로는, SNS를 이용해서 특정 학생을 공개적으로 모욕하는 '저격 행위', 채팅방에 초대해서 여러 명이 한 명을 욕하는 행위, 친구의 사진을 허락 없이 유포하는 행위, 거짓 소문을 온라인에 퍼뜨리는 행위 등이 있습니다. 학생들은 이러한 행위를 별다른 경각심을 가지고 있지 않은 채로 장난스럽게 하곤 하지만, 정작 피해 학생에게는 아주 큰 정신적 피해를 안겨줍니다.

가해 학생으로서도 온라인 공간상에는 모든 증거가 명확하게 남아있기 때문에 처벌을 받는 것이 불가피하게 됩니다. 무심코 한 장난스러운 행동이 피해 학생에게는 큰 상처가 되고, 이에 대한 명확한 증거로 인해 가해 학생의 학창 시절에는 큰 오점을 남기게 됩니다. 이러한 이유로 사이버 학교 폭력에 대한 경각심을 불러일으킬 필요가 있게 되는 것이죠.

따라서, 예비 교사로서 학교 폭력에 관한 주제로 심층 면접을 준비한다고 하면 사이버 폭력 문제를 반드시 알아두어야 할 것입니다. 아주 중요한 주제이며 2부작으로 부담이 없으니 꼭 시청해두시길 바랍니다.

4 선생님이 달라졌어요 (EBS 다큐프라임, 15부작)

'선생님이 달라졌어요'라는 다큐멘터리에는 다양한 교실 속 문제 상황들이 등장하고 이를 해결하기 위한 전문가의 코치가 이루어집니다. 학생보다는 교사에게 초점이 맞추어져 교사의 관점에서 개선점을 찾아보는 방향으로 내용이 진행됩니다.

이러한 패턴은 심층 면접에서 항상 물어보는 패턴입니다. 교실 속에서 특정한 문제 상황이 등장하고 이 문제 상황이 발생하게 된 원인은 무엇이며 어떻게 해결할 것인가를 다루고 있죠.

이처럼 심층 면접과 가장 유사한 패턴의 다큐멘터리라는 사실 외에도, 제가 '선생님이 달라졌어요'를 추천하는 또 다른 이유는 예비 교사로서 정말 배울 것이 많기 때문입니다. 수업 방식과 학급 경영의 관점에서 정말 열정 가득한 현직 선생님들이 지원하셨고 실력 있는 전문가들이 조언을 제공합니다. 비록 15부작이라는 많은 양의 다큐멘터리이지만, 그에 걸맞게 정말 참고할 내용이 많은 알찬 다큐멘터리입니다.

5 AI 시대, 우리 교육의 방향은? (EBS, 5부작)

심층 면접을 준비할 때 최신 이슈에 대해 알아두는 것도 중요합니다. 실제로 경기도의 경우 원격 수업을 시행한 첫해에 바로 관련된 문제가 출제되었습니다. 이러한 사례를 보면, 당장 교육 현장에서 벌어지는 일이 실제 시험 문제로 출제됨을 알 수 있습니다. 따라서, 이를 대비하기 위해 최신 교육 이슈를 다루고 있는 다큐멘터리를 보는 것도 좋은 방법입니다.

'AI 시대, 우리 교육의 방향은?'이라는 다큐멘터리는 원격 수업과 관련한 여러 교육 주제를 다루고 있습니다. 코로나 시대로 학교는 정말 큰 변화를 겪었으며 '원격 수업'이라는 유례없던 새로운 형태의 수업 방식이 이제는 어느 정도 정착이 된 상태입니다. 심층 면접에서도 이와 같은 상황이 충분히 반영되어 출제로 연결될 수 있다고 생각합니다.

6. 다시, 학교 (EBS, 10부작)

'다시, 학교'라는 다큐멘터리는 '학교란 무엇인가'가 방영된 지 10년이 지나 제작된 프로그램입니다. 그래서 '다시 학교'라는 프로그램에는 조금 더 현실적이고 요즘 시대에 맞는 학교 현장을 그리고 있습니다.

사실 '학교란 무엇인가'라는 다큐멘터리를 보면 오래전 학교 교실 환경을 그리고 있는 것 같아서 현실과 조금 동떨어진 느낌을 지울 수가 없습니다. 그렇지만 '다시, 학교'에서는 오늘날의 친숙한 학교 모습이 등장하여 훨씬 더 심층 면접에 가까운 주제들을 많이 접할 수 있습니다. 특히, 엎드려 자는 학생을 지도하는 방법들이 등장하는데, 심층 면접의 중요한 주제이니 꼭 알아두시기 바랍니다.

03 시도 교육청 SNS

교육부나 각 시도 교육청, 교육지원청에서는 모두 홍보용 네이버 블로그를 운영하고 있습니다. 유튜브나 페이스북, 인스타그램을 운영하는 교육청도 있습니다. 심층 면접을 준비한다면 이러한 홍보용 SNS를 꼭 방문해보시길 바랍니다. 왜냐하면, 각 SNS는 모두 대중 홍보용이기 때문에 일반인도 쉽게 이해할 수 있도록 카드뉴스 형식으로 만들어져 있기 때문입니다. 또한, 요즘 유행에 맞게 예능 형식으로 편집된 게시물도 많이 있어 전혀 지루하지 않습니다. 실제 블로그 포스팅이나 유튜브 영상을 조금만 찾아봐도 교육 기관에서 만든 것이라고는 믿을 수 없을 정도로 촌스럽지(?) 않고 높은 퀄리티를 가지고 있어 깜짝 놀랄 것입니다.

이렇게 교육청 SNS를 심층 면접 인풋으로 활용하고자 할 때 아래와 같은 2가지 팁에 초점을 맞추어 본다면 더욱 효과적으로 심층 면접을 대비할 수 있을 것입니다.

1 교육청의 관심 분야

지원하는 교육청이 어느 분야에 관심이 있는지 파악하는 것이 중요합니다. 지역마다 당면한 문제가 다르므로 관심이 있는 분야도 다르기 마련입니다. 따라서 여러분이 지원하는 지역 교육청이 관심 있는 주제가 학교폭력 예방인지, 환경 교육인지, 사제 협력 프로그램인지, 인공지능 교육이나 메이커 교육과 같이 4차 산업 혁명과 관련된 교육인지 등에 대해서 알아보는 것이 중요합니다.

교육청 SNS에서 게시된 글을 최신순으로 정리하여 쭉 살펴보면 주로 어떤 주제와 관련한 포스팅이 업로드되는지 빈도수를 파악할 수 있을 것입니다. 물론 교육감과 교육장의 인사말에서도 힌트를 얻을 수가 있겠지만, 대중 홍보용 SNS만큼이나 일목요연하게 설명이 잘 된 곳을 찾아보기는 드물 것입니다.

2 구체적인 교육 활동

이렇게 관련된 주제에 대해서 힌트를 얻었으면, 그 부분을 실현하기 위해서 어떤 교육 활동을 펼치고 있는지 파악하는 것이 중요합니다.

출처 : https://m.blog.naver.com/with_pen/222722799820

위와 같은 포스팅처럼 환경 교육의 하나로 '숲 체험 프로그램'이 소개되고 있습니다. 이렇게 해당 학교에서 구체적인 프로그램을 실제 시행한 사례를 교육청 SNS에서 확인할 수 있습니다. 이를 답변에 활용하면 퀄리티가 높은 좋은 답변이 이루어집니다. 왜냐하면 실현 가능성은 물론이고 논리성, 명료성, 구체성이 자동으로 확보되기 때문입니다. 또한, 채점관들은 현재 교육청에서 추진하고 있는 다양한 교육 사업에 관심이 많으신 분들입니다. 따라서 지원한 교육청에서 실시한 교육 활동명이 구체적으로 언급된다면 당연히 좋은 인상을 남길 수밖에 없을 것입니다.

04 스터디원과의 토의

　심층 면접에 관한 인풋을 쌓는 데는 스터디원과 토의하는 것만큼 효과적인 방법이 없다고 생각합니다. 저도 최고의 면접 아이디어를 떠올리기 위해서 스터디원과 적게는 2시간, 많게는 4시간씩 매일 토의하는 시간이 있었습니다. 이를 바탕으로 풍부한 답변 아이디어들이 탄생하게 된 것이죠.

　물론 시간적 부담이 크다면 제가 준비해 둔 아이디어와 예시 답변을 활용해도 좋습니다. 그렇지만 제가 보여드리는 재료를 바탕으로 스터디원들과 다시 의견을 교환하며 토의를 이어 나가다 보면 분명 더 좋은 생각들, 아이디어들이 떠오를 것입니다.

　한 주제에 대해서 스터디원과 생각을 나눌 수 있는 질문들을 아래와 같이 공유합니다. 스터디원과 이러한 질문들에 대해 자유롭게 답해보며 집단 브레인스토밍을 해보시기 바랍니다.

1 해당 문제는 어디에 분류되는가?

　학교폭력 상황, 학력 신장, 교사와의 갈등 등 해당 문제가 다루고 있는 주제가 어디에 분류되는지 파악하는 것이 중요합니다. 같은 카테고리에 속하는 주제라면, 비슷한 아이디어로 대처할 수 있기 때문입니다. 실제 문제에 출제되는 상황은 모두 다르지만, 카테고리는 반복됩니다. 그러므로 카테고리로 정리하여 아이디어 및 예시 답변을 준비해 두면 예상하지 못한 상황이 문제에 나오더라도 능숙하게 준비한 대로 답변할 수 있습니다.

2 해당 주제에 대해서 아이디어를 3개 이상 확보했는가?

　한 주제에 대해서 최소 3개 정도는 준비된 아이디어가 있어야 안전합니다. 심층 면접에서는 답변의 가짓수로 변별력을 확보하는 경향이 점점 뚜렷하게 드러나고 있습니다. 따라서 이에 맞게 준비해 두는 것이 중요할 것입니다. 스터디원과 머리를 맞대어 해당 주제에 대해서 아이디어를 최소 3개 이상씩 떠올려봅시다. 구상의 차원을 기준으로 브레인스토밍을 해보면 도움이 될 것입니다!

3 더 좋은 아이디어는 없는가?

항상 더 좋은 아이디어는 있기 마련입니다. 그리고 그 아이디어를 표현하는 더 좋은 문장도 존재합니다. 이후에 소개될 답변 아이디어 및 예시 답변을 참고하여, 자신만의 문장으로 바꿔서 표현해 보거나 새로운 아이디어를 떠올려보시기 바랍니다.

4 완벽한 답안을 구상해보기

카테고리와 아이디어를 떠올렸다면 해당 문제에 대해서 완벽한 답안이 될 답변을 구상해봅니다. 자신의 답변이 명료하여 이해하기가 쉬운지, 논리적인지, 설득력이 있는지, 실제 교육 환경에서 실현 가능한지 확인해보고, 만점 답안이 나올 수 있을 것인지 스터디원과 상의해보시기 바랍니다.

05 독서

시중에 임용 관련된 교재가 많이 나와 있습니다. 그렇지만 너무 두꺼워 2차 시험일 전에 다 읽을 수 없는 책들이 대부분입니다. 한 주제에 대해 너무 깊게 들어간 경향이 있기도 해서 '얕고 넓게' 준비해야 하는 우리의 입장과는 잘 맞지 않을 수도 있습니다. 무엇보다도, 1차 시험에서 그렇게 책을 많이 읽었는데 또 책을 본다는 것은 자기 자신에게 너무 가혹한 행위라 사실 크게 추천해 드리는 방법은 아닙니다.

그렇지만, 텍스트로 공부하시는 것을 더 선호하는 수험생들도 있을 것으로 생각합니다. 그리고 영상보다 글로 얻을 수 있는 정보의 양이 더 많기도 하죠. 이러한 이유로 독서를 통해 인풋을 쌓기로 했다면 꼭 기억해야 할 것이 하나 있습니다.

바로, '정독'을 목표로 하는 것보다 목차를 통해 필요한 부분만 '발췌독'을 하는 것을 추천한다는 것입니다. 목차를 먼저 살펴보고 자신이 준비하고 있는 지역의 출제 경향과 가까운 내용을 추려냅니다. 그러고 나서 그 부분만 가볍게 읽어나가는 방식으로 준비하면 효율적으로 인풋을 쌓을 수 있을 것입니다.

Chapter 03 심층 면접 OUTPUT

    1단계를 통해서 심층 면접에 어떤 주제가 나타날 수 있는지, 그리고 일반적인 해결 방법은 어떤 것들이 될 수 있는지 어느 정도 파악이 되셨을 것입니다. 그러나 지식을 여러분들의 머릿속에 저장하는 과정과 그것을 밖으로 꺼내어 다른 사람에게 전달하는 것은 전혀 다른 차원의 문제입니다.

    지금부터는 인풋 과정에서 쌓아놓은 지식을 밖으로 꺼내어 다른 사람에게 전달하는 방식에 대하여 알아볼 차례입니다.

01 답변 틀 구성하기

심층 면접에 대한 인풋이 어느 정도 쌓였다면 답변을 논리적이고 설득력 있게, 그리고 명료하게 전달하는 방법에 대해서 고민해야 합니다. 여기서 제가 했던 것은 바로 답변 틀을 구성하는 것이었습니다. 3~5개년 기출문제를 쭉 살펴보면서 문항의 카테고리와 패턴을 파악하였습니다. 그 후, 해당 문항들을 정리한 다음 각각의 유형에 맞게 답변 틀을 아래와 같이 구성해 보았습니다.

1 심층 면접 답변 기본 틀

저는 아래와 같이 '기본 틀'로서 전반적인 답변 흐름의 구조를 잡아두었습니다. 각각의 유형과 문제 상황에 맞게 유연하게 내용을 추가하거나 뺌으로써 최종 답변을 구성할 수 있습니다.

심층 면접 답변 기본 틀

주제 문장	정답 제시
구체화	실현 가능성 강조
기대 효과	정당성 부여
마무리	답변에 대한 확신

답변 틀의 첫 번째 요소는 주제 문장입니다. 주제 문장은 문제에서 요구하는 '정답'입니다. 문제에서 원인을 제시하라고 했으면 원인에 관한 내용이, 해결책을 제시하라고 했으면 해결책에 관한 내용이 주제 문장에 담겨있어야 합니다. 이렇게 두괄식으로 정답을 먼저 제시하면 채점관도 긍정적인 인상을 가지고 그다음 부분을 경청하게 될 것입니다.

두 번째로 제시할 문장의 내용은 주제 문장에 대한 구체화입니다. 자신이 제시한 아이디어가 학교 현장에서 어떻게 적용될 것인지, 예시를 들어 어떠한 활동이 있는지를 듣는 사람 입장에서 와닿게 구체적으로 설명합니다. 이 부분은 실현 가능성을 강조하는 부분으로, '학교 현장에서 이렇게 실제로 가능할 것이다.' 하는 점을 보여주는 것입니다. 이로써 제시된 답변이 훨씬 더 설득력 있고 타당하게 전달될 수 있습니다.

세 번째 문장의 내용은 기대 효과입니다. 현재 답변하고 있는 내용을 실시할 때 어떠한 교육적 효과가 나타날 것인지 언급해줍니다. 제시된 답변이 이러한 긍정적인 효과가 나타난다는 점을 보여주면 '제가 지금 말씀드리고 있는 답변이 문제를 해결하기 위한 좋은 아이디어가 될 것입니다.'라는 의미의 정당성을 부여하게 됩니다. 이렇게 자신이 제시하는 아이디어와 이를 통해 기대할 수 있는 긍정적인 효과에 대한 인과 관계를 보여줍니다. 그리하면 답변은 훨씬 더 논리적이고 교육적으로 적합한 해답이 될 것입니다.

마지막 네 번째 문장에서는 첫 번째 문장을 반복함으로써 정답을 다시 언급하고 답변을 마무리합니다. 여기에서는 앞서 언급한 근거들로 인해서 이러한 아이디어를 제시한다는 결론으로, 자신의 답변에 대한 확신을 보여줄 수가 있습니다.

2 기본 틀을 실제로 적용해보기

아래는 '혼자 있는 시간이 많은 학생'을 위한 해결 방안으로 '일일 미션 활동'을 제시할 때, 기본 틀을 적용한 예시 답변입니다.

기본 틀 적용 답변 예시

주제 문장	저는 혼자 있는 시간이 많은 학생에게 '일일 미션 활동'을 실시하겠습니다.
구체화	예를 들면, 학생에게 지우개를 빌려보도록 하거나, 숙제를 물어보도록 하거나, 인사하기, 친구와 3번 정도 대화해보기 등 일일 미션을 제공하는 것입니다.
기대 효과	이를 통해 학생들은 주변 친구들과 상호작용하는 방법을 배우고, 사회성을 기를 수 있으며 더욱 화목한 학급을 만들 수 있을 것입니다.
마무리	따라서 저는 하루 세 번 친구와 대화 해보기와 같은 '일일 미션 활동'을 실시하겠습니다.

먼저, 주제 문장으로 '저는 혼자 있는 시간이 많은 학생에게 '일일 미션 활동'을 실시하겠습니다.'라고 '일일 미션 활동'을 두괄식으로 직접 언급합니다. 그러면 채점관들은 문제 상황에 대해 제시하고자 하는 아이디어가 '일일 미션 활동'임을 명확히 전달받고, 이에 대한 근거가 타당한지 경청하고 채점할 준비를 할 것입니다.

한편, '일일 미션 활동'이 생소한 채점관들은 과연 이것이 무엇인지 궁금해할 것입니다. 따라서 이어지는 구체화 문장에서 '일일 미션 활동'이 어떤 것인지, 학교 현장에서 어떻게 적용될 수 있는지 구체적인 예를 들어 보여줍니다. '예를 들면, 학생에게 지우개를 빌려보도록 하거나, 숙제를 물어보도록 하거나, 인사하기, 친구와 3번 정도 대화해보기 등 일일 미션을 제공하는 것입니다.'처럼 말이죠. 이렇게 채점관들이 구체적인 설명을 들으면 '일일 미션 활동'이 어떤 것인지 바로 이해가 되고, 실제 교육 현장에서 적용이 가능한 것임을 이해하게 될 것입니다.

그 이후에 기대 효과를 제시하여 답변의 논리성을 강화합니다. '이를 통해 학생들은 주변 친구들과 상호작용하는 방법을 배우고, 사회성을 기를 수 있으며 더욱 화목한 학급을 만들 수 있을 것입니다.'와 같이 답변합니다. 여기까지 들은 채점관들은 해당 답변의 논리성을 확인하였고 문제 상황을 해결하기 위한 좋은 아이디어라고 설득이 되었을 것입니다.

마지막으로 마무리 문장을 해줍니다. '따라서 저는 하루 세 번 친구와 대화 해보기와 같은 '일일 미션 활동'을 실시하겠습니다.'처럼 말이죠. 여기서 채점관들은 앞서 언급된 근거들로 인한 좋은 인상과 함께 '일일 미션 활동'을 기억할 것입니다.

이렇게 한 가지 아이디어에 대해서 '주제 문장-구체화-기대 효과-마무리'의 4단계를 통해 명료하면서 논리적이고, 설득력 있게 채점관에게 긍정적인 인상을 남기며 자신의 생각을 전달할 수가 있습니다.

3 답변 시간이 부족하거나 남을 때

여기까지 심층 면접 답변의 기본에 해당하는 틀을 알아보았습니다. 그러나 실제 시험장에서는 예상치 못한 다양한 상황이 발생할 수 있습니다. 시간 문제가 가장 흔한 예시가 되겠죠.

시간이 남을 때는 기대 효과를 추가하는 것이 좋은 전략입니다. 기대 효과는 다다익선이기 때문입니다. 많으면 많을수록 아이디어에 대한 정당성이 강화됩니다. 긍정적인 기대 효과를 추가로 제시해도 좋고, 반대 상황을 가정하여 부정적인 기대 효과를 제시할 수도 있습니다. 'A(주제 문장에서 제시된 아이디어)를 하지 않으면, 이러한 부정적인 기대 효과가 예상되니, A를 해야 한다.'와 같이 논리 전개를 구성하는 것이죠.

반면, 시간이 없을 때는 마지막 문장을 생략할 수 있습니다. 마지막 문장은 이미 첫 번째 문장에서 언급이 되었기 때문입니다. 그렇지만 시간이 부족한 상황은 연습을 통해 충분히 예방할 수 있습니다. 실전 연습 시에 타이머를 보며 답변의 속도를 조절하거나, 전체적인 답변 분량을 구상실에서 대략적으로나마 정해놓는 연습도 꾸준히 하는 것을 추천합니다.

02　유형 1 : 문제 상황의 원인 파악 & 해결책 제시

'문제 상황의 원인 파악&해결책 제시 유형'은 지문에 교육 현장과 관련된 실제적인 문제 상황이 제시되고, 이에 대해 해당 문제가 발생하게 된 원인을 파악하고, 이를 해결할 방안을 제시하라는 패턴의 유형입니다.

이 유형의 문제에 대해 잘 대비해두고 있는 것이 중요합니다. 왜냐하면 매년 빠짐없이 항상 출제되는 유형이며, 원인과 해결책을 각각 2개 이상씩 제시하라고 요구하는 경우가 많기 때문입니다.

2개 이상 제시하라고 하였는데 개수를 채우지 못하면 당연히 그 부분에 대한 점수를 획득할 수 없으므로 심층 면접에서 변별력을 확보하는 데 가장 큰 역할을 하게 됩니다. 또한, 보통 구상형 1번으로 출제되어 심층 면접 초반 기세를 확보하는 데에도 중요한 유형입니다. 이에 '첫 단추'를 잘 꿰기 위해 철저한 준비와 연습이 필요합니다.

자, 그럼 실제 기출 문제를 보면서 확인해봅시다.

> **2018 평가원 기출 문제**
>
> **Q. 학생 A의 문제 원인을 2가지 제시하고 이를 해결할 방안을 2가지 제시하라.**
> 학생 A는 다문화가정 학생이다. 그 학생은 항상 우울한 분위기고 주변 친구들과 심지어 선생님들까지도 피한다. 학생이 걱정되어서 한번 상담을 진행해보니, "친구를 사귀는 문화가 자신이 살던 나라와 너무 달라요.", "아직 한국어를 잘못해서 친구들이 놀릴까 봐 걱정돼요.", "원래 친구들 앞에 잘나서지 못해요." 라고 고민을 털어놓았다.

이렇게 실제적인 문제 상황을 주고, 문제가 발생하게 된 원인과 해결책을 제시하라는 패턴입니다.

출제자의 의도는 문제가 발생한 원인을 정확하게 진단할 수 있는 능력이 있는지와 이러한 문제를 교사로서 해결할 교육적인 방법을 알고 있는지를 알아보고자 함입니다. 이와 같은 출제자의 의도를 생각해 볼 때, '문제 상황의 원인 파악 & 해결책 제시 유형'에서 조심해야 할 부분은 아래와 같습니다.

1 해당 현장에 이미 드러난 모습을 문제의 원인으로 착각하지 말 것

해당 유형을 답변할 때 수험생들이 가장 많이 하는 실수가 바로 해당 문제 상황에 주어진 모습 그대로를 문제의 원인으로 착각한다는 것입니다. 위 문제에서 '학생이 주변 친구들과 선생님을 피하는 것'은 문제의 원인이 아닙니다. 어떠한 원인에 의해서 발생한 '결과'에 해당하죠.

따라서 문제에서 요구하는 것은 그 '원인'이 무엇인지, 어떤 이유로 학생이 주변 친구들과 선생님을 피하게 되었는지, 무엇 때문에 문제 상황이 발생하게 되었는지에 대한 답변입니다.

2 수박 겉핥기식 해결책은 금물이다.

어느 날 팔이 아파서 의사를 찾아갔습니다. 알고 보니 팔이 부러졌다고 합니다. 그러나 의사는 부러진 팔을 고쳐주지 않고 저에게 아프니까 진통제만 놓아줍니다. 완전 수박 겉핥기식 처방이죠. 근본적인 해결책이 되지 않습니다.

이와 마찬가지로 심층 면접에서도 표면적으로 드러난 문제 상황만 해결하려고 접근하면 좋은 답변이 만들어질 수 없습니다. 실제로 교육 현장에서도 교사가 최종적으로 발견하게 되는 문제 상황은 상처가 곪아 터져버린 상태의 시점이 대다수입니다. 그래서 해당 문제에 접근할 때는 표면적으로 보이는 부분만 보고 판단할 것이 아니라 어쩌다가 저런 상황까지 가게 되었는지를 생각해야 합니다.

따라서, '주변 친구들을 피하지 않도록 그룹 활동을 실시한다.'라는 해결 방안은 좋은 답안이 될 수 없을 것입니다. 아마 학생도 '지금 그게 문제가 아닌데…'라고 생각하며 그룹 활동 참여가 굉장히 부담스러울 것입니다.

'수박 겉핥기식 해결책'을 예방하기 위해서는 '문제 상황의 원인 파악 & 해결책 제시 유형'의 출제 의도가 교사로서 문제 상황을 파악하는 깊이 있는 분석력과 안목을 확인하는 것임을 꼭 명심할 필요가 있을 것입니다.

3 '문제 상황의 원인 파악 & 해결책 제시 유형' 답변 틀

이와 같은 주의 사항들을 이해했다면 이제 나름의 답변 틀을 준비할 차례입니다. 저의 답변 틀은 문제 원인을 제시하는 틀과 해결책을 제시하는 틀, 두 부분으로 나뉘어 있습니다. 우선은 문제 원인을 제시하는 틀을 먼저 살펴봅시다.

문제 원인 제시 답변 틀

주제 문장	원인 제시
대전제	이상적 상황 제시
구체화	원인과 문제 상황 연결

문제 원인 제시 답변 틀은 '원인 제시-이상적 상황 제시-원인과 문제 상황 연결' 순서를 따릅니다.

주제 문장에서는 문제가 발생하게 된 원인을 제시합니다. 두괄식으로 답변하여 채점자들에게 자신이 올바른 방향으로 접근하고 있음을 보여줍니다. 이로써 긍정적인 인상을 남길 수 있고 향후 답변하는 내용에 대해서도 수용적으로 경청하는 분위기를 유도합니다.

두 번째 문장은 대전제입니다. 대전제는 어렵게 생각할 필요 없이, '아무도 반박할 수 없는 당연한 내용' 또는 '이상적인 상황'이라고 생각하면 됩니다. 대전제를 제시하는 이유는 '이런 상황이 좋은 상황인데, 현재 지문에서는 그렇지 못하니 안 좋은 상황이다.'라는 단순 명료한 논리를 끌어내기 위함입니다.

세 번째는 구체화 부분입니다. 구체화에서는 자신이 분석한 원인과 실제 문제에 등장한 상황을 연결 지어 줍니다. 'A(원인)로 인해서 B(문제 상황)가 발생하게 된 것입니다.'라는 방식으로 원인과 결과를 인과 관계를 드러내는 문장으로써 짚어주면 논리적 전달력이 높아지고 정확하게 원인 분석을 하였다는 인상을 받을 수 있습니다.

이제, 해결책을 제시하는 틀을 살펴볼 차례입니다.

해결책 제시 답변 틀

주제 문장	아이디어 제시
구체화	문제 상황 적용 예시
기대 효과	(대전제와 연결하여) 예상되는 결과 제시
마무리	아이디어 반복 강조

해결책 제시 답변 틀은 '아이디어 제시-문제 상황 적용 예시-예상되는 결과 제시-아이디어 반복 강조' 순서로 이어집니다.

먼저 주제 문장에서 해당 문제를 해결하기 위한 아이디어를 두괄식으로 제시합니다. 저의 답변 틀은 항상 두괄식인데, 이유는 앞서 언급하였듯이 채점관들에게 긍정적인 인상을 남겨주기 위해서입니다. 처음에 상대방에게 긍정적인 인상이 들면 이후에 약간의 실수가 있더라도 쉽게 넘어 가집니다. 그러나 처음에 부정적인 인상이 들면 이후에 이를 만회하려고 아무리 노력해도 처음 만들어진 부정적인 인상이 쉽게 뒤바뀌지 않습니다.

두 번째 문장은 구체화입니다. 구체화 단계에서는 실제 교실 현장에서 어떻게 자신이 제시한 아이디어를 활용할 것인지 상세하게 설명합니다. 해결책으로서 제시되는 아이디어의 활동명은 대부분 자기 자신이 만들어 낸 것이기 때문에 채점관들도 이름만 들어서는 그것이 어떤 활동인지 감을 잘 잡지 못합니다. 그래서 그것이 어떤 활동인지 말로 구체적으로 풀어내는 과정이 바로 구체화입니다. 구체화하는 방법으로는 단계를 나누어 설명하거나, 예를 들어 설명하는 방법이 가장 간편하고 일반적입니다. 이러한 구체화 단계를 통해서 여러분이 제시한 아이디어가 '실제로 활용이 가능한 방안'이라는 인상을 남기게 됩니다.

세 번째 문장은 기대 효과입니다. 앞서 여러분이 제시한 아이디어를 통해 나타날 수 있는 바람직한 교육적 기대 효과를 제시합니다. 이때, 교육학적인 전문 용어를 적절히 섞어서 표현하면 더 유능한 예비 교사라는 인상을 남길 수 있습니다. 또한, 이 부분에서 기대 효과를 앞서 언급한 대전제와 연결하면 더욱 논리적으로 완전한 답변을 구성할 수 있습니다. 자신이 제시한 아이디어의 기대 효과로서 앞서 언급한 '누구나 공감하는 바람직한 상황(대전제)'이 실현될 수 있음을 보여준다면 해결 방안 역시 '반박 불가한' 설득력이 있는 아이디어가 될 것입니다.

마지막 마무리 문장에서는 제일 처음에 언급한 아이디어를 다시 반복 강조하면서 답변을 마무리합니다.

4 실제 문제에 적용하기

자, 이제 실제 문제에 답변 틀을 적용해봅시다.

> **2018 평가원 기출 문제**
>
> **Q.** 학생 A의 문제 원인을 2가지 제시하고 이를 해결할 방안을 2가지 제시하라.
> 학생 A는 다문화가정 학생이다. 그 학생은 항상 우울한 분위기고 주변 친구들과 심지어 선생님들까지도 피한다. 학생이 걱정되어서 한번 상담을 진행해보니, "친구를 사귀는 문화가 자신이 살던 나라와 너무 달라요.", "아직 한국어를 잘못해서 친구들이 놀릴까 봐 걱정돼요.", "원래 친구들 앞에 잘나서지 못해요." 라고 고민을 털어놓았다.

앞서 언급한 '문제 원인 제시 답변 틀'과 '해결책 제시 답변 틀'을 조합하여 답변을 구성하는 방법은 2가지입니다.

구조 1 [원인 제시 1] → [해결 방안 1] → [원인 제시 2] → [해결 방안 2]
구조 2 [원인 제시 1] → [원인 제시 2] → [해결 방안 1] → [해결 방안 2]

구조 1은 원인과 해결책의 긴밀성을 강조할 수는 있으나, 두 가지 틀을 번갈아 사용해야 하므로 답변하는 사람의 입장에서 약간의 어려움이 따를 수 있습니다.

반면, 구조 2는 원인과 해결책을 왔다 갔다 하지 않고 한 번에 쭉 제시하는 방법입니다. 답변할 때 헷갈리지 않는다는 장점이 있지만 듣는 사람 입장에서는 원인과 해결 방안의 논리적 연결성이 약해지게 됩니다. 첫 번째 해결 방안을 들을 때 첫 번째 원인이 무엇이었는지 기억이 나지 않는 상황이 생길 수 있기 때문입니다.

위 두 가지 구조에 따른 예시 답변을 보여드릴 테니, 여러분들이 직접 두 가지 방법을 모두 소리 내어 말해본 후, 자신에게 맞는 방법으로 연습을 이어 나가시길 추천합니다.

구조 1 답변 예시

답변 시작	구상형 1번 답변 시작하겠습니다.
원인1	먼저, 첫 번째 원인은 문화 차이가 교실 내에서 적절히 수용되고 있지 않다는 것입니다.
이상적 상황	서로 다른 문화는 그 자체로 존중받아야 마땅합니다.
원인-문제 상황 연결	그러나 교실 내에서 다른 문화에 대한 수용적 분위기가 충분히 형성되고 있지 않기 때문에, A 학생이 자신의 문화에 대한 의구심을 품게 되어 소극적 태도를 지니게 된 것입니다.
해결 방안1	이를 해결하기 위해 저는 문화교류 포럼을 개최하겠습니다.
구체화	예를 들면, 담임 시간에 '음식', '대인 관계', '의상' 등 문화적으로 차이가 있을 수 있는 여러 요소를 중심으로 나라 간 문화 차이를 인식하는 시간을 갖겠습니다.
기대 효과	이를 통해, 학생들은 서로 다른 문화의 존재를 깨닫게 되고, 각 문화 간 옳고 그름은 없으며 다름을 인정하고 존중하는 교실 문화를 만들 수 있을 것입니다.
마무리	따라서 저는 문화 차이를 인식할 수 있는 문화교류 포럼을 개최하겠습니다.
원인2	두 번째 원인은 학생의 서툰 한국어로 인한 자신감의 하락입니다.
이상적 상황	언어는 자신을 표현하는 수단으로, 자존감을 형성하는데 중요한 요소입니다.
원인-문제 상황 연결	그러나 A 학생은 스스로 한국어가 서툴다고 생각하고 있고, 이로 인해 겪어온 자기표현의 한계로 낮은 자존감이 형성되어 매사 자신감이 없는 태도를 보이고 있습니다.
해결 방안2	이를 해결하기 위해 저는 언어 보충 수업 프로그램을 제안하겠습니다.
구체화	예를 들면, 방과 후 한국어 수업이나 지역 다문화 센터와 연계하여 학생이 부족한 한국어를 배울 수 있게 기회를 제공하겠습니다.
기대 효과	이를 통해, A 학생은 한국어 실력을 키울 수 있고, 자기 자신을 스스로 더 잘 표현할 수 있게 됨으로써 높아진 자존감으로 활기찬 학교생활을 기대할 수 있을 것입니다.
마무리	따라서, 저는 방과 후나 지역 연계를 통한 언어 보충 수업 프로그램을 제안하겠습니다.
답변 끝	이상입니다.

구조 2 답변 예시

답변 시작	구상형 1번 답변 시작하겠습니다.
원인1	먼저, 첫 번째 원인은 문화 차이가 교실 내에서 적절히 수용되고 있지 않다는 것입니다.
이상적 상황	서로 다른 문화는 그 자체로 존중받아야 마땅합니다.
원인-문제 상황 연결	그러나 교실 내에서 다른 문화에 대한 수용적 분위기가 충분히 형성되고 있지 않기 때문에, A 학생이 자신의 문화에 대한 의구심을 품게 되어 소극적 태도를 지니게 된 것입니다.
원인2	두 번째 원인은 학생의 서툰 한국어로 인한 자신감의 하락입니다.
이상적 상황	언어는 자신을 표현하는 수단으로, 자존감을 형성하는데 중요한 요소입니다.
원인-문제 상황 연결	그러나 A 학생은 스스로 한국어가 서툴다고 생각하고 있고, 이로 인해 겪어온 자기표현의 한계로 인해 낮은 자존감이 형성되어 매사 자신감이 없는 태도를 보이고 있습니다.
해결 방안1	이에 대한 첫 번째 해결 방안으로, 저는 문화교류 포럼을 개최하겠습니다.
구체화	예를 들면, 담임 시간에 '음식', '대인 관계', '의상' 등 문화적으로 차이가 있을 수 있는 여러 요소를 중심으로 나라 간 문화 차이를 인식하는 시간을 갖겠습니다.
기대 효과	이를 통해, 학생들은 서로 다른 문화의 존재를 깨닫게 되고, 각 문화 간 옳고 그름은 없으며 다름을 인정하고 존중하는 교실 문화를 만들 수 있을 것입니다.
마무리	따라서 저는 문화 차이를 인식할 수 있는 문화교류 포럼을 개최하겠습니다.
해결 방안2	두 번째 해결 방안으로, 저는 언어 보충 수업 프로그램을 제안하겠습니다.
구체화	예를 들면, 방과 후 한국어 수업이나 지역 다문화 센터와 연계하여 학생이 부족한 한국어를 배울 수 있게 기회를 제공하겠습니다.
기대 효과	이를 통해, A 학생은 한국어 실력을 키울 수 있고, 자기 자신을 스스로 더 잘 표현할 수 있게 됨으로써 높아진 자존감으로 활기찬 학교생활을 기대할 수 있을 것입니다.
마무리	따라서, 저는 방과 후나 지역 연계를 통한 언어 보충 수업 프로그램을 제안하겠습니다.
답변 끝	이상입니다.

구조 2에서 해결책 마무리 부분이 두 개라서 어색하게 느껴지거나 시간이 너무 오래 걸린다고 생각이 들 수도 있습니다. 이럴 때는, 첫 번째 해결 방안의 마무리 부분을 생략하고 두 번째 마무리 부분에서 '따라서 저는 문화 차이를 인식할 수 있는 문화교류 포럼을 개최하고, 방과 후나 지역 연계를 통한 언어 보충 수업 프로그램을 제안하겠습니다.'라고 두 가지 해결 방안의 마무리를 한 번에 제시해도 좋을 것입니다.

03 유형 2 : 갈등 상황

심층 면접에서는 '문제 상황의 원인 파악 & 해결책 제시 유형' 다음으로 '갈등 상황 유형'이 자주 출제됩니다. 학교 현장에서는 동료 교직원은 물론이고 학생과 학부모 등 여러 인간관계가 얽혀있기 때문에 그 속에서 다양한 갈등 상황도 자연스럽게 발생하게 됩니다.

심층 면접에 등장하는 갈등 상황은 실제 사례를 중심으로 '당신이라면 어떻게 이 상황을 대처할 것인가'를 묻는 패턴으로 출제됩니다. 이를 통해서 갈등 상황을 슬기롭게 대처할 수 있는 소양을 갖추고 있는지, 예비 교사로서의 인성적 요소를 보고자 하는 것이 출제자 의도입니다.

1 갈등 상황에 과몰입하라

때로는 자기 자신이 실제로 겪고 있는 문제라고 과몰입하였을 때 도움이 많이 되는 유형이 바로 이 '갈등 상황 유형'입니다. 실제로 저 역시도 이 유형을 준비할 때 실제 교사가 된 자신의 모습을 상상하며 '나라면 어떻게 이 갈등 상황을 대처할 것인가' 과몰입해 보며 답변하기도 하였습니다.

분명히 현직에 나왔을 때 크고 작은 수많은 갈등 상황을 마주하게 될 것입니다. 단순히 면접시험 준비를 위해서 문제를 푼다고 생각하는 것보다 실제로 이 상황에 놓여있다고 생각하면서 문제에 접근한다면 합격 후 여러분의 교직 생활에서도 훨씬 더 큰 도움이 될 유형입니다.

2 논리성보다는 인성을 보여라

갈등 상황 유형을 출제하는 의도는 앞서 언급하였듯이 교사로서의 '인성적 요소'를 보고자 하는 것입니다. 따라서 해당 갈등 상황을 논리적으로 해결하려고만 하는 것보다는 다른 방향으로 접근해 볼 필요가 있습니다. 즉, 상대방의 상황을 얼마나 이해하고 그 감정에 얼마나 공감하는지 보여주는 것이 중요합니다.

실제로 갈등은 사소한 것에서 시작되는 경우가 많이 있습니다. 따라서, 문제를 해결하기 위한 해결책은 의외로 쉽게 발견할 수 있습니다. 그러므로 핵심은, 단순히 해결책을 제시하는 것보다는, 이로 인해 생긴 감정의 상처, 약해진 신뢰 관계를 회복할 방법에 관한 것임을 잊지 말아야 합니다.

이를 위해서 논리적인 해결책을 찾는 방향으로 접근하기보다는 상대방의 입장에 얼마나 공감하고 있는지를 보여줘야 합니다. 이것이 바로 '갈등 상황 유형'에서 고득점을 받을 수 있는 전략입니다.

3 무조건적 순응을 상대방에 대한 공감으로 착각하지 말자

'갈등 상황 유형'에서 핵심은 상대방의 입장에 대한 공감으로 인성적 요소를 어필하는 것입니다. 이에 대해서 많은 수험생이 착각하는 것이 바로 '무조건적 순응'으로써 상대방에 대한 공감을 표현한다는 것입니다.

갈등 상황에서 상대방이 원하는 것을 모두 들어주는 방향으로 해당 문제를 해결하고자 한다면 이 역시 좋은 점수를 받을 수 없을 것입니다. 왜냐하면, 갈등 상황을 해결하는 데에 있어서 교사로서 가능한 부분이 있고 불가능한 부분이 있기 때문입니다. 이러한 부분에 대해서는 상대방에게 교사의 입장을 정확하게 전달하는 모습을 보여주는 것이 중요합니다.

면접 당일 앞에 앉아 계신 채점관 선생님들이 현직 교감, 교장, 장학사, 장학관이라는 사실을 상기해야 합니다. 무작정 민원에 순응하는 모습만 보여주며, 상대방이 원하는 대로 휘둘리는 인상을 남긴다면 그것 또한 바람직한 교사의 모습은 아니라고 판단이 될 것입니다.

따라서 상대방의 상황을 정확히 이해하고 있음을 표현하고 감정에 적절하게 공감하는 것을 보여주어야 합니다. 이와 더불어서, 자신의 상황을 논리적으로 설명하고 교사로서 가능한 부분과 불가능한 부분을 정확하게 전달하여 상대방을 설득하고 이해시키는 과정이 포함되어야 할 것입니다.

4 갈등 상황 유형 답변 틀

 갈등 상황 유형은 겉으로 봤을 때는 단순해 보이지만 막상 답변하려고 하면 아주 까다롭습니다. 논리적으로 해결책을 찾기는 쉬워 보이지만 그 과정에서 상대방의 입장에도 공감하는 모습을 보이며, 교사로서 자신의 상황을 상대방에게 전달하여야 하기 때문입니다.

 이러한 과정에서 자칫 잘못하면 상대방에게 핑계를 대는 모습으로 비칠 수도 있습니다. 책임을 회피하려는 모습으로 보일 여지가 있기 때문입니다. 작은 갈등 상황을 해결하려다가 더 큰 갈등 상황을 유발하게 되는 꼴이 되는 것이죠.

 따라서 저는 아래와 같이 갈등 상황 유형 틀을 3가지 단계로 나누어 구성하였습니다.

갈등 상황 유형 답변 틀

상대방 상황 공감	수용적 대화 분위기 유도
자신의 상황 전달	자신의 입장 변호
앞으로의 개선	상대 의견 수용 및 개선

 갈등 상황 유형에 접근할 때는 기본 틀을 활용하지 않았습니다. 기본 틀은 아무래도 주어진 문제 상황을 해결하는 것에 초점이 맞춰져 있어서, 상대방에 대한 공감을 표현하기에는 한계가 있기 때문입니다.

 우선, 첫 번째 단계로 상대방의 상황에 공감을 표현하는 것입니다. 이 단계의 목적은 상대방의 감정과 상황을 깊이 이해한다는 것을 보여줌으로써 수용적 대화 분위기를 유도하는 것입니다. 감정적으로 서로 많이 격앙된 상태면 아무리 상대방이 논리적으로 맞는 말을 하고 있을지라도 듣고 싶은 마음이 들지 않습니다. 들어봤자 서로 기분만 더 나빠질 뿐이죠. 이런 상황에서 대화를 이어간다면 생산적인 결과가 나올 수 없습니다. 그러므로 먼저 상대방의 감정을 누그러뜨려서 수용적 대화 분위기를 유도하는 것이 중요합니다. 그 방법이 바로 상대방의 상황에 먼저 깊은 공감을 해주는 것입니다.

 두 번째 단계로는 자신의 상황을 전달하는 것입니다. 즉, 교사로서 왜 그런 선택을 하였는지 자신의 입장을 변호하는 것입니다. 학교 측에서 할 수 있는 부분과 할 수 없는 부분을 정확하게 전달합니다. 상대방으로부터 하여금 학교의 상황을 이해하고 납득할 수 있게끔 하는 것이 이 단계의 목적입니다.

세 번째 단계는 앞으로의 개선입니다. 만약, 두 번째 단계에서 대화가 끝나버리면 '당신의 상황은 이해했는데 우리는 이래서 안 됩니다. 이해해주세요.'라고 여러분의 입장만 주장하고 대화가 마무리되어 버린 꼴이 됩니다. 따라서 세 번째 단계에서 '당신의 의견을 수용하고 개선해서 앞으로 이런 식으로 나아가겠다'라고 전달하는 과정이 필요할 것입니다.

5 실제 문제에 적용하기

자, 그럼 갈등 상황 유형 답변 틀을 실제 문제에 적용해봅시다.

갈등 상황 유형 예시 문제

Q. 아래는 학부모의 민원 내용이다. 현재 해당 학부모와 상담하고 있다고 가정하여 답변하시오.
"우리 아들이 선생님 수업을 정말 좋아하고 열심히 듣는데 시험만 보면 점수가 왜 이런지 모르겠습니다. 교과서 내용도 열심히 외워가는데 매번 실망스러운 결과가 나와서 과목에 대한 흥미를 잃을까 걱정됩니다. 다음 시험에는 조금 쉬운 문제를 많이 내주셨으면 합니다."

답변 예시

답변 시작	구상형 1번 답변 시작하겠습니다.
상대방 상황 공감	학생이 준비한 만큼 결과가 나오지 않아서 많이 속상하실 것 같습니다. 수업도 열심히 듣고 교과서도 외울 만큼 열정적인 학생인데 점수가 따라와 주지 않아서 제가 학생이라도 아주 답답하고 공부에 흥미도 떨어지고 좌절할 것 같습니다.
자신의 상황 전달	그렇지만, 시험 난이도는 동료 교과 선생님과 협의하여 진행되는 것이고 전체적인 변별력을 고려해야 하므로 당장 조절하는 것은 사실 조금 어려운 일입니다. 또한, 한 분의 요구 사항으로 앞으로의 시험이 영향을 받게 된다면 평가에 대한 전체 학생과 학부모의 신뢰가 떨어지는 것도 교사로서 우려가 되는 입장입니다.
앞으로의 개선	하지만, 열심히 준비한 학생이 그에 맞는 결과를 받아야 한다는 점은 저 역시도 동의합니다. 앞으로의 수업에서 해당 학생을 유심히 관찰하여 어떤 부분을 개선해야 하는지 면밀히 파악하고 적절한 도움을 줄 수 있도록 하겠습니다. 그리고 실제로 시험이 지나치게 어려웠던 것은 아닌지 교과 협의회를 통해서 다른 선생님들과 의견을 나눠보도록 하겠습니다.
답변 끝	이상입니다.

첫 번째 단계로, 먼저 상대방의 상황을 이해하고, 감정에 공감하고 있음을 보여주어야 합니다. '학생이 준비한 만큼 결과가 나오지 않아서 많이 속상하실 것 같습니다. 수업도 열심히 듣고 교과서도 외울 만큼 열정적인 학생인데 점수가 따라와 주지 않아서 제가 학생이라도 아주 답답하고 공부에 흥미도 떨어지고 좌절할 것 같습니다.'처럼 상대방의 발화 내용의 일부를 인용해서 언급하면 대화에 집중하여 경청하고 있다는 인상을 남겨줄 수 있습니다.

두 번째로는 교사의 상황을 전달해야 할 것입니다. 문제 상황에서 학부모의 요구는 쉬운 문제를 많이 내어달라는 것인데, 이는 사실상 학부모 요구에 따라 평가의 경향이 바뀌는 것이므로 수용 불가능한 요구에 해당합니다. '그렇지만, 시험 난이도는 동료 교과 선생님과 협의하여 진행되는 것이고 전체적인 변별력을 고려해야 하므로 당장 조절하는 것은 사실 조금 어려운 일입니다. 또한, 한 분의 요구 사항으로 앞으로의 시험이 영향을 받게 된다면 평가에 대한 전체 학생과 학부모의 신뢰가 떨어지는 것도 교사로서 우려가 되는 입장입니다.'라고 정확하게 교사의 입장을 상대방에게 전달하는 것이 필요합니다.

마지막으로는 앞으로의 개선점이 언급되어야 합니다. 자신의 상황만 전달하고 대화가 마무리되면 일방적인 주장만 오고 간 것에 불과하게 되기 때문에, 바람직한 방향으로 갈등이 해결될 수 없을 것입니다. 그래서 반드시 상대방의 의견이 반영된 앞으로의 개선점을 이야기해주는 것이 갈등 상황 문제의 핵심이 됩니다. '하지만, 열심히 준비한 학생이 그에 맞는 결과를 받아야 한다는 점은 저 역시도 동의합니다. 앞으로의 수업에서 해당 학생을 유심히 관찰하여 어떤 부분을 개선해야 하는지 면밀히 파악하고 적절한 도움을 줄 수 있도록 하겠습니다. 그리고 실제로 시험이 지나치게 어려웠던 것은 아닌지 교과 협의회를 통해서 다른 선생님들과 의견을 나눠보도록 하겠습니다.'라고 마무리를 지을 수 있습니다.

04 유형 3 : 선택-변호

'선택-변호 유형'이란 A와 B 중 하나를 선택하게 한 다음, 자신이 선택한 것의 한계를 제시하라고 하거나, 자신이 선택하지 않은 것의 장점을 요구하는 유형입니다. 또는 부정적인 상황을 제시하고 긍정적인 면을 찾게 하거나, 긍정적인 상황을 제시하고 부정적인 면을 찾게 하기도 합니다. 실제 문항들을 한번 확인해 봅시다.

2020 평가원 즉답형 문제 1~2

(업무처리 방식이 다른 두 연구 교사가 제시됨)
1. 당신은 둘 중 누구와 협력하겠는가? 그리고 그 이유는?
2. 본인의 방식과 다른 연구부장과는 어떻게 협력하겠는가?

문항 1에서 자신이 협력하고 싶은 사람을 고르게 한 후, 문항 2에서 자신이 선택하지 않은 사람과 협력할 방안을 요구합니다.

2019 평가원 즉답형 문제 1~3

(서로 다른 성격의 두 교사가 제시됨)
1. 성실성의 측면에서 자신은 A와 B 교사 중 누구와 유사한가?
2. 자신이 선택한 교사를 의무와 책임의 관점에서 비판하시오.
3. 동료 교사와 협력해야 할 때 누구와 할 것인지 선택하시오.

문항 1에서 자신과 유사한 교사를 선택하라고 한 후, 문항 2에서 이를 비판하라고 합니다. 그리고 문항 3에서 누구와 협력할 것인지 선택하라고 합니다. 문항 1에서 자신이 처음에 선택한 근거와 문항 2에서 이에 대해 인식한 한계점을 모두 고려하여 문항 3에서 결국 누구와 협력할 것인지 묻는 패턴입니다.

2018 평가원 즉답형 문제 1~3

(최 교사가 연구부장에게 서운할 만한 상황을 겪은 일이 서술됨)
1. 연구부장의 입장에서 그를 변호하라.
2. 연구부장이 갖춰야 할 자질과 그 이유는?
3. 자신이 최 교사라면 위 상황을 어떻게 대처할 것인가? 그리고 그 이유는?

지문에서 누가 봐도 연구부장의 문제가 확연하게 드러나는 상황을 제시하였으나, 문항 1에서 연구부장의 입장을 변호하도록 합니다. 그리고 문항 2에서 자신이 방금 변호했던 연구부장을 비판하라고 합니다. 마지막으로 문항 3에서는 자신이 최 교사라면 어떻게 대처할 것인지 물어봅니다. 이는 문항 1과 2에 대한 답변을 바탕으로, 연구부장의 행동이 정당한 이유와 비판받아야 할 이유를 균형 있게 고려하는 것이 중요할 것입니다.

> **2018 서울 즉답형 문제1, 추가 질문**
>
> (서로 다른 교육관을 표현하는 그림 4개가 제시됨)
> 1. 다음 네 가지 교육관에 대한 그림 중 우리 교육에 가장 필요한 교육관과 가장 경계해야 할 교육관을 선택하시오. 그리고 그 이유는?
> 추가 질문. 가장 경계해야 한다고 선택한 교육관도 장점은 있을 것이다. 그 장점과 활용 방안은?

문항 1에서 자신이 가장 필요하다고 생각한 교육관과 가장 경계해야 할 교육관을 선택하라고 합니다. 특히, 가장 경계해야 할 교육관을 선택하고 그 이유를 제시하는 과정에서 해당 교육관의 단점을 많이 늘어놓았을 것입니다. 그러나 이어지는 추가 질문에서 방금까지 실컷 비판했던 교육관의 장점을 찾아보라고 합니다. 그리고 어떻게 활용할지도 답변하도록 합니다.

이렇게 자신이 생각한 내용과 반대되는 내용을 이어지는 질문을 통해서 순식간에 떠올려야 해서 실제 시험에 출제될 경우, 많은 수험생이 당황하기도 합니다.

그렇지만, 이러한 유형을 출제하는 의도는 수험생의 순발력뿐만 아니라 한 가지의 관점에 대해 균형 잡힌 사고를 하고, 올바른 판단을 할 수 있는지를 보고자 하는 것입니다. 이러한 출제자의 의도에 맞게 고득점을 받을 수 있는 답변을 구성하려면 아래와 같은 부분을 염두에 둘 필요가 있습니다.

1 정답이 없음을 명심하라

'선택-변호 유형'을 준비할 때는, '정해진 정답이 없다.'라는 부분을 기억해야 합니다. 즉, A와 B 중 어느 것을 선택하여도 만점이 가능합니다. 핵심은 어떻게 근거를 대며 답변하는지에 달려 있습니다. 따라서, 두 가지 선택지가 등장한다면 '어느 것이 과연 출제자가 원하는 선택지일까?'를 고민하는 것은 시간 낭비입니다. 오히려, '어떻게 내 생각을 논리적이고 명료하게 전달할까?'에 대한 고민이 고득점을 향한 전략이 될 것입니다.

2 균형 잡힌 시각을 유지하라

다른 어떤 분야든 마찬가지로, 특히 교육 분야에서는 모든 상황에 100% 들어맞는 만능 해결책은 존재할 수가 없습니다. '무조건 이게 맞다.'라고 생각하는 것은 아주 위험합니다. 그것이 대부분 상황에는 적절한 해결책이 될 수 있을지는 몰라도, 특수한 일부 상황에서는 그렇지 못하기 때문입니다.

대표적인 예로, 2020 기출문제에서 '말을 우물가에 데리고 가서 강제로 물을 먹여야 하는 상황'에 대해서 묻는 문제가 출제되었습니다. 평소 균형 잡힌 시각으로 심층 면접을 준비하지 않았다면 답변을 떠올리기가 쉽지 않았을 것입니다. 대부분 우리는 '말을 우물가에 데리고 가더라도 억지로 물을 마시게 할 수는 없다.'라고 생각하고 있으니까요.

이러한 편견을 깨는 작업이 '선택-변호 유형'을 대비하는 첫걸음입니다. 모든 관점에는 장단점이 있음을 명심하고, 항상 균형 잡힌 시각을 가질 수 있도록 여러 방면에서 생각하는 습관을 지녀봅시다.

3 문제를 예측하라

'선택-변호 유형'은 구상형에도 빈번하게 등장하지만, 이 유형 자체가 높은 순발력을 요구하다 보니 즉답형에 주로 출제되는 경향이 있습니다. 즉답형은 구상실에서 상황만 확인할 수 있고 문항은 시험장에서 구상형 문제 3개의 답변을 모두 마친 뒤에 확인하게 됩니다. 그렇지만, '선택-변호 유형'을 잘 대비하였다면 구상실에서 주어진 즉답형 상황만 보고서도 어떤 문제가 나올지 충분히 예측할 수 있습니다.

즉답형 문제 상황에서는 보통 두 가지 선택지를 보여줍니다. 그리고 나서, 첫 번째 문제로 둘 중 하나를 선택하라고 하고, 두 번째 문제로 자신이 선택한 것을 비판하거나 자신이 선택하지 않은 것을 변호하라고 하는 것이 가장 일반적입니다.

문제의 흐름이 이러한 패턴으로 진행이 되기 때문에, 구상실에서 즉답형 상황을 보고 두 가지 선택지에 대해서 장점과 단점 모두를 미리 생각해 두는 것이 중요합니다. 단순히 상황만 숙지하고 들어가는 것보다 구상 시간에 장단점까지 간략하게나마 정리해둔다면 시험장에서 즉답형 문제에 훨씬 더 능숙하게 대처할 수 있을 것입니다.

4 틀에 얽매이지 말자

'선택-변호 유형'이 구상형으로 출제된다면 안정감 있게 틀을 적용하여 답변을 구성할 수 있을 것입니다. 그러나 즉답형으로 출제된다면 유연한 사고가 필요합니다. 틀에 지나치게 얽매이면 문제에서 요구하는 내용에서 벗어나 기계적인 답변으로 들릴 수도 있기 때문입니다. 따라서, 융통성 있게 대처하며 문제가 요구한 타당한 답변을 구성하는 연습도 필요합니다.

또한, 즉답형은 적으면 2문제에서 많으면 3~4문제까지 문항의 개수가 정해져 있지 않습니다. 시험장에서 즉답형 문제 개수를 확인하고 시간이 부족하다면 핵심 내용을 제외한 다른 부분을 과감히 생략함으로써 답변 틀의 전체 분량을 조절하는 기술도 필요합니다.

5 선택-변호 유형 답변 틀

'선택-변호 유형'은 둘 중 하나를 선택하되, 두 가지의 장단점을 모두 파악하고 있다는 점을 보여주는 것이 핵심입니다. 따라서 '균형 잡힌 시각을 보여주면서, 둘 다 장단점을 고려했을 때 결국 이것을 선택하는 것이 타당하다.'라는 방향으로 답변이 전개되어야 합니다.

이러한 논리 전개를 위해서 아래와 같이 답변 흐름을 구성할 수 있습니다.

선택-변호 유형 답변 틀

주제 문장	선택한 입장 제시
구체화/근거 문장	적용 예시 제시/이유 제시
기대 효과	예상되는 결과 제시
주장 강화 1단계	예상되는 반박 제시
주장 강화 2단계	재반박
마무리	선택한 입장 강조

첫 번째로는 주제 문장이 등장합니다. 여기서는 자신이 어떤 입장을 선택했는지를 간략히 제시합니다.

두 번째로는 구체화/근거 문장입니다. 자신이 왜 그렇게 선택했는지 이유를 언급합니다. 원래 구체화에서는 실제 상황 적용 예시를 드는 것이 일반적이지만, 선택-변호 유형의 문항에서는 대부분 자신이 선택한 이유를 요구하는 패턴입니다. 따라서 두 번째 구체화 단계에서는 주제 문장에 대한 근거를 제시하는 방향으로 연습하는 것이 더 적절합니다.

세 번째는 기대 효과입니다. 자신이 선택한 것에 대한 긍정적인 기대 효과를 제시함으로써 선택의 정당성을 확보할 수가 있습니다.

네 번째와 다섯 번째는 자신의 주장을 강화하는 부분입니다. 네 번째에서는 자신이 선택한 입장에 대해서 예상되는 반박을 제시합니다. 이로써 자신이 선택한 입장에 대해 장점뿐만 아니라 단점 역시도 고려하고 있음을 보여줄 수 있습니다. 이어지는 다섯 번째에서 자신이 방금 언급했던 예상되는 반박에 대해 재반박을 합니다. 이 과정을 통해서 자신의 주장은 더욱 정당성을 얻고 설득력이 강화됩니다.

마지막 여섯 번째 문장에서 자신이 선택한 입장을 다시금 강조하며 답변을 마무리합니다.

여기서 특징적인 부분은 주장 강화 단계가 포함된다는 것입니다. 주장 강화 부분에서 자신의 입장을 스스로 비판하고 재반박함으로써 균형 잡힌 시각을 가지고 있음을 보여줄 수 있습니다.

그러나, 중요한 것은 '문제에서 요구하는 내용에 맞게 답변하는 것'입니다. 지나치게 답변 틀에 얽매이게 되면 문제에서 요구하는 방향과 다른 답변이 만들어집니다. 따라서, 항상 문제에서 요구하는 내용에 맞춰 필요한 부분은 더 많이 언급하고, 필요 없는 부분은 과감하게 생략하는 융통성이 필요함을 명심해야 합니다!

6 실제 문제에 적용하기

'균형 잡힌 시각'과 '틀에 얽매이지 말 것'을 염두에 두고 실제 문제에 적용해봅시다.

2020 평가원 기출 문제

[즉답형 상황] - 구상실에서 확인
연구부장 A : 항상 얼굴을 맞대고 상의하는 것을 좋아하고 서로 협력하는 것을 추구한다.
연구부장 B : 디지털 시대에 걸맞게 메신저로 의사소통하고 개별적으로 업무처리 하는 것을 추구한다.

[즉답형 문제] - 시험장에서 확인
1. 당신은 둘 중 누구와 협력하겠는가? 그리고 그 이유는?
2. 본인의 방식과 다른 연구부장과는 어떻게 협력하겠는가?

먼저 첫 번째 문항에 대한 답변입니다.

즉답형 문항 1 답변 예시

답변 시작	즉답형 1번 답변 시작하겠습니다.
주제 문장	저는 연구부장 A와 협력하겠습니다.
구체화/근거 문장	왜냐하면, 협력을 통해서 새로운 것을 떠올릴 수 있고, 이로 인해 더 나은 결과를 만들 수 있을 것이기 때문입니다.
기대 효과	따라서 신입 교사로서 배울 것이 많고 발전하고 싶은 욕구가 큰 저로서 연구부장 A와 협력한다면 선배 교사로부터 많은 부분을 배우고 터득할 수 있을 것입니다.
주장 강화 1단계 (예상되는 반박)	물론, 협력을 통한 업무처리 방식은 효율성의 관점에서 단점이 분명합니다.
주장 강화 2단계 (재반박)	그러나, 매번 효율성만 추구한다면 협력을 통해 더 나은 아이디어를 떠올리는 기회가 제한될 것입니다. 그리고 무엇보다 저는 아직 모르는 것이 많으므로 선배 교사와의 협력을 통한 업무처리가 개별적 업무처리보다 더욱 효과적일 것이라고 생각합니다.
마무리	따라서 저는 연구부장 A와 협력하겠습니다.
답변 끝	이상입니다.

주제 문장에는 A와 B 둘 중 하나를 선택하여 '저는 연구부장 A와 협력하겠습니다.' 이렇게 간단하게 답변하면 됩니다. 앞서 언급한 대로 정답은 없습니다. A, B 아무나 선택해도 만점을 받을 수 있으며, 중요한 것은 어떻게 근거를 제시할 것인지에 달려있습니다.

구체화/근거 문장 단계에서는 이유를 제시합니다. 문항에서 이유를 요구했기 때문에 이에 맞게 적용 예시를 드는 것이 아니라 선택의 이유를 언급합니다. '왜냐하면, 협력을 통해서 새로운 것을 떠올릴 수 있고, 이로 인해 더 나은 결과를 만들 수 있을 것이기 때문입니다.'와 같이 답변할 수 있을 것입니다.

세 번째 기대 효과 단계에서는 연구부장 A와 협력하면 나타나는 예상가능한 긍정적인 결과를 제시합니다. '따라서 신입 교사로서 배울 것이 많고 발전하고 싶은 욕구가 큰 저로서 연구부장 A와 협력한다면 선배 교사로부터 많은 부분을 배우고 터득할 수 있을 것입니다.'

네 번째 예상되는 반박을 제시하는 단계에서는 어렵게 생각할 필요가 없습니다. 서로의 장점이 단점이 되고, 단점이 장점이 되는 관계이기 때문입니다. 이에 협력의 단점은 효율성이라는 측면에서 접근하여 다음과 같이 답변할 수 있습니다. '물론, 협력을 통한 업무처리 방식은 효율성의 관점에서 단점이 분명합니다.'

다섯 번째 재반박 단계에서는 앞서 언급한 내용을 재반박하며 비판입니다. 여기서는 협력과 효율성의 대립이므로 효율성을 추구한 업무처리 방식의 단점을 언급하며 답변할 수 있을 것입니다. '그러나, 매번 효율성만 추구한다면 협력을 통해 더 나은 아이디어를 떠올리는 기회가 제한될 것입니다. 그리고 무엇보다 저는 아직 모르는 것이 많으므로 선배 교사와의 협력을 통한 업무처리가 개별적 업무처리보다 더욱 효과적일 것이라고 생각합니다.'처럼 효율성을 추구한 업무처리 방식의 단점을 언급합니다. 또한, '신규 교사'라는 특수한 상황을 제시하며 다른 상황에서는 효율성을 추구하는 것이 때로는 바람직할 수도 있다는 여지를 남겨둡니다. 이를 통해서 '항상 협력을 추구하는 것이 정답은 아니다.'라는 인상을 남겨주어 균형 잡힌 시각을 가지고 있음을 보여줄 수 있습니다.

여섯 번째 마지막 문장에서 다음과 같이 자신의 입장을 다시금 강조하며 마무리합니다. '따라서 저는 연구부장 A와 협력하겠습니다.'

이렇게 첫 번째 답변이 끝나면 두 번째 답변도 이어서 진행됩니다. 전체적인 틀은 같지만, 문제에서 요구한 것에 맞게 관련된 부분은 내용을 추가하여 풍부하게 하고, 관련이 없는 부분은 축소하거나 과감하게 생략하는 융통성이 필요합니다.

즉답형 문항 2 답변 예시

답변 시작	즉답형 2번 답변 시작하겠습니다.
주제 문장	저는 저의 방식과 다른 연구부장님과 다음과 같은 단계를 통해 협력하도록 하겠습니다.
구체화/근거 문장	먼저, 직접 선배 교사를 찾아가서 여쭙기 전에, 과연 제가 스스로 할 수 있는 것은 무엇인지 충분히 고민한 후, 혼자서 나름대로 해결하려고 노력한 뒤에 처리가 잘 되지 않는 부분들에 대해서 정리하여 찾아가도록 하겠습니다. 그 이후에는 공감과 경청을 바탕으로 어떤 이유로 선생님의 방식을 추구하시는지 정중히 여쭙겠습니다. 그러고 나서 저의 상황을 설명해드리겠습니다. 예를 들면 '저는 신규 교사이므로 부족한 점이 많고 모르는 것도 많아서 선생님과 같이 업무를 처리하면 옆에서 배우며 성장할 좋은 기회라고 생각합니다.'라고 하며 정중하게 조언을 요청하며 협력하겠습니다.
기대 효과	이를 통해서 연구부장 B와 효과적으로 협력할 수 있음과 동시에 효율성을 추구하는 연구부장 B 선생님의 입장 역시 존중할 수 있을 것입니다.
주장 강화 1단계 (예상되는 반박)	생략
주장 강화 2단계 (재반박)	생략
마무리	따라서 저는 위와 같은 단계적 방식으로 연구부장 B와 협력하겠습니다.
답변 끝	이상입니다.

먼저, 첫 번째 주제 문장에서 다음과 같이 답변할 수 있습니다. '저는 저의 방식과 다른 연구부장님과 다음과 같은 단계를 통해 협력하도록 하겠습니다.'라고 함으로써 협력의 단계를 언급할 것임을 두괄식으로 제시합니다.

두 번째 구체화 단계에서 실제 상황 적용 예시를 제시합니다. 어떤 단계를 거칠 것인지 구체적으로 다음과 같이 언급합니다. '먼저, 직접 선배 교사를 찾아가서 여쭙기 전에, 과연 제가 스스로 할 수 있는 것은 무엇인지 충분히 고민한 후, 혼자서 나름대로 해결하려고 노력한 뒤에 처리가 잘되지 않는 부분들에 대해서 정리하여 찾아가도록 하겠습니다. 그 이후에는 공감과 경청을 바탕으로 어떤 이유로 선생님의 방식을 추구하시는지 정중히 여쭙겠습니다. 그리고 나서 저의 상황을 설명해 드리겠습니다. 예를 들면 '저는 신규 교사이므로 부족한 점이 많고 모르는 것도 많아서 선생님과 같이 업무를 처리하면 옆에서 배우며 성장할 좋은 기회라고 생각합니다.'라고 하며 정중하게 조언을 요청하며 협력하겠습니다.'와 같이 답할 것입니다. 이 부분은 문제에서 요구한 내용이 '어떻게 협력할 것인지에 대한 방안'이므로 문제와 직접 연관됩니다. 따라서 이 부분에 관한 내용을 풍부하게 추가하여 답변의 관련성을 높입니다.

세 번째 기대 효과 단계에서 균형 잡힌 시각을 고려한 모습을 다음과 같이 보여줄 수 있습니다. '이를 통해서 연구부장 B와 효과적으로 협력할 수 있음과 동시에 효율성을 추구하는 연구부장 B 선생님의 입장 역시 존중할 수 있을 것입니다.'

네 번째와 다섯 번째 주장 강화 단계는 생략합니다. 왜냐하면, 구체화 단계에서 이미 관련된 내용을 풍부하게 답변하였고, 문제에서 요구한 것은 '어떻게'에 대한 답변이지 '왜'에 대한 답변이 아니므로, 이유를 풍부하게 설명하여 자신의 주장을 강화할 필요성이 없기 때문입니다.

여섯 번째 마무리 단계에서 '따라서 저는 위와 같은 단계적 방식으로 연구부장 B와 협력하겠습니다.'라고 언급하며 답변을 마무리합니다.

05　유형 4 : 교직관

'교직관 유형'은 앞서 소개해드린 '선택-변호 유형'과 상당히 유사한 형태를 보입니다. 2개 이상의 사례를 주고, 그중 자신의 교직관과 가까운 하나를 고른 후 선택의 이유나, 자신의 경험 또는 앞으로의 계획을 요구하는 유형입니다.

최근 들어서는 문제에서 '교사의 자질'이라는 표현을 사용하여, 상황 속에 등장하는 교사에게 필요한 자질을 묻습니다. 그리고, 만약 본인이라면 이를 함양하기 위해서 어떻게 노력할 것인지 묻는 유형으로 출제되는 경향이 있습니다.

'교직관'과 '교사의 자질'이라는 단어가 주는 중압감에 수험생 대부분이 어려움을 느끼고는 합니다. 뭔가 거창하고 멋있는 말이 나와야 할 것 같고 철학적인 느낌을 연상시키는 단어이기 때문이죠. 그래서 이 유형을 접하는 수험생의 경우 아예 입도 뻥긋하지 못하게 되어버리거나, 말이 꼬리에 꼬리를 물어서 너무 길게 답변하는 때도 있습니다.

하지만, 사실 따지고 보면 여태껏 다른 유형을 다루었던 방식과 크게 다르지 않습니다. 지금부터 알려드릴 몇 가지 팁과 교직관 답변 틀만 숙지하신다면 앞으로 교직관 유형이 여러분을 괴롭게 할 일은 없을 것입니다.

1　정답을 찾으려 하지 말고 오답을 피하려고 노력하자

심층 면접을 준비할 때 잊지 말아야 하는 사실이 바로 '정답은 없으나 오답은 있다.'라는 것입니다. '교직관 유형'에서도 예외는 아닙니다. 앞서 살펴본 '선택-변호 유형'과 마찬가지로 어느 입장을 선택하든 만점 답안은 가능합니다. 중요한 것은 어떻게 자신의 교직관을 명료하고 논리적으로 전달할 것인가입니다.

한편, 교직관 유형은 오답이 될 만한 답변을 하게 되는 경우가 빈번하게 발생하므로 이에 대한 주의가 필요합니다. 어느 입장을 선택하든 만점은 가능하지만, 이를 뒷받침하는 과정에서 요즘 경향을 벗어나는 근거로 여러분의 교직관을 뒷받침하면 설득력을 잃게 됩니다.

예를 들면, 교사 중심 수업, 징벌적 생활교육, 권위주의적 학급 경영, 수직적 조직 문화와 같이 현재까지 우리 교육이 걸어온 방향을 역행하는 내용을 근거로 제시한다고 가정해봅시다. 이를 정당화하기 몹시 어려울 것이고 좋은 답변이 이루어지지 못할 확률이 높습니다. 이미 수십 년간의 시행착오를 거쳐 위와 같은 방법보다 더 나은 방향을 학자들과 현장에 있는 교육 종사자들이 머리를 맞대어 합의하였는데, 이러한 합의 결과에 도전하는 꼴이 되기 때문입니다.

이렇게 '달걀로 바위 치는 실수'를 피하기 위해서는, 현재 교육의 경향이 어떤 배경에서 만들어진 것인지 알고 있는 것이 중요합니다.

2 채점관은 반박하지 않는다.

심층 면접의 모든 과정에 들어맞는 말이지만, 특히 교직관 유형에서 이 말을 마음속에 새겨두면 답변에 자신감이 생길 것입니다.

채점관은 절대로 수험생 의견에 반박하지 않습니다. 답변하다가 스스로 약점을 발견한다고 할지라도 일단 밀어붙이는 것이 중요합니다. 채점관들은 그 약점을 발견하지 못했을 수도 있습니다. 설령 약점을 발견하였다 하더라도 수험생이 답변하는 도중에 갑자기 손을 들어서 질문이나 반박하는 일은 절대 벌어지지 않습니다.

어차피 완벽한 교직관이란 존재하지 않습니다. 즉, 모든 교직관은 각각이 잘 들어맞는 상황이 있고 잘 들어맞지 않는 상황이 있습니다. 그러니, 자신감을 가지고 일단은 여러분들이 생각하는 대로 밀어붙이세요!

3 교직관은 '자기 성찰'이 아니라 하나의 '시나리오'이다

수험생 대부분이 '교직관 유형'을 접할 때 처음 하는 시행착오가 바로 '자기 성찰'입니다. 나 자신의 교직관은 어떤지, 나는 왜 교사가 되고자 하는지, 교사로서의 사명은 무엇인지 등 온갖 철학적인 고민에 빠집니다.

물론 이러한 고민도 중요합니다. 저 역시도 이러한 고민을 많이 했습니다. 그러나, 우리는 연설을 준비하는 것이 아닙니다. 임용 2차 시험, 즉, '심층 면접'을 준비하고 있는 것임을 명심해야 합니다. 자기 자신에 대한 성찰도 좋지만, 그보다는 시험을 준비하고자 하는 '전략적인 움직임'이 필요합니다.

교직관 유형은 단순히 '여러분의 교직관은 무엇인가요? 자유롭게 말해보세요.' 이렇게 출제되지 않습니다. 특정한 상황을 주고 그 상황에 대해서 수험생의 교직관에 입각하여 답변하도록 유도합니다.

각각의 교직관은 나름대로 일리가 있으므로 교직관을 맥락 없이 물어보고 이를 수치로 평가하는 것은 불가능한 일이며 적절하지도 않습니다. 따라서, 이것은 엄연한 시험이기 때문에 수험생의 답변 범위를 객관적으로 통제할 수 있는 장치가 필요합니다. 그것이 바로 '교직관 시나리오'입니다.

심층 면접에서는, 이렇게 통제된 상황인 '교직관 시나리오' 속에서 각자의 교직관에 입각하여 답변하게 됩니다. 따라서 우리는 어떤 교직관 시나리오가 출제될지 미리 떠올려본 다음, 관련된 자기만의 교직관을 준비해두면 됩니다.

아래는 제가 미리 떠올려둔 교직관 시나리오입니다. 같이 살펴보시면서 생각할 시간을 각자 가져본 다음, 여기에 추가하여 어떤 시나리오가 등장할 수 있을지 고민해보는 것도 좋은 대비 전략입니다.

(1) 인격적 대상 vs 훈육의 대상

학생을 인격적 대상을 바라볼지, 훈육의 대상으로 바라볼지에 대한 시나리오입니다. 요즘 경향은 학생을 인격적 대상으로 바라볼 것을 강조하고 있습니다. 학생의 잘못을 정확하게 짚어줄 수 있는 능력도 중요하지만, 그 전에 학생을 인격적으로 존중하는 태도가 항상 뒷받침되어야 할 것입니다.

(2) 학생 중심 교육 vs 교사 중심 교육

교육의 방식에 있어서 학생 중심으로 수업을 구성하여 배움이 일어나게 할 것인가, 아니면 전통적인 방식으로 교사가 수업의 주도권을 쥐고 일방적으로 지식을 전달하게끔 할 것인가에 대한 시나리오입니다.

당연히 학생 중심 교육이 요즘 교육의 흐름입니다. 구성주의를 따르고 있어 배움에 대한 자발적 동기부여가 일어나며 수업 이해도도 높습니다. 그러나 같은 내용을 학습하는 데 투자해야 하는 시간이 길다는 단점도 있죠.

(3) 자발적 학습 vs 수동적 학습

학생으로부터 하여금 자발적 학습이 일어나게 유도하는 것이 바람직한가, 수동적 학습이 일어나는 것이 바람직한가에 대한 논의입니다. 물론 요즘 교육이 추구하는 바람직한 방향은 자발적 학습이 일어나게끔 하는 것이라는 데에 의문을 품을 사람은 없을 것입니다. 그러나 수동적으로라도 반드시 학습하게끔 해야 할 상황이 있습니다. 바로 도덕성, 공동체 의식, 인성, 기초 학력 등이 이에 해당하죠.

(4) 생활 지도 vs 교과 지도

교사의 지도는 크게 두 축으로 나누어집니다. 학교생활 측면에서 규칙 준수와 공동체 의식 함양의 중요성을 배우게 하는 '생활 지도'와 전문적인 지식을 갖추기 위해 기초 소양을 쌓게끔 하는 '교과 지도'가 있습니다. 이 둘 중 절대적으로 더 중요한 것은 없습니다. 따라서, 둘 중 지나치게 한쪽에만 몰두하는 교사는 바람직한 자질을 갖추었다고 하기 힘들 것입니다.

(5) 자율 vs 협력

교사는 수업 측면에서는 독립성과 자율성이 보장되지만, 학교 행정업무의 관점에서는 체계가 있고 동료 간의 협조와 협력이 필요합니다. 조직화된 무질서 속에서 효율성에 입각한 개별적 업무처리 방식을 추구해야 하는가, 소통과 공감의 측면에서 인간관계의 형성을 추구해야 하는가에 대한 시나리오도 빈번히 등장합니다. 지나치게 본인 수업연구에만 몰두하여 다른 교사와 협력이 안 되는 교사, 항상 다른 교사와 대화하며 친목 활동을 하는 나머지 자신의 수업 전문성이 떨어지는 교사 등이 있습니다. 이와 관련하여 다양한 문제 상황이 등장할 수 있습니다.

(6) 징벌적 생활교육 vs 회복적 생활교육

과거 생활교육은 징벌적 관점을 가지고 있었습니다. 학생이 잘못을 저지르면 벌을 주고 책임을 지게 하게끔 하는 방식의 생활교육이었죠. 그러나 요즘의 방향은 회복적 생활교육입니다. 자신의 잘못을 스스로 깨닫도록 도와주고 친구와의 관계를 회복하는 것입니다. 궁극적으로 다시 학교생활을 잘 해낼 수 있도록 해야 한다는 관점입니다.

회복적 생활교육은 요즘 교육의 방향과 일맥상통하므로 징벌적 생활교육의 입장에서 자신의 교직관을 뒷받침한다면 아주 큰 실수를 할 수 있습니다. 현재 교육이 취하는 태도는, 자신이 한 행동에 대한 책임은 법 집행 기관에 맡기고, 교육 기관인 학교는 아무쪼록 학생이 다시금 공동체에 잘 적응할 수 있도록 돕는 것이 바람직하다는 것입니다.

(7) 수평적 분위기 vs 수직적 분위기

학교의 분위기가 수평적인 것이 나을지 수직적인 것이 나을지 생각해보게끔 하는 시나리오입니다. 수직적 분위기는 업무의 효율성을 높일 수 있지만 다양한 의견이 오갈 수 있는 분위기를 저해합니다. 한편, 수평적 분위기는 구성원 간 활발한 의사소통을 장려하지만 의사 결정 과정에서의 비효율을 초래하기도 합니다. 각각의 장단점이 분명하므로 상황에 맞는 답변을 구성하는 것이 중요할 것입니다.

한편, 나이나 연차에 따라 수직적 분위기가 형성된 상황이 등장할 수도 있습니다. 그러나 교사는 조직도상 관리자를 제외하고는 모두 수평적 관계입니다. 심지어, 업무부장의 경우도 직책상 부장이지만 직급상 평교사에 해당합니다. 따라서, 선배 교사로서 더 많은 경험과 노하우, 전문적 지식을 존중하는 것은 중요하지만, 이를 바탕으로 지나친 수직적 분위기가 형성되는 것은 바람직하다고 보기 힘들 것입니다.

(8) 민주적 학급 운영 vs 권위주의적 학급 운영

학급 경영의 관점에서 민주적으로 운영을 할 것인지, 권위적으로 운영을 할 것인지에 대한 시나리오입니다. 최근 추세는 민주적으로 학급 운영을 할 것을 강조하고 있습니다. 학생들이 민주적인 시민으로 성장할 수 있도록 학급 내에서 민주적인 의사 결정, 학생 참여 활동의 기회를 많이 제공하는 방향으로 답변을 연습하는 것이 좋은 전략이 될 것입니다.

4. 교직관 유형 답변 틀

교직관 유형의 답변 틀은 지금까지 다루었던 답변 틀의 종합이라고 생각할 수 있습니다. 하나씩 살펴보도록 합시다.

교직관 유형 답변 틀

주제 문장	교직관 제시
대전제	이상적 상황 제시
구체화	교직관 실현 방안
기대 효과	(대전제와 연결) 예상되는 결과 제시
주장 강화 1단계	예상되는 반박 제시
주장 강화 2단계	재반박
마무리	교직관 재강조

첫 문장은 주제 문장으로, 자신의 교직관을 두괄식으로 제시합니다. 간혹 '교직관 유형'에서 서론을 구성하는데, 서론에 해당하는 부분은 이후에 대전제를 통해서도 전달할 수 있습니다. 따라서, 저는 채점관들에게 제가 생각하는 바를 확실하게 전달하기 위해서 첫 번째 문장은 서론 대신 교직관을 곧바로 언급하였습니다.

두 번째 문장은 대전제입니다. 대전제는 '문제 상황의 원인 파악 & 해결책 제시 유형'에서 언급하였듯이 아무도 반박할 수 없는 말, 이상적인 상황, 교육적으로 바람직한 경우를 떠올리면 됩니다. 마찬가지로 여기서 언급하는 대전제는 이후 기대 효과 부분에서 연결되어 답변의 논리적 일관성을 강화해주는 기능을 하게 됩니다.

세 번째는 구체화입니다. 자신의 교직관을 어떻게 실제 교실 상황에서 실현할 것인지 또는 이러한 교직관을 함양하기 위해서 자신은 어떻게 노력을 할 것인지 설명하는 단계입니다. 답변을 듣자마자 머릿속으로 그려질 만큼 자세하고 구체적으로 설명을 해주는 것이 좋습니다. 이해가 잘 될수록 실현이 가능한 교직관이라는 인상을 남길 수 있습니다.

네 번째는 기대 효과입니다. 기대 효과 단계에서는 자신의 교직관 대로 교육 활동을 펼쳤을 때 어떠한 바람직한 결과가 나타날 것인지 설명합니다. 이때 '문제 상황의 원인 파악 & 해결책 제시 유형'에서 살펴보았듯이 앞서 언급한 대전제 부분을 이끌어와서 기대 효과를 언급합니다. 그리하면 더욱 논리적으로 일관성을 보이는 답변이 이루어집니다.

다섯 번째와 여섯 번째는 주장 강화 단계입니다. 이전에 다루었던 '선택-변호 유형'과 마찬가지로, 자신이 주장하고 있는 교직관에 대해 예상되는 반박을 제시하고 이에 대해 다시 재반박하는 순서로 진행됩니다. 이를 통해서 자신이 가지고 있는 교직관의 단점에 대해 스스로 인식하고 있다는 것을 보여주어 균형 잡힌 시각을 갖춘 예비 교사라는 인상을 남길 수 있습니다.

마지막 일곱 번째는 마무리 문장입니다. 여기서는 자신이 주장하고 있는 교직관을 다시 강조하며 답변을 마무리합니다.

5 실제 문제에 적용하기

이제 실제 기출 문제를 통해 답변을 구성해봅시다.

> **2019 평가원 기출 문제**
>
> **Q.** 아래 상황을 참고할 때 로봇과 인간 중 어느 쪽이 교육의 주체가 되는 것이 옳다고 생각하는지 말하고 그 이유를 자신의 교직관에 비추어 이야기하시오. 그리고 앞서 언급한 자신의 교직관을 실현할 때 학생은 어떤 인간으로 성장하게 될지 말하시오.
>
> 인공지능 기술이 나날이 발전하고 있다. 이러한 속도라면 머지않아 인공지능이 발달하여 교사 대신 로봇이 수업하는 시대가 올 것이다. 이렇게 교육 분야에서의 역할을 인간과 로봇이 나눠 가지게 되면서 인간 교사의 역할이 많이 축소되는 것은 자연스러울 것이다.

4차 산업 혁명이 진행됨에 따라서 인공지능 기술이 점점 더 발전하고 있습니다. 실제로 교육 현장에서는 AI 기술을 접목한 교과 수업이 이루어지고 있죠. 이에 대해서 '더 먼 미래에는 어쩌면 교사가 필요하지 않을 수도 있겠다.'라는 인식도 많아지고 있습니다. 따라서, 위 문제는 이와 같은 경향에서 출제된 것이라고 분석할 수 있는 문제입니다. 답변 예시를 먼저 살펴봅시다.

답변 예시

답변 시작	구상형 1번 답변 시작하겠습니다.
주제 문장	저는 로봇보다는 인간이 교육의 주체가 되는 것이 옳다고 생각합니다.
대전제	학생에게 교과적 지식을 가르쳐주는 것뿐만 아니라 바람직한 인격을 갖추어 올바른 방향으로 성장할 수 있도록 도와주는 것 역시 교사에게 부여된 책임이자 의무입니다.
구체화	예를 들면 학생들은 학교에서 교사의 수업을 들음으로써 기초적인 교과 지식을 쌓기도 하지만, 교사와의 상호작용 속에서 주변 사람과 관계 맺는 방식, 타인의 감정을 이해하고 공감하며 의사소통하는 법, 공동체 사회에 적응하기 위해 갖춰야 할 인성과 도덕성 등을 배우게 됩니다. 또한, 이러한 인격적 측면에서의 성장은 인지적 측면에서의 성장만큼이나 중요한 것이므로 학교에서 이루어지는 교육의 목적 역시 교과적 지식 함양뿐만 아니라 인격적 성장을 도모할 수 있도록 하고 있습니다.
기대 효과	따라서, 교사가 교육의 주체가 되는 것을 통해 학생들은 학교에서 인간 대 인간으로서 상호작용하는 방법을 배울 수 있을 것입니다. 또한, 학교의 관점에서는 학생들에게 더욱 인격적으로 성장할 기회를 제공할 수 있을 것이며, 학생들은 학교에서 얻은 경험을 바탕으로 공동체에 이바지할 수 있는 인성을 함양한 바람직한 성인으로 성장할 수 있을 것입니다.
주장 강화 1단계 (예상되는 반박)	물론 로봇은 실수 없이 모든 방면에서 항상 정확한 사실을 전달하고 인간보다 더 효율적이고 정확하게 업무를 처리할 수 있을 것입니다.
주장 강화 2단계 (재반박)	그렇지만, 실수를 통해서 관용과 용서, 화해의 가치를 배울 수 있듯, 실수는 인간적인 면모를 보여주는 중요한 부분이기도 합니다. 이는 로봇을 통해서는 배울 수 없는 영역이라는 의미로 해석할 수도 있을 것입니다.
마무리	따라서 저는 로봇보다는 인간이 교육의 주체가 되는 것이 옳다고 생각합니다.
답변 끝	이상입니다.

먼저 첫 번째 주제 문장에서는 '저는 로봇보다는 인간이 교육의 주체가 되는 것이 옳다고 생각합니다.'라고 언급하며 교육의 주체는 인간이 되어야 한다고 입장을 밝혔습니다.

교직관에서 정답은 없다고 했지만 트랜드에서 벗어나는 대답을 하는 것은 아주 위험합니다. 비록, 인공지능을 활용한 교과 수업이 유행이긴 하지만 '교육의 주체'의 관점에서는 교사가 교육의 주체가 되어야 하지 않을까 하는 것이 제 생각입니다. 학습을 이어 나가는 것의 가장 중요한 요소는 자기 스스로가 학습의 필요성을 인식하는 내적 동기부여 상태입니다. 이는 인공지능으로부터 보다는 인간 대 인간과의 교감을 통해 학습에 대한 동기를 가장 크게 불러일으킬 수 있을 것입니다.

그리고 출제자의 의도를 생각해보았을 때도 과연 예비 교사에게서 '인공지능에 의해 교사의 역할이 축소되는 것이 자연스럽다.'라는 답변을 기대하였을지도 의문입니다. 따라서 저는 로봇보다는 인간을 선택하는 것이 답변 구성에 유리할 것으로 생각합니다.

두 번째 부분은 대전제입니다. 준비했던 교직관 시나리오를 바탕으로 답변하였습니다. '학생에게 교과적 지식을 가르쳐주는 것뿐만 아니라 바람직한 인격을 갖추어 올바른 방향으로 성장할 수 있도록 도와주는 것 역시 교사에게 부여된 책임이자 의무입니다.'라고 언급하였습니다.

이렇게, 교사의 역할 측면에서 큰 축을 이루는 두 영역인 생활 지도와 교과 지도를 답변에 녹여내었습니다. 이는, 교과 지도는 인공지능이 효과적일지는 몰라도 생활 지도의 관점을 생각해보면 교사가 교육의 주체가 될 수밖에 없다는 주장을 끌어내기 위함입니다. 이처럼, 교직관 시나리오를 미리 준비해둔다면, 비슷한 상황에서 맥락에 맞게 적절히 녹여내어 자연스러운 답변을 구성할 수 있습니다.

세 번째 부분은, 구체화 단계로, 교사가 생활 지도에서 큰 역할을 차지한다는 것을 예를 들어서 자세히 설명하였습니다. '예를 들면 학생들은 학교에서 교사의 수업을 들음으로써 기초적인 교과 지식을 쌓기도 하지만, 교사와의 상호작용 속에서 주변 사람과 관계 맺는 방식, 타인의 감정을 이해하고 공감하며 의사소통하는 법, 공동체 사회에 적응하기 위해 갖춰야 할 인성과 도덕성 등을 배우게 됩니다. 또한, 이러한 인격적 측면에서의 성장은 인지적 측면에서의 성장만큼이나 중요한 것이므로 학교에서 이루어지는 교육의 목적 역시 교과적 지식 함양뿐만 아니라 인격적 성장을 도모할 수 있도록 하고 있습니다.'라고 언급하였습니다.

학생들은 학교에서 단순히 교과 지식만을 배우는 것이 아니라, 그 이상의 가치를 지닌 것을 배우고 있으며, 여기서는 교사의 역할을 무시할 수 없다는 것을 설명합니다.

네 번째는 기대 효과 단계입니다. 여기서는 앞서 언급한 대로 대전제와 연결 지으면서 논리적 일관성을 보여주어야 합니다. 대전제에 언급된 '바람직한 인격 성장에 큰 역할을 하는 교사' 내용에 초점을 맞추어 다음과 같이 답변을 구성할 수 있습니다. '따라서, 교사가 교육의 주체가 되는 것을 통해 학생들은 학교에서 인간 대 인간으로서 상호작용하는 방법을 배울 수 있을 것입니다. 또한, 학교의 관점에서는 학생들에게 더욱 인격적으로 성장할 기회를 제공할 수 있을 것이며, 학생들은 학교에서 얻은 경험을 바탕으로 공동체에 이바지할 수 있는 인성을 함양한 바람직한 성인으로 성장할 수 있을 것입니다.'

위의 답변에서 대전제에 언급된 이상적인 상황을 실현하기 위해 교사가 교육의 주체가 되어야 한다는 사실이 드러나고 있습니다. 이뿐만 아니라, 기대 효과를 학교의 입장과 학생의 입장으로 나누어 설명함으로써 설득력을 강화하고 있습니다.

다섯 번째는 주장 강화 1단계로, 예상되는 반박을 제시합니다. '물론 로봇은 실수 없이 모든 방면에서 항상 정확한 사실을 전달하고 인간보다 더 효율적이고 정확하게 업무를 처리할 수 있을 것입니다.'라고 언급하며 로봇의 장점인 정확성과 효율성을 내세웁니다.

여섯 번째는 주장 강화 2단계로, 앞서 언급한 예상되는 반박에 대한 재반박을 다음과 같이 제시합니다. '그렇지만, 실수를 통해서 관용과 용서, 화해의 가치를 배울 수 있듯, 실수는 인간적인 면모를 보여주는 중요한 부분이기도 합니다. 이는 로봇을 통해서는 배울 수 없는 영역이라는 의미로 해석할 수도 있을 것입니다.'와 같이 답변합니다.

이와 같이, 실수는 오히려 값진 교육의 기회라는 것을 강조하며 흐름을 역전시킵니다. 또한, '실수 = 인간성'이라는 도식 아래 '실수 없음 = 인간성 없음'이라는 논리를 형성합니다. 이는 교사가 실수할 수도 있다는 사실이 오히려 학생들에게 교육적으로 도움이 될 수 있다는 주장을 끌어냅니다.

마지막 일곱 번째는 마무리 단계입니다. '따라서 저는 로봇보다는 인간이 교육의 주체가 되는 것이 옳다고 생각합니다.'라고 답변하며 처음 주제 문장에 언급되었던 자신의 주장을 재강조하며 마무리합니다.

지금까지의 모든 과정에서 반드시 기억해두어야 할 사실은 '채점관은 반박하지 않는다.'라는 것입니다. 설령 자신의 주장과 논리 흐름이 자신이 없더라도, 겉으로는 자신 있는 척 밀어붙이는 태도도 연습해두는 것이 중요합니다. 어차피 채점관은 여러분의 답변에 질문하지 않기 때문입니다.

Chapter 04 심층 면접 실전 연습

이제 준비한 답변 틀에 맞게 직접 답변 연습을 해 볼 차례입니다. 1차 합격자 발표 이후 또는 시험 직전 1~3주 정도 시간을 투자하는 것을 추천합니다. 지금까지 열심히 준비한 모든 것을 최대한 보여주는 것에 초점을 맞추어 시험 당일까지 자동화할 수 있도록 연습해봅시다.

01 실전 연습 스터디 구성

1차 합격자 발표 이후가 아무래도 가장 많은 수험생들이 본격적으로 실전 연습에 돌입할 시기가 될 것입니다. 이때, 저는 스터디원 6명을 모집하였습니다. 되도록 지역은 다르게, 면접의 경우 평가원인지, 자체 출제지역인지, 수업 실연의 경우 지도안을 작성하는지, 아닌지를 기준으로 모집하면 운영에 도움이 됩니다.

물론 지도안의 경우 한 시간 빨리 와서 스터디 참여를 하면 되기 때문에 큰 문제가 되지는 않습니다. 다만, 평가원 지역과 자체 출제 지역 수험생이 같이 스터디를 진행하면 심층 면접 피드백 및 복기 부분에서 불편함이 있습니다. 또한, 지역마다 심층 면접 구상 시간이 다른 경우도 존재하니, 스터디 구성 시에 각자 지역의 시험 진행 방식을 잘 파악하고 스터디 운영을 조율하는 과정이 필요합니다.

1 3인 1조씩 2개 조 편성

스터디 인원은 3인 1조로 총 2개 조가 1개의 스터디로 구성됩니다. 그러니, 6명이 하나의 스터디 그룹에 참여하게 되고 6명은 각각 3명씩 나뉘어 '지도안 - 수업 실연 - 심층 면접' 순서로 한 세트씩 연습하게 됩니다.

한 조에 4명 이상이 되면 수업 실연에는 최소 80분, 심층 면접에는 최소 40분이 소요되기 때문에 체력적으로도 피곤하고 시간적으로도 많이 늘어집니다. 따라서, 저는 한 조에 최대 3명으로 제한하여 체력 문제와 컨디션, 피드백의 퀄리티를 높이려고 노력하였습니다.

2 2일에 한 번 조원 변경

조는 2일에 1번 무작위로 바꿉니다. 사다리 타기 기능을 활용하였습니다. 계속 같은 조원 앞에서 수업 실연과 심층 면접을 하면 긴장감을 유발하는 정도가 현저히 줄어들게 됩니다. 그렇다고 매일 조원을 바꾸게 되면 어제 조원이 주었던 피드백을 오늘 반영했을 때 자신의 개선 여부를 확인할 수 없다는 단점이 있습니다. 이에 조원은 2일에 한 번씩 바꾸는 것으로 정하였습니다.

3 자율적 참여

1차 합격자 이후 2차 시험은 체력, 멘탈, 컨디션 관리가 아주 중요합니다. 따라서 저는 스터디에 강제성을 전혀 부과하지 않았습니다. 모두 자율적으로 출석하고, 만약 당일 컨디션이 안 좋아서 쉬고 싶으면 스터디 시작 전까지 통보하면 결석할 수 있었습니다.

이렇게 운영했던 이유는 스터디 결원이 몇 명 발생하더라도 남은 조원끼리 스터디 진행이 가능하기 때문입니다. 만약 A조에서 두 명의 결석자가 발생하면 B조에서 1명을 충원하여 2인 1조로 운영하였으며, 3명 이상의 결석자가 발생하면 해당일은 1개 조로만 스터디가 진행되었습니다.

4   스터디 일과

　위와 같은 스터디 운영 방식으로 실전 연습 때는 실제 시험보다 제한 시간을 적게 배당하여, 매일 아침 9시에 만나서 50분 동안 지도안을 작성하고 15분 구상하였습니다. 그 후 관리번호를 무작위로 정한 다음 바로 수업 실연을 하였습니다. 수업 실연이 끝나면 피드백을 주고받은 후 심층 면접을 같은 방식으로 진행하였습니다. 이렇게 1세트가 끝나면 점심을 먹고 스터디가 일과가 종료되었습니다.

02 키워드 강조하기

답변할 때 키워드를 강조하는 것은 중요합니다. 물음에 핵심이 되는 단어들, 교육학적인 용어들을 답변 속에 녹아낼 때 그냥 물 흘러가듯 언급하는 것보다 확실히 포인트를 주어 답변하면 훨씬 더 좋은 인상을 남길 수 있습니다.

이뿐만 아니라 채점관들을 위한 주의집중 환기 효과도 있습니다. 채점관들은 아침부터 저녁까지 같은 질문에 대한 답을 듣고 있어야 합니다. 지루해도 너무 지루하겠죠. 집중력이 당연히 떨어지기 때문에 채점관들이 수험생의 답변을 꼼꼼하게 듣고 있을 것이라는 생각을 버려야 합니다.

제가 사용했던 키워드 강조법은 '강세 주기', '키워드 이전에 공백 주기', '천천히 말하기', 이 3가지가 있습니다. 하나씩 살펴보도록 하죠.

1 강세 주기

여러분의 답변에서 키워드 부분만을 강조하여 강세를 주는 것입니다. 목소리의 톤을 높이거나 볼륨을 높이는 방식으로 강세를 줄 수가 있습니다.

아래 문장을 강세 없이 그냥 한번 쭉 읽어봅시다.

> "학생들에게 교과적 지식을 가르쳐주는 것뿐만 아니라 바람직한 인격을 갖추어 올바른 방향으로 성장할 수 있도록 도와주는 것 역시 교사에게 부여된 책임이자 의무입니다."

이제는 진하게 표시된 키워드에 강세를 주어 읽어봅시다.

> "학생들에게 교과적 지식을 가르쳐주는 것뿐만 아니라 **바람직한 인격**을 갖추어 **올바른 방향**으로 **성장**할 수 있도록 **도와주는 것** 역시 교사에게 부여된 **책임**이자 **의무**입니다."

2 키워드 이전에 공백 주기

키워드 이전에 공백을 주는 것도 주의집중 효과가 생깁니다. 그다음 올 단어에 순간적으로 모든 감각이 집중되기 때문이죠. 여기서 호흡의 타이밍을 가져갈 수도 있으며, 아이 컨택을 다른 채점관으로 옮길 수도 있습니다. 또한, 속도에 완급 조절을 가하면서 조금 더 여유로운 인상을 남길 수도 있을 것입니다.

아래 문장에서 'V' 표시된 부분에 약간의 공백을 주고 이어서 답변해봅시다.

> "따라서 저는 로봇보다는 V 인간이 교육의 주체가 되는 것이 옳다고 생각합니다."

3 천천히 말하기

키워드가 되는 단어를 천천히 말하는 것도 좋은 전략입니다. 천천히, 또박또박 발음하면 답변 전달력이 높아집니다. 설령 전체 답변이 무슨 내용인지 기억나지 않더라도 머릿속에 각인된 그 키워드 하나만으로 좋은 인상을 남길 수 있을 것입니다. 평소 빠르게 말하는 습관이 있다면 키워드 부분만이라도 의도적으로 천천히, 또박또박 답변하는 연습을 해보시기를 바랍니다.

아래 진하게 표시된 부분을 천천히 말하며 답변해봅시다.

> "그렇지만, 실수를 통해서 **관용과 용서, 화해의 가치**를 배울 수 있듯, 실수는 **인간적인 면모**를 보여주는 중요한 부분이기도 합니다."

03 아이 컨택

심층 면접에서 아이 컨택이 중요하다는 말은 많이 들었을 것입니다. 그러나 면접 내내 채점관들의 눈을 바라보면서 답변하는 것은 불가능한 일입니다. 당연히 답변을 처음부터 끝까지 다 외우지 못할뿐더러, 채점관이 앞에 있다는 사실만으로도 떨리는데 눈을 바라보면 머리가 새하얘질 것 같기 때문이죠. 그래서 중요한 것이 바로 '아이 컨택의 타이밍'을 연습하는 것입니다. 저의 팁은 아래와 같습니다.

1 주제 문장만큼은 정확하게 눈을 마주친다.

주제 문장은 자신감이 가장 많이 표현되어야 하는 부분입니다. 왜냐하면 주제 문장은 곧 자신이 생각하는 정답이므로, 확신에 찬 모습을 보이는 것이 당연하기 때문입니다. 그래서 주제 문장에서는 정확하게 채점자의 눈을 마주치며 답변합니다.

예를 들면, '저는 공부인증 챌린지를 실시하겠습니다.'라는 문장을 언급할 때 정확하게 채점관의 두 눈을 응시하는 것입니다. 눈에 힘을 주고 자신감이 있는 인상을 남기는 것이 중요합니다.

보통 주제 문장은 아주 명료하고 간결해서 인지적 부담이 적음과 동시에 시험 초반부에 강렬한 인상을 남길 수 있습니다. 따라서, 주제 문장에서 정확하게 아이 컨택을 하는 것은 가성비가 좋은 고득점 전략이 됩니다.

2 문장과 문장 사이의 공백은 구상지를 볼 절호의 기회

모든 문장을 다 외우고 면접 답변을 한다는 것은 불가능한 일입니다. 수백 번 연습했던 랩 가사도 무대 위에서 잊어버리기 마련인데, 고작 구상실에서의 10분으로 답변 내용을 다 기억할 수 있을까요?

긴장되는 상황 속에서 외운 것을 말하는 것은 보통 일이 아닙니다. 오히려 자신이 외운 내용을 머릿속에서 떠올리느라 정작 시험 상황에 집중하지 못하는 경우가 생깁니다. 더군다나, 심층 면접은 암기 테스트가 아닙니다. 얼마나 잘 외웠냐를 평가하는 시험이 아니므로, 답변 암기에 대한 부담감은 내려놓으시길 바랍니다.

다만, 구상지를 보면서 답변하는 것은 절대 해서는 안 될 나쁜 습관입니다. 마치 정해진 대본을 그대로 따라 읽는 것과 같은 인상을 남길 뿐만 아니라, 자신감이 떨어져 보여 채점자들이 느끼는 답변의 신뢰도가 낮아지게 됩니다.

이 부분이 채점관들에게 크게 와닿을 수밖에 없는 이유는 바로 해당 면접이 예비 교사를 선발하는 시험이기 때문입니다. 실제 교사가 교실에서 학생들의 눈을 마주치지 못하고 교과서만 보며 준비해 온 수업 내용을 줄줄 읽는다면 어떤 상황이 벌어질까요? 따라서, 본인이 교실 장악력을 가지고 학생들에게 자신이 알고 있는 내용을 자신감 있게 전달할 수 있는 교사라는 것을 보여줘야 합니다. 심층 면접 답변 시에도 예외는 아닙니다.

그러면 답변을 다 외울 필요는 없다고 하면서, 구상지를 보고 답변하지 말라니, 어떻게 하라는 말일까요?

바로 문장과 문장 사이의 공백에 구상지를 보는 것입니다. 문장의 끝부분까지는 채점관과 정확하게 아이 컨택을 유지하면서 답변하고, 다음 문장으로 넘어가기 전 1~2초 정도 빠르게 구상지를 훑으며 확인하는 것입니다. 그 후에 다시 고개를 들고 채점관을 바라보며 답변을 이어 나가는 방식이죠. 문장이 너무 길다면 융통성을 발휘해서 구나 절 단위로 끊어서 중간 공백 사이에 다음 부분을 확인할 수도 있습니다.

중요한 것은, 종이를 보는 행위와 말하는 행위가 동시에 일어나면 부정적인 인상을 남길 수 있다는 것입니다. 구상지를 참고할 때는 여유롭게 참고하고, 발언할 때는 확실히 고개를 들고 답변하시길 바랍니다.

종종 마음이 급해서 또는 한시라도 빨리 이 긴장되는 상황으로부터 도망가고 싶은 감정이 구상지를 보며 답변하는 행동으로 나타나는 경우가 있습니다. 오히려 문장 사이 공백을 두어 그 시간에 짧게 구상지를 힐끔 본 뒤 다시 고개를 들어 답변을 이어 나가야 합니다. 이러한 방식이 채점관에게 여유롭고 안정적이며 차분한 인상을 남길 수 있음을 명심할 필요가 있습니다.

3 자연스럽게 아이 컨택 대상을 이동한다.

　두 눈을 계속 응시하면 아이 컨택을 하는 사람도 힘들지만 아이 컨택을 받는 사람도 부담스럽습니다. 반대로 채점관이 너무 부담스럽게 자신을 바라보고 있는 상황도 답변하기 적잖이 불편할 것입니다. 따라서 적당히 한 사람에게 아이 컨택을 했다는 인식을 남겼다면 다른 사람으로 자연스럽게 이동하는 타이밍을 잡는 것도 중요합니다. 앞서 언급한 것처럼 문장과 문장 사이 공백을 활용하여 시선이 구상지로 넘어갈 때 다음 아이 컨택 상대를 바꾸어 고개를 드는 방법도 있습니다.

　반드시 모든 사람과 눈을 마주쳐야 할 필요는 없습니다. 심층 면접에서 아이 컨택을 강조하는 이유는 오로지 '좋은 인상을 남기기 위함' 그 이상도 그 이하도 아닙니다. 따라서, 너무 자신을 무섭게 쳐다본다거나 눈을 마주치기조차 부담스러운 상대는 과감하게 지나쳐도 큰 문제는 되지 않습니다. 다만, 그 채점관도 '나는 아니더라도 다른 사람과 눈을 마주치며 답변하고 있구나.'라는 인상을 받을 수 있게끔 골고루 아이 컨택이 분산되는 것을 보여줄 필요는 있을 것입니다.

04 파워 포즈

시험을 아무리 열심히 준비해도 시험장에서 준비한 것만큼 보여주지 못하면 결국에는 아무 소용이 없다는 것이 차가운 현실입니다. 자신이 준비한 만큼 보여주기 위해서는 시험 당일에 긴장을 관리할 수 있어야 합니다.

저는 '파워 포즈'를 통해서 시험 당일 긴장 관리에 큰 도움을 받았습니다. 여러분들도 실전 연습을 진행하실 때 지금부터 제가 알려드릴 '파워 포즈'를 활용해서 연습해보시길 바랍니다. 분명 시험 당일 큰 효과를 발휘할 것입니다.

1 행동으로 드러나는 자신감

사람의 심리상태는 행동으로 드러납니다.

자신감에 차 있을 때는 자신을 세상에 알리려는 태도를 보이게 됩니다. 목소리가 굵고 커져서 다른 사람들이 자신의 소리를 들을 수 있도록 합니다. 허리가 펴지고, 어깨가 넓어져서 전체적으로 자신의 체격이 커 보이게 합니다. 이렇게 사람은 자신감이 차 있을 때 다른 사람에게 자신의 존재감을 드러내고자 하는 행동을 취하게 됩니다.

그렇지만 자신감이 없을 때는 반대로 세상으로부터 자신을 숨기려는 모습을 보입니다. 목소리가 작아지고, 허리도 굽혀지고, 어깨가 좁아집니다. 자신의 존재를 다른 사람들에게 드러내지 않으려고 하죠.

2 자신감을 조절하는 행동

위에서 알아본 것처럼 사람의 심리상태는 그에 맞는 특정한 행동으로 드러나게 되어있습니다. 여기서 심리학자 에이미 커디는 재미있는 의문을 가지게 됩니다. '사람의 심리상태가 특정한 행동으로 드러난다면, 이와 반대로, 그 행동을 취했을 때 그 심리상태가 만들어질 것인가?'라는 질문이죠. 소위 말해서 '자신감에 찬 행동을 억지로라도 해보면, 실제로 자신감이 생길 것인가'라는 다소 터무니없는 질문에 '그렇다'라고 답하고 있는 것이 바로 제가 소개하고자 하는 '파워 포즈'입니다.

저는 이 부분이 아주 인상이 깊었고, 실제로 활용해 보았을 때 저에게 아주 잘 들어맞는 전략이 되었습니다.

1차 시험에서는 문제를 풀다가 어려운 문제를 만났을 때 순간 자신감이 떨어지고 기가 죽기 마련입니다. 이럴 때마다 고개를 쭉 들고 심호흡도 한번 하고 허리도 펴고 어깨도 풀어주면서 주눅 든 자세를 고쳐줍니다. 그러고 나서 문제를 다시 읽어보는 것이죠. 이렇게 하니 훨씬 마음이 안정되고 긴장이 떨어지는 느낌을 많이 받았습니다.

쉬는 시간에도 마찬가지입니다. 보통 쉬는 시간에는 앉아서 다음 시간을 준비하거나, 엎드려 있는 경우가 많이 있습니다. 물론 몸이 너무 피곤할 때는 움직이지 않고 쉬는 것이 더 나을 것입니다. 그렇지만, 저는 '파워 포즈'의 관점에서 앉거나 엎드려 있는 자세는 자신감 향상에 도움이 되지 않는다고 생각하였습니다. 그래서 쉬는 시간마다 허리를 꼿꼿하게 세우고 어깨도 편 상태로 복도를 천천히 걸었습니다. (화장실도 갈 겸 해서요.) 우스갯소리로, '나는 사냥감을 찾는 한 마리의 맹수다'라고 스스로 최면을 걸며 천천히 복도를 걸었죠. 그랬더니 거짓말처럼 마음속에 자신감이 생기는 신기한 경험을 종종 할 수 있게 되었습니다.

'파워 포즈'는 2차 시험에서 더 큰 위력을 발휘합니다. 왜냐하면, 2차 시험은 1차 시험과 달리 여러분이 직접 말을 해야 하기 때문입니다. '파워 포즈'에서 강조하는 '굵고 큰 목소리', '곧은 허리', '양옆으로 쭉 편 어깨'는 수업 실연과 심층 면접에 모두 적용됩니다. 특히, 저는 실전 연습을 할 시기부터 항상 '파워 포즈'를 유지하려고 노력했습니다.

3 밑져야 본전

'파워 포즈'가 과학적으로 증명된 사실인지 아닌지는 아직 많은 논란이 있는 것이 사실입니다. 그렇지만 임용 2차 시험을 준비하는 우리에게 위와 같은 증명 여부는 중요한 것이 아닙니다. 자신감 없어 보이는 태도로 시험에 임하면 결과에 부정적인 영향을 끼칠 수밖에 없으니, 바람직한 전략이 아니기 때문이죠.

이처럼 이왕 자신감 있는 태도를 보여줄 것이라면, '파워 포즈'를 통해서 스스로 마인드 컨트롤을 해봅시다. 실제 시험장에서 약간의 안정감, 자신감만 생긴다면 시도해 볼 가치는 충분합니다. 어차피 손해 볼 것은 없으니까요!

05 말하기 연습

자신이 알고 있는 내용, 생각하는 바를 자신감 있게 전달하기 위해서는 말하기 연습도 필요합니다. 실제로 여러분의 답변에 확신이 없다고 할지라도 면접장에서 답변하는 그 순간만큼은 자신감이 있는 태도로 말하는 것이 중요하기 때문입니다.

1 천천히 말하기

일반적으로 우리가 대화할 때 말하는 속도는 생각보다 빠릅니다. 그러나, 면접 상황에서 말을 빠르게 하면 해당 문제에 대한 확신이 없어 얼렁뚱땅 넘어가려는 인상을 줄 수가 있습니다. 즉, '이 문제 잘 모르겠으니까 대충 빨리 대답하고 넘어가야지.'하는 인상을 남겨서는 안 될 것입니다.

반대로 느리게 말하면 채점관은 수험생의 논리 전개를 따라가기가 훨씬 더 쉬워집니다. 대화 상황에서는 일상적인 주제가 등장하는 것이 일반적이기 때문에 높은 수준의 이해력을 요구하지 않습니다. 그렇지만 면접 상황에서는 답변의 논리력, 설득력, 실현 가능성 등을 종합적으로 판단해야 합니다. 따라서, 답변의 전달력을 높이기 위해서 느리게 말하는 것이 고득점을 받기 유리한 전략이 됩니다. 한마디로, '이해가 잘 되는 답변'이라는 인상을 남길 수 있다는 것이죠. '채점자들을 이해시키지 못하는 답변'은 절대로 높은 점수를 받을 수 없음을 기억할 필요가 있습니다.

느리게 말하는 사람의 답변은 이해가 더 잘될 뿐만 아니라, 여유로움까지 느껴지게 됩니다. 시험 상황에서 말을 빨리하면 답변에 불안함이 느껴지게 되며, 그 불안스러운 감정이 채점관들에게 전달이 됩니다. 이는 부정적인 시험 결과로 이어질 수 있습니다. 말을 천천히, 여유롭게 해서 그 안정감이 채점관들에게 전달될 수 있게 하는 것이 중요합니다.

2 신뢰성이 느껴지게 말하기

말하기 연습에서 두 번째로 초점을 맞춰야 할 부분은 '신뢰성이 느껴지게 말하기'입니다. 뉴스 아나운서 앵커처럼 또박또박 믿음직한 목소리로 말하는 것이죠. 특히, 발음과 발성 부분에 조금만 신경을 써도 큰 변화를 불러일으킬 수 있습니다.

혹시나 이 부분을 연습하기 위해서 스피치 학원에 등록할 필요는 전혀 없습니다! 발음과 발성은 부가적인 요소와 같기 때문입니다. 요리에 비유하자면 주요리에 감칠맛을 더해주는 향신료, 소스라고나 할까요. 괜히 이 발성과 발음에 집착하여 스피치 학원에 등록해서 시간을 낭비하는 일은 없어야 할 것입니다. 심층 면접이나 수업 실연 연습을 할 때 목소리에 평소보다 조금 더 신경을 쓰면서 연습을 하는 것으로도 충분히 대비할 수 있기 때문입니다.

(1) 발성

먼저, 발성 부분은 자신이 가진 목소리 스펙트럼에서 가장 성량이 크고 굵은 지점을 먼저 찾아야 합니다. 그리고 그 목소리로 계속 연습을 하는 것이죠. 선천적으로 목소리가 작으신 분들이 있습니다. 그럴 때는 학생이 교실 끝에 멀리 있는 상황을 가정하고 목소리를 내어 봅시다. 반복적으로 자신의 목소리에 관심을 기울여서 연습하다 보면, 자연스럽게 깨우치게 될 것입니다.

(2) 발음

실제 학교 현장에서의 수업을 생각해보면, 발성보다는 발음이 더 중요한 요소라고 생각이 됩니다. 물론, 심층 면접 상황에서도 마이크와 같은 보조 장비를 사용할 수가 없기에 100% 자신의 발성으로 수업 장악력을 보여주어야 합니다. 그렇지만 현직 교사가 되었을 때는 목소리가 작더라도 마이크를 사용함으로써 이를 보완할 수가 있는 반면, 발음은 이러한 보조 장비의 도움을 받지 못하는 부분이기 때문입니다.

저는 발음을 더 정확하게 하려고 입을 조금 더 크게 움직였습니다. 보통 사람들은 대화할 때 무의식적으로 입의 움직임을 최소한으로 하려는 경향이 있습니다. 그러다 보면 발음이 흐려지고 음운 사이의 경계가 명확하지 않아서 메시지가 부정확하게 전달됩니다. 또한, 문장 끝을 흐리는 습관을 지닌 사람도 많이 있습니다. 저 역시도 그런 습관이 있었기 때문에 항상 문장마다 종결어미를 정확하게 발음을 해서 문장을 끝마치는 연습을 반복적으로 했습니다.

정확한 발음과 문장 종결, 이 두 가지만 지켜도 여러분의 전달력은 아주 높아질 것입니다. 또한, 채점관 입장에서도 높은 전달력으로 자기 생각을 답변하는 사람을 '유능한 예비 교사'라고 인식할 것입니다.

(3) 제스쳐

적절하게 제스쳐를 활용하면 여유로움과 자신감이 가득 찬 인상을 전달할 수 있습니다. 다소 딱딱하게 앉아서 두 손을 모아 대답하는 것도 나쁘지는 않습니다. 그러나 그러한 모습을 촬영했을 때 그 모습이 공손해 보이는지, 자신감이 없어 보이는지 판단해 볼 필요는 있습니다. 만약, 여러분이 후자에 해당한다면 답변에 약간의 제스쳐를 섞어보는 것도 좋은 전략이 됩니다. 과하지 않은 범위 내에서 가볍게 손이나 팔을 활용하는 제스쳐는 훨씬 더 안정적이고 여유로운 인상을 남기는 데에 도움이 될 것입니다.

06 시험장 매뉴얼

　실전 연습 과정에서 마지막으로 준비할 것은 바로 '시험장 매뉴얼'입니다. '시험장 매뉴얼'은 시험 하루 전 그동안의 실전 연습을 토대로 발견된 습관적인 실수, 어려웠던 주제, 시험 전 마인드 컨트롤의 내용을 담은 '자기 자신에게 보내는 편지', '내일의 나에게 하는 조언'과 같은 것입니다. 지금껏 준비하면서 잊지 말아야 할 내용을 짧게 요약하여 미리 대비할 수 있는 상황에 대해서는 예방하자는 것이죠.

　시험 상황에서 긴장하지 않을 수가 없습니다. 그래서, 실제 시험장에서는 지금까지 연습을 하면서 나타났던 안 좋은 습관들이 다시 나올 확률이 높습니다. 끔찍하게도, 제일 처음 실전 연습을 할 때 자신의 모습으로 돌아간다고 생각할 수 있겠죠.
　그 이유는 긴장되는 상황에 놓이면 마음을 추스르기 위해 무의식적으로 특정한 행동을 하기 때문입니다. 손톱을 물어뜯거나, 다리를 떨거나, 입술을 깨무는 등 사람마다 각자 다양한 방식으로 나타납니다.

　그러나, 무의식적으로 행동하는 습관들을 의식적으로 자기 스스로 알아차리는 과정을 거치면, 같은 실수를 할 확률은 현저히 줄어듭니다. '시험장 매뉴얼'의 목적은 바로 여기에 있습니다.
　내가 만약에 습관적으로 자주 하는 실수가 있다면 하루 전 '시험장 매뉴얼'에 그 내용을 적어줍니다. '입술 물어뜯지 말자.'처럼 시험 치기 전에 다시 한번 자기 스스로 주의를 환기하는 것입니다. 이렇게 스스로 안 좋은 습관에 대해 반복적으로 되뇌면 극도로 긴장한 상황 속에서도 해당 행동을 다시 반복하는 불상사를 예방할 수 있습니다.

　아래는 제가 실제로 써놨던 '시험장 매뉴얼'입니다. 참고해 보시고 나만의 '시험장 매뉴얼'을 만들어 보길 바랍니다.

> **시험장 매뉴얼**
>
> 1. 나는 지금까지 주어진 환경 속에서 최선을 다했다. 그러니 지금부터 가장 경계해야 할 것은 허둥대는 것이다. 다른 사람들이 허둥댈수록 나는 침착해지자. 자신을 통제할 수 있어야 합격한다. 침착하게 문제의 정곡을 찌르자.
> 2. 내가 어려움을 느끼면 모두가 어려움을 느낀다. 이럴 때일수록 나의 사고력과 논리력을 믿자. 어렵다고 괜히 주눅 들지 말자. 그건 차별성을 보여줄 기회다.
> 3. 쉬운 문제라고 쉽게 생각하지 말자. 대충 훑어서 정답이 나오는 문제는 없다. 꼼꼼하게 문제 상황을 파악하자.
> 4. 10분은 정말 긴 시간이다. 지금까지 실전 연습을 하면서 한 번도 시간이 부족했던 적이 없다. 조급해하지 말고, 통계를 믿어라. 오히려 시간 얼마 안 남았다고 조급하게 생각하는 것보다 천천히, 차분하게 문제를 보는 것이 결국 나중에는 시간이 더 남는다.
> 5. 지나치게 주제에 벗어나는 답변은 애초에 시작하지도 말자.
>
> ...

이렇게 저는 실전 연습을 통해 발견하는 안 좋은 습관, 자주 하는 실수들을 기록해두었습니다. 시험 직전에 한번 쭉 복기해보면서 스스로 의식적으로 주의를 환기하였습니다. 그리고 시험장에 이 매뉴얼을 들고 가서 쉬는 시간, 대기 시간마다 차분한 마음으로 처음부터 끝까지 읽으며 차례를 기다렸죠. 이와 같은 방법을 사용한다면 실제 시험 상황에서 치명적인 실수를 하는 것을 예방하고 지나치게 긴장하는 상황을 막을 수 있을 것입니다.

Part 3

심층 면접 실전 문제

Chapter 01 심층 면접 기출 문제

01 2025 기출 문제

구상형

01 아래 상황에 나타나는 민수의 문제 행동 원인 1가지와 학급 전체의 문제 행동 원인 1가지를 제시한 후, 각각에 대한 지도 방안을 1가지씩 말하시오.

> 민수는 학교에 지각하는 일이 잦다. 학교에 가고 싶지 않은 기분이 들 때마다 6교시에 도착하는 경우가 많다. 심지어 그는 2교시에 오든 6교시에 오든 동일하게 지각으로 처리된다는 점을 알고, 점점 더 늦게 등교하고 있다. 처음에는 민수만 지각하였으나, 시간이 지나면서 학급 내 다른 학생들 또한 지각을 하기 시작하였고, 담임교사는 이로 인해 학급 운영에 대한 고민이 많아지고 있다.

02 아래 학생들의 반응을 바탕으로 1) 교수 설계의 관점에서 교사가 문제를 개선하기 위해 할 수 있는 것 1가지와, 2) 이러한 수업 설계 전문성을 신장하기 위한 노력 방안 1가지를 제시하시오.

> 학생 A: 선생님은 쉽다고 생각하시고 수업을 진행하시지만, 저에게는 너무 어려워서 자신감이 없어요.
> 학생 B: 선생님의 수업에서 어떤 내용을 공부해야 하고, 어떻게 준비해야 점수를 잘 받을 수 있는지 감이 잡히지 않아요. 그래서 자신감이 없어져요.

03 아래 두 교사의 입장 중 자신의 생각과 유사한 것을 선택하고, 그 이유를 말하시오. 또한, 지역사회와 학교가 협력한 사례를 1가지 제시하시오.

> 교사 A: 학교 교육의 계획 수립과 운영은 학교 내부 구성원이 주도해야 하며, 지역사회는 지원하는 역할을 해야 한다고 생각합니다. 그래서 지역사회연계 교육을 계획할 때는 학교 구성원들 내에서 의견을 먼저 모았으면 좋겠어요.
>
> 교사 B: 학교 교육의 계획 수립과 운영은 지역사회와 협력하여 진행해야 하며, 지역사회 구성원도 초기 단계부터 적극적으로 참여해야 한다고 생각합니다. 따라서 학교 구성원뿐만 아니라 지역사회 구성원의 생각을 모두 경청하고 교육을 진행하는 게 좋겠어요.

즉답형 상황

> A교사는 몇 년간 공문 처리와 같은 행정 업무를 맡아왔으며, 꼼꼼하고 효율적인 업무 처리로 동료 교사들에게 신뢰받아왔다. 그러나 최근 A교사는 교직을 선택했던 초심을 돌아보며 학생들과 더 가까이 소통하고 지도할 수 있는 학생 지도 업무를 맡고 싶어 한다. 하지만 동료 교사들은 행정 업무 공백을 우려하며, A교사가 기존 업무를 계속 맡아주길 바라고 있다. A교사는 기존 행정 업무를 계속할지, 새로운 학생 지도 업무를 맡을지 고민하고 있다.

즉답형 상황

> A교사는 몇 년간 공문 처리와 같은 행정 업무를 맡아왔으며, 꼼꼼하고 효율적인 업무 처리로 동료 교사들에게 신뢰받아왔다. 그러나 최근 A교사는 교직을 선택했던 초심을 돌아보며 학생들과 더 가까이 소통하고 지도할 수 있는 학생 지도 업무를 맡고 싶어 한다. 하지만 동료 교사들은 행정 업무 공백을 우려하며, A교사가 기존 업무를 계속 맡아주길 바라고 있다. A교사는 기존 행정 업무를 계속할지, 새로운 학생 지도 업무를 맡을지 고민하고 있다.

즉답형 문제

01 자신이 A 교사라면, 기존 행정 업무를 계속 맡을지, 학생 지도 업무를 선택할지 결정하고, 그 이유를 제시하시오.

02 자신이 업무 분장을 담당하는 위치에 있다면, A 교사에게 기존 업무를 맡길지, 학생 지도 업무를 배정할지 결정하고, 그 이유를 제시하시오.

✎ Self feedback

02　2024 기출 문제

구상형

01 아래 김 교사의 수업에서 나타나는 문제점과 이를 해결하기 위한 방안을 수업 설계의 관점에서 각 한 가지씩 제시하시오.

> 김 교사는 요즘 들어 고민이 많다. 예전에는 글로 이루어진 간단한 자료와 판서, 말로 하는 설명으로도 학생들이 충분히 이해를 잘했는데 요즘에는 그렇지 않다. 학생들은 "수업에서 배우는 내용이 우리 삶과 관련이 없는 것 같아요", "글로만 된 수업 자료가 보기 불편해요", "수업이 너무 어려워서 이해도 안 되고 참여하기가 힘들어요"라고 말한다.

02 기술이 비약적으로 발전함에 따라 이를 활용한 다양한 수업 모델이 등장하고 있다. 교육(Education)과 기술(Technology)의 합성어로 '에듀테크(Edutech)'라는 말이 생겨나기도 하였으며 유의미한 학습을 돕는 다양한 기술의 활용이 가능해졌다. 한편, 이러한 테크놀로지 기반 학습은 장점만 있는 것이 아니므로 교실 환경에 접목하기에 앞서서 충분한 고민과 대비가 필요하다. 이러한 관점에서 테크놀로지를 활용할 때 교사가 유의해야 할 점 1가지와 이를 극복하기 위한 향후 노력 방안 1가지를 제시하시오.

03
아래 두 교사의 입장 중 자신의 교육적 가치관과 유사한 것을 선택하고, 그 이유를 말하시오. 또한, 해당 관점을 실현하기 위한 교육 활동을 1가지 제시하시오.

> 교사 A: 불변하는 진리는 없으며 중요시되는 가치는 시대에 따라서 변화하는 것입니다. 따라서 교사는 변화하는 시대에 맞춰서 교육 활동을 펼쳐야 합니다.
> 교사 B: 보편적인 진리와 가치는 존재합니다. 교사는 이러한 절대적인 진리와 가치를 학생들이 배울 수 있도록 해야 합니다.

즉답형 상황

> 지민이는 평소 학업 태도가 우수한 학생이다. 수업 시간에 항상 성실한 태도로 수업에 집중하고, 대답도 잘하며 적극적으로 참여한다. 그러나 이번 모둠 활동에서 지민이는 왠지 모르게 수업에 열의가 없고 소극적인 모습이다. 수행 평가에 반영되는 과제인데도 불구하고 모둠 활동에 적극적으로 참여하지 않고 아무것도 하지 않고 있다. 이를 본 박 교사는 안타까운 마음에 지민이를 독려해야 할지, 평가 상황을 고려하여 개입하지 말아야 할지 고민이다.

즉답형 상황

> 지민이는 평소 학업 태도가 우수한 학생이다. 수업 시간에 항상 성실한 태도로 수업에 집중하고, 대답도 잘하며 적극적으로 참여한다. 그러나 이번 모둠 활동에서 지민이는 왠지 모르게 수업에 열의가 없고 소극적인 모습이다. 수행 평가에 반영되는 과제인데도 불구하고 모둠 활동에 적극적으로 참여하지 않고 아무것도 하지 않고 있다. 이를 본 박 교사는 안타까운 마음에 지민이를 독려해야 할지, 평가 상황을 고려하여 개입하지 말아야 할지 고민이다.

즉답형 문제

01 위와 같은 상황에서 교사의 역할을 말하고, 그에 따른 지도 방안을 제시하시오.

02 위 지도 방안에서 유의할 점 2가지를 제시하시오.

Self feedback

03 2023 기출 문제

구상형

01 다음은 메타 버스 수업 후 학생들의 의견이다. 각 학생의 의견에서 나타나는 문제점을 말하고 이를 해결하기 위한 방안을 각 한 가지씩 제시하시오.

> 학생 A : 메타버스에 몇 번이나 접속이 되지 않았고, 조작 방법도 잘 모르겠어요. 수업에 접속할 때 접속 시간이 오래 걸리고, 자꾸 로그아웃되어서 불편해요.
> 학생 B : 메타버스 화면 구성이 복잡해서 수업에 집중하기 어려워요.
> 학생 C : 메타버스를 활용한 수업은 재미있는데, 시험은 여전히 퀴즈와 같이 원래 방식대로 평가가 이루어져서 아쉬워요.

02 다음 상황을 참고할 때 교사의 사명에 비추어 교사가 모든 학생을 칭찬해야 하는 이유를 2가지 말하고, 자신이 아래 상황의 신규 교사라면 학생 A를 칭찬하기 위해 할 수 있는 노력 방안 2가지를 말하시오.

> 교사가 학생을 칭찬할 때에는 학생의 강점과 향상도 등에 근거하여 구체적으로 칭찬해야 한다. 하지만 지난달 우리 반에 전학 온 학생 A에게 칭찬을 하는 것은 어렵다. 학생 A는 별다른 문제 행동을 보이지 않고, 교칙도 잘 지키지만 눈에 띄는 강점을 찾기가 어렵기 때문이다.

03
다음 제시문에서 자신의 교육적 가치관과 유사한 교사의 입장을 선택하고, 그 이유를 말하시오. 또한, 선택한 가치관을 통해 학생을 교육하였을 때 이룰 수 있는 자신의 교사상을 설명하시오.

> 교사 A는 학생의 사회, 경제적 배경이 학업 성취에 가장 큰 영향을 미치기 때문에 사회, 경제적 어려움을 겪는 학생에게 더 많은 관심과 지원이 필요하다고 생각한다. 반면, 교사 B는 학생의 재능과 노력이 학업 성취에 가장 큰 영향을 미치기 때문에 학생의 발전 가능성과 잠재 능력 개발을 돕는 것이 필요하다고 생각한다.

즉답형 상황

> 올해 〈탄소 중립 교육 시범학교〉로 선정된 학교의 교사 A와 교사 B는 평소 친분이 두터우나 탄소 중립 교육을 어떻게 실천할 건지를 놓고 갈등하고 있다. 교사 A는 학생들이 참여하는 이벤트 프로그램을 진행하자고 주장하고 있고, 교사 B는 모든 교과 수업에 탄소 중립과 관련된 내용을 포함하자고 주장한다. 교사 A는 평소 교사 B와 관계가 좋지만 이번만큼은 자신의 주장이 옳다고 생각하여 꼭 자신의 방식대로 교육을 추진하고 싶어 한다.

즉답형 상황

올해 〈탄소 중립 교육 시범학교〉로 선정된 학교의 교사 A와 교사 B는 평소 친분이 두터우나 탄소 중립 교육을 어떻게 실천할 건지를 놓고 갈등하고 있다. 교사 A는 학생들이 참여하는 이벤트 프로그램을 진행하자고 주장하고 있고, 교사 B는 모든 교과 수업에 탄소 중립과 관련된 내용을 포함하자고 주장한다. 교사 A는 평소 교사 B와 관계가 좋지만 이번만큼은 자신의 주장이 옳다고 생각하여 꼭 자신의 방식대로 교육을 추진하고 싶어 한다.

즉답형 문제

01 자신이 교사 A라면 이러한 상황에서 어떻게 대처할지 말하시오.

02 위 대처방안에서 유의할 점을 말하시오.

03 당신이 교사 A와 교사 B의 의견을 조율해야 하는 입장이라면 어떻게 할 것인지 말하시오.

✍ Self feedback

04 2022 기출 문제

구상형

01 아래 소개된 학생 사례를 참고하여 세 학생의 동기부여 방식을 각각 설명하고 이에 적합한 과제를 1가지씩 제시하시오.

> 학생 A : 저는 열심히 공부해서 성적을 올리고 학업적으로 자신감을 얻고 싶어요.
> 학생 B : 저는 과제를 할 때 선생님이 직접 과제를 제시하시는 것보다는 수행 방식과 과제 내용을 제가 스스로 선택하고 싶어요.
> 학생 C : 저는 혼자 공부하는 것보다 친근한 환경에서 친구들과 함께 협동 과제를 하고 싶어요.

02 다음 상황을 해결하는 데 필요한 교사의 인성적 자질과 전문적 자질을 말하고 각 자질에 대한 구체적인 방안을 한 가지씩 제시하시오.

> 원격 수업의 장기화로 가장 걱정되는 부분은 바로 학력 저하이다. 교실에서 수업을 듣는 것보다 방 안에서 컴퓨터로 수업을 듣게 되면 집중력을 유지하기 더 어려우며 수업하는 교사로서도 학생의 이해도를 정확하게 파악하기가 어렵기 때문이다.

03 교사의 SNS 활동에 대한 두 교사의 의견 중 자신의 의견과 가까운 한 가지를 선택하고 그 이유를 제시하시오. 또한, 자신이 선택한 입장으로 인한 유의점을 학교 조직 문화의 관점에서 답변하시오.

> 교사 A : 일정한 범위 안에서 교사의 SNS 활동에 대한 자율성을 보장해야 한다.
> 교사 B : 표현의 자유가 있더라도 교사의 SNS 활동을 제한해야 한다.

즉답형 상황

> 교사 A : 상황과 관계없이 학생을 무조건 신뢰해야 한다.
> 교사 B : 상황과 관계없이 학생을 무조건 신뢰하는 것은 교육적으로 바람직하지 않다.

즉답형 상황

> 교사 A : 상황과 관계없이 학생을 무조건 신뢰해야 한다.
> 교사 B : 상황과 관계없이 학생을 무조건 신뢰하는 것은 교육적으로 바람직하지 않다.

즉답형 문제

01 두 교사의 입장 중 자신의 견해와 가까운 교사를 선택하고 그 이유를 제시하시오.

02 자신이 선택한 입장의 유의점을 제시하시오.

03 앞서 언급한 유의점을 고려하여 자신이 교사로서 학생과의 관계 형성을 위해 어떤 노력을 할 것인지 제시하시오.

✍ Self feedback

05   2021 기출 문제

구상형

01 아래 소개된 학생 사례를 참고하여 두 학생이 겪고 있는 문제의 원인과 이를 해결하는 방안을 각각 1가지씩 제시하시오.

> 학생 A : 저는 A 과목에 흥미가 있지만 높은 점수를 못 받을 것 같아서 선택하기 고민이 돼요.
> 학생 B : 저는 B 과목이 제 진로에 도움이 될 것 같기는 한데, 암기에 자신이 없고 수업이 지루할 것 같아서 선택할지 말지 모르겠어요.

02 다음 상황에서 나타나는 교사의 자질 2가지를 제시하고 이를 함양하기 위한 자신의 향후 노력 방안을 제시하시오.

> 김 교사는 자신의 담임 반 학생 민수가 다소 소극적인 태도를 보이는 것을 보고 연극 동아리에 가입할 것을 권유하였다. 그러자 민수는 차츰 연극 동아리에서 잘 적응해 나가며 적극적인 모습으로 바뀌어나갔다. 이렇게 한 학생이 나아지는 모습을 보고서 김 교사는 자신이 다른 학생들의 강점을 지금껏 제대로 발견하고 있지 못하고 있던 것은 아닌가 하는 고민이 들었다.

03 학교생활 부적응을 겪고 있는 학생을 지도하기 위한 아래 교사 세 명의 관점 중 자신의 교직관과 가장 가까운 것을 선택하고 그 이유를 제시하시오. 그리고 본인이 선택한 교직관으로 인하여 학생이 어떤 인간으로 성장할 것인지 답변하시오.

> 교사 A: 학생의 기초 학력을 향상하도록 돕는 것이 중요합니다.
> 교사 B: 학생이 전반적으로 자신감을 가질 수 있도록 하는 것이 중요합니다.
> 교사 C: 학생이 학교에서 원만한 교우 관계를 형성할 수 있도록 돕는 것이 중요합니다.

즉답형 상황

> 김 교사는 온라인 수업 운영 능력이 뛰어나고 다양한 기기와 학습 플랫폼에 능숙하다. 그러자, 비교적 이와 같은 부분에 어려움을 겪던 정보부장 박 교사는 김 교사에게 부탁하는 것이 많았다. 이에 대해 김 교사는 자신의 교재 연구와 학생 지도에 이미 많은 시간을 쓰고있는 편이지만 원만한 동료 교사 관계를 유지하기 위해 부탁을 다 들어주었다. 그러자, 다른 동료 교사들도 김 교사에게 도움을 요청하기 시작하였고 '죄송하지만, 시간이 없어서 안 될 것 같다.'라고 거절을 하였더니 차츰 다른 동료 교사와의 관계가 소원해지기 시작했다.

즉답형 상황

> 김 교사는 온라인 수업 운영 능력이 뛰어나고 다양한 기기와 학습 플랫폼에 능숙하다. 그러자, 비교적 이와 같은 부분에 어려움을 겪던 정보부장 박 교사는 김 교사에게 부탁하는 것이 많았다. 이에 대해 김 교사는 자신의 교재 연구와 학생 지도에 이미 많은 시간을 쓰고있는 편이지만 원만한 동료 교사 관계를 유지하기 위해 부탁을 다 들어주었다. 그러자, 다른 동료 교사들도 김 교사에게 도움을 요청하기 시작하였고 '죄송하지만, 시간이 없어서 안 될 것 같다.'라고 거절을 하였더니 차츰 다른 동료 교사와의 관계가 소원해지기 시작했다.

즉답형 문제

01 위의 상황을 김 교사의 처지에서 설명하시오.

02 교직 윤리의 관점에서 김 교사가 동료 교사의 요청을 거절한 것을 비판하시오.

03 자신이 김 교사의 상황이라면 어떻게 대처할 것인지 답변하시오.

✍ Self feedback

06   2020 기출 문제

구상형

01 다음과 같은 상황에서 교사의 문제점 3가지와 해결책 3가지를 제시하시오.

> 교사 A가 학생으로부터 받은 피드백은 다음과 같다.
> "수행평가가 너무 많아서 피곤해요."
> "다른 선생님도 비슷한 시기에 수행평가를 해서 너무 정신이 없어요."
> "수행평가가 왜 중요한지 모르겠어요. 차라리 지필평가만 했으면 좋겠어요."

02 다음 상황에서 교사 A에게 필요했던 자질 2가지와 해결책 2가지를 제시하시오.

> 교사 A는 철수의 담임이다. 철수가 계속 지각하고 결석해서 교사 A는 철수에게 "너 계속 지각하고 결석하면 유급당한다."라고 말했다. 그랬더니 철수는 지각하고 결석하는 행동이 전보다 더 잦아졌다.

03
다음 밑줄 친 '(ㄱ)'과 '(ㄴ)'에 맞는 교육적 사례를 각각 제시하고, 본인은 어느 입장에 가까운지 자신의 교직관에 빗대어 설명하시오.

> 교육에는 두 가지 관점이 있다. 먼저, (ㄱ) "당신은 아무리 말을 우물가에 가져다 놓아도 물을 억지로 먹일 수는 없다."이다. 한편 (ㄴ) "말을 우물가에 가져다 놓아서 물을 억지로 먹여야 한다." 라는 다른 관점도 존재한다.

즉답형 상황

> 연구부장 A : 항상 얼굴 맞대고 상의하는 것을 좋아하고 서로 협력하여 업무를 처리하는 것을 추구한다.
> 연구부장 B : 디지털 시대에 걸맞게 교내 메신저로 의사소통하고 개별적으로 업무를 처리하는 것을 추구한다.

즉답형 상황

> 연구부장 A : 항상 얼굴 맞대고 상의하는 것을 좋아하고 서로 협력하여 업무를 처리하는 것을 추구한다.
> 연구부장 B : 디지털 시대에 걸맞게 교내 메신저로 의사소통하고 개별적으로 업무를 처리하는 것을 추구한다.

즉답형 문제

01 당신은 둘 중 누구와 협력하겠는가? 그리고 그 이유는 무엇인가?

02 자신의 방식과 다른 연구부장과는 어떻게 협력하겠는가?

Self feedback

07　2019 기출 문제

구상형

01 아래 문제 상황에 대한 원인 2가지 해결 방안 2가지를 제시하시오.

> 김 선생은 수업 시간에 반복적으로 떠들고 주변을 소란스럽게 만들어 피해를 주는 학생에게 여러 차례 주의를 시키며 지도를 하였다. 그러나 평소 수업을 열심히 듣던 한 학생이 "선생님, 수업 흐름도 끊기고 진도도 느리니 무시하고 그냥 진도나 나가요."라고 말하였다.

02 아래와 같은 통일 한국 상황에서 함경도 전보 신청 여부를 결정하고 그 이유를 설명하시오. 그리고 통일 한국에서 교사가 가져야 할 마음가짐을 3가지 제시하시오. (전보 선택 여부는 점수와 연관 없음.)

> 통일 이후 함경도에 교사가 부족하여 과밀학급 및 교육격차 문제가 심해지고 있다. 이를 해소하기 위하여 다른 지역에 있는 교사 중 함경도로 전보를 희망하는 교사를 모집하고 있다.

03 아래 상황을 참고할 때 로봇과 인간 중 어느 쪽이 교육의 주체가 되는 것이 옳다고 생각하는지 말하고 그 이유를 자신의 교직관에 비추어 이야기하시오. 그리고 앞서 언급한 자신의 교직관을 실현할 때 학생은 어떤 인간으로 성장하게 될지 답변하시오.

> 인공지능 기술이 나날이 발전하고 있다. 이러한 속도라면 머지않아 인공지능이 발달하여 교사 대신 로봇이 수업하는 시대가 올 것이다. 이렇게 교육 분야에서의 역할을 인간과 로봇이 나눠 가지게 되면서 인간 교사의 역할이 많이 축소되는 것은 자연스러울 것이다.

즉답형 상황

> 교사 A : 동료와의 관계 형성에 소홀하고 수업 준비에도 많은 시간을 쓰지 않는다. 그러나 타고난 재치와 임기응변에 능해 수업 시간에 학생과 소통이 잘 되어 만족도가 높다.
> 교사 B : 협력심이 좋아 동료와의 관계가 좋고 교재 연구를 열심히 하는 등 수업 준비도 성실히 한다. 그러나 정작 수업에서는 교수 방법 및 기술이 부족하여 학생들이 지루해한다.

즉답형 상황

> 교사 A : 동료와의 관계 형성에 소홀하고 수업 준비에도 많은 시간을 쓰지 않는다. 그러나 타고난 재치와 임기응변에 능해 수업 시간에 학생과 소통이 잘 되어 만족도가 높다.
> 교사 B : 협력심이 좋아 동료와의 관계가 좋고 교재 연구를 열심히 하는 등 수업 준비도 성실히 한다. 그러나 정작 수업에서는 교수 방법 및 기술이 부족하여 학생들이 지루해한다.

즉답형 문제

01 성실성 측면에서 두 교사 중 자신과 유사하다고 생각하는 교사를 선택하시오.

02 앞서 선택한 교사를 의무와 책임의 관점에서 비판하시오.

03 동료 교사로서 협력 수업을 해야 할 때 누구와 할 것인지 선택하시오.

Self feedback

08　2018 기출 문제

구상형

01 아래 문제 상황에 대한 원인 2가지, 박 교사가 취할 수 있는 해결 방안 2가지를 제시하시오.

> 박 교사의 담임 반 학생 민수는 다문화가정 학생이다. 민수는 평소 소심한 성격이지만 요즘 들어 친구들과 더 잘 어울리지 못하고 항상 표정이 우울하다. 최근에는 민수가 다른 선생님들도 자꾸 피하는 듯한 눈치라, 박 교사는 담임으로서 민수와 상담을 진행했다. 그러자 민수는 "문화가 달라서 친구들과 잘 못 사귀겠어요.", "친구들이 제 서툰 한국말을 놀릴까 봐 걱정돼요."라고 답하였다.

02 아래는 최 교사의 수업을 들은 학생들의 반응이다. 이와 같은 상황에서 최 교사에게 필요했던 자질을 1가지 제시하고 이를 함양하기 위해 노력했던 자신의 경험을 답하시오. 또한, 이러한 자질을 갖추기 위한 자신의 향후 노력 방안을 제시하시오.

> 최 교사는 평소 학생 중심 수업을 진행하려고 노력하는 교사이다. 그러나 최 교사의 수업을 들은 학생들은 아래와 같이 답하였다.
>
> 학생 A : 모둠 활동을 하는데, 열심히 참여를 안 하는 학생이 있어요. 저만 열심히 하는데 항상 손해 보는 기분이 들어요.
> 학생 B : 참여를 열심히 하고 발표를 잘하는 학생만 기회를 주시는 것 같아요.
> 학생 C : 프로젝트를 할 때는 열심히 했긴 했는데, 끝나고 나니까 뭘 배웠는지 잘 모르겠어요.
> 학생 D : 저는 사실 학생 중심 수업보다는 강의식으로 전달해주는 게 더 좋아요.

03

아래 사례와 관련하여, 학생들을 바라보는 자신의 관점을 제시하시오. 그리고 아래 제시된 김 교사의 생각에 찬성하는지 반대하는지를 자신의 교직관과 연결 지어 답하시오.

> 교사의 능력을 평가하는 데에 있어서 그 기준을 어디에 두어야 마땅한지는 아직도 의견이 분분하다. 이에 대해 나와 같은 학교에 근무하는 김 교사는 학생은 배우는 존재이므로 학생들의 성적이 과거와 비교해 얼마나 향상되었는가를 기준으로 교사의 능력을 평가하는 것이 바람직하다고 생각한다. 비록 미국이 이러한 기준을 채택하고 있다고는 하지만, 여전히 나는 학생의 성적만을 교원 평가의 잣대로 삼는 것은 바람직하지 않다고 생각한다.

즉답형 상황

> 올해 신규 발령을 받은 교사 A는 연구부장 B와 함께 융합 교육과정 운영 업무를 맡게 되었다. 그러나 연구부장 B는 이 외에도 다른 업무를 많이 맡고 있어서 항상 시간이 부족하고 늦게까지 퇴근하지 못한다. 이 때문인지 연구부장 B는 교사 A와 같이 맡은 업무임에도 불구하고 별다른 협의 없이 일방적으로 업무를 처리한다. 교사 A는 일방적인 업무 처리 방식에 약간의 서운한 감정을 느꼈으나 연구부장 B의 상황을 이해하므로 아무런 이야기도, 질문도 하지 못했다.

즉답형 상황

> 올해 신규 발령을 받은 교사 A는 연구부장 B와 함께 융합 교육과정 운영 업무를 맡게 되었다. 그러나 연구부장 B는 이 외에도 다른 업무를 많이 맡고 있어서 항상 시간이 부족하고 늦게까지 퇴근하지 못한다. 이 때문인지 연구부장 B는 교사 A와 같이 맡은 업무임에도 불구하고 별다른 협의 없이 일방적으로 업무를 처리한다. 교사 A는 일방적인 업무 처리 방식에 약간의 서운한 감정을 느꼈으나 연구부장 B의 상황을 이해하므로 아무런 이야기도, 질문도 하지 못했다.

즉답형 문제

01 연구부장 B의 입장에서 그러한 행동을 한 이유를 설명하시오.

02 연구부장이 갖춰야 할 자질을 인성적 측면에서 제시하고, 그 이유를 설명하시오.

03 자신이 교사 A라면 위와 같은 상황을 어떻게 대처할 것인지 답하고 그 이유를 제시하시오.

Self feedback

09　2017 기출 문제

구상형

01 아래 문제 상황에 대한 원인 2가지, 담임 교사로서 취할 수 있는 해결 방안 2가지를 제시하시오.

> 학생 A는 잠이 많은 편이다. 평소 늦잠으로 지각도 잦고, 수업 시간에도 엎드려서 자다가 다른 선생님에게 야단을 맞은 일이 많다. 학생 A의 담임 교사는 이와 같은 문제 행동에 대해서 상담을 진행하였고, 학생 A는 이렇게 답하였다. "저는 대학에 갈 생각이 없어요. 왜 가야 하는지 모르겠고요, 그냥 고등학교 졸업장만 딸래요.", "수업은 또 왜 들어야 하는지 모르겠어요. 사실 김 선생님은 저에게 관심도 많고 제가 좋아하는 과목을 가르치셔서 그나마 열심히 들으려고 노력하는데, 다른 과목은 정말 듣기도 싫고 참여하기도 싫어요."

02 아래 박 교사에 대한 학생들의 평가를 바탕으로, 박 교사에게 필요했던 자질을 1가지 제시하시오. 또한, 이를 함양하기 위해 노력했던 자신의 경험과 향후 계획을 한 가지씩 제시하시오.

> 박 교사는 다른 동료 교사도 박 교사에 대한 열정을 인정할 정도로 평소 자신의 수업 준비를 열심히 한다. 그러나 아래와 같은 학생들의 평가를 보고서 박 교사는 충격에 빠졌다.
>
> 학생 A : 선생님 설명은 이해하기가 쉽고 수업도 잘해주시는데, 우리에게 질문할 기회를 잘 안 주시는 것 같아요.
> 학생 B : 친구들의 의견을 듣고 싶은데 발표 기회가 적어서 친구 생각을 알아볼 기회가 부족해요.
> 학생 C : 수업 시간에 저희는 선생님의 관객이 되어버린 것 같아요.

03 교사상에 관한 아래 두 교사의 의견 중 자신과 가까운 교사의 의견을 선택하고, 그 이유를 본인의 교직관과 연관 지어 설명하시오.

> 교사 A : 교사로서 학생들과 정서적 교감을 위한 대화가 중요하다. 항상 쉬는 시간마다 자신이 가르치는 학생들을 만나서 이야기를 나누는 데에 많은 시간과 노력을 기울여야 한다.
> 교사 B : 교사로서 수업 전문성을 갖추는 것이 중요하다. 일과 후에도 다음 차시 학습 내용에 관한 교재 연구를 성실히 하고, 교실에서 학생들과 역동적으로 교감하는 방법, 수업 내용을 잘 전달하는 방법에 관한 연구에 노력을 쏟아야 한다.

즉답형 상황

> 송 교사는 평소 수업 연구에 최선을 다하는 교사이다. 학생들과 동료 교사로부터 수업 전문성을 인정받고 있으며, 연구부에 속해있어 관련된 행정업무 처리 능력도 확실하다. 그러나, 송 교사는 학교 친목 행사에는 잘 참여하지 않는다. 동료 교사들과도 사적인 교류가 거의 없어서 다른 교사들이 친목회 업무를 정하거나 친목 행사를 진행하는 데 어려움을 겪는 편이다.

즉답형 상황

송 교사는 평소 수업 연구에 최선을 다하는 교사이다. 학생들과 동료 교사로부터 수업 전문성을 인정받고 있으며, 연구부에 속해있어 관련된 행정업무 처리 능력도 확실하다. 그러나, 송 교사는 학교 친목 행사에는 잘 참여하지 않는다. 동료 교사들과도 사적인 교류가 거의 없어서 다른 교사들이 친목회 업무를 정하거나 친목 행사를 진행하는 데 어려움을 겪는 편이다.

즉답형 문제

01 송 교사의 입장을 고려하여, 송 교사가 그러한 행동을 한 이유를 설명하시오.

02 송 교사의 행동을 윤리적 측면에서 비판하시오.

03 자신이 송 교사가 근무하는 학교의 교장이라면, 내년 연구부장 업무를 송 교사에게 제안할 것인지 답하고 그 이유를 제시하시오.

Self feedback

Chapter 02 심층 면접 기출 문제 (비교과)

'구상형 3번과 즉답형 문항은 교과와 동일합니다.'

01 2025 기출 문제 (비교과)

비교과 구상형

01 아래 상황에서 각 학생의 진로 교육 관련 문제점을 1가지씩 말하고, 이에 대해 교사로서 지원할 수 있는 지도 방안을 각각 1가지씩 제시하시오.

> A 학생 : 저는 진로에 대해 진지하게 고민해본 적이 없어요. 어떤 직업이 저에게 맞을지, 뭘 좋아하는지도 잘 모르겠어요. 미래를 생각하면 너무 막막하고 불안합니다.
> B 학생 : 사실 저는 어떤 진로가 저한테 맞는지 모르겠어요. 솔직히 말하면 제 적성보다는 부모님이 정해주신 과로 입학하려고요.
> C 학생 : 저는 다른 사람들을 돕는 걸 좋아하고 잘하는 편이에요. 그런데 관련된 직업이 뭐가 있는지 알아보는 게 너무 복잡하고 귀찮아서 항상 진로 탐색을 포기하게 돼요.

02 최근 SNS를 통해 가짜뉴스와 허위정보가 빠르게 확산되면서 학생들 사이에서도 이러한 정보를 믿고, 이를 다른 곳에 퍼뜨리는 문제가 발생하고 있다. 이러한 상황에 대해 학생들을 지도하기 위한 방안 1가지와, 교사로서 전문성을 신장하기 위한 노력 방안 1가지를 제시하시오.

👍 **Self feedback**

02 2024 기출 문제 (비교과)

비교과 구상형

01 아래는 비교수 교사가 특강을 진행하는 도중 학생들의 반응이다. 이때, 학생의 동기가 저하된 원인과 이를 해결하기 위한 방안을 각 한 가지씩 제시하시오.

> 학생 A: 저는 이 진로를 선택했고, 이루기 위해서 열심히 하고 싶어요. 그런데 제가 잘할 수 있을지 모르겠고 자신이 없어요.
> 학생 B: 저는 프로게이머나 유튜버가 되고 싶은데 왜 이런 특강을 들어야 하는지 모르겠어요. 저랑 별 관련이 없는 것 같아요.

02 최근 교육용 스마트 기기를 모든 학생에게 보급하며 수업의 효과성과 다양성을 시도하고 있다. 그러나 학교 현장에서는 수업 시간 외에 쉬는 시간이나 점심시간에도 무분별하게 학생들이 교육 활동과 관련 없이 스마트 기기를 사용하는 모습이 잦고 스스로 자제하지 못하고 스마트 기기 의존도가 높아지는 상황이다. 이러한 상황에서 교사의 지도 방안과 이를 실현하기 위한 전문성 향상 방안을 각 한 가지씩 제시하시오.

Self feedback

03 2023 기출 문제 (비교과)

비교과 구상형

01 아래와 같은 상황이 계속될 경우 나타날 수 있는 문제점 2가지를 말하고 이를 예방하기 위한 교사의 지도 방안 2가지를 제시하시오.

> 학생 A는 말수가 적은 편이라 주변에 친구가 없다. 또한 모둠 활동을 비롯한 수업 참여도 소극적이라 성적이 저조하다. 이러한 학생 A는 자신과 친하다고 생각하는 김 교사를 매 쉬는 시간 찾아와 자신의 이야기를 자주 토로한다. 김 교사는 교사로서 마땅한 도리를 떠올리며 처음에는 안타까운 마음에 학생 A의 말을 다 들어주었으나 이러한 일이 반복적으로 발생하고 점점 심해져 심지어는 늦은 시간과 주말에도 학생 A가 개인적으로 연락하여 김 교사는 불편함을 느끼고 있다. 김 교사는 이러한 기색을 학생 A와 상담하며 은연중 표현하였으나 학생 A는 자신의 이야기를 들어주는 사람이 김 교사밖에 없다며 서운한 모습을 보였다.

02 '조직화된 무질서 조직'으로 분류되는 학교 조직의 형태는 교육적 목표를 실현하기 위한 방법이 불확실하며 구성원의 참여도 유동적이다. 따라서 최근 학교 조직에서는 협력적 분위기 형성의 필요성이 대두되고 있다. 이와 관련하여 자신이 갖춘 인성적 자질과, 전문적 자질을 각각 한 가지씩 제시하고, 이를 함양하기 위해 자신은 과거에 어떤 노력을 해왔는지 말하시오. 또한 인성적 자질과 전문적 자질에서 자신이 보완해야 할 부분을 한 가지 제시하고 이에 대한 향후 노력 방안을 말하시오.

Self feedback

04 2022 기출 문제 (비교과)

비교과 구상형

01 아래는 학생 A와 교사의 대화이다. 정서적 측면에서 학생 A의 문제 원인 1가지를 말하고 이에 대한 교사의 지도 방안 2가지를 제시하시오.

> 교사 : 선생님이 듣기로는 요즘에 네가 동아리 활동에 소홀하고 수업 시간에도 집중력도 떨어지고 심지어 체육 시간에도 활동을 잘하지 않는다고 하더구나. 예전에는 무엇이든 참 열심히 하던 학생이었는데, 혹시 무슨 일이 있는 거니?
> 학생 A : 사실 예전에는 선생님 말씀처럼 무엇이든 열심히 해보려고 노력을 많이 했어요. 그런데도 계속 실패가 반복되니까 어느 순간부터 전부 다 하기가 싫어졌어요. 동아리 활동도 귀찮고 수업도 듣기 싫어졌어요. 그러니까 부모님도 성적 때문에 자꾸 잔소리하시고 혼내시고, 엎친 데 덮친 격으로 이번에 성적까지 떨어지니까 이제 정말 아무것도 하기 싫어요.

02 학교에서 배우는 것으로 대부분 교과 지식을 떠올리기 쉽지만, 학교에서의 인성교육은 시간이 지날수록 그 중요성이 커지고 있다. 이와 관련하여, 아래 물음에 답하시오.

2-1. 비교과 교사라도 인성교육을 실시해야 하는 이유를 1가지 제시하시오.

2-2. 인성교육에서 자신의 교과가 가진 강점을 1가지 말하고 그 근거를 제시하시오.

2-3. 인성교육과 관련하여 향후 교직 생활에서 필요한 자질과 이에 대한 구체적인 노력 방안을 1가지씩 말하시오.

Self feedback

05　2021 기출 문제 (비교과)

비교과 구상형

01 아래는 교사와 학생의 대화이다. 민주에게 나타나는 문제 원인을 정서적 측면과 행동적 측면에서 각 1가지씩 말하고 각 측면에 대한 교사의 지도 방안을 1가지씩 제시하시오.

> 교사: 민주야, 무슨 일이야? 왜 손에 붕대를 감고 있니?
> 민주: 저번 주에 공모전 결과 발표가 있었는데, 탈락해서 홧김에 손을 책상에 내리쳤어요. 어제 학교 안 온 것도 사실은 탈락한 게 창피해서 그랬어요. 지금까지 살면서 처음으로 이렇게 열심히 했는데, 앞으로 저는 어떤 것도 할 수 없을 것 같아요.

02 다음과 같은 상황에서 교사 A가 현재 갖추고 있는 자질과 앞으로 갖춰야 할 자질을 각 1가지씩 제시하고, 각 자질을 함양하기 위해 자신은 과거에 어떤 노력을 해왔는지 1가지씩 말하시오.

> 교사 A는 학생들과 가까워지려고 노력한다. 평소 복도에서 학생들과 대화를 자주 하며 점심시간과 쉬는 시간에도 자주 교실에 찾아가 시간을 보내기도 한다. 학생들은 이러한 교사 A의 모습을 좋아하지만, 때로는 가끔 지나치게 격의 없이 자신을 편하게 대하는 학생들에게 상처받기도 한다. 또한, 교사 A는 동료 교사와도 협력적 관계 형성을 추구한다. 만약 교무실 옆자리 교사가 어려움을 겪으면 그냥 지나치지 않고 적극적으로 도와주려고 하며, 교사 A도 어려움이 있을 때 주변 동료 교사에게 협력을 요청한다. 동료 교사들은 교사 A를 대부분 반겨주지만, 종종 이러한 모습을 부담스러워하기도 한다.

Self feedback

06 2020 기출 문제 (비교과)

비교과 구상형

01 아래 상황에 나타난 학생들의 문제 원인 2가지를 말하고, 자신이 만약 최 교사라면 어떻게 지도할 것인지 방안 2가지를 제시하시오.

> 최 교사는 교외 봉사활동 인솔 및 지도 업무를 맡았다. 그러나 학생들이 책임감 있는 모습으로 봉사활동에 참여하지 않아 최 교사의 고민이 많다. 매번 봉사활동 때마다 학생들은 제시간에 도착하지 않고 5~10분씩 지각한다. 게다가 친구들과 큰 소리로 떠들고 장난도 치는 모습을 불편해 하는 봉사활동 시설 관계자들의 시선을 의식하지 않고 시간만 채우고 간다는 마음가짐으로 맡은 역할을 성실히 수행하지 않는다.

02 아래는 비교수 교과 교사로서 수업에 관한 두 견해이다. 교사 A와 교사 B 중 자신의 의견과 가까운 것을 선택하고 그 이유를 말하시오. 그리고 자신이 선택한 견해와 관련하여 자신은 과거에 어떤 노력을 해왔는지 3가지 제시하시오.

> 비교수 교과 교사 A와 B는 수업에 관한 생각이 다르다. 교사 A는 비교수 교과로서 수업이 꼭 필요하다고 생각하지 않는다. 수업보다는 다양한 비교과 활동을 통해 학생 생활지도에 더욱 노력해야 한다고 생각한다. 한편 교사 B는 비교수 교사라도 교사라면 마땅히 수업을 해야 한다고 생각한다. 수업이야말로 교사의 가장 중요한 역할이기 때문이다.

Self feedback

07　2019 기출 문제 (비교과)

비교과 구상형

01 아래 상황에 나타난 문제 원인 1가지와 이에 관한 해결 방안 1가지를 제시하시오.

> 주변 고등학교에 비해 대학 진학률이 저조한 고등학교가 있다. 이에 학부모, 교원, 지역 사회 인사로 구성된 학교운영위원회에서 교과목 내용을 보완할 수 있는 방과후학교 프로그램을 개설하기로 했다. 그러나 학생들은 진로 탐색에 더 관심이 있는 상태라서 교과목 위주의 방과후학교 프로그램 편성에 불만이 있는 상황이다.

02 독서 토론 동아리를 원활히 운영하기 위해서는 의사소통 역량이 가장 중요할 수밖에 없다. 이러한 '의사소통 역량'을 기르기 위해 자신은 과거에 어떤 노력을 해왔는지 1가지 소개하고 해당 경험을 통해 배운 점을 1가지 제시하시오. 또한, 독서 토론 동아리 운영 시 유의점을 1가지 말하고 이를 보완할 방안을 1가지 제시하시오.

Self feedback

08 2018 기출 문제 (비교과)

비교과 구상형

01 아래 상황에서 학생 A가 화가 난 이유를 1가지 말하고, 김 교사의 입장에서 학생 A를 지도할 방안 2가지를 제시하시오.

> 김 교사는 복도에서 화가 난 학생 A를 발견했다. 학생 A는 담임 선생님이 자신의 휴대폰을 강제로 뺏어갔다며 분노를 표출했다. 그는 원래도 학교에 다니기 싫었는데, 담임 선생님이 사사건건 간섭하는 바람에 기분이 더욱 나쁘다고 했다. 학생 A는 "담임 선생님이 제 휴대폰을 강제로 뺏어가서 진짜 화나요. 그리고 사소한 행동도 다 트집 잡고 잔소리하셔서 더 싫어요. 요즘 학교에 오기도 싫은데, 선생님이 일일이 간섭하니까 진짜 싫어요"라고 말했다. 특히 규칙을 어겼다고 바로 휴대폰을 빼앗아 가는 행동이 너무 싫고 화가 난다고 강조했다. 화가 치민 학생 A는 급기야 담임교사의 험담과 욕설을 하기 시작했다.

02 아래 제시된 상황에서 교사로서 가장 먼저 취해야 할 행동을 1가지 말하고 이에 관한 교사의 자질을 2가지 제시하시오.

> 점심 식사 후 주변을 산책하다가 운동장에 몇 명의 학생들이 모여서 이야기를 나누고 있는 것을 보았다. 처음에는 별일 아닌 것처럼 보였는데, 점차 웅성거리더니 이내 곧 얼굴이 심각해져 아마도 학생들끼리 갈등이 있는 것 같다. 행정업무도 많고 괜히 선생님이 끼어들 일이 아닌 것 같아 그냥 가려고 했는데 '과연 이대로 지나치는 게 맞는 걸까'하는 고민이 들었다.

Self feedback

09 2017 기출 문제 (비교과)

비교과 구상형

01 아래는 교사 A의 일지이다. 일지 내용을 바탕으로 교사 A에게 필요한 자질 2가지를 말하고 이를 함양하기 위한 방안을 각 1가지씩 제시하시오.

> 오늘은 정말로 힘든 하루였다. 내일 있을 행사를 준비하는데 다른 사람의 도움 없이 모든 일을 처리했기 때문이다. 종일 늦은 밤까지 헤아릴 수 없는 배부 자료 제작과 문서 작업이 계속되었다. 마침내 끝이 보이기 시작했을 때, 교장선생님으로부터 연락을 받았다. 며칠 뒤에 있을 수업연구대회에 참가하는 게 어떻겠냐는 내용의 권유였다. 그러나 '나는 비교과 교사인데, 여기에 참가해도 될까'라는 생각이 들었다.

02 아래는 학생 A에게 벌어진 가상의 사건이다. 사건 속 학생들을 세 유형으로 분류하고 유형별 학생에 대한 대처방안을 자신의 교과와 관련하여 각 1가지씩 제시하시오.

> 학생 A는 점심시간에 혼자 조용히 밥을 먹고 있었다. 그는 항상 혼자였고, 오늘도 예외는 아니었다. 그러던 중, 4명의 학생이 다가와서 갑자기 학생 A를 둘러쌌다. 곧이어 그들은 갑작스럽게 학생 A의 식판을 뒤집어버렸다. 음식물이 바닥에 쏟아지고, 학생 A의 옷과 얼굴에도 음식물이 튀었다. 그들은 비웃으며 학생 A를 무시하는 말을 쏟아냈다. "혼자 밥 먹는 거 보니 친구도 없나 보네?" "왜 그렇게 조용해? 말 좀 해 봐!" 같은 조롱과 비난이 이어졌다. 주변에 있던 다른 학생들은 이 장면을 목격했지만, 아무도 나서지 않았다. 모두 고개를 돌리거나 바닥만 바라보며 못 본 척하고 있었다.

Self feedback

Chapter 03 심층 면접 연습 문제

01 실전 연습 문제 1회

구상형

01 아래 문제 상황에 나타난 원인 2가지, 해결책 2가지를 제시하시오.

> 학생 A는 평소 지각은 자주 하지만 수업 시간에 줄곧 열심히 참여하는 학생이었다. 그래서 성적이 조금씩 향상되는 경향을 보였지만, 갑자기 원격 수업으로 전환되는 마당에 학생의 태도가 돌변했다. 1교시 수업은 거의 매일 지각하여 전화해서 깨우는 경우가 다반사가 되었고 교실에서는 그렇게 손을 들고 발표하려던 학생이 실시간 쌍방향 수업에서는 조용하고, 불러도 잘 대답하지 않는 것이다.

02 다음과 같은 상황에서 요구되는 교사의 자질을 말하고 이를 함양하기 위한 구체적인 방안을 제시하시오.

> "학원에서 어차피 다 배우는데 수업 시간이 재미가 없어요."라는 학생의 말을 듣고 교사 A는 충격을 받았다. 평소에 교재 연구도 열심히 하고 수업에 들어가기 전에 준비도 철저히 하기로 소문난 교사 A인데, 자신이 믿던 학생에게 이와 같은 이야기를 들으니 맥이 빠지는 것은 사실이다.

03 학교에 대한 아래 '(ㄱ)'과 '(ㄴ)'의 관점 중 자신의 교직관에 가까운 것을 선택하고 이를 실현하기 위한 자신의 향후 노력 방안 3가지를 제시하시오.

> (ㄱ) : 학교는 다양한 교과에 대한 지식을 배우는 곳이다.
> (ㄴ) : 학교는 학생들에게 타인과 상호작용할 기회를 제공하는 곳이다.

즉답형 상황

> 교사 A와 교사 B는 학생 지도의 관점에서 의견 대립을 보인다. 교사 A는 학생이 교칙을 위반하면 그 즉시 잘못을 지적하고 반성문을 쓰게 하는 것이 학생을 위한 것으로 생각하는 반면, 교사 B는 학생이 교칙을 위반하더라도 몇 번은 못 본 척 눈감아 주는 것이 바람직하다고 생각한다.

즉답형 상황

> 교사 A와 교사 B는 학생 지도의 관점에서 의견 대립을 보인다. 교사 A는 학생이 교칙을 위반하면 그 즉시 잘못을 지적하고 반성문을 쓰게 하는 것이 학생을 위한 것으로 생각하는 반면, 교사 B는 학생이 교칙을 위반하더라도 몇 번은 못 본 척 눈감아 주는 것이 바람직하다고 생각한다.

즉답형 문제

01 두 교사의 관점 중 자신의 관점과 가까운 것을 선택하고 그 이유를 제시하시오.

02 자신이 선택한 관점의 한계와 이에 대한 극복 방안을 1가지 제시하시오.

Self feedback

02 실전 연습 문제 2회

구상형

01 아래는 수업 전 학생들로부터 받은 설문지이다. 학생 세 명의 학습 방식을 각각 설명하고 이에 적합한 활동을 하나씩 제시하시오.

> 학생 A : 저는 글로만 설명해주시는 것보다 그림으로 설명해주시면 이해가 더 잘 돼요.
> 학생 B : 저는 매일 수업 시간에 앉아 있는 게 따분해요. 수업이 활동적이었으면 좋겠어요.
> 학생 C : 저는 무엇이든지 랩 가사로 외우는 걸 좋아해요. 귀가 즐거운 수업을 원해요.

02 아래 내용을 바탕으로 할 때 앞으로 요구될 교사의 자질과 이와 관련한 자신의 향후 계획을 각각 1가지씩 제시하시오

> 세계적인 팬데믹 사건 이후 학교는 엄청난 성장통을 겪고 있다. 바로 유례없는 대규모 원격 수업이다. 교사는 교실에서뿐만 아니라 모니터를 통해서도 학생을 마주해야 한다. 그렇지만 긍정적인 부분을 기대할 수도 있다. 바로 지금까지 불가능했던 부분이 가능해지기도 했기 때문이다. 온라인과 오프라인을 넘나드는, 과거에는 상상하지 못했던, 새로운 교육의 패러다임이 펼쳐진 것이다.

03 아래 '(ㄱ)'과 '(ㄴ)'의 관점에 맞는 사례를 각각 제시하고, 본인은 어느 입장에 가까운지 자신의 교직관에 빗대어 설명하시오.

> (ㄱ) : 교사라는 직업의 본질은 학생을 올바르게 교육하는 것으로, 교사는 가르침의 주체이며 학생은 배움의 대상이다.
> (ㄴ) : 교사에게 중요한 것은 끊임없이 변화하려는 자기 발전 욕구를 가지는 것으로, 자신이 경험하는 모든 것에서부터 배울 준비가 되어있어야 한다.

즉답형 상황

> 다음 학년도 반 배정 상황에서 잦은 지각과 흡연으로 문제 행동을 보이던 학생 A에 대해 아래와 같은 두 가지 선택지를 두고 협의를 진행하려 한다.
>
> 선택지 1 : 학생 A와 함께 어울리는 학생들을 모두 각자 다른 반에 배정한다.
> 선택지 2 : 학생 A와 함께 어울리는 학생 중 1명을 학생 A와 같은 반에 배정한다.

즉답형 상황

> 다음 학년도 반 배정 상황에서 잦은 지각과 흡연으로 문제 행동을 보이던 학생 A에 대해 아래와 같은 두 가지 선택지를 두고 협의를 진행하려 한다.
>
> 선택지 1 : 학생 A와 함께 어울리는 학생들을 모두 각자 다른 반에 배정한다.
> 선택지 2 : 학생 A와 함께 어울리는 학생 중 1명을 학생 A와 같은 반에 배정한다.

즉답형 문제

01 두 선택지 중 더 바람직하다고 생각되는 것을 고르고 그 이유를 제시하시오.

02 담임 교사로서 학생 A의 적응을 도울 방안 1가지를 제시하시오.

Self feedback

03 실전 연습 문제 3회

구상형

01 아래 문제 상황에 나타난 원인 2가지, 해결책 2가지를 제시하시오.

> 학생 A는 자신의 행동이나 감정을 과도하게 표현하는 경향이 있다. 같은 반 학생들은 수업 시간에 일부러 학생 A를 자극하여 수업의 흐름을 방해하거나 끊기도 한다. 이와 같은 사건이 반복적으로 발생하여 담임 교사는 학생들에게 쪽지 상담의 형태로 학생 A를 괴롭히는 이유를 써 보라고 하였으나 모두 빈 종이로 제출하였다.

02 다음과 같은 상황에서 교사 A에게 필요했던 자질을 말하고 이를 함양하기 위한 구체적인 방안을 제시하시오.

> 교사 A는 평소 학생들과 스스럼없이 지내는 것을 중요하게 생각한다. 학생들도 교사 A를 잘 따르고 이런저런 사소한 이야기를 많이 하여 여기서 얻은 정보를 통해 자칫 심각한 문제로 발전할 수 있는 상황을 교사 A는 사전에 잘 대처할 수 있었다. 그러나 몇몇 학생들은 교사 A에게 친구들에게나 할 법한 장난을 치거나 심지어 반말도 섞는 등의 상황이 발생하기 시작했다.

03 아래는 원격 수업을 들은 학생의 소감이다. 해당 학생이 앞에 있다고 가정하고 상담을 진행하시오.

> 선생님! 원격 수업을 진행하니 새롭고 재미있어요. 그렇지만 가끔 선생님이 너무 자세히 설명해주시는 것 같아요. 저는 이미 다 알고 다른 내용 기다리고 있는데…. 언제 다음 내용으로 넘어가시는지 답답할 때가 있어요.

즉답형 상황

> 교사 A : 모둠 학습과 토론, 토의 학습 위주로 학생 참여를 유도해야 한다.
> 교사 B : 논리적인 전개로 수업을 짜임새 있게 구성하여 강의해야 한다.

즉답형 상황

> 교사 A : 모둠 학습과 토론, 토의 학습 위주로 학생 참여를 유도해야 한다.
> 교사 B : 논리적인 전개로 수업을 짜임새 있게 구성하여 강의해야 한다.

즉답형 문제

01 수업 방식에 대한 두 교사의 입장 중 자신의 견해와 가까운 것을 고르고 그 이유를 제시하시오.

02 자신이 선택한 입장의 방식으로 수업했을 때 유의점을 제시하시오.

03 앞서 언급한 유의점을 고려하여 향후 자신이 추구하는 수업 방식에 대해 답변하시오.

Self feedback

04 실전 연습 문제 4회

구상형

01 아래 학생 세 명의 동기부여 방식을 각각 제시하고 수업에서 실현할 방안을 한 가지씩 제시하시오.

> 학생 A : "매번 글로만 수업하시니까 약간 집중력이 떨어지는 것 같아요."
> 학생 B : "수업에서 배운 내용이 실용적인지 잘 모르겠어요."
> 학생 C : "선생님이 주신 연습 문제가 너무 어려워서 자신감이 안 생겨요."

02 아래 상황을 참고할 때 김 교사에게 필요한 자질을 교사의 역할 측면에서 말하고 이를 함양하기 위한 구체적인 방안을 2가지 제시하시오.

> 김 교사는 교재 연구와 수업 준비에 시간을 아끼지 않는다. 조금이라도 더 재미있고 이해가 잘 되는 수업을 만들기 위하여 각종 연수를 신청하고 교수법도 개발하는 데 최선을 다하지만, 김 교사의 수업에는 엎드려 자거나, 만화책을 보거나, 친구와 장난을 치는 학생이 더러 있다. 이러한 상황에서 김 교사는 자신의 수업을 듣는 학생들의 학습권을 지켜주기 위함이라며 이러한 행동을 하는 학생들을 지도하지 않고 오로지 수업만 진행한다.

03 아래 두 교사의 의견 중 자신의 의견과 가까운 한 가지를 선택하고 그 이유를 설명하시오. 또한, 자신이 선택한 입장으로 인한 유의점을 협력의 관점에서 제시하시오.

> 교사 A : 젊은 교사에게 적합한 업무와 원로 교사에게 적합한 업무가 따로 있다.
> 교사 B : 교육 활동 및 업무에 대한 적절성은 교사 경력과 무관하다.

즉답형 상황

> 부장 교사 A : 업무처리 속도를 중요시하여 역할 분담과 일 처리가 확실하지만, 동료 교사와의 관계는 약간 소홀한 면이 있음.
> 부장 교사 B : 동료 간의 화합과 의견 교환을 중요시하여 부서의 분위기가 활발하지만, 업무처리 속도가 더딘 면이 있음.

즉답형 상황

> 부장 교사 A : 업무처리 속도를 중요시하여 역할 분담과 일 처리가 확실하지만, 동료 교사와의 관계는 약간 소홀한 면이 있음.
> 부장 교사 B : 동료 간의 화합과 의견 교환을 중요시하여 부서의 분위기가 활발하지만, 업무처리 속도가 더딘 면이 있음.

즉답형 문제

01 두 부장 교사 중 자신이 협력하고 싶은 교사를 선택하고 그 이유를 제시하시오.

02 자신이 선택한 부장 교사의 업무처리 방식을 비판하시오.

03 자신이 선택하지 않은 부장 교사와는 어떻게 협력할 것인지 말하시오.

👍 Self feedback

05 실전 연습 문제 5회

구상형

01 아래 학생 세 명이 희망하는 평가 방식을 각각 제시하고 수업에서 실현할 방안을 한 가지씩 제시하시오.

> 학생 A : "저는 다른 친구들이랑 경쟁하는 방식으로 시험을 보고 싶어요."
> 학생 B : "저는 과거의 저보다 얼마나 성장했는지에 따라 평가받고 싶어요."
> 학생 C : "저는 결과와 상관없이 노력의 정도에 따라 점수를 받고 싶어요."

02 아래 상황을 참고할 때 박 교사에게 필요한 자질을 2가지 말하고 이를 함양하기 위한 구체적인 방안을 각각 1가지씩 제시하시오.

> 박 교사는 통합 학급의 학생도 다른 학생들과 마찬가지로 똑같이 대우받아야 한다고 생각한다. 그래서 수업 시간에 산만한 행동을 보이거나 엎드려서 수업에 참여하지 않는 경우, 주의력 집중 결핍 장애가 있는 학생에게도 똑같이 야단을 친다. 그러나 해당 학생의 행동은 개선되지 않았고 계속해서 수업 시간에 학생 지도를 하느라 진도가 늦어지는 상황이 발생했다.

03 아래 두 교사의 의견 중 자신의 의견과 가까운 한 가지를 선택하고 그 이유를 설명하시오. 또한, 자신이 선택한 입장으로 인한 유의점을 리더십의 관점에서 제시하시오.

> 교사 A : 담임 교사로서 전문적인 지도력을 바탕으로 학급 운영을 해야 한다.
> 교사 B : 담임 교사로서 학급 운영에 가장 중요한 것은 친근한 분위기의 형성이다.

즉답형 상황

> 동 교과 선배 교사 A는 후배 교사 B에게 "선생님은 젊으니 학생들과 잘 어울릴 수도 있고 좋아하는 것이 무엇인지 쉽게 파악할 수 있으니 학생들이 좋아할 만한 혁신적인 수업을 진행해주세요. 저는 기존의 방식대로 할게요."라고 말하였다. 그러나 후배 교사 B는 학생들과 잘 어울릴 자신도 없고 혁신적인 수업이 무엇인지 잘 모르는 상태라 고민이 많다.

즉답형 상황

> 동 교과 선배 교사 A는 후배 교사 B에게 "선생님은 젊으니 학생들과 잘 어울릴 수도 있고 좋아하는 것이 무엇인지 쉽게 파악할 수 있으니 학생들이 좋아할 만한 혁신적인 수업을 진행해주세요. 저는 기존의 방식대로 할게요."라고 말하였다. 그러나 후배 교사 B는 학생들과 잘 어울릴 자신도 없고 혁신적인 수업이 무엇인지 잘 모르는 상태라 고민이 많다.

즉답형 문제

01 선배 교사 A의 입장에서 후배 교사 B에게 해당 제안을 하게 된 이유를 설명하시오.

02 선배 교사 A의 제안을 협력의 관점에서 비판하시오.

03 후배 교사 B의 입장에서 선배 교사 A와 협력할 방안을 제시하시오.

06 실전 연습 문제 6회

구상형

01 아래 문제 상황에 나타난 원인 2가지, 해결책 2가지를 제시하시오.

> 박 교사의 학급에서는 매달 제비뽑기로 자리를 정한다. 그런데 박 교사의 담임 학생 민수가 따로 찾아와서는 "선생님 저는 눈이 나빠서 뒷자리에 앉으면 공부가 잘 안돼요. 앞자리에 앉혀주셨으면 좋겠어요."라고 부탁하였다. 박 교사는 민수가 평소 수업 태도도 좋고 공부를 열심히 하려는 의지가 돋보여서 그 부탁을 들어주었고 민수의 자리를 먼저 정한 다음 다른 학생들의 자리를 제비뽑기로 정하였다. 그러나 그 이후 박 교사의 학급 내에서 민수를 미워하는 학생들이 많아졌다.

02 아래 상황에서 김 교사에게 필요했던 자질을 책임감과 전문성의 관점에서 각각 한 가지씩 설명하고 이를 함양하기 위한 구체적인 방안을 각각 제시하시오.

> 김 교사는 수업을 듣는 것은 오로지 학생의 선택에 달려있다고 생각한다. 그래서 김 교사는 학생들에게 자율적으로 수업을 듣도록 하고 수업 중 엎드려 있거나 학원 숙제를 하더라도 수업을 듣고 있는 다른 학생들에게 피해만 주지 않는다면 허용하는 편이다. 그랬더니 김 교사의 수업을 듣지 않는 학생들이 점점 더 많아지고 있어 김 교사는 고민에 빠졌다.

03

아래 두 교사의 의견 중 자신의 의견과 가까운 한 가지를 선택하고 그 이유를 답하시오. 또한, 자신이 선택한 입장으로 인한 유의점을 제시하고 이를 극복하기 위한 자신의 향후 노력을 1가지 제시하시오.

> 교사 A : 학생들이 다투는 것은 자연스러운 일이므로 최대한 개입하지 않고 스스로 해결할 수 있도록 해야 한다.
> 교사 B : 학생들은 작은 다툼에서부터 큰 갈등으로 빚어질 수 있으므로 다툼이 발생한 즉시 개입하여 해결을 도와야 한다.

즉답형 상황

> 부장 교사 A : 직장 동료와도 사적인 관계를 유지하며 매주 회식을 선호함.
> 부장 교사 B : 공과 사를 엄격하게 구분하며 회식 자리를 선호하지 않음.

즉답형 상황

> 부장 교사 A : 직장 동료와도 사적인 관계를 유지하며 매주 회식을 선호함.
> 부장 교사 B : 공과 사를 엄격하게 구분하며 회식 자리를 선호하지 않음.

즉답형 문제

01 두 부장 교사 중 자신이 협력하고 싶은 교사를 선택하고 그 이유를 답하시오.

02 자신이 선택한 부장 교사와 협력하였을 때 유의점을 제시하시오.

03 앞서 언급한 유의점을 바탕으로 자신이 선택한 부장 교사와 원활하게 협력할 방안을 1가지 제시하시오.

Self feedback

심층 면접 연습 문제

07 실전 연습 문제 7회

구상형

01 아래 문제 상황에 나타난 원인 2가지를 말하고, 이와 같은 상황을 예방하는 방안 2가지를 제시하시오.

> 김 교사는 평소 SNS 활동을 통해 학생들과 소통하는 것을 좋아한다. 그러나 어느 날 김 교사가 근무하는 학교의 학생 찬석이가 김 교사의 온라인 수업 모습을 캡처하여 자신의 SNS 계정에 올렸고, 이를 본 다른 학생들이 학생 A가 올린 김 교사의 사진을 보고 장난스러운 댓글을 달았다. 김 교사는 찬석이에게 "그 사진은 내가 못생기게 나왔으니 지워라."라고 이야기를 했고, 찬석이는 "저는 이 사진 잘 나온 것 같은데요? 선생님도 저희랑 같이 SNS에서 소통하시는 거 즐거워하시잖아요."라고 말하였다.

02 아래 상황에서 최 교사에게 필요했던 자질 두 가지를 말하고 이를 함양하기 위한 구체적인 방안을 각각 한 가지씩 제시하시오.

> 최 교사는 많은 행정업무로 담임 반 학생들과 대화할 시간을 충분히 갖지 못하였다. 어느 날 최 교사는 자신의 담임 반 학생 영희가 아침 자습 시간에 시무룩한 표정으로 고개를 숙이고 있는 것을 발견하였고 영희에게 무슨 일인지 물어보았으나 영희는 "아무것도 아니에요. 선생님께서는 바쁘시니까 신경 안 쓰셔도 돼요. 진짜 별일 아니에요."라고 말하였다. 최 교사는 영희의 말을 믿고 걱정을 덜어놓았으나 옆 반 담임 박 교사가 영희의 몸에 멍 자국이 있다는 것을 알려주었다.

03 아래 두 교사의 의견 중 자신의 의견과 가까운 한 가지를 선택하고 그 이유를 답하시오. 또한, 자신이 선택한 입장으로 인한 유의점을 제시하고 이를 개선할 방안 1가지를 제시하시오.

> 교사 A : 친구를 잘 사귀지 못하는 것은 문제가 된다. 단짝 친구를 만들어 주어야 한다.
> 교사 B : 친구가 없는 것은 문제가 아니다. 스스로 교우 관계를 결정하도록 해야 한다.

즉답형 상황

> A 부서 : 신규 교사를 배려하여 행정업무를 많이 주지 않음.
> B 부서 : 신규 교사도 다른 교사와 같은 정도의 행정업무를 분담함.

즉답형 상황

A 부서 : 신규 교사를 배려하여 행정업무를 많이 주지 않음.
B 부서 : 신규 교사도 다른 교사와 같은 정도의 행정업무를 분담함.

즉답형 문제

01 두 부서의 장점과 단점을 각각 1가지씩 제시하시오.

02 둘 중 자신이 희망하는 부서를 선택하고 그 이유를 답하시오.

03 자신이 희망하지 않은 부서에 배정되었을 때 적응하기 위한 자신의 향후 노력 1가지를 답하시오.

✍ Self feedback

08 실전 연습 문제 8회

구상형

01 아래 상황에 나타난 문제의 원인 2가지를 제시하고, 이를 해결할 방안을 각각 1가지씩 답하시오.

> 박 교사는 자신의 담임 반 민희의 학부모로부터 다음과 같은 민원을 받았다. "선생님, 가정 통신문을 학생에게 전달만 해주신다고 끝이 아니잖아요. 지금 우리 아이 가방을 들춰보니 가정 통신문이 한가득 쌓여있네요. 보니까 중요한 가성 통신문도 많은데 아이가 지금껏 가정 통신문을 보여주지 않았으니 정보도 많이 놓치고 속상합니다." 이후 박 교사는 민희에게 왜 가정 통신문을 부모님께 보여주지 않았냐고 물어보자 민희는 부모님과 대화하기 싫어서 그랬다고 답하였다.

02 아래 내용과 관련하여 필요한 교사의 자질과 이를 함양하기 위한 자신의 향후 계획 2가지를 제시하시오.

> 학생들은 종종 친구와 다툼이 일어날 때면 교사에게 혼이 날 것이 두려워 다퉜다는 사실을 숨기곤 한다. 그러다 서로 갈등과 오해가 더욱 깊어져 심각한 문제가 되어 나타난다. 한편, 교사로서는 이러한 일이 발생하였을 때 학생 사이의 깊은 갈등의 원인을 어디서부터 살펴봐야 할지 어려워 해결하기 까다로운 문제가 될 수밖에 없다.

03
아래는 학교폭력 가해 학생을 지도하는 것에 대한 두 교사의 의견이다. 교사 A와 교사 B의 의견이 중시되어야 하는 상황을 각각 1가지씩 제시하시오. 그리고 둘 중 자신의 의견과 가까운 것을 선택하고 그 이유를 제시하시오.

> 교사 A : 교사의 역할은 형사와 같다. 가해 학생은 자신이 유리한 방향으로 거짓말을 하는 경우가 많으므로 감정을 배제하고 사실에 근거하여 판단하여야 한다.
> 교사 B : 교사의 역할은 상담가와 같다. 가해 학생이 주장하는 것을 경청하고 신뢰하며 감정에 공감하여야 한다.

즉답형 상황

> 같은 학년을 맡은 선생님들끼리 동 학년 업무를 하나씩 분배하려고 한다. 그러나 모두가 비교적 간단한 업무를 선호하고 어려운 업무는 서로 눈치를 보며 하려고 하지 않는다.

즉답형 상황

> 같은 학년을 맡은 선생님들끼리 동 학년 업무를 하나씩 분배하려고 한다. 그러나 모두가 비교적 간단한 업무를 선호하고 어려운 업무는 서로 눈치를 보며 하려고 하지 않는다.

즉답형 문제

01 협력의 관점에서 위 상황을 비판하시오.

02 위와 같은 상황에서 자신은 어떻게 대처할 것인지 답하시오.

✍ Self feedback

09 실전 연습 문제 9회

구상형

01 아래 상황에 나타난 문제의 원인 2가지를 제시하고, 교사 A의 관점에서 이를 해결할 방안을 2가지 제시하시오.

> 중학교 3학년인 철수는 공부를 잘한다고 소문이 난 학생이다. 실제로 시험을 보면 철수보다 높은 성적을 받는 학생은 없다. 철수 자신도 본인이 다른 사람들보다 공부를 잘한다는 것을 알고 있으며 중학교 3학년 수준은 자신에게 너무 쉽다고 생각한다. 그래서 철수는 수업 시간에 "어차피 저는 선생님이 수업하시는 거 다 아니까 이거 풀고 있을래요."라고 말하며 수업 시간에 고등학교 문제집을 꺼내 풀기 시작했다. 해당 수업 시간 교사 A는 철수의 태도에 기분이 좋지 않았지만 결국 자신의 수업 시간에 문제집을 푸는 것을 허락하였다.

02 아래 상황에서 김 교사에게 필요한 자질 두 가지를 말하고 이를 함양하기 위한 구체적인 방안을 각각 한 가지씩 제시하시오.

> 김 교사는 수업할 때면 진도 나가기에 급급하다. 학생 발표와 모둠 활동 등 시간이 오래 걸릴 수 있는 부분은 과감하게 생략하고 강의식으로 대부분의 수업이 진행된다. 학생들은 이러한 김 교사의 수업 방식에 지루함을 느끼고 있으며 수업 내용도 잘 이해하고 있지 못하고 있어 답답한 심정을 토로한다. 그러나 김 교사는 이러한 사실을 모른 채 계속 수업을 진행하고 있다.

03
아래 두 교사의 의견 중 자신의 의견과 가까운 한 가지를 선택하고 그 이유를 설명하시오. 또한, 자신이 선택한 입장으로 인한 유의점을 제시하고 개선 방안 1가지를 제시하시오.

> 교사 A : 수업 시간에 핸드폰을 허용하면 다양한 방식의 수업을 통해 학생 수업 이해도를 향상할 수 있다.
> 교사 B : 수업 시간에 핸드폰을 사용하도록 하면 학생들의 집중력을 떨어뜨리고 교사의 학생 생활지도 부담이 커질 수 있다.

즉답형 상황

> 교사 A는 상위권 학생들을 위한 방과 후 수업을 계속 준비해왔고 지금껏 모아둔 자료도 많아 잘 진행해 볼 자신이 있다. 그러나 부장 교사 B는 교사 A가 상위권 학생보다는 하위권 학생을 위한 수업을 개설하기를 희망한다.

즉답형 상황

교사 A는 상위권 학생들을 위한 방과 후 수업을 계속 준비해왔고 지금껏 모아둔 자료도 많아 잘 진행해 볼 자신이 있다. 그러나 부장 교사 B는 교사 A가 상위권 학생보다는 하위권 학생을 위한 수업을 개설하기를 희망한다.

즉답형 문제

01 부장 교사 B의 입장에서 교사 A에게 위와 같은 제안을 한 이유를 설명하시오.

02 자신이 교사 A라면 어떻게 대처할 것인지 답하시오.

03 자신의 대처 방식에 대한 유의점을 1가지 말하고 이를 개선할 방안을 1가지 제시하시오.

Self feedback

10 실전 연습 문제 10회

구상형

01 아래 문제 상황의 원인 2가지를 제시하고, 이를 해결할 방안을 2가지 제시하시오.

> 학생 A는 같은 반 친구 B, C, D에게 매일 놀림을 받는다. 종종 B, C, D는 A에게 욕설이 섞인 심한 장난을 치기도 한다. 이를 파악한 담임 교사는 학생 A와 상담하며 B, C, D와 어떻게 지내는지 물어보았고 학생 A는 "솔직히 저도 기분 나쁘긴 한데 친구끼리는 원래 다 그렇게 놀기도 하고 제가 기분 나쁜 티를 냈다가는 B, C, D랑 어색해질 것 같아서 그냥 참을래요."라고 답하였다.

02 아래 내용과 관련하여 앞으로 요구될 교사의 자질과 이를 함양하기 위한 자신의 향후 계획 각각 2가지를 제시하시오.

> 미래에는 암기력이 중요하지 않아질지도 모른다. 우리는 지인의 핸드폰 번호를 몇 개나 외우고 있는가? 외워야 하는 부분의 대부분을 핸드폰이 대신하고 있다. 이뿐만 아니다. 과거에는 우리가 머릿속에 지식을 얼마나 가지고 있느냐가 중요했다면 이제는 손쉽게 인터넷에 검색하여 필요한 지식을 꺼내 볼 수 있다. 이러한 기술의 발달에 따라 미래에 필요한 역량은 암기력 그 이상일 것이다.

03 아래는 아침 자습 시간 운영 방안에 대한 두 견해이다. 둘 중 자신의 의견과 가까운 것을 선택하고 그 이유를 답하시오. 그리고 자신이 선택한 방안의 유의점을 1가지 제시하고 이를 개선할 방안을 1가지 제시하시오.

> 방안 A : 학생 때부터 공부하는 습관을 기르는 것이 중요하므로 반드시 책을 펴고 자습할 수 있도록 해야 한다.
> 방안 B : 자율성이 보장되어야 학습 효율도 높아질 것이다. 아침 자습 시간에 잠을 자는 행위도 허용되어야 한다.

즉답형 상황

> 김 교사는 동료 교사로부터 자신의 업무처리 능력을 인정받아 학교에서 까다로운 업무를 도맡아 하고 있다. 또한 학생 지도에도 관심이 많아 담임 교사를 자처하였고 매주 학생 상담에 시간을 많이 쏟는 등 최선을 다한다. 그러나 김 교사가 매 순간 교직 업무에 열정을 보이고 거절을 잘하지 못하는 성격이라 학교 내에서 어려운 업무가 생길 때마다 김 교사에게 자신의 업무를 부탁하는 동료 교사가 점점 많아지고 있다.

즉답형 상황

> 김 교사는 동료 교사로부터 자신의 업무처리 능력을 인정받아 학교에서 까다로운 업무를 도맡아 하고 있다. 또한 학생 지도에도 관심이 많아 담임 교사를 자처하였고 매주 학생 상담에 시간을 많이 쏟는 등 최선을 다한다. 그러나 김 교사가 매 순간 교직 업무에 열정을 보이고 거절을 잘하지 못하는 성격이라 학교 내에서 어려운 업무가 생길 때마다 김 교사에게 자신의 업무를 부탁하는 동료 교사가 점점 많아지고 있다.

즉답형 문제

01 위 상황이 계속될 경우 나타날 수 있는 결과를 학교 조직 문화의 관점에서 1가지 제시하시오.

02 자신이 김 교사라면 동료 교사의 부탁을 어떻게 거절할 것인지 답하시오.

03 김 교사의 처지에서 위와 같은 상황을 예방하기 위해 할 수 있었던 방안을 1가지 제시하시오.

Self feedback

11 실전 연습 문제 11회

구상형

01 아래 상황에 나타난 문제의 원인 2가지를 제시하고, 이를 해결할 방안을 2가지 제시하시오.

> 김 교사의 담임 반 학생 영철이는 수능을 치르는 과목에서는 좋은 수업 태도를 유지하나 그렇지 않은 다른 과목에서는 맨 뒷자리에 있는 친구와 자리를 바꿔 앉아 수업 시간에 수능 문제집을 푼다. 김 교사는 과목을 편식하는 영철이의 태도를 지도해야겠다고 생각하여 "왜 그런 행동을 하느냐"라고 묻자 영철이는 "그 시간에 수능 공부하는 게 더 효율적이잖아요. 그리고 그 과목들은 어차피 제 진로와도 관련 없을 거예요."라고 답하였다.

02 아래 상황을 바탕으로 할 때 박 교사가 함양하고 있는 교사로서 긍정적 자질을 1가지 언급하고 이에 대한 유의점을 1가지 제시하시오. 또한 자신이 제시한 유의점과 관련하여 이를 보완하기 위한 향후 계획 1가지를 제시하시오.

> 박 교사는 항상 학생들에게 높임말을 쓴다. 왜냐하면, 학생과 교사의 관계는 상호 존중을 바탕으로 한다고 생각하기 때문이다. 그러나 박 교사의 담임 반 학생 철수는 개별 면담 시간에 다음과 같이 고민을 털어놓았다. "선생님과 더 가까워지고 싶은데 선생님께서 저에게 계속 존댓말을 쓰시니까 왠지 거리감이 느껴지고 선생님과 저와의 사이에 선이 그어지는 것 같아요." 이와 같은 철수의 생각을 들은 박 교사는 고민이 많아졌다.

03 아래는 자신의 담임 반 학생이 다른 반 학생과 갈등이 벌어졌을 때 담임 교사가 취해야 할 태도에 대한 두 교사의 의견이다. 둘 중 자신의 의견과 가까운 것을 선택하고 그 이유를 답하시오. 그리고 자신이 선택한 입장의 한계점과 이를 개선할 방안을 각각 1가지씩 제시하시오.

> 교사 A : 담임 교사의 역할은 든든한 지원군이다. 서로 자신의 학생의 편에 서서 학생의 입장에 공감하여야 한다.
> 교사 B : 담임 교사의 역할은 문제 해결자이다. 학생의 갈등 상황을 제삼자의 입장에서 바라보며 갈등 해결에 초점을 맞추어야 한다.

즉답형 상황

> 최 교사는 이번에 신규 발령을 받은 열정이 가득한 교사이다. 평소 교재 연구 및 학생 지도뿐만 아니라 자신이 맡은 행정업무도 열심히 배우려는 자세가 되어있다. 또한, 동료 교사와도 잘 지내고 싶어 매주 월요일마다 비타민 음료를 자신의 부서 동료 선배 교사들에게 돌리기까지 한다. 이러한 모습을 보고 있는 최 교사의 신규 발령 동기들은 자신들도 그렇게 해야 하나 고민을 하고 있다.

즉답형 상황

최 교사는 이번에 신규 발령을 받은 열정이 가득한 교사이다. 평소 교재 연구 및 학생 지도뿐만 아니라 자신이 맡은 행정업무도 열심히 배우려는 자세가 되어있다. 또한, 동료 교사와도 잘 지내고 싶어 매주 월요일마다 비타민 음료를 자신의 부서 동료 선배 교사들에게 돌리기까지 한다. 이러한 모습을 보고 있는 최 교사의 신규 발령 동기들은 자신들도 그렇게 해야 하나 고민을 하고 있다.

즉답형 문제

01 최 교사의 상황을 고려하여, 최 교사가 그러한 행동을 한 이유를 설명하시오.

02 최 교사의 행동이 비판받아야 마땅한지 아닌지를 말하고 그 이유를 제시하시오.

Self feedback

Part 4

기출 문제 &연습 문제 예시 답변

Chapter 01 심층 면접 기출 문제 예시 답변

01 2025 기출 문제

1 구상형 1

답변 시작	구상형 1번 답변 시작하겠습니다.
주제 문장 (문제점)	민수가 잦은 지각을 하는 원인 중 하나는 낮은 책임 의식과 규칙 준수에 대한 인식 부족입니다.
이상적 상황	책임 의식이 있는 학생은 규칙 준수의 중요성을 이해하고, 정해진 등교 시간을 지키는 것이 자신의 기본적인 역할임을 인식합니다.
원인-문제 상황 연결	그러나 민수는 지각에 대한 경각심이 부족하고, 등교 시간 준수를 개인의 선택으로 여기고 있어 점점 더 늦게 등교하는 문제 행동을 보이고 있습니다.
주제 문장 (지도 방안1)	이를 위한 지도 방안으로 저는 민수에게 등교 시간 준수에 대한 개별 상담 및 보상 시스템을 도입하겠습니다.
구체화	예를 들어, '나 전달법'을 활용해 민수의 입장을 공감하며 지각이 학습과 학급 분위기에 미치는 영향을 설명하고, 규칙 준수의 중요성을 강조하겠습니다. 또한, 정시 등교 시 긍정적 보상을 제공하여 동기를 부여하겠습니다.
기대 효과	이를 통해 민수는 책임감을 갖고 정시에 등교하는 습관을 형성할 수 있으며, 자신의 행동이 학급 전체에 미치는 영향을 인식하게 될 것입니다. 또한, 보상 체계를 통해 긍정적인 행동이 강화되면서 자연스럽게 등교 시간을 준수하는 태도를 가지게 될 것입니다.
마무리	*(전체 답변 분량을 고려하여 생략)*

주제 문장 (문제 원인2)	한편, 학급 전체의 지각 증가 원인 중 하나는 교사의 교육적 개입 및 적절한 규칙 설정의 부재입니다.
이상적 상황	효과적인 교육적 개입과 명확한 규칙이 마련된 학급에서는 규칙 준수의 필요성과 일관성이 안정적으로 유지됩니다.
원인-문제 상황연결	그러나 현재 학급에서는 지각에 대한 명확한 규칙과 일관된 지도가 부족하여, 학생들이 지각을 해도 큰 불이익이 없다고 생각하게 되었습니다.
주제 문장 (지도 방안2)	이를 해결하기 위한 방안으로, 공동으로 규칙을 설정하여 '정시 등교 챌린지'를 실시하는 것입니다.
구체화	예를 들어, 학급 회의를 통해 등교 규칙을 정한 후, '정시 등교 챌린지'를 도입하여 자발적 참여를 유도하고, 성공 시 보상을 제공하여 생활 습관과 학급 분위기를 개선하는 것입니다.
기대 효과	이를 통해 학생들은 규칙 준수의 중요성을 인식하고, 스스로 책임감 있는 행동을 보일 것입니다. 또한, 공동체의 일원으로서 서로 존중하고 배려하여 함께 발전하는 태도를 기를 수 있을 것입니다.
마무리	*(전체 답변 분량을 고려하여 생략)*
답변 끝	이상입니다.

2 구상형 2

답변 시작	구상형 2번 답변 시작하겠습니다.
주제 문장 (문제 개선)	교수 설계 관점에서 교사가 할 수 있는 개선 방안으로 단계별 학습 제공과 교수 내용과 평가 기준의 일치를 강화하는 것이 필요합니다.
구체화	구체적인 방안으로는, 먼저, 학생 A처럼 학습 난이도에 어려움을 느끼는 학생들을 위해 기본 개념 정리, 예제 학습, 심화 문제 해결로 이어지는 단계별 학습 활동을 구성하겠습니다. 또한, 학생 B처럼 평가 기준이 불명확하여 불안감을 느끼는 학생들을 위해 수업 목표와 평가 기준을 일치시키고, 학습 목표에 따른 평가 루브릭을 제공하여 학생들이 어떤 방향으로 학습해야 할지 명확히 이해할 수 있도록 하겠습니다.
기대효과	이를 통해 학생들은 자신의 학습 수준에 맞춘 단계적 학습으로 개념을 체계적으로 이해할 수 있으며, 명확한 평가 기준을 통해 학습 목표에 맞춘 준비를 할 수 있는 자신감을 가지게 될 것입니다. 또한, 수업과 평가가 일관되게 연결됨으로써 수업의 신뢰성과 효과성이 더욱 높아질 것입니다.
마무리	*(전체 답변 분량을 고려하여 생략)*
주제 문장 (향후 노력)	이러한 전문성을 함양하기 위한 방안으로 수업 컨설팅에 적극적으로 참여하겠습니다.
구체화	구체적인 방안을 예시로 들자면, 저는 신규 교사로서 수업 설계 전문성을 향상하기 위하여 교육청에서 제공하는 다양한 수업 컨설팅 관련 지원을 꼼꼼하게 찾아보고, 수석 교사 컨설팅, 멘토-멘티 프로그램 등 다양한 컨설팅 프로그램에 지원하겠습니다.
기대효과	이를 통해서, 선배 교사의 수업 노하우를 전수받고, 수업 설계 분야에 대한 전문성을 향상시킬 수 있을 것입니다.
마무리	*(전체 답변 분량을 고려하여 생략)*
답변 끝	이상입니다.

3 구상형 3

답변 시작	구상형 3번 답변 시작하겠습니다.
주제 문장	지역연계 교육 계획 수립에 관한 두 교사의 입장 중 저의 생각과 가까운 것은 교사 B의 관점입니다.
대전제	학교 교육은 학생들의 실생활과 밀접한 관련이 있어야 하며, 지역사회는 학생들에게 다양한 학습 경험과 실제적인 교육 환경을 제공합니다.
구체화	*(질문과 무관하므로 생략)*
기대 효과	*(질문과 무관하므로 생략)*
주장 강화 1단계 (예상되는 반박)	물론, 교사 B의 의견처럼, 지역사회 구성원이 교육 과정 초기부터 개입하면 학교의 자율성이 제한될 우려가 있습니다.
주장 강화 2단계 (재반박)	그러나 학교와 지역사회가 동등한 위치에서 협력한다면 오히려 풍부한 교육 기회를 제공할 수 있는 방향으로 발전하여 학생들의 실제 필요와 사회적 요구를 더 잘 반영할 수 있을 것입니다.
마무리	따라서 위 두 교사의 입장 중 저의 생각과 가까운 것은 교사 B의 관점입니다.
주제 문장 (협력 사례)	이와 관련된 지역사회와 학교 협력 사례로 지역 박물관과 연계한 역사 교육 프로그램을 들 수 있습니다.
구체화	구체적으로는, 지역 박물관과 협력하여 학생들이 역사 수업에서 배운 내용을 현장에서 체험할 수 있도록 교육 프로그램을 운영하는 사례입니다. 학생들은 박물관에서 직접 유물을 보고, 전문가의 설명을 들으며 역사적 사건과 유물의 의미를 깊이 있게 학습할 수 있습니다.
기대 효과	*(질문과 무관하므로 생략)*
마무리	따라서 저는 지역 박물관과 연계한 역사 교육 프로그램이 지역사회와 학교가 협력한 좋은 사례라고 생각합니다.
답변 끝	이상입니다.

4 즉답형 1

답변 시작	즉답형 1번 답변 시작하겠습니다.
주제 문장	제가 A교사라면 학생 지도 업무를 선택하겠습니다.
대전제	교사의 본질적인 역할은 학생들과의 소통과 지도이며, 이를 통해 교육적 가치를 실현할 수 있습니다.
구체화	*(질문과 무관하므로 생략)*
기대효과	*(질문과 무관하므로 생략)*
주장 강화 1단계 (예상되는 반박)	물론, A 교사가 행정 업무를 선택하지 않는다면 학교 운영에 차질이 생기고, 동료 교사들의 부담이 커질 수 있습니다.
주장 강화 2단계 (재반박)	그러나 행정 업무는 여러 교사가 분담할 수 있습니다. 또한, 교사의 직업적 효능감과 전문성 개발을 고려할 때 학생 지도 업무가 더 의미 있는 선택이라고 생각합니다. 왜냐하면, 교육자로서 학생들과 직접 소통하는 경험은 더 큰 교육적 가치를 창출할 것이기 때문입니다.
마무리	따라서 저는 제가 A교사라면 학생 지도 업무를 선택하겠습니다.
답변 끝	이상입니다.

5　즉답형 2

답변 시작	즉답형 2번 답변 시작하겠습니다.
주제 문장	제가 업무 분장을 담당하는 위치에 있다면, A교사에게 학생 지도 업무를 배정하겠습니다.
대전제	교사의 역할은 학생들의 성장과 교육적 영향력을 극대화하는 데 있으며, 개인의 전문성과 동기 부여가 높은 업무를 맡을 때 최상의 교육 효과를 낼 수 있습니다.
구체화	*(질문과 무관하므로 생략)*
주장 강화 1단계 (예상되는 반박)	물론, A교사가 기존 행정 업무를 맡아야 학교 운영이 안정적으로 유지되고, 동료 교사들의 부담이 줄어들 수 있습니다.
주장 강화 2단계 (재반박)	그러나 학생 지도 업무의 중요성을 고려할 때 A교사의 역량을 교육적 역할에 집중하는 것이 바람직하다고 생각합니다. 왜냐하면, 학생 지도는 행정 업무와 달리 학생들에게 직접적인 영향을 미치는 활동이기 때문입니다.
기대효과	이를 통해 A교사는 자신의 교육적 역할을 더욱 효과적으로 수행하며, 학생 지도 역량을 강화할 수 있습니다. 또한, 학생들과의 직접적인 상호작용을 통해 교사로서의 효능감과 만족도도 향상되어 학교 조직 전체에도 긍정적인 영향을 미칠 것입니다.
마무리	따라서 저는 제가 업무 분장을 담당하는 위치에 있다면, A교사에게 학생 지도 업무를 배정하겠습니다.
답변 끝	이상입니다.

02 2024 기출 문제

1 구상형 1

답변 시작	구상형 1번 답변 시작하겠습니다.
주제 문장 (문제점)	수업 설계의 관점에서, 위 상황에 나타나는 김교사의 문제점은 자신의 수업에서 적절한 학습 동기 강화 전략이 적용되지 않았다는 것입니다.
이상적 상황	교사로서 자신의 수업을 설계할 때, 학생들의 학습 동기를 어떻게 강화할 수 있을지 고민하는 태도는 수업 내용을 정확하게 전달하는 것만큼 중요합니다.
원인-문제 상황 연결	그러나 위 상황에서 김교사는 자신의 수업에서 '주의 집중', '관련성', '자신감'과 같은 학생들의 학습 동기 충족 요소를 고려하지 못하였고, 이러한 이유로 학생들은 수업 이해 및 참여에 어려움을 느끼게 된 것입니다.
주제 문장 (해결 방안)	이러한 문제를 해결하기 위하여 교사는 학생의 다양한 학습 동기 충족 요소를 파악하고, 이에 적합한 방식으로 수업을 설계할 수 있는 역량을 지녀야 합니다.
구체화	구체적인 방안을 예로 들자면, 켈러의 ARCS 이론을 교사의 수업에 접목하는 것입니다. 지각적 주의 환기 전략으로 시청각 자료를 활용하고, 목적 지향성을 강조하기 위해 수업 내용을 자기의 삶에 적용하게 하는 활동을 추가하며, 성공 기회를 제공하기 위해 다양한 수준의 형성 평가를 실시하도록 수업을 설계하는 것입니다.
기대 효과	이를 통해, 학생들은 다양한 시청각 자료와 실용적인 수업 내용, 자신의 수준에 맞는 난이도로 '주의 집중', '관련성', '자신감' 요소를 충족하게 되어 학습 동기가 강화될 것입니다.
답변 끝	이상입니다.

2 구상형 2

답변 시작	구상형 2번 답변 시작하겠습니다.
주제 문장 (유의점)	테크놀로지 기반 학습을 설계할 때 교사로서 유의해야 할 점은 학습 목적에 맞는 기술 활용 능력 함양입니다.
구체화 (근거 문장)	적절한 기술의 활용은 학습자의 수업 참여 동기를 강화하고 이해를 도울 수 있지만, 무분별한 활용은 오히려 집중력 저하의 원인이 될 수 있습니다. 이뿐만 아니라, 교사가 기술 활용 자체에 목적을 둔다면 화려해 보이는 수업 이면에 해당 차시에 달성되어야 할 학습 목표가 간과될 우려가 있습니다.
마무리	(전체 답변 분량을 고려하여 생략)
주제 문장 (향후 노력)	이러한 유의점을 극복하기 위한 향후 노력 방안으로는 테크놀로지 활용 수업 전문성을 계발하는 것입니다.
구체화	구체적인 방안으로는, 우수 수업 사례 연구, 전문적 학습 공동체 가입, 수업 혁신 사례 참관 등 다양한 방식으로 수업 전문성을 계발하고, 테크놀로지 기반 수업을 설계할 때 학습 목표 체크리스트를 활용하여 수업 목표 달성에 맞는 적절한 기술 활용이 이루어질 수 있도록 노력하겠습니다.
기대효과	이를 통해 교사는 무분별한 기술 활용으로 인한 수업 목표 상실을 예방하며 자신의 수업을 다채롭게 할 수 있을 것입니다. 또한, 학생은 학습 동기가 강화되고 수업의 효과성도 증가할 것입니다.
마무리	따라서 저는 교사로서 기술 활용 목적에 맞는 학습자 중심 수업 전문성을 함양하도록 노력하겠습니다.
답변 끝	이상입니다.

3 구상형 3

답변 시작	구상형 3번 답변 시작하겠습니다.
주제 문장	진리와 가치의 불변성에 대한 두 교사의 입장 중 저의 교직관과 가장 가까운 것은 교사 B의 관점입니다.
대전제	팬데믹을 기점으로한 언택트 기술의 발달 및 4차 산업 혁명으로 대표되는 인공지능과 디지털 기술의 발달로 수많은 직업이 빠른 속도로 대체되고 있으며, 이러한 상황 속에서 인간성을 잃지 않도록 교육하는 것은 중요합니다.
구체화	(질문과 무관하므로 생략)
기대 효과	(질문과 무관하므로 생략)
주장 강화 1단계 (예상되는 반박)	물론, 빠른 속도로 변화하고 있는 산업 구조와 인간 사회 속에서 중요시되는 역량은 시대에 발맞춰 변화합니다. 그리고 이러한 미래 사회에 대비할 수 있도록 학생을 준비시키는 과정 역시 중요합니다.
주장 강화 2단계 (재반박)	그러나, 급변하는 상황은 필연적으로 혼란과 갈등을 유발합니다. 따라서, 이를 지혜롭게 해결하기 위해서는 공동체적 사고 및 인간적 공감 능력을 바탕으로 하는 도덕성과 인성이 기초가 되어야 할 것입니다.
마무리	따라서 위 두 교사의 입장 중 저의 교직관과 가장 가까운 것은 교사 B의 관점입니다.
주제 문장	저는 이러한 관점을 실현하기 위하여 공동체 역량과 협력적 소통 역량을 기를 수 있는 다양한 인성 교육 프로그램을 실시하겠습니다.
구체화	이에 대한 예시 중 하나로, 저는 지역연계 봉사활동을 추진하겠습니다. 다문화가정 지원센터나 지역 아동센터, 장애 아동 센터, 노인 복지관 등을 대상으로 조별로 체험형 봉사활동을 기획하겠습니다.
기대 효과	이를 통해 학생은 타인에 대한 배려와 존중을 배우고 인간성을 함양하며 우리 사회를 이루고 있는 공동체에 대한 의식을 키울 수 있을 것입니다. 또한, 조원들과 적극적으로 소통하고 협력하는 과정에서 협력적 소통 역량 및 갈등 관리 역량을 기를 수 있을 것입니다.
마무리	따라서 저는 위와 같은 관점을 실현하기 위하여 다양한 인성 교육 프로그램을 실시하겠습니다.
답변 끝	이상입니다.

4　즉답형 1

답변 시작	즉답형 1번 답변 시작하겠습니다.
주제 문장 (교사의 역할)	위와 같은 상황에서 교사는 학생의 배움을 촉진하는 조력자 역할을 해야 한다고 생각합니다.
구체화 (근거 문장)	학생 중심 수업에서 배움의 주체는 학생이며, 과정 중심 평가의 관점에서 수행 평가 역시 배움의 한 과정입니다. 그러므로, 비록 수행 평가 상황일지라도 학생이 어려움을 겪고 있다면 교사로서 적절히 개입하여 학습자의 학습 경험이 유의미해질 수 있도록 최대한 조력할 수 있어야 할 것입니다.
마무리	*(전체적인 답변 분량을 고려하여 생략)*
주제 문장 (지도 방안)	이러한 역할에 따른 지도 방안은 다음과 같습니다.
구체화	먼저 직접적인 개입보다는 지민이의 상황을 지켜보며 유심히 관찰하는 태도를 유지하겠습니다. 그다음, 지민이가 어려워하는 모습이 보이면 조심스럽게 다가가서 어떤 이유로 소극적인 태도를 보이는지, 도움이 필요한지 물어보겠습니다. 그 후, 지민이가 도움이 필요하다고 반응을 보이면 수행 평가도 배움의 과정임을 강조하며 참여를 독려하겠습니다.
기대효과	*(질문과 무관하므로 생략)*
마무리	*(전체 답변 분량을 고려하여 생략)*

5 즉답형 2

답변 시작	즉답형 2번 답변 시작하겠습니다.
주제 문장 (유의점 1)	위와 같은 지도 방안에서 유의해야 할 첫 번째 부분은 바로 평가의 공정성입니다.
구체화 (근거 문장)	과정 중심 수행 평가라고 할지라도 학생의 성적이 산출된다는 점에서 평가의 공정성은 엄연히 지켜져야 합니다. 따라서 위와 같은 교사의 개입이 다른 학생들에게 불이익이 되지 않도록 유의해야 할 것입니다.
마무리	*(후반부에 언급되므로 생략)*
주제 문장 (유의점 2)	두 번째로 유의해야 할 점은 배움의 주도권을 학생이 유지할 수 있도록 개입의 정도가 적절해야 한다는 것입니다.
구체화 (근거 문장)	교사의 개입 정도에 따라 학생은 적극적인 학습자가 될 수도, 수동적인 학습자가 될 수도 있습니다. 위 상황을 지켜보는 안타까운 마음에 교사가 지나치게 개입한다면 학생은 학습 주도권을 잃고 수동적인 학습자가 될 우려가 있습니다.
마무리	따라서 저는 위와 같은 지도 방안에서 평가의 공정성과 적절한 개입의 정도를 판단하는 부분을 유의해야 한다고 생각합니다.
답변 끝	이상입니다.

03 2023 기출 문제

1 구상형 1

답변 시작	구상형 1번 답변 시작하겠습니다.
주제 문장 (문제점 1)	학생 A의 의견에서 나타나는 문제점은 메타버스 활용 수업과 관련한 기술적 문제 및 학생의 낮은 친숙도입니다.
이상적 상황	*(전체적인 답변 분량을 고려하여 생략)*
원인-문제 상황 연결	*(전체적인 답변 분량을 고려하여 생략)*
주제 문장 (해결 방안 1)	이러한 문제를 해결하기 위하여 교사는 사전에 리허설을 진행할 수 있습니다.
구체화	예를 들면, 실제 수업을 진행하기 전에 학생들과 함께 메타버스 플랫폼에 접속하고 다양한 기능을 활용해보는 등 실제 수업에 대비한 연습 시간을 제공하는 것입니다.
기대 효과	이를 통해서, 주어진 상황과 같이 메타버스에 잘 접속이 되지 않고, 자주 로그아웃되는 현상 등 각종 기술적 문제를 사전에 파악하여 적절한 조치를 취할 수 있을 것입니다. 이뿐만 아니라 학생 A와 같이 조작법이 서툴러서 활동에 잘 참여하지 못하는 상황도 미리 연습함으로써 친숙도를 높일 수 있을 것입니다.
주제 문장 (문제점 2)	다음으로 학생 B의 의견에서 나타나는 문제점은 메타버스의 화면 구성이 학습에 친화적이지 않다는 것입니다.
이상적 상황	*(전체적인 답변 분량을 고려하여 생략)*
원인-문제 상황 연결	*(전체적인 답변 분량을 고려하여 생략)*
주제 문장 (해결 방안 2)	이러한 문제점을 해결하기 위해서 교사는 사용자 자유도가 높은 메타버스 플랫폼을 활용하여 학습 친화적인 인터페이스를 제공해야 할 것입니다.
구체화	예를 들면, 다양한 메타버스 플랫폼에 대하여 연수 등을 통한 자율 장학으로 사전 지식을 학습한 뒤 교사의 메타버스 설정 자유도가 높은 플랫폼을 선택하는 것입니다. 그 후 각종 기능에 대해서 면밀하게 파악하고 교사의 판단에 맞게 생략할 부분은 과감히 생략하여 학생이 복잡함을 느끼지 않도록 메타버스 환경을 구성하는 것입니다.

기대 효과	이를 통해서, 교사는 학습 친화적인 환경을 자신의 의도에 맞게 구성할 수 있을 것입니다. 또한 학생의 입장에서는 훨씬 간소화된 화면 구성으로 수업 몰입도가 증가할 것입니다.
주제 문장 (문제점 3)	마지막으로, 학생 C의 의견에서 나타나는 문제점은 학생의 요구가 잘 파악되지 않고 전통적인 평가 방식을 그대로 사용하였다는 것입니다.
이상적 상황	*(전체적인 답변 분량을 고려하여 생략)*
원인-문제 상황 연결	*(전체적인 답변 분량을 고려하여 생략)*
주제 문장 (해결 방안 3)	이러한 문제점을 해결하기 위해서는 적절한 요구 분석을 통하여 메타버스의 활용 범위를 넓혀보려는 시도가 필요할 것입니다.
구체화	예를 들면, 수업 전 학생들에게 메타버스를 활용한 수업에서 어떤 것을 기대하는지 설문 조사를 실시하는 것입니다. 그 후, 설문 결과에 따라서 학생들의 요구 사항에 맞게 수업부터 평가까지 활용 범위를 조율하는 것입니다.
기대 효과	이를 통해서, 교사의 입장에서는 전통적인 평가 방식을 벗어나 새로운 방식의 평가 전문성을 함양할 수 있을 것입니다. 또한 학생의 관점에서는 메타버스 활용 수업 전반에 있어서 자신의 요구가 반영되기 때문에 더욱 흥미롭고 적극적인 참여 분위기가 형성될 것입니다.
답변 끝	이상입니다.

2 구상형 2

답변 시작	구상형 2번 답변 시작하겠습니다.
주제 문장 (이유 1)	먼저 칭찬이 필요한 첫 번째 이유로는, 칭찬은 청소년기 자존감 형성에 가장 결정적인 역할을 하는 요소 중 하나이기 때문입니다.
대전제	학생들은 칭찬을 통해서 긍정적으로 자기 자신을 인식하게 되고 이는 청소년기 자아 정체성 형성에 아주 큰 도움이 됩니다.
주제 문장 (이유 2)	두 번째로, 자신이 맡은 학생을 면밀하게 관찰하여 개별적인 강점을 파악하도록 도와주는 것이 교사의 사명이자 의무이기 때문입니다.
대전제	사람들은 각자 자신의 강점이 하나씩은 있기 마련이나 이에 관해서 학생 스스로 자신의 강점을 혼자 힘으로 파악하는 데 어려움을 겪는 경우가 많이 있습니다.
주제 문장 (노력 방안 1)	이에 관한 첫 번째 방안으로는 면밀한 관찰 및 지속적인 상담을 통해 해당 학생의 강점을 발견할 수 있도록 노력하는 것입니다.
구체화	예를 들면, 점심시간이나 쉬는 시간 등을 활용하여 해당 학생이 어떻게 학교생활을 하는지 관찰하고 지속적으로 상담을 진행하겠습니다. 또한, 교과 담당 선생님이나 학생 A와 친한 다른 학생들을 통해 학생 A가 어떤 강점이 있는지 파악하겠습니다.
기대 효과	이를 통해, 교사의 입장에서는 학생 A를 더욱 다방면으로 잘 이해할 수 있게 될 것입니다. 또한 학생 입장에서는 자신의 강점을 파악하는 과정에서 교사의 도움을 받음으로써 신뢰할 수 있는 사제 관계가 형성될 것입니다.
마무리	(전체적인 답변 분량을 고려하여 생략)
주제 문장 (노력 방안 2)	두 번째 노력 방안으로는 작은 행동도 놓치지 않고 칭찬하는 것입니다.
구체화	예를 들면, 별다른 문제행동 없이 학교생활을 성실히 잘하고 있다는 점과 교칙을 잘 준수하는 태도를 보여주는 학생 A의 공동체 의식을 강조하며 칭찬하는 것입니다.
기대 효과	이를 통해, 학생 A는 교사로부터 지속적인 긍정적 피드백을 받게 되어 자기 자신을 긍정적으로 인식하게 될 것입니다. 또한 이러한 과정은 바람직한 자아 존중감 형성에 도움이 될 것입니다.
마무리	(전체적인 답변 분량을 고려하여 생략)
답변 끝	이상입니다.

3 구상형 3

답변 시작	구상형 3번 답변 시작하겠습니다.
주제 문장	학업 성취 결정 요인에 관한 두 교사의 의견 중 저의 교육관과 가장 비슷한 것은 교사 B의 의견입니다.
대전제	학업적 성취의 본질은 주어진 환경 속에서 자신의 능력치를 최대한 끌어내어 과거의 자기 자신보다 더 발전된 모습을 보이려고 하는 노력과 의지에 있습니다.
구체화	(질문과 무관하므로 생략)
기대 효과	(질문과 무관하므로 생략)
주장 강화 1단계 (예상되는 반박)	물론, 사회 갈등론적 관점에서는 학생의 사회 경제적 배경이 학업 성취도와 상관관계가 있음을 확인할 수가 있습니다.
주장 강화 2단계 (재반박)	그러나, 우리는 높은 사회 경제적 배경을 지닌 학생이 낮은 학업 성취도를 보이거나 아주 힘든 배경을 지닌 학생이 높은 성취도를 보이는 반대의 경우도 종종 접할 수 있습니다. 이는 학업적 성취의 본질적인 요인은 자기 자신에게 존재하는 것이며 환경적 요인은 주변 요소에 불과하다는 주장을 뒷받침하는 사례라고 생각합니다.
마무리	따라서, 학업 성취 결정 요인에 관한 두 교사의 의견 중 저의 가치관과 가장 비슷한 것은 교사 B의 의견입니다.
주제 문장	저는 이와 같은 가치관으로 학생을 교육하였을 때 '자신의 한계를 뛰어넘도록 격려하는 운동 코치'와 같은 교사상을 이룰 것이라 생각합니다.
구체화	신체도 자신의 한계를 극복하면서 성장하듯, 학업 성취도 마찬가지입니다. 학생을 지속적으로 관찰하고 상담하면서 학생의 강점과 잠재력을 면밀하게 파악하고 이에 적합한 동기 부여를 실시하겠습니다. 학생이 잘한 부분을 칭찬해주고 가능성이 보이는 부분을 끊임없이 발견하게 해주어 효능감과 성취감을 느끼도록 돕고 스스로 내적 동기 부여를 이룰 수 있게 할 것입니다.
기대 효과	이를 통해서 해당 학생은 자신에게 주어진 환경에 좌절하지 않고 적극적으로 극복 방안을 모색하며 발전 지향적인 태도를 보이게 될 것입니다. 또한 이러한 과정에서 교사는 마치 운동선수 곁을 지키는 든든한 코치와 같이 해당 학생의 잠재력이 최대한 발휘되게끔 조력자 역할을 성실히 수행할 수 있을 것입니다.
마무리	따라서 제가 선택한 가치관으로 학생을 지도한다면 '운동 코치'와 같은 교사상을 이루게 될 것이라고 생각합니다.
답변 끝	이상입니다.

4 즉답형 1

답변 시작	즉답형 1번 답변 시작하겠습니다.
주제 문장	제가 만약 주어진 상황의 교사 A라면 다음과 같은 단계로 교사 B와 대화하겠습니다.
구체화	먼저, 교사 B에게 탄소 중립 교육을 어떻게 실시하고 싶으신지 여쭤보고 모든 교과에 관련된 내용을 포함하여야 한다고 생각하신 배경에 대해 열린 마음으로 의견을 경청하겠습니다. 그 후, 상대방을 존중하며 저의 의견을 예의 바른 태도로 제안하겠습니다. 예를 들면, "탄소 중립이란 실천이 중요할 텐데, 학생들이 직접 참여해보면 더 와닿지 않을까요?"라고 말하거나 "학생 참여형으로 행사를 기획하면 학생 입장에서 더 즐거워하고 실질적인 동기 부여를 일으킬 수 있지 않을까요?"라며 단정적 문장보다는 상대방의 의견을 여쭙는 제안형이나 청유형 대화법을 사용하겠습니다. 마지막으로는 양측의 의견이 모두 반영된 수업 방식은 없을지 같이 고민해보자고 제안할 것입니다. 예를 들면 이론 수업을 진행한 후 학생 참여형으로 넘어가는 거꾸로 수업, 융합 수업을 논의할 수 있을 것입니다.
기대 효과	이를 통해서, 학생 참여를 중시하는 교사 A의 의견과 이론을 중시하는 교사 B의 의견이 적절하게 조화를 이룰 수 있을 것입니다. 또한 학생의 관점에서도 단순히 이론에만 머물거나, 재미를 추구한 활동에만 그치는 것이 아니라, 탄소 중립의 필요성을 내재화하고 구체적인 실천 방법을 함양하여 공동체를 위해 적극적으로 행동하는 태도를 지니게 될 것입니다.
마무리	*(전체적인 답변 분량을 고려하여 생략)*
답변 끝	이상입니다.

5 즉답형 2

답변 시작	즉답형 2번 답변 시작하겠습니다.
주제 문장 (유의점)	제가 선택한 대처방안과 관련하여 유의해야 할 점은 서로와의 의견 차이에 대해 상대방을 존중하며 양보하는 자세를 지녀야 한다는 것입니다.
구체화 (근거 문장)	교사마다 각자 중요시하는 부분이 다르며, 구성주의 교수-학습 이론의 특성상 한 가지의 수업이 모든 학생에게 다 들어맞는 '완벽한 만능 수업'이란 존재하지 않습니다. 그렇기 때문에, 비록 자신의 의견이 맞다고 생각할지라도 그 방법이 완벽할 수는 없음을 겸손하게 인정하고 상대방의 의견을 존중하며 각자 한 발짝씩 물러나 학습자 입장에서 무엇이 더 효과적일지 고민해보며 양보하는 자세가 필요할 것입니다.
마무리	따라서 제가 선택한 대처방안과 관련하여 유의해야 할 점은 서로와의 의견 차이에 대해 상대방을 존중하며 양보하는 자세를 지녀야 한다는 것이라고 생각합니다.
답변 끝	이상입니다.

6　즉답형 3

답변 시작	즉답형 3번 답변 시작하겠습니다.
주제 문장	제가 만약 두 교사의 의견을 조율해야 하는 입장이라면 학습자의 관점에서 각 방식의 장단점을 논의하고 두 의견이 적절히 반영된 융합형 수업을 실시할 수 있도록 논의를 이끌겠습니다.
구체화	예를 들면, 교사 A의 방식은 학생들의 자발적인 참여 및 흥미를 유발할 수 있으나 탄소 중립에 관한 정보 전달이 효율적이지 않다는 약점이 있고, 교사 B의 방식은 정보 전달은 효율적이나 학생들의 흥미 유발이 어렵다는 약점을 언급하며 두 장점을 살린 거꾸로 수업이나 융합 수업, 블렌디드 수업 모형을 적용할 수 있도록 제안하겠습니다. 또한, 논의 과정에서 교사의 입장보다는 학습자의 관점에서 '무엇이 더 유의미한 학습이 일어날 수 있는지'를 고민해보며 생산적인 대화가 오갈 수 있도록 노력하겠습니다.
기대 효과	이를 통해서, 교사 A와 교사 B의 의견이 모두 조율된 수업 방식을 진행할 수 있을 것입니다. 또한, 이러한 방식의 수업은 각자의 전문성이 존중되므로 직무 효능감이 높아질 뿐만 아니라 학생의 관점에서도 더욱 유의미한 학습이 일어날 것입니다.
마무리	따라서 저는 제가 만약 두 교사의 의견을 조율해야 하는 입장이라면 학습자의 관점에서 각자의 장단점을 논의하고 두 의견이 적절히 반영된 융합형 수업을 실시할 수 있도록 논의를 이끌겠습니다.
답변 끝	이상입니다.

04 2022 기출 문제

1 구상형 1

답변 시작	구상형 1번 답변 시작하겠습니다.
주제 문장 (동기 부여 방식)	자기 결정성 이론을 바탕으로, 학생 A, B, C는 각각 유능감 욕구, 자율성 욕구, 관계 욕구 충족에 따라 동기 부여가 되는 방식으로 분석할 수 있습니다.
주제 문장	첫 번째로, 유능감 욕구 충족에 따라 동기 부여가 되는 학생 A에게는 도전적 과제가 적합합니다.
구체화	예를 들면, 수업 시간에 배운 내용을 바탕으로 관련 주제에 대해서 한 단계 높은 수준의 심화 탐구 활동을 진행하거나 실제적 문제 해결 활동, 한 수준 높은 단계의 개념 학습을 실시하는 것입니다.
기대 효과	이를 통해, 학생 A는 스스로 도전 정신을 불러일으키고 학습 의욕을 자극할 수 있을 것입니다. 또한, 수준 높은 탐구 활동을 진행하는 과정에서 자신의 과제 해결 능력이 향상됨을 깨달으며 유능감 욕구가 충족될 것입니다.
마무리	따라서 학생 A에게는 심화 탐구 활동과 같은 도전적 과제를 제시하는 것이 적합합니다.
주제 문장	두 번째로, 자율성 욕구 충족에 따라 동기 부여가 되는 학생 B에게는 주제 선택형 과제가 적합합니다.
구체화	예를 들면, 자신이 관심 있는 주제를 선택하여 일정 기간 동안 조사한 후, 적절한 양식의 보고서를 작성하고 발표하는 것입니다.
기대 효과	이를 통해서, 학생 B는 교사로부터 제시된 과제를 수행하는 것이 아니라, 자신이 직접 선택한 과제를 수행하는 것이므로 더욱 흥미를 느끼며 자율성 욕구가 충족될 것입니다.
마무리	따라서 학생 B에게는 주제 선택형 과제가 적합합니다.
주제 문장	마지막으로, 관계 욕구 충족에 따라 동기 부여가 되는 학생 C에게는 조별 협동 과제가 적합합니다.
구체화	예를 들면, 직소 활동이나, 정보 차이를 활용한 짝 활동, 모둠 학습처럼 과제 목표 달성을 위해서 협력이 반드시 전제되는 과제를 제시하는 것입니다.
기대 효과	이를 통해서, 학생 C는 혼자 공부하는 것이 아니라 친구들끼리 서로 협력하며 학습하게 되므로 관계 욕구가 충족될 것입니다.
마무리	따라서 학생 C에게는 직소 활동과 같은 조별 협동 과제가 적합합니다.
답변 끝	이상입니다.

2 구상형 2

답변 시작	구상형 2번 답변 시작하겠습니다.
주제 문장 (인성적 자질)	다음 상황을 해결하는 데 필요한 교사의 인성적 자질은 칭찬과 격려를 바탕으로 한 정서적 지원 능력입니다.
구체화 (근거 문장)	원격 수업의 장기화로 인해 학생들의 학력이 저하되면 학생들은 자기 스스로 유능감을 잃게 되고 자아 효능감이 떨어질 것입니다. 이로 인해 자신감이 하락되고 반복되는 실패 경험으로 인해 학습된 무기력 현상까지 나타나게 될 수 있을 것입니다.
마무리	따라서 학생들의 유능감을 충족시켜주고 자신감을 올려주어 적절한 동기 부여를 할 수 있도록 칭찬과 격려를 바탕으로 한 정서적 지원 능력이 필요하다고 생각합니다.
주제 문장 (전문적 자질)	한편, 다음과 같은 상황에서 필요한 교사의 전문적 자질은 효과적인 수업 구성 능력입니다.
구체화 (근거 문장)	학생들은 원격 수업 환경에서 집중력을 유지하기가 어려우므로 다양한 교수 학습 모델을 숙지하고, 온라인 학습 플렛폼, 에듀 테크를 활용한 학생 참여형 수업을 구성하여 해당 교과에 대한 전문적 지식을 효과적으로 전달할 수 있어야 할 것입니다.
주제 문장 (방안 1)	이에 대한 구체적인 방안으로, 먼저 인성적 자질과 관련하여서는 성공 경험을 제공하는 것이 한 가지 방안이 될 수 있습니다.
대전제	학습된 무기력은 반복된 실패 경험으로 인해서 생겨납니다. 따라서 학생에게 적절한 성공 경험을 제공하는 것이 학습된 무기력을 예방하고 학력 저하를 감소시킬 수 있는 직접적 해결 방안이 될 수 있을 것입니다.
구체화	구체적인 방안으로는, 학생의 현재 수준을 정확하게 파악한 뒤, 학생에게 맞는 난이도로 과제를 제시하거나 문제를 풀어보게 하는 것입니다.
기대 효과	이를 통해서 학생은 작게나마 성취감을 느끼기 시작하여 자아 효능감을 상승시킬 수 있을 것입니다. 또한, 학습에 대한 내적 동기 부여를 일으켜 학력 저하 현상을 예방할 수 있을 것입니다.
주제 문장 (방안 2)	한편, 전문적 자질과 관련하여서는 장학 활동이 구체적인 방안이 될 수 있을 것입니다.
구체화	예를 들면, 학력 저하를 예방할 수 있는 수업 구성에 관한 연수를 수강하거나, 자신의 수업을 되짚어 보는 활동, 동료의 수업을 참관하여 수업 나눔을 진행해보는 활동, 컨설팅을 받아 수업 전달력을 높이는 노력 등이 해당될 것입니다.
기대 효과	이를 통해서, 교사는 다양한 교수 학습 모델을 적용하여 더욱 효과적인 수업을 진행함으로써 학력 저하 현상을 예방할 수 있을 것입니다.
답변 끝	이상입니다.

3 구상형 3

답변 시작	구상형 3번 답변 시작하겠습니다.
주제 문장	교사의 SNS 활용에 대한 교사 A와 교사 B의 입장 중 저의 견해와 가까운 것은 교사 A의 입장입니다.
대전제	교사의 SNS 활용은 네이버 밴드를 활용한 학부모 소통, 인스타그램을 통한 사이버 폭력 예방 및 교우 관계 파악, 유튜브를 활용한 수업 컨텐츠 공유 등 긍정적인 측면이 많이 있습니다.
구체화	*(질문과 무관하므로 생략)*
기대 효과	*(질문과 무관하므로 생략)*
주장 강화 1단계 (예상되는 반박)	물론 학생들의 동의 없는 초상권 활용 문제나 교육적 목적과 동떨어진 무분별한 브이로그 촬영은 문제가 될 소지가 충분히 있습니다.
주장 강화 2단계 (재반박)	그러나, 적절한 한계선이 제공되고, 이를 숙지한다면 위와 같은 위험 요소를 예방할 수 있음과 동시에 SNS를 활용한 교사의 교육적 행위도 보장할 수 있을 것입니다.
마무리	따라서, 교사의 SNS 활용에 대한 교사 A와 교사 B의 입장 중 저의 견해와 가까운 것은 교사 A의 입장입니다.
주제 문장 (유의점)	한편, 조직화된 무질서 조직의 특성을 보이는 학교 문화의 관점에서 교사 A의 입장은 공동의 목표를 확인하고 효율적인 학교 운영이 어렵다는 유의점이 있습니다.
구체화 (근거 문장)	교사 개인이 정의하는 바람직한 교육이라는 개념은 모두 다르며 교육 활동의 방법에서도 SNS 사용 여부와 더불어 다양하게 나타날 수 있습니다. 교사 A의 입장처럼 SNS 활용에 자율성을 부여한다면 각자가 생각하는 교육적 목표와 방법에 따라 다양한 활용 형태가 나타날 수 있으며, 이는 모두가 동의하는 방법이 될 수는 없으므로 협력이나 운영 측면에서 효율성을 추구하기 어렵다는 단점이 존재하기 때문입니다.
마무리	따라서, 교사 A 입장의 유의점은 조직화된 무질서 조직의 관점에서 공동의 목표 확인과 효율적인 학교 운영이 어려울 것이라는 점이라고 생각합니다.
답변 끝	이상입니다.

4 즉답형 1

답변 시작	즉답형 1번 답변 시작하겠습니다.
주제 문장	교사 A와 교사 B의 입장 중 저의 견해와 가까운 것은 교사 B의 입장입니다.
대전제	교사는 학생이 자신의 행동에 대해 옳고 그름을 판단할 수 있는 능력을 함양할 수 있도록 지도할 수 있어야 하므로, 무조건적인 신뢰보다는 때로는 엄격한 태도를 취하는 것이 교육적으로 바람직합니다.
구체화	*(즉답형 3에서 언급되므로 생략)*
기대 효과	*(즉답형 3에서 언급되므로 생략)*
주장 강화 1단계 (예상되는 반박)	물론, 학생을 대할 때는 공감과 신뢰를 바탕으로 한 소통이 중요하며, 신뢰 관계가 형성되어야 개방적 태도로 교사의 조언을 믿고 따를 것입니다.
주장 강화 2단계 (재반박)	그러나, 학생을 무조건적으로 신뢰하는 것은 자신의 책임을 회피하기 위하여 의도적으로 사실을 숨기는 행위에 대해 적절한 지도가 이루어지기 어려울 것입니다.
마무리	따라서, 교사 A와 교사 B의 입장 중 저의 견해와 가까운 것은 교사 B의 입장입니다.
답변 끝	이상입니다.

5 즉답형 2

답변 시작	즉답형 2번 답변 시작하겠습니다.
주제 문장 (유의점)	제가 선택한 입장의 방식으로 지도할 때 유의해야 할 점은 학생과의 신뢰 관계를 유지하기 위해 노력해야 한다는 것입니다.
구체화 (근거 문장)	학생은 비록 자신이 잘못된 행동을 할지라도 교사의 공감과 경청을 바탕으로 한 따뜻한 정서적 지지를 바라기도 합니다. 이러한 상황에서 교사가 학생을 신뢰하지 않고 의심하는 태도를 보인다면 감정적 상처가 되어 신뢰 관계가 유지되기 어려울 것입니다.
마무리	따라서 교사 B 입장으로 지도할 때는 학생과의 신뢰 관계를 유지하기 위해 노력해야 한다는 점을 유의해야 할 것입니다.
답변 끝	이상입니다.

6 즉답형 3

답변 시작	즉답형 3번 답변 시작하겠습니다.
주제 문장	앞서 언급한 유의점을 바탕으로, 저는 학생과 신뢰를 바탕으로 한 관계 형성을 위해 학생의 감정과 행동을 분리하여 대할 줄 아는 교사가 되겠습니다.
구체화	예를 들면, 학생의 감정에는 무조건적으로 공감하되 잘못된 행동은 엄격하게 지도할 수 있는 태도를 지니도록 노력하겠습니다.
기대 효과	이를 통해서, 학생은 자신의 감정에 진심으로 공감해주는 교사의 모습을 보며 마음을 열고 의지할 것입니다. 또한 교사는 냉정하게 학생의 행동에 대해 옳고 그름을 알려주며 바람직한 방향으로 지도할 수 있을 것입니다. 이러한 과정에서 학생은 교사를 믿고 따를 수 있는 존재로 인식하여 신뢰 관계가 형성될 것입니다.
마무리	따라서 저는 학생의 감정과 행동을 분리하여 대할 줄 아는 교사가 되겠습니다.
답변 끝	이상입니다.

05 2021 기출 문제

1 구상형 1

답변 시작	구상형 1번 답변 시작하겠습니다.
주제 문장 (원인 1)	먼저, 학생 A가 겪고 있는 문제의 원인은 점수에 대한 압박감 때문입니다.
이상적 상황	자신이 흥미를 가지는 과목에 대해서 알아가는 것 자체가 점수와 상관없이 의미 있는 학습 경험이 될 수 있습니다.
원인-문제 상황 연결	그러나 학생 A는 높은 점수를 받아야 한다는 압박감 때문에 과목 A에 흥미가 있음에도 불구하고 선택하기를 망설이고 있습니다.
주제 문장 (원인 2)	한편, 학생 B가 겪고 있는 문제의 원인은 암기 학습 전략이 부족하여 해당 과목에 대해 낮은 매력도를 느끼고 있는 것입니다.
이상적 상황	학습을 하는 과정에서 적절한 공부법이 필요하기 마련이며, 자신의 학습 전략에 스스로 자신감을 가지고 있을수록 해당 과목에 대한 매력도가 증가합니다.
원인-문제 상황 연결	그러나 학생 B는 효과적인 암기 전략에 대해서 잘 모르고 있기 때문에 과목 B를 지루하게 느끼며 해당 과목이 자신의 진로와 관련이 있음에도 불구하고 선택을 망설이고 있는 것입니다.
주제 문장 (해결 방안 1)	먼저, 학생 A를 위한 해결 방안으로 개별 상담을 실시하겠습니다.
구체화	예를 들면, 학생 A에게 해당 과목에 대해 관심이 있음을 알게 된 것 자체만으로도 아주 의미 있는 발견이며 자신이 흥미 있는 분야를 더 깊이 탐구하고 학습하는 것은 점수와 관련 없이 뜻깊은 경험이 될 것이라고 조언할 것입니다. 또한, '아무리 천재라도 즐기는 자를 이길 수 없다.'는 말처럼 자신이 흥미를 가지고 몰입하다 보면 결국 학생 A가 원하는 높은 성적도 뒤따라올 것임을 강조할 것입니다.
기대 효과	이를 통해서 학생 A는 점수에 대한 압박감에서 벗어나 해당 과목에 대한 순수한 관심과 흥미에 초점을 맞추어 의미 있는 학습 경험을 가지게 될 것입니다.
마무리	따라서 저는 학생 A에게 성적에 대한 부담을 줄이기 위한 개별 상담을 실시하겠습니다.
주제 문장 (해결 방안 2)	한편, 학생 B를 위한 해결 방안으로 학습법 코칭을 실시하겠습니다.

구체화	예를 들면, 학생 B에게 이해를 바탕으로 한 암기법, 구조화/정교화 전략, 그림으로 도식화하기, 골든 타임 복습법, 회독법 등 다양한 암기법 및 복습법을 소개하고 자신에게 맞는 학습법을 찾아보게 하는 것입니다.
기대 효과	이를 통해서, 학생 B는 다양한 공부법을 자신에게 직접 적용해보고, 효과적인 학습법을 발견함으로써 과목 B에 대한 자신감이 높아질 것입니다. 또한, 높아진 해당 과목에 대한 자아 효능감을 바탕으로 수업 시간에 흥미를 가지고 참여하게 될 것입니다.
마무리	따라서 저는 학생 B에게 학습법 코칭을 실시하겠습니다.
답변 끝	이상입니다.

2 구상형 2

답변 시작	구상형 2번 답변 시작하겠습니다.
주제 문장 (자질 1)	다음 상황에 나타나는 첫 번째 교사로서의 자질은 학생을 면밀히 관찰하고 적절한 도움을 제공할 수 있는 능력입니다.
이상적 상황	교사로서 학생의 성향을 주의 깊게 분석하고 특이 사항 발생시 적절한 교육적 개입을 실시하는 것은 중요합니다.
자질-상황 연결	이러한 관점에서, 김 교사는 평소 자신의 담임 반 학생 민수를 면밀히 관찰하고 있었고 소극적 태도를 보이는 것을 감안하여 '연극 동아리 가입'이라는 적절한 조언을 제공하였습니다.
주제 문장 (자질 2)	한편, 교사로서의 두 번째 자질은 자기 성찰적 태도입니다.
이상적 상황	교사로서 자신의 교육적 활동에 대해 성찰하고 개선점을 스스로 고민해보며 발전적 태도를 지니는 것은 중요합니다.
자질-상황 연결	이러한 관점에서, 김 교사는 과거의 자신이 했던 교육적 활동을 돌이켜 생각하며 다른 학생들에게 적절한 도움을 주지 못한 것은 아닌지 반성하고 있습니다.
마무리	따라서, 다음 상황에서 나타나는 교사로서의 자질은 학생을 면밀히 관찰하고 적절한 도움을 제공할 수 있는 능력과 자기 성찰적 태도라고 생각합니다.

주제 문장 (노력 방안 1)	먼저, 첫 번째 자질을 함양하기 위한 방안으로 주기적인 교실 방문을 실천하겠습니다.
구체화	예를 들면, 점심시간이나 쉬는 시간 등을 이용해 평소에 학생들의 교우 관계를 세심하게 살피고 사소한 이야기를 나누며 학생들의 성향을 파악하고 주의 깊게 관찰하겠습니다.
기대 효과	이를 통해서, 교사는 학생을 더 면밀히 파악할 수 있으며 특이 사항이 발생할 경우, 학생의 성향에 맞는 적절한 교육적 개입을 실시할 수 있을 것입니다.
마무리	따라서 저는 학생을 면밀히 관찰하고 적절한 도움을 제공할 수 있는 능력을 함양하기 위하여 주기적인 교실 방문을 실천하겠습니다.
주제 문장 (노력 방안 2)	두 번째 자질을 함양하기 위한 방안으로 저는 교사 성찰 일지를 작성하겠습니다.
구체화	예를 들면, 학생을 관찰하거나 상담한 내용, 교우 관계, 고민거리, 다른 학생이나 동료 교사를 통해 알게 된 사실 등 자신이 실시한 교육 활동에 대해서 빠짐없이 기록하고 성찰하는 습관을 가지는 것입니다.
기대 효과	이를 통해서, 교사는 자신의 교육적 활동에 대해서 성찰하고 개선점을 스스로 고민해보며 발전적 태도를 지닐 수 있을 것입니다.
마무리	따라서 저는 자기 성찰적 태도를 함양하기 위하여 교사 성찰 일지를 작성하는 습관을 가지도록 노력하겠습니다.
답변 끝	이상입니다.

3 구상형 3

답변 시작	구상형 3번 답변 시작하겠습니다.
주제 문장	학교생활 부적응을 겪고 있는 학생을 지도하기 위한 세 교사의 관점 중 저의 교직관과 가장 가까운 것은 교사 B의 관점입니다.
대전제	학교생활 부적응의 원인은 다양하지만 그 결과로 나타나는 것은 부정적 자아 인식에 의한 자신감의 하락입니다.
구체화	*(질문과 무관하므로 생략)*
기대 효과	*(질문과 무관하므로 생략)*
주장 강화 1단계 (예상되는 반박)	물론, 기초 학력을 향상시키는 것과 교우 관계를 개선하는 것도 학교생활 부적응을 해결하는데 큰 도움이 될 수 있습니다.
주장 강화 2단계 (재반박)	그러나, 학생의 자신감이 부족한 상황에서 기초 학력 향상과 교우 관계 개선을 위한 노력은 쉽지 않을 것입니다.
마무리	따라서, 학교생활 부적응을 겪고 있는 학생을 지도하기 위한 세 교사의 관점 중 저의 교직관과 가장 가까운 것은 교사 B의 관점입니다.
주제 문장	제가 선택한 교직관으로 학생들을 지도한다면, 학생들은 긍정적인 자아 인식을 가지고 자신을 존중하고 사랑할 줄 아는 사람으로 성장할 것입니다.
구체화	구체적인 지도 방안을 예시로 들어 설명하자면, 먼저 해당 학생에게 학교생활에 대한 부담감에서 벗어나 자기 자신에게 집중해보는 시간을 갖도록 도와주는 것입니다. 자신이 좋아하는 것, 잘할 수 있는 것, 앞으로 하고 싶은 것, 긍정적인 면을 찾아보도록 하고 자기 자신에 대해서 면밀히 파악해 볼 기회를 제공하겠습니다. 그 후 학생이 잘한 부분을 놓치지 않고 칭찬하여 자기 스스로 강점을 확인할 수 있도록 하는 것입니다.
기대 효과	이를 통해서, 해당 학생은 점차 자신의 약점보다는 강점에 집중하게 될 것입니다. 또한 이를 바탕으로 긍정적인 자아상을 지니게 되어 학교생활 측면에서도 개선을 보일 것입니다.
마무리	따라서 제가 선택한 교직관으로 학생들을 지도한다면, 학생들은 긍정적인 자아 인식을 가지고 자신을 존중하고 사랑할 줄 아는 사람으로 성장할 것입니다.
답변 끝	이상입니다.

4 즉답형 1

답변 시작	즉답형 1번 답변 시작하겠습니다.
주제 문장 (행동의 원인)	김 교사는 동료간 상호 협력 관계 유지의 중요성을 알기 때문에 자신의 도움이 필요한 박 교사의 상황을 무시하기 어려웠을 것입니다.
이상적 상황	비록 학교 업무는 교사마다 자신의 역할이 정해져있기는 하지만, 각자 잘 아는 분야와 맡은 역할은 일치하지 않을 수 있으므로 상호 협력 관계를 유지하는 것이 중요합니다.
구체화	즉, 김 교사도 자신이 잘 알고 있는 분야에 대해 박 교사를 도와주어 협력적 관계를 유지한다면, 추후에 김 교사도 박 교사의 조언이 필요한 순간에 적절한 도움을 받을 수 있을 것이며 김 교사도 각자 업무만 처리하는 개인적 문화보다 이렇게 서로 돕는 문화를 형성하는 것이 바람직하다고 생각하였을 것입니다.
원인-상황 연결	따라서 김 교사는 동료간 상호 협력 관계의 중요성을 알기 때문에 자신이 교재 연구와 학생 지도에 많은 시간을 쓰고 있음에도 불구하고 박 교사를 도와준 것이라고 생각합니다.
답변 끝	이상입니다.

5 즉답형 2

답변 시작	즉답형 2번 답변 시작하겠습니다.
주제 문장 (비판)	교직 윤리의 관점에서 김 교사는 일관적인 태도로 동료 교사를 대하지 않았다는 점에서 비판의 여지가 있습니다.
구체화 (근거 문장)	물론 김 교사는 현재 시간적 여유가 없는 것이 사실이지만 상호 협력 관계의 중요성을 인식하였다면 일관된 태도로 동료 교사를 대하는 것이 간과되어서는 안 될 것입니다. 하지만 김 교사는 이미 시간적 여유가 없는 상황에서도 박 교사를 여러 차례 도와주었음에도 불구하고 다른 동료 교사는 동일한 상황에서 도움 요청을 거절하였습니다. 이는 김 교사가 동료 교사에 대한 차별적 태도를 지니고 있다는 오해를 불러일으킬 우려가 있다고 생각합니다.
답변 끝	이상입니다.

6 즉답형 3

답변 시작	즉답형 3번 답변 시작하겠습니다.
주제 문장	제가 김 교사의 상황이라면 다음과 같이 대처할 것입니다.
구체화	먼저, 비슷한 상황을 다시 겪으실 때 스스로 해결하실 수 있도록 처음부터 차근차근 꼼꼼히 알려드리겠습니다. 그 후에도 계속해서 도움 요청이 생긴다면 정중하게 저의 상황을 설명드리겠습니다. 그러나 단순히 시간이 없다는 이유로 도움 요청을 거절하는 것이 아니라, '제가 현재 급하게 처리해야 할 업무가 있어서 그런데 이것부터 먼저 완료할 때까지 잠시만 기다려주시겠습니까?'라고 말함으로써 우선순위를 조절하며 동료간의 협력 관계를 유지하겠습니다.
기대 효과	이를 통해서 자신의 업무 처리와 협력 관계 유지 사이의 시간적 균형을 맞출 수 있을 것입니다.
마무리	따라서 제가 만약 김 교사의 상황이라면 위와 같은 방식으로 대처할 것입니다.
답변 끝	이상입니다.

06 2020 기출 문제

1 구상형 1

답변 시작	구상형 1번 답변 시작하겠습니다.
주제 문장 (문제점 1)	먼저 주어진 상황에 나타난 첫 번째 문제점으로는 교사 A가 준비한 수행 평가의 개수가 너무 많다는 것입니다.
이상적 상황	교사로서 학생이 지나친 부담감을 가지지 않도록 적절한 양의 평가를 계획하는 것이 중요합니다.
원인-문제 상황 연결	*(전체적인 답변 분량을 고려하여 생략)*
주제 문장 (문제점 2)	두 번째 문제점으로는 교사 A의 평가 시기가 다른 교사와 맞물려 있다는 것입니다.
이상적 상황	학생들의 입장에서 평가 시기가 맞물려 있으면 여러 과목을 동시에 준비해야 하기 때문에 당황스러울 수 있으므로 평가 시기를 조율하는 것이 중요합니다.
원인-문제 상황 연결	*(전체적인 답변 분량을 고려하여 생략)*
주제 문장 (문제점 3)	세 번째 문제점으로는 학생들에게 수행 평가의 필요성에 대해 충분한 설명이 이루어지지 않았다는 것입니다.
이상적 상황	학생들이 수행 평가의 목적에 대해서 이해한다면 훨씬 더 적극적인 태도로 평가에 임할 수 있을 것입니다.
원인-문제 상황 연결	*(전체적인 답변 분량을 고려하여 생략)*
주제 문장 (해결 방안 1)	이와 관련한 첫 번째 해결 방안으로는 학생들이 치러야 할 수행 평가의 내용과 분량을 조절하는 것입니다.
구체화	예를 들면, 기존에 계획했던 수행 평가를 간략화하거나, 학생이 직접 참여하여 결과물을 만들어야 하는 수행평가보다는 수업 중 형성 평가나 관찰 평가, 모둠 활동 내 동료 평가 등을 활용하여 학생의 수행 평가 부담을 줄일 수 있을 것입니다.
기대 효과	*(전체적인 답변 분량을 고려하여 생략)*
주제 문장 (해결 방안 2)	두 번째 해결 방안으로는 동료 교사와 협의하여 수행 평가 일정을 조율하는 것입니다.

구체화	예를 들면, 사전에 다른 과목의 평가 계획을 확인하고 수행 평가 시기가 지나치게 맞물려 있을 경우에는 같은 학년을 맡은 교사를 중심으로 협의회를 실시하여 일정을 조정해보는 것입니다.
기대 효과	*(전체적인 답변 분량을 고려하여 생략)*
주제 문장 (해결 방안 3)	세 번째 해결 방안으로는 수행 평가 실시 전에 수행 평가의 필요성에 대해서 설명하는 사전 안내 시간을 갖는 것입니다.
구체화	예를 들면, 교사는 사전 안내 시간을 활용하여 수행 평가는 단순히 알고 있는 지식을 객관식 선택지 중에서 고르는 것이 아니라 실제와 닮은 문제 상황 속에서 배운 내용을 얼마나 잘 적용하여 해결할 수 있는지 알아보는 것이 목적임을 충분히 이해시켜 줄 수 있을 것입니다.
기대 효과	*(전체적인 답변 분량을 고려하여 생략)*
답변 끝	이상입니다.

2 구상형 2

답변 시작	구상형 2번 답변 시작하겠습니다.
주제 문장 (자질 1)	제시된 상황에서 교사 A에게 필요했던 첫 번째 자질은 '학생을 이해하려고 하는 태도'입니다.
이상적 상황	학생이 지각하고 결석하는 것에는 각자의 이유가 있기 마련입니다.
자질-상황 연결	그러나 교사 A는 철수에게 이러한 이유를 물으려는 태도를 보이지 않고 있습니다.
마무리	따라서 철수의 생활 습관을 개선하려면, 먼저 철수에게 무슨 일이 벌어지고 있는지 물어보아서 철수의 상황을 이해하는 것이 선행되어야 했을 것입니다.
주제 문장 (자질 2)	한편 교사 A에게 필요했던 두 번째 자질은 '적절한 의사소통 기술'입니다.
이상적 상황	'너 전달법'과 같이 학생의 잘못만을 지적하는 화법은 반발 효과를 낳게 될 가능성이 높습니다.
자질-상황 연결	그러나 교사 A는 '너 전달법'으로 학생의 잘못만을 언급하고 있으며 철수는 행동이 전혀 개선되지 않는 모습이 나타나고 있습니다.
주제 문장 (노력 방안 1)	이와 같은 상황에서 해결책을 두 가지 제시하자면 다음과 같습니다. 먼저, 철수와 개인 상담을 실시하는 것입니다.
구체화	예를 들면, 철수가 지각하고 결석하는 이유가 무엇인지 공감과 경청을 바탕으로 상담에 임하겠습니다. 또한, 문제가 심각할 경우 상담 교사와 협력하여 전문적인 도움을 받을 수 있도록 하겠습니다.
기대 효과	이를 통해서, 철수를 더 깊게 이해하고 문제의 원인을 파악하여 효과적으로 해결할 수 있을 것입니다.
주제 문장 (노력 방안 2)	두 번째 해결책으로는 '나 전달법'을 사용하는 것입니다.
구체화	예를 들면, 학생의 잘못만을 지적하지 않고 '철수야, 네가 자꾸 지각하고 결석하니 선생님이 진심으로 걱정되는구나. 이런 생활 습관으로 인해서 너에게 부정적인 결과를 끼칠까 봐 선생님으로서 신경이 쓰이네. 철수 너도 선생님과 같은 마음이지 않니?'라고 이야기하겠습니다.
기대 효과	이를 통해서, 철수에게 보다 완곡한 의사소통으로 효과적으로 지도할 수 있을 것입니다.
답변 끝	이상입니다.

3 구상형 3

답변 시작	구상형 3번 답변 시작하겠습니다.
주제 문장	먼저, (ㄱ)에 해당하는 사례는 '창의적 사고를 촉진할 때'입니다.
구체화 (근거 문장)	창의적 사고란, 스스로 생각하는 힘입니다. 따라서, 창의적 사고는 교사가 지식을 주입한다고 해서 길러지는 것이 아니라, 교사가 상황을 제공하고 그 속에서 학생이 스스로 생각할 수 있도록 격려해야만 길러질 수 있습니다.
주제 문장	한편, (ㄴ)에 해당하는 사례는 '기초 지식이나 도덕성을 함양할 때'입니다.
구체화 (근거 문장)	학생이 미래에 인간다운 삶을 살기 위해서는 기초적인 지식과 도덕성 및 인성의 함양은 필수적입니다. 이러한 부분에 있어서는 교사의 (ㄴ)과 같은 행동이 정당화될 수 있을 것입니다.
주제 문장	제시된 (ㄱ)과 (ㄴ)의 입장 중, 저의 입장과 가까운 것은 (ㄴ)입니다.
대전제	교사는 학생들의 전인적인 성장을 돕는 존재이며, 여기서 전인적이라는 것의 의미는 훌륭한 인성을 갖추는 것도 포함됩니다.
구체화	*(질문과 무관하므로 생략)*
기대 효과	*(질문과 무관하므로 생략)*
주장 강화 1단계 (예상되는 반박)	물론, 교사로서 학생들의 창의적 사고를 촉진하여 4차 산업 시대를 비롯한 미래 사회에 요구되는 역량을 길러주는 것은 중요합니다.
주장 강화 2단계 (재반박)	그러나 학생이 미래에 필요한 역량을 함양하기에 앞서서 조화롭게 사회에 융화되고 바람직한 인간으로 성장하기 위해서는 기초 지식과 도덕성을 함양하는 것이 우선시 되어야 할 것입니다.
마무리	따라서, 제시된 (ㄱ)과 (ㄴ)의 입장 중, 저의 입장과 가까운 것은 (ㄴ)입니다.
답변 끝	이상입니다.

4 즉답형 1

답변 시작	즉답형 1번 답변 시작하겠습니다.
주제 문장	저는 연구부장 A와 협력하겠습니다.
구체화 (근거 문장)	왜냐하면 저는 협력을 통해서 새로운 것을 떠올릴 수 있고, 이로 인해 더 나은 결과를 만들 수 있다고 생각하기 때문입니다. 또한 저는 신입 교사로, 배울 것이 많고 발전하고 싶은 욕구가 큽니다. 그렇기 때문에 만약 연구부장 A와 협력한다면 선배 교사로부터 많이 배울 수 있을 것입니다.
주장 강화 1단계 (예상되는 반박)	비록 연구부장 B처럼 효율성을 추구하는 방식도 필요할 것입니다.
주장 강화 2단계 (재반박)	그러나, 매번 효율성만 추구한다면 협력을 통해 더 나은 아이디어를 떠올리는 기회가 제한될 것입니다. 또한, 무엇보다 저는 아직 모르는 것이 많기 때문에 개별적 업무처리보다 선배 교사와의 협력을 통한 업무처리가 더욱 효과적일 것입니다.
마무리	따라서, 저는 연구부장 A와 협력하겠습니다.
답변 끝	이상입니다.

5 즉답형 2

답변 시작	즉답형 2번 답변 시작하겠습니다.
주제 문장	저는 다음과 같은 단계를 통해 저의 방식과 다른 연구부장님과 협력하도록 하겠습니다.
구체화	먼저, 공감과 경청을 바탕으로 어떤 이유로 선생님의 스타일을 추구하시는지 정중히 여쭤보겠습니다. 그 이후에는 저의 상황을 설명드리겠습니다. 예를 들면, "저는 신입 교사이므로 부족한 점이 많고, 모르는 것도 많아서 선생님과 같이 업무를 처리하면 옆에서 배울 수도 있고, 저도 많이 성장할 것 같습니다."라고 하며 정중하게 조언을 요청하겠습니다. 또한, 이렇게 직접 선배 교사를 찾아가서 여쭙기 전에, 과연 저 스스로 할 수 있는 것은 무엇인지 충분히 고민을 한 후, 혼자서 해결을 해보려고 한 뒤에 잘 처리가 되지 않는 부분들에 대해서 정리하여 찾아가도록 하겠습니다.
기대 효과	이를 통해서 효율성을 추구하는 연구부장 B의 입장 역시 존중할 수 있을 것입니다.
마무리	따라서 저는 저의 방식과 다른 연구부장님과 협력하기 위해 위와 같은 단계를 통해 협력하도록 하겠습니다.
답변 끝	이상입니다.

07 | 2019 기출 문제

1 구상형 1

답변 시작	구상형 1번 답변 시작하겠습니다.
주제 문장 (원인 1)	아래 문제 상황에 대한 첫 번째 원인은 수업 시간 서로를 존중하는 분위기가 형성되어 있지 않다는 것입니다.
이상적 상황	교사와 학생뿐만 아니라, 학생과 학생 사이에서도 서로 존중하는 태도가 필요합니다.
원인-문제 상황 연결	그러나 주어진 교실 상황에서 상호 존중하는 분위기가 형성되어 있지 않기 때문에 교사의 수업 시간에 지속적으로 방해를 하는 학생이 존재하고, 심지어 그 학생을 무시하자고 제안하는 학생도 나타나게 된 것입니다.
주제 문장 (원인 2)	한편, 두 번째 원인은 김 교사의 수업 운영 능력이 서툴다는 것입니다.
이상적 상황	교사의 수업 운영 능력이란, 수업 시간에 학생을 지도할 수 있는 능력, 학생이 자연스럽게 수업에 몰입할 수 있게끔 내용을 구성하는 능력, 수업 진도를 차시에 맞게 알맞게 배분하는 능력이 포함됩니다.
원인-문제 상황 연결	한편, 주어진 상황에서 김 교사의 이러한 수업 운영 능력이 서툴렀기 때문에 수업에 집중하지 못하고 주변을 소란스럽게 하거나 수업 진도를 걱정하는 학생이 생기게 된 것입니다.
주제 문장 (해결 방안 1)	이러한 문제 원인을 해결하기 위한 첫 번째 방안으로는 수업 규칙 정하기 활동을 실시하는 것입니다.
구체화	예를 들면, 먼저 학생들에게 수업 시간에 서로 존중하는 태도를 가지는 것의 중요성을 언급하며 서로 존중하는 분위기를 만들기 위해서는 각자 지켜야 할 규칙이 필요함을 알려주는 것입니다. 그 후, 학생들과 함께 수업 시간에 지켜야 할 내용을 스스로 생각해보며 정해보고 서명을 통해 약속하는 활동을 하는 것입니다.
기대 효과	이를 통해서 학생들은 규칙의 중요성과 서로를 존중하는 방법을 배우게 될 것입니다. 또한, 이렇게 서로를 존중하는 교실 분위기가 형성된다면, 주어진 문제 상황처럼 교사나 다른 친구를 무시하는 행위는 사라지게 될 것입니다.

주제 문장 (해결 방안 2)	두 번째 방안으로는 교사 자기 계발입니다.
구체화	예를 들면, 수업 운영에 관한 연수를 듣거나, 자기 스스로 교실 환경의 문제점을 녹화하여 살펴보거나, 동료의 수업을 참관하거나, 선배 교사의 조언을 구해보는 등 다양한 방법으로 자기 자신의 수업 전반에 관한 능력을 향상시키기 위해서 노력하는 것입니다.
기대 효과	이를 통해서 교사는 자신의 수업 운영 능력을 향상시킬 수 있을 것입니다. 또한, 이러한 전문성을 바탕으로 수업을 듣는 학생은 자연스럽게 교사의 설명에 몰입하게 되고 수업 진도 역시도 원활하게 운영됨으로써 주어진 상황과 같은 문제를 예방할 수 있을 것입니다.
답변 끝	이상입니다.

2 구상형 2

답변 시작	구상형 2번 답변 시작하겠습니다.
주제 문장	저는 통일 한국 상황에서 함경도로 전보 신청을 하겠습니다.
대전제	교사로서 새로운 상황을 마주하는 것은, 자기 자신의 역량을 향상시킬 계기가 될 것입니다.
구체화	*(질문과 무관하므로 생략)*
기대 효과	*(질문과 무관하므로 생략)*
주장 강화 1단계 (예상되는 반박)	물론 북한 학생들과 저는 자라온 환경이 다르므로 문화적 배경의 차이가 존재할 수도 있습니다.
주장 강화 2단계 (재반박)	그러나 문화적 배경이 다르다고 해서 학생을 이해하지 못하거나 올바른 방향으로 지도하지 못하는 것은 아니며, 오히려 이러한 차이로 인하여 새로운 상황에 대해 고민하고 적응함으로써 교사로서의 역량을 발전시킬 수 있다고 생각합니다.
마무리	따라서 저는 저의 역량을 발전시킬 좋은 기회라고 생각하기 때문에 통일 한국 상황에서 함경도로 전보 신청을 하겠습니다.
주제 문장 (마음가짐 1)	이와 같은 통일 한국 상황에서 가져야 할 첫 번째 마음가짐은 다름에 대한 개방적 태도입니다.
구체화 (근거 문장)	자신이 살아온 방식과 다른 생활 양식을 보인다고 해서 옳지 않은 것이라고 규정하는 것이 아니라, 개방적 태도로 '틀림'이 아니라 '다름'으로 인식하는 태도가 중요할 것입니다.
마무리	*(전체 답변 분량을 고려하여 생략)*

주제 문장 (마음가짐 2)	두 번째 마음가짐은 변화를 통한 자기 발전 욕구입니다.
구체화 (근거 문장)	변화한 환경에 적응하는 과정이 쉽지는 않겠지만, 이러한 노력이 자기 자신을 더 발전시킬 수 있는 좋은 밑거름이 될 것입니다. 따라서 익숙하지 않은 상황 속에서도 자기 자신을 변화시키며 성장해나갈 좋은 기회로 인식하는 긍정적 태도가 필요할 것입니다.
마무리	*(전체 답변 분량을 고려하여 생략)*
주제 문장 (마음가짐 3)	세 번째 마음가짐은 교사로서의 사명감과 책임 의식입니다.
구체화 (근거 문장)	교사는 국가 교육을 담당하는 책무를 지닌 공무원입니다. 따라서, 현재 국가가 겪고 있는 과밀학급이나 교육격차와 같이 현시대에 당면한 교육적 문제에 대해 책임감과 사명감을 가지고 적극적으로 해결해나갈 태도를 지니고 있어야 할 것입니다.
마무리	*(전체 답변 분량을 고려하여 생략)*
답변 끝	이상입니다.

3 구상형 3

답변 시작	구상형 3번 답변 시작하겠습니다.
주제 문장	저는 로봇보다는 인간이 교육의 주체가 되는 것이 옳다고 생각합니다.
대전제	학생에게 교과적 지식을 가르쳐 주는 것뿐만 아니라 바람직한 인격을 갖추어 올바른 방향으로 성장할 수 있도록 도와주는 것 역시 교사에게 부여된 책임이자 의무입니다.
구체화	*(후반부에 언급되므로 생략)*
기대 효과	*(후반부에 언급되므로 생략)*
주장 강화 1단계 (예상되는 반박)	물론 로봇은 실수 없이 모든 방면에서 항상 정확한 사실을 전달하기 때문에 인간보다 더 효율적이고 정확하게 업무를 처리할 수 있을 것입니다.
주장 강화 2단계 (재반박)	그렇지만 실수를 통해서 관용과 용서, 화해의 가치를 배울 수 있듯, 실수는 인간적인 면모를 느끼게 하는 중요한 부분이기도 합니다. 또한, 이는 로봇을 통해서는 배울 수 없는 영역이라는 의미로 해석할 수도 있습니다.
마무리	따라서 저는 로봇보다는 인간이 교육의 주체가 되는 것이 옳다고 생각합니다.

주제 문장	제가 선택한 교직관으로 학생들을 지도한다면, 다른 사람과 인격적으로 존중하며 상호 작용 할 줄 아는 바람직한 인성을 지닌 사람으로 성장할 것입니다.
구체화	학생들은 학교에서 교사의 수업을 들음으로써 기초적인 교과 지식을 쌓기도 하지만, 교사와의 상호작용 속에서 주변 사람과 관계 맺는 방식, 타인의 감정을 이해하고 공감하며 의사소통하는 법, 공동체 사회에 적응하기 위해 갖춰야 할 인성과 도덕성 등을 배우게 됩니다.
기대 효과	따라서, 교사가 교육의 주체가 되는 것을 통해 학생들은 학교에서 인간 대 인간으로서 상호작용하는 방법을 배울 수 있을 것입니다. 또한, 학교의 관점에서는 학생들에게 더욱 인격적으로 성장할 기회를 제공할 수 있을 것이며, 학생들은 학교에서 얻은 경험을 바탕으로 공동체에 이바지할 수 있는 인성을 함양한 바람직한 성인으로 성장할 수 있을 것입니다.
마무리	따라서 제가 선택한 교직관으로 학생들을 지도한다면, 다른 사람과 인격적으로 존중하며 상호 작용 할 줄 아는 바람직한 인성을 지닌 사람으로 성장할 것입니다.
답변 끝	이상입니다.

4 즉답형 1

답변 시작	즉답형 1번 답변 시작하겠습니다.
주제 문장	성실성의 측면에서 저는 교사 A와 B중 교사 B에 더 가깝다고 생각합니다.
구체화 (근거 문장)	왜냐하면, 저는 준비가 잘 되어야 결과가 좋을 수 있다고 생각하기 때문입니다. 비록 교사 B는 준비 과정에 비해 결과가 기대한 만큼 나타나지는 않지만, 장기적으로 보았을 때 분명 노력한 만큼의 보람을 느끼는 순간이 올 것이라고 생각합니다.
마무리	따라서, 저는 성실성의 측면에서 교사 A와 B중 교사 B에 더 가깝다고 생각합니다.
답변 끝	이상입니다.

5 즉답형 2

답변 시작	즉답형 2번 답변 시작하겠습니다.
주제 문장 (비판)	교사의 의무와 책임 관점에서 교사 B는 자기 성찰 과정이 없었다는 점에서 비판의 여지가 있습니다.
이상적 상황	교사로서 항상 자기 자신을 성찰하며 부족한 점을 개선해나가는 태도는 학생을 마주하는 교사의 의무이자 책임입니다.
비판-상황 연결	만약 교사 B가 학생들이 지루해하는 모습을 보고 그 이유에 대해서 고민해 보았다면, 교사 B는 자신의 교재 연구의 방향성을 새롭게 설정하여 더 나은 수업을 할 수 있었을 것입니다.
마무리	따라서 저는 교사 B에 대하여 자기 성찰 과정이 없었다는 점에서 비판의 여지가 있다고 생각합니다.
답변 끝	이상입니다.

6 즉답형 3

답변 시작	즉답형 3번 답변 시작하겠습니다.
주제 문장	만약 동료 교사로서 협력 수업을 해야 한다면, 저는 교사 A와 협력하겠습니다.
대전제	서로 다른 성향의 교사와 협력한다면 보고 느끼는 점이 많을 것입니다.
구체화	*(질문과 무관하므로 생략)*
기대 효과	*(질문과 무관하므로 생략)*
주장 강화 1단계 (예상되는 반박)	물론 교사 A는 동료와의 관계 형성과 수업 준비 측면에서 약점이 있고 저와 성향이 다르므로 협력 과정이 쉽지는 않을 것입니다.
주장 강화 2단계 (재반박)	그러나, 협력 과정에서 제가 조금 더 적극적으로 다가가 관계를 형성하고 저의 강점인 수업 준비 측면에서도 조금 더 노력하며 교사 A와 협력한다면, 실제 교실 환경에서는 교사 A의 재치와 임기응변이 빛을 발하여 질적으로도 높고 재미있으며 학생 만족도가 높은 수업이 될 수 있을 것입니다.
마무리	따라서 만약 동료 교사로서 협력 수업을 해야 한다면, 저는 교사 A와 협력하겠습니다.
답변 끝	이상입니다.

08　2018 기출 문제

1　구상형 1

답변 시작	구상형 1번 답변 시작하겠습니다.
주제 문장 (원인 1)	먼저 문제 상황이 발생하게 된 첫 번째 원인은, 문화 차이가 교실 내에서 적절히 수용되고 있지 않다는 것입니다.
이상적 상황	서로 다른 문화는 그 자체로 존중받아야 마땅합니다.
원인-문제 상황 연결	그러나 교실 내에서 다른 문화에 대한 수용적 분위기가 충분히 형성되고 있지 않기 때문에, 민수가 자신의 문화에 대한 의구심을 품게 되어 소극적 태도를 지니게 된 것입니다.
주제 문장 (원인 2)	두 번째 원인은 학생의 서툰 한국어로 인한 자신감의 하락입니다.
이상적 상황	언어는 자신을 표현하는 수단으로, 자존감을 형성하는데 중요한 요소입니다.
원인-문제 상황 연결	그러나 민수는 스스로 한국어가 서툴다고 생각하고 있고, 이로 인해 겪어온 자기표현의 한계로 낮은 자존감이 형성되어 매사 자신감이 없는 태도를 보이고 있습니다.
주제 문장 (해결 방안 1)	이러한 문제 원인을 해결하기 위한 첫 번째 방안으로, 저는 문화 교류 포럼을 개최하겠습니다.
구체화	예를 들면, 담임 시간에 '음식', '대인 관계', '의상' 등 문화적으로 차이가 있을 수 있는 여러 요소를 중심으로 나라 간 문화 차이를 인식하는 시간을 갖겠습니다.
기대 효과	이를 통해, 학생들은 서로 다른 문화의 존재를 깨닫게 되고, 각 문화 간 옳고 그름은 없으며 다름을 인정하고 존중하는 교실 문화를 만들 수 있을 것입니다.
주제 문장 (해결 방안 2)	두 번째 방안으로, 저는 언어 보충 수업 프로그램을 제안하겠습니다.
구체화	예를 들면, 방과 후 한국어 수업이나 지역 다문화 센터와 연계하여 학생이 부족한 한국어를 배울 수 있게 기회를 제공하겠습니다.
기대 효과	이를 통해, 해당 학생은 한국어 실력을 키울 수 있고, 자기 자신을 스스로 더 잘 표현할 수 있게 됨으로써 높아진 자존감으로 활기찬 학교생활을 기대할 수 있을 것입니다.
마무리	(전체 답변 분량을 고려하여 생략)
답변 끝	이상입니다.

2 구상형 2

답변 시작	구상형 2번 답변 시작하겠습니다.
주제 문장	다음과 같은 상황에서 최 교사에게 필요했던 자질은 학생 중심 수업 운영 능력이라고 생각합니다.
대전제	학생이 학습의 주체가 되어 적극적으로 배움을 이루어나가기 위해서는 배움 중심 수업이 필요합니다.
구체화	*(후반부에 언급되므로 생략)*
기대 효과	*(후반부에 언급되므로 생략)*
주장 강화 1단계 (예상되는 반박)	물론 최 교사처럼, 모둠 활동이나 발표 활동, 프로젝트 수업 등을 활용하면서 학생 중심 수업을 이끌어나가는 노력은 칭찬받아 마땅합니다.
주장 강화 2단계 (재반박)	그러나 최 교사는 학생 중심 수업 운영 능력이 다소 미흡했기 때문에 무임승차 현상, 학생 참여 격차 문제, 프로젝트 수업 구성의 문제 등 학생 중심 수업을 운영하였을 때 일반적으로 나타날 수 있는 문제점을 해결하지 못한 것으로 보입니다.
마무리	따라서 저는 다음과 같은 상황에서 최 교사에게 필요했던 자질은 학생 중심 수업 운영 능력이라고 생각합니다.
주제 문장 (경험)	이러한 자질과 관련한 경험으로, 저는 교생 실습 당시 수업 나눔을 실시하였습니다.
구체화	교생 실습 기간에 저의 수업이 끝난 후 지도 교사 선생님과 같은 과목을 맡은 교생 선생님들이 모여 전체적인 수업을 흐름을 되짚어 보며 어떤 부분이 효과적이었는지, 어떤 부분에서 개선이 필요한지 이야기를 나누어보았습니다.
기대 효과	이를 통해서, 제가 준비했던 수업과 실제 이루어지는 수업이 다를 수 있음을 깨닫고, 학생 중심 수업을 하였을 때 어떤 부분을 유의해야 하는지, 문제가 발생하였을 때 어떻게 대처하여 원활하게 학생 중심 수업을 이끌어나갈 수 있을지 배울 수 있는 시간이 되었습니다.
주제 문장 (방안)	이와 관련한 향후 노력 방안으로, 저는 자기 장학을 성실히 하는 교사가 되겠습니다.
구체화	예를 들면, 수업 전에는 어떤 방식으로 수업을 진행할지, 그 방식으로 진행하였을 때 어떤 유의점이 있는지 미리 고민해 보겠습니다. 그 후 수업 중에는 실제로 계획한 것이 어떻게 진행되는지 면밀하게 파악하고 수업 후에 다시 자신의 수업을 되짚어 보며 성찰하는 습관을 지니도록 노력하겠습니다. 또한, 필요할 경우 학생 중심 수업에 관련한 연수를 수강하거나 수석 교사 선생님의 조언을 구하는 등의 방법으로 전문성 신장 노력을 성실히 하겠습니다.
기대 효과	이를 통해서 학생 중심 수업과 관련한 전문성을 높이고 운영 능력을 발전시킴으로써 학생과 교사 모두가 만족하는 수업을 할 수 있을 것입니다.
답변 끝	이상입니다.

3 구상형 3

답변 시작	구상형 3번 답변 시작하겠습니다.
주제 문장	저는 학생이란 미래 사회에 원활히 적응하기 위해서 적절한 준비 과정을 겪고 있는 존재라고 생각합니다.
구체화 (근거 문장)	학생은 사회에 첫발을 딛기 전에 다양한 경험을 통해서 필요한 역량을 두루 갖출 수 있는 준비 과정이 필요하며, 교사는 이러한 성장 과정에서 적절한 도움을 줄 수 있어야 합니다.
주제 문장	이러한 관점에서 저는 김 교사의 생각에 반대합니다.
대전제	학생의 성장을 돕는다는 것의 범위는 성적 향상뿐만 아니라 배려와 공감, 소통 능력을 함양하는 것과 같은 인격적 성장도 포함됩니다.
구체화	'공부를 많이 하면 지식인은 될 수 있지만, 이를 세상을 위해서 쓸 수 없다면 지성인은 될 수 없다.'라는 말처럼, 교사는 학생이 단순히 지식인에 머무는 것이 아니라, 미래 사회의 지성인이 될 수 있도록 전인적 성장을 위해 노력해야 할 것입니다.
기대 효과	(질문과 무관하므로 생략)
주장 강화 1단계 (예상되는 반박)	물론 학생의 성적 향상은 수치로 나타낼 수 있으므로 교원 평가의 객관성을 확보할 수 있다는 것은 사실입니다.
주장 강화 2단계 (재반박)	그러나, 위와 같은 관점은 학생의 성적만을 중시하여 지나친 경쟁과 학업적 스트레스, 목표 상실 현상을 낳을 우려가 있습니다. 이뿐만 아니라, 학생의 전인적 성장을 추구하는 것은 바람직하지만 이는 객관적 지표로 나타낼 수 있는 것이 아니므로 교원 평가에서도 정량적 평가보다는 정성적, 다면적 평가가 적절하다고 생각합니다.
마무리	따라서, 위와 같은 이유로 저는 김 교사의 생각에 반대합니다.
답변 끝	이상입니다.

4　즉답형 1

답변 시작	즉답형 1번 답변 시작하겠습니다.
주제 문장 (행동의 원인)	연구부장 B는 업무의 효율성을 중시하여 교사 A와 융합 교육과정 운영 업무를 함께 맡았음에도 불구하고 일방적으로 업무를 처리하였을 것입니다.
대전제	협의 과정을 통해서 더 나은 결과를 낳을 수 있는 것은 사실이지만, 이와 같은 방식은 업무 처리에 필요한 시간이 오래 걸린다는 단점이 존재합니다.
원인-상황 연결	한편, 연구부장 B는 이미 다른 업무를 많이 맡고 있어서 항상 시간이 부족하고 퇴근까지 늦게 하는 상황입니다. 따라서, 자신이 맡은 업무를 최대한 효율적으로 처리하려고 하였을 것이고 이와 같은 상황에서 교사 A와의 협의 과정을 생략하였을 것입니다.
답변 끝	이상입니다.

5　즉답형 2

답변 시작	즉답형 2번 답변 시작하겠습니다.
주제 문장	이와 같은 상황에서 연구부장이 갖췄어야 할 자질은 동료 교사를 존중하는 태도라고 생각합니다.
대전제	아무리 교사 A가 올해 발령받은 신규 교사라고 할지라도 함께 융합 교육과정 운영 업무를 맡게 된 동료 교사이므로 이에 대한 존중이 필요합니다.
구체화	*(후반부에 언급되므로 생략)*
기대 효과	*(후반부에 언급되므로 생략)*
주장 강화 1단계 (예상되는 반박)	물론 훨씬 더 경력이 풍부한 연구부장 B의 입장에서는 교사 A와 협력하는 과정이 불필요하다고 느꼈을 수 있습니다.
주장 강화 2단계 (재반박)	그러나 위와 같은 이유로 엄연히 함께 융합 교육과정 업무를 맡은 교사 A를 일방적으로 배제하는 행위는 동료 교사로서 존중하지 않는 태도라고 생각합니다.
마무리	따라서 저는 이와 같은 상황에서 연구부장이 갖췄어야 할 자질은 동료 교사를 존중하는 태도라고 생각합니다.
답변 끝	이상입니다.

6 즉답형 3

답변 시작	즉답형 3번 답변 시작하겠습니다.
주제 문장	제가 만약 교사 A라면 위와 같은 상황에 대해 다음과 같이 대처하겠습니다.
구체화	먼저, 융합 교육과정 운영 업무에 대해서 자세히 파악하여 스스로 해결할 수 있는 부분과 도움이 필요한 부분을 찾아서 분류하겠습니다. 그 후, 연구부장 B에게 조금이라도 제가 도와드릴 수 있는 부분을 여쭈어보고 문서 작성과 같은 간단한 업무일지라도 나누어서 진행하겠습니다.
기대 효과	이를 통해서, 교사 A의 입장에서는 경력이 많은 연구부장 B와 함께 협력하면서 관련 업무에 대한 지식을 쌓을 수 있을 것입니다. 또한, 연구부장 B의 입장에서는 교사 A와 적절하게 업무를 나눔으로써 시간적 부담을 줄일 수 있을 것입니다.
마무리	따라서, 제가 만약 교사 A라면 주어진 상황에 대해 위와 같이 대처하겠습니다.
답변 끝	이상입니다.

09   2017 기출 문제

1 구상형 1

답변 시작	구상형 1번 답변 시작하겠습니다.
주제 문장 (원인 1)	먼저 문제 상황이 발생하게 된 첫 번째 원인은, 학생 A의 학습에 대한 목표 의식이 없다는 것입니다.
이상적 상황	자신이 미래에 이루고 싶은 인생 지향점에 대한 성취 욕구가 학습에 대한 강력한 동기 부여가 되기도 합니다.
원인-문제 상황 연결	그러나 학생 A는 자신의 인생에서 이루고 싶은 목표를 아직 찾지 못하였기 때문에 '수업은 또 왜 들어야 하는지 모르겠어요', '고등학교 졸업장만 딸래요.'라고 언급하며 학습에 대한 의욕이 상실된 것입니다.
주제 문장 (원인 2)	두 번째 원인은 교사와의 정서적 관계 형성 부족입니다.
이상적 상황	학생들은 자신과 친밀한 선생님의 과목에 관심을 더 가지게 되는 경우가 많습니다.
원인-문제 상황 연결	그러나 학생 A는 김 선생님을 제외한 다른 교사와 정서적 관계 형성이 부족했기 때문에 다른 과목에 대해서는 '정말 듣기도 싫고 참여하기도 싫어요.'라고 강한 어조로 표현하고 있는 것입니다.
주제 문장 (해결 방안 1)	이러한 문제 원인을 해결하기 위한 첫 번째 방안으로, 저는 '자신이 원하는 미래의 모습 상상하기' 활동을 학생과 함께 실시하겠습니다.
구체화	예를 들면, 학생 A에게 향후 10년 뒤, 20년 뒤, 30년 뒤 등 일정 시간 이후의 미래 모습을 상상하게 하고 자신이 원하는 모습을 이루기 위해서는 시간대별로 어떠한 세부 목표를 달성해야 하는지, 그리고 현재 어떠한 목표를 정해야 하는지 탐구해 보게끔 하는 시간을 갖겠습니다.
기대 효과	이를 통해서 학생 A는 미래의 목표달성을 위해 현재 어떤 태도를 보여야 하는지 이해할 수 있게 될 것입니다. 또한, 이러한 과정에서 자기 스스로 통제하고 자신의 행동을 관리할 힘이 생겨나 의욕적으로 학교생활을 하게 될 것입니다.

주제 문장 (해결 방안 2)	두 번째 방안으로, 저는 동료 교사 협력을 요청하겠습니다.
구체화	예를 들면, 김 선생님으로부터 수업 측면에서는 학생 A가 관심을 보일만한 활동에 대해, 정서 측면에서는 학생 A가 교사와 어떤 관계를 맺고자 하는지에 대해 조언을 얻겠습니다. 그 후, 학생 A의 수업에 들어가는 선생님들에게 현재 학생 A의 상황을 진지하게 공유하고 도움을 요청하겠습니다.
기대 효과	이를 통해, 학생 A는 자신을 진심으로 신경 써주고 관심을 보이는 선생님이 많아지게 됨으로써 정서적 안정감을 느끼게 될 것입니다. 또한, 이러한 교사와의 관계 형성을 통해서 점차 흥미를 느끼고 적극적으로 참여하려는 과목이 많아지게 될 것입니다.
답변 끝	이상입니다.

2 구상형 2

답변 시작	구상형 2번 답변 시작하겠습니다.
주제 문장	학생들의 평가를 바탕으로 할 때, 박 교사에게 필요했던 자질은 학생 중심 수업 실천 능력이라고 생각합니다.
대전제	구성주의 관점에 따르면 지식은 학습자로부터 구성되는 것이므로 배움의 주체는 학생이 되어야 합니다.
구체화	*(후반부에 언급되므로 생략)*
기대 효과	*(후반부에 언급되므로 생략)*
주장 강화 1단계 (예상되는 반박)	물론 박 교사와 같이 수업 전달력이 높고 평소 수업 준비를 성실히 하는 점은 칭찬받아 마땅합니다.
주장 강화 2단계 (재반박)	그러나, 학생에게 질문할 기회를 제공하거나 발표를 통해 다른 친구들의 생각을 나누는 활동을 수업 시간에 접목한다면 학습 주도권이 학생에게 넘어감으로써 훨씬 더 효과적인 배움 중심 수업이 이루어질 수 있을 것입니다.
마무리	따라서 저는 위 학생들의 평가를 바탕으로 할 때, 박 교사에게 필요했던 자질은 학생 중심 수업 실천 능력이라고 생각합니다.
주제 문장 (경험)	이러한 자질과 관련한 경험으로, 저는 교실 활동 개발 스터디를 실시하였습니다.
구체화	대학교 강의를 통해 여러 교수법을 학습하고, 교실 활동을 개발하며 이에 대한 생각을 스터디원과 나누면서 학생 중심 수업 실천 방법에 관해 연구하였습니다. 또한, 저희가 연구한 학생 중심 수업을 수업 실연을 통해 발표하고 다른 학생들의 의견을 듣는 질의응답 시간도 가졌습니다.
기대 효과	이를 통해서, 학생 중심 수업이 단순 강의식 전달 방법보다 학습자의 흥미와 동기를 더 효과적으로 불러일으킬 수 있으며 학습의 효과가 높다는 것을 깨닫게 되었습니다.
주제 문장 (방안)	이와 관련한 향후 노력 방안으로, 저는 수업 시간에 다양한 학생 중심 활동을 접목하도록 노력하겠습니다.
구체화	예를 들면, 중요한 핵심 개념을 설명할 때는 간결한 강의식으로 정확하게 전달하고 배운 개념을 활용하여 적용하는 단계에서는 모둠 학습, 프로젝트 활동, 직소 활동 등 다채로운 학생 중심 수업 활동을 실시하겠습니다. 또한, 이와 같은 과정에서 학생들에게 다양한 개방형 질문으로 배움을 자극하고 발표 활동으로 다른 학생들의 생각을 알아볼 수 있도록 하겠습니다.
기대 효과	이를 통해서, 학생들은 스스로 배움의 주체가 되어 더욱 적극적으로 지식을 구성해나갈 수 있을 것입니다. 또한, 교사로부터 다양한 질문을 받고 교실 발표 활동을 통해 다른 학생들의 생각을 알아봄으로써 배움의 효과가 극대화될 것입니다.
답변 끝	이상입니다.

3 구상형 3

답변 시작	구상형 3번 답변 시작하겠습니다.
주제 문장	교사 A와 교사 B 중 저의 생각과 가까운 것은 교사 A의 의견입니다.
대전제	언어학자 스티븐 크라센은 정의적 여과 가설을 제시하며 학습자가 정서적으로 안정된 상태여야 학습 효율이 높아진다고 언급하였습니다.
구체화	예를 들면, 똑같은 수업을 진행한다고 할지라도, 학생이 교사에 대한 심리적 장벽이 낮을 때 교사로부터 배우는 내용에 대한 학습 효율이 향상한다는 것입니다.
기대 효과	*(질문과 무관하므로 생략)*
주장 강화 1단계 (예상되는 반박)	물론 정의적 여과 가설은 언어 습득에 관한 이론이며, 수업 전문성 자체를 향상하는 것이 수업 전달력을 높이는 방법이 될 수 있습니다.
주장 강화 2단계 (재반박)	그러나 학생은 자신과 친밀감을 느끼는 교사의 수업을 더 잘 들으려는 경향이 있으며 이러한 태도는 성적 향상으로 나타나기도 합니다. 이는 정의적 여과 가설이 다른 학습 영역에도 나타날 수 있다는 가능성을 보여주는 것으로 생각합니다.
마무리	따라서 저는 교사 A의 의견과 같이, 교사로서 학생들과 대화를 통해 정서적 교감을 먼저 이루어내는 것이 더 중요하다고 생각합니다.
답변 끝	이상입니다.

4 즉답형 1

답변 시작	즉답형 1번 답변 시작하겠습니다.
주제 문장 (행동의 원인)	송 교사는 근무 환경에서 사적 목표 추구보다 공적 목표 추구를 더 중요시하는 것이 옳다고 생각하여 학교 친목 행사에는 잘 참여하지 않았을 것입니다.
대전제	직장에서 동료와 친밀한 관계를 유지하며 화목한 조직 문화를 형성하는 것도 중요하지만, 자신이 맡은 업무를 책임감 있게 처리하는 전문적 태도가 기본이 되어야 할 것입니다.
원인-상황 연결	이러한 점에서 송 교사는 공적인 목표 추구를 사적인 목표 추구보다 더 우선순위에 두었기 때문에 행정업무 처리와 수업 전문성 부분에서는 자신의 책임을 다하지만, 친목 행사 참여에는 소홀한 모습을 보였을 것으로 생각합니다.
답변 끝	이상입니다.

5 즉답형 2

답변 시작	즉답형 2번 답변 시작하겠습니다.
주제 문장	윤리적 측면에서 송 교사는 다른 교사를 배려하거나 협조적인 태도를 보이지 않았다는 점에서 비판의 여지가 있습니다.
대전제	직장에서 동료 간 서로를 배려하며 협조하는 분위기를 형성하는 것은 중요합니다.
구체화	*(질문과 무관하므로 생략)*
기대 효과	*(질문과 무관하므로 생략)*
주장 강화 1단계 (예상되는 반박)	물론 공과 사를 확실히 구분하는 송 교사로서 친목 행사와 같은 부분은 자신이 맡은 업무에 비해 중요도가 낮다고 판단할 수 있습니다.
주장 강화 2단계 (재반박)	그러나 주어진 상황에서는, 송 교사의 소극적인 태도로 다른 교사들이 어려움을 겪고 있다고 나타나 있습니다. 이와 같은 부분은 송 교사가 친목회 운영에 힘쓰는 다른 교사를 배려하여 협조적인 모습을 보여줄 필요가 있다고 생각합니다.
마무리	따라서 저는 윤리적 측면에서 송 교사가 다른 교사를 배려하거나 협조적인 태도를 보이지 않았다는 점에서 비판의 여지가 있다고 생각합니다.
답변 끝	이상입니다.

6 즉답형 3

답변 시작	즉답형 3번 답변 시작하겠습니다.
주제 문장	제가 만약 송 교사가 근무하는 학교의 교장이라면, 내년 연구부장 업무를 송 교사에게 제안할 것입니다.
대전제	해당 업무에 대한 경험이 많고 전문성이 있는 사람이 더 많은 권한과 책임을 갖는 것이 자연스러운 일입니다.
구체화	*(질문과 무관하므로 생략)*
기대 효과	*(질문과 무관하므로 생략)*
주장 강화 1단계 (예상되는 반박)	물론 연구부장 업무는 협력이 필요하고 송 교사는 이러한 부분에서 약점이 존재합니다.
주장 강화 2단계 (재반박)	그러나, 송 교사는 수업 전문성과 연구부와 관련한 행정업무 처리 능력을 인정받고 있습니다. 또한, 평소 수업 연구에 책임감 있는 모습을 보여주는 것으로 미루어보아 송 교사에게 위와 같은 우려에 대하여 진중하게 전달한다면, 송 교사도 다른 교사를 배려하며 협조적 태도를 보여줄 것으로 생각합니다.
마무리	따라서 제가 만약 송 교사가 근무하는 학교의 교장이라면, 내년 연구부장 업무를 송 교사에게 제안할 것입니다.
답변 끝	이상입니다.

Chapter 02 심층 면접 기출 문제 예시 답변 (비교과)

01 2025 기출 문제 (비교과)

1 비교과 구상형 1

답변 시작	구상형 1번 답변 시작하겠습니다.
주제 문장 (문제점)	먼저, A학생의 문제점은 자기 이해 부족으로 인해 진로 탐색의 출발점을 설정하지 못하고 있다는 것입니다.
주제 문장 (해결 방안)	진로 교육의 관점에서 이를 해결하기 위해, A학생에게는 자기 이해 활동과 진로 탐색 경험을 제공하는 것이 필요합니다.
구체화	예를 들면, 흥미·적성 검사를 실시하고, 다양한 직업 체험 활동을 통해 자신의 강점과 관심 분야를 발견할 수 있도록 돕는 것입니다.
기대효과	이를 통해 A학생은 자기 이해를 기반으로 진로 탐색의 방향을 설정하고, 진로 결정 과정에서 보다 주체적인 태도를 가지게 될 것입니다.
주제 문장 (문제점)	두 번째로, B학생의 문제점은 '부모님의 기대'라는 외적 요인에 의해 진로를 결정하려 하며, 자기 주도적인 진로 탐색 과정이 부족하다는 것입니다.
주제 문장 (해결 방안)	이를 해결하기 위해 B학생에게는 자기 주도적인 진로 탐색 역량을 강화하는 것이 필요합니다.
구체화	구체적으로는 다양한 직업군의 정보를 탐색하는 활동을 제공하고, 부모님의 기대와 자신의 적성을 비교·분석하는 기회를 마련하는 것입니다.
기대효과	이를 통해 B학생은 자신의 적성과 흥미를 고려한 진로 선택을 하게 되며, 외부 요인에 의존하지 않고 주체적으로 미래를 설계할 수 있을 것입니다.

주제 문장 (문제점)	마지막으로 C학생의 문제점은 진로 탐색 과정의 효율성을 고려하지 않아 쉽게 포기하는 경향이 있으며, 직업 탐색 역량이 부족하다는 것입니다.
주제 문장 (해결 방안)	이를 해결하기 위해서는, C학생에게 진로 탐색 과정을 보다 효율적으로 진행할 수 있도록 지원하는 것이 필요합니다.
구체화	예를 들어, 학생의 관심 분야와 연관된 직업 정보를 선별하여 제공하고, 멘토링 프로그램이나 직업 체험 기회를 연계하는 것입니다.
기대효과	이를 통해 C학생은 정보 탐색에 대한 부담을 줄이고, 보다 적극적으로 진로를 탐색하며 자신의 관심사를 발전시킬 수 있을 것입니다.
답변 끝	이상입니다.

2 비교과 구상형 2

답변 시작	구상형 2번 답변 시작하겠습니다.
주제 문장 (지도 방안)	제시된 상황에 대한 지도 방안으로, 학생들이 가짜뉴스와 허위정보에 현명하게 대응할 수 있도록 비판적 사고력과 미디어 리터러시 교육을 접목한 활동 중심 학습을 진행하는 것입니다.
구체화	예를 들면, 신문 스크랩을 통해 가짜뉴스 판별 기준을 학습하고, 실제 사례 분석으로 허위정보를 인식하는 활동을 진행하겠습니다. 또한, 신뢰할 수 있는 정보 출처를 구별하는 방법과 크로스체킹을 통한 사실 확인의 중요성을 강조하는 활동을 운영하겠습니다.
기대효과	이를 통해 학생들은 허위정보를 무비판적으로 수용하는 태도를 개선하고, 신뢰할 수 있는 정보를 스스로 선별하는 역량을 기를 수 있을 것입니다. 나아가 비판적 사고력을 바탕으로 올바른 정보 활용 습관을 형성하여, 가짜뉴스 확산을 방지하는 데 기여할 수 있을 것입니다.
마무리	*(답변 흐름을 고려하여 생략)*
주제 문장 (신장 방안)	이러한 교육을 위한 전문성 신장 방안으로 범교과 동료 장학을 실시하겠습니다.
구체화	예를 들면, 정보 교사와 협력하여 디지털 환경에서의 정보 검색 및 검증 방법을 연구하고, 윤리 교사와 함께 허위정보의 윤리적 문제와 책임 있는 정보 공유 방법을 논의하는 교육을 개발하는 것입니다. 또한, 정기적인 피드백을 통해 효과적인 미디어 리터러시 교육 방안을 논의하는 것입니다.
기대효과	이를 통해 교사는 통합적 미디어 리터러시 교육을 실현할 수 있으며, 학생들에게 보다 심층적인 정보 판별 역량을 길러줄 수 있을 것입니다. 또한, 범교과적 협력을 통해 전반적인 교육의 질을 향상시키는 데 기여할 수 있을 것입니다.
마무리	*(답변 흐름을 고려하여 생략)*
답변 끝	이상입니다.

02 2024 기출 문제 (비교과)

1 비교과 구상형 1

답변 시작	구상형 1번 답변 시작하겠습니다.
주제 문장 (원인 1)	먼저 학생 A의 동기가 저하된 원인은 자신감 부족입니다.
이상적 상황	자신의 능력에 대한 확신은 가장 강력한 동기 부여 요소 중 하나입니다.
원인-문제 상황 연결	그러나 학생 A는 진로에 대한 열정은 있으나, '제가 잘할 수 있을지 모르겠다'라며 스스로 자신의 능력에 대한 확신이 부족하여 동기가 저하된 것입니다.
주제 문장 (원인 2)	한편 학생 B의 동기가 저하된 원인은 특강 내용과 자신의 진로에 대한 관련성 부족입니다.
이상적 상황	학생들은 자신의 진로 희망 분야와 수업 내용이 유의미한 관련성을 보일 때 동기가 상승합니다.
원인-문제 상황연결	그러나 학생 B는 해당 특강의 내용이 프로게이머나 유튜버와 같은 자신의 진로 희망 분야와 관련성이 없다고 느껴 동기가 저하된 것입니다.
주제 문장 (해결 방안 1)	먼저 학생 A를 위한 해결 방안으로는, 학생 A에게 성공 경험을 제공하는 것입니다.
구체화	예를 들면, 특강 내에서 간단한 실습이나 쉬운 과제를 해결하는 과정을 통해 작은 성취감을 느끼도록 환경을 조성하는 것입니다.
기대 효과	이를 통해서 학생 A는 작은 목표부터 큰 목표까지 점진적으로 달성하는 성공 경험을 통해 자신감을 회복할 수 있을 것입니다.
마무리	*(후반부에 언급되므로 생략)*

주제 문장 (해결 방안 2)	그다음 학생 B를 위한 해결 방안으로는, 특강 내용과 학생 진로 사이의 실제적 연결성을 강조하는 것입니다.
구체화	예를 들면, 특강에서 다루는 내용이나 기술이 학생 B의 관심사인 프로게이머나 유튜버로서 성공하는 데 어떻게 도움이 되는지 파악할 수 있도록 이를 구체적으로 설명하는 것입니다.
기대 효과	이를 통해서, 학생은 특강에서 배우게 되는 내용이 실제 프로게이머나 유튜버가 되는 것과 관련된 내용임을 인지하게 되어 학습 동기가 강화될 것입니다.
마무리	따라서 저는 학생 A에게는 성공 경험을 제시해 자신감을 회복하고, 학생 B에게는 실제 사례를 제시함으로써 특강 수업에 대한 학습 동기를 강화하겠습니다.
답변 끝	이상입니다.

비교과 전공 연계 답변 TIP [구상형 1번]

<보건>

의료 지식 연계 성공 경험 제공

주제 문장	학생 A에게 성공 경험을 제공하는 방안으로, 간단한 응급처치, 상처관리 실습 또는 건강 상식과 관련된 퀴즈를 통해 학생이 성공 경험을 할 수 있도록 하는 것입니다.
구체화	예를 들어, 특강 시간에 심폐소생술이나 상처 소독 등 간단한 응급처치 실습을 진행하여 학생들이 직접 경험해보게 합니다. 또한, 건강 상식 퀴즈를 통해 학생들이 자신의 지식을 확인하고 성취감을 느낄 수 있도록 합니다.
기대 효과	이를 통해 학생 A는 작은 성취를 통해 자신감을 회복하고, 실습과 퀴즈를 통해 건강 관련 지식을 습득하는 경험을 할 수 있을 것입니다.

긍정적 피드백 제공

주제 문장	학생 A에게 진로와 관련된 성공 경험을 상기시켜 자신감을 회복하도록 돕는 것입니다.
구체화	예를 들어, 특강 시간에 학생들이 손 씻기, 마스크 착용, 거리두기 등 감염병 예방 실천 경험을 공유하도록 합니다. 학생 A가 자신의 경험을 이야기할 기회를 제공하고, 보건의료 관련 진로에 관심이 있는 학생에게는 이러한 실천이 매우 중요하다는 점을 강조하며 긍정적인 피드백을 줍니다.
기대 효과	이를 통해 학생 A는 교사의 긍정적인 피드백을 통해 자신의 실천 경험을 상기하며 진로에 대한 자신감을 회복할 수 있을 것입니다. 이는 학생이 학교 생활에 다시 적극적으로 참여하고, 건강한 생활 습관을 유지하는 데 기여할 것입니다.

진로와의 연결성 강조

주제 문장	그다음 학생 B를 위한 해결 방안으로는, 특강 내용과 학생 진로 사이의 실제적 연결성을 강조하는 것입니다.
구체화	예를 들어, 특강에서 다루는 내용이 유튜버로서 의료 분야 종사자를 인터뷰할 때 유용하다는 점을 강조합니다. 또한, 프로게이머나 유튜버에게 흔히 발생하는 질병을 소개하고, 이를 통해 적절한 의료 정보를 찾는 방법을 설명합니다.
기대 효과	이를 통해 학생 B는 특강 내용이 자신의 진로에 실질적으로 도움이 된다는 것을 인식하게 되어 학습 동기가 강화될 것입니다.

<영양>

	생활 지식 연계 성공 경험 제공
주제 문장	학생 A에게 성공 경험을 제공하는 방안으로, 영양 교과와 관련된 간단한 조리실습을 수행하고, 건강 목표를 세워 그것을 이루는 과정을 통해 학생이 성공 경험을 할 수 있도록 하는 것입니다.
구체화	예를 들어, 조리 시간에 간단한 조리를 수행하는 과정을 통해 성취 경험을 쌓을 수 있고, 재료가 변화되는 과정을 관찰하며 학생들이 생활 속 과학을 직접 경험해 봄으로써 진로와의 공통점을 탐구합니다. 또한, 평소 자신의 생활 습관을 점검하여 건강한 생활 목표를 점진적으로 달성하는 과정을 통해 성공 경험을 느낄 수 있도록 합니다.
기대 효과	이를 통해 학생 A는 작은 성취로부터 자신감을 회복하고, 실습과 실천을 통해 건강 관련 행동을 수행하는 경험을 할 수 있을 것입니다.

	긍정적 피드백 제공
주제 문장	학생 A에게 진로와 관련된 성공 경험을 상기시켜 자신감을 회복하도록 돕는 것입니다.
구체화	예를 들어, 푸드아트 테라피 시간을 마련하여 학생들이 요리 재료를 직접 다루어보는 활동과 다양한 재료로 자신의 마음과 진로를 표현해 보는 조작 활동을 통해 정서를 안정시키고, 자기표현력을 기를 수 있도록 합니다. 더불어 학생 A가 자신의 경험을 이야기할 기회를 제공하고 긍정적인 피드백을 줌으로써 학생의 진로를 응원합니다.
기대 효과	학생 A는 교사의 긍정적인 피드백을 통해 자신의 실천 의지를 다지며 진로에 대한 자신감을 회복할 수 있을 것입니다. 이는 학생이 학교생활에 다시 적극적으로 참여하고, 긍정적인 생각을 할 수 있도록 할 것입니다.

	진로와의 연결성 강조
주제 문장	그다음 학생 B를 위한 해결 방안으로는, 특강 내용과 학생 진로 사이의 실제적 연결성을 강조하는 것입니다.
구체화	예를 들어, 특강에서 다루는 내용 중 목표를 점진적으로 이루어 가는 과정이나, 영양과 관련된 다양한 주제 등을 강조합니다. 이를 통해 프로그래머나 유튜버 활동을 할 때도 업무 계획을 세분화하여 절차적으로 수행할 수 있다는 점을 강조하고, 식품과 영양에 관한 다양한 정보를 제공하여 이것이 유튜브의 주제가 될 수 있다는 점을 소개합니다.
기대 효과	이를 통해 학생 B는 특강 내용이 자신의 진로에 실질적으로 도움이 된다는 것을 인식하게 되어 학습 동기가 강화될 것입니다.

<상담>

상담 활동 연계 성공 경험 제공

주제 문장	학생 A에게 성공 경험을 제공하는 방안으로, 또래 상담자 도우미 활동 또는 생명 존중 관련 퀴즈를 통해 학생이 성공 경험을 할 수 있도록 하는 것입니다.
구체화	예를 들어, 반 친구 중에 고민이 있는 친구가 있다면 또래 상담자 역할을 통해 고민을 들어주고 해결 방안을 같이 모색해 보는 것입니다. 또한, 생명 존중 교육 퀴즈를 통해 학생들이 자신의 지식을 확인하고 성취감을 느낄 수 있도록 하는 것입니다.
기대 효과	이를 통해 학생 A는 '아 나만 고민을 가지고 있는게 아니구나' 하는 고민에 대한 보편성을 느끼게 되고, 퀴즈를 통한 작은 성취가 모여 자신감을 회복할 것입니다.

긍정적 피드백 제공

주제 문장	학생 A에게 진로와 관련된 성공 경험을 상기시켜 자신감을 회복하도록 돕는 것입니다.
구체화	예를 들어, 친구의 고민을 들어준 경험이나 생명 존중 캠페인 활동 등을 공유하도록 합니다. 그리고 학생 A가 자기 경험을 이야기할 기회를 제공하고, 상담 관련 진로에 관심이 있는 학생에게는 이러한 실천이 매우 중요하다는 점을 강조하며 긍정적인 피드백을 주는 것입니다.
기대 효과	이를 통해 학생 A는 교사의 긍정적인 피드백을 통해 자신의 실천 경험을 상기하며 진로에 대한 자신감을 회복할 수 있을 것입니다. 또한 이는 학생이 학교생활에 다시 적극적으로 참여하고, 꿈과 끼를 찾을 수 있도록 돕는데 큰 역할을 할 것입니다.

진로와의 연결성 강조

주제 문장	그다음 학생 B를 위한 해결 방안으로는, 특강 내용과 학생 진로 사이의 실제적 연결성을 강조하는 것입니다.
구체화	예를 들어, 특강에서 다루는 내용이 유튜버로서 상담 분야 종사자를 인터뷰할 때 유용하다는 점을 강조합니다. 또한, 프로게이머나 유튜버에게 발생할 수 있는 마음의 적신호에 관련한 부분을 소개하고, 이를 통해 건강한 마음가짐을 찾는 방법을 설명합니다.
기대 효과	이를 통해 학생 B는 특강 내용이 자신의 진로에 실질적으로 도움이 된다는 것을 인식하게 되어 학습 동기가 강화될 것입니다.

<사서>

	진로 관련 도서 추천
주제 문장	학생 A를 위한 교사의 지도 방안은 진로와 관련된 책을 추천하는 것입니다.
구체화	예를 들면, 학생 A가 원하는 진로 분야의 인물 전기서를 추천하여 그 인물이 그 분야에서 어떻게 성공했고, 어떻게 어려움을 극복했는지를 배울 수 있게 합니다.
기대 효과	이를 통해서 학생 A는 자신의 진로에 대한 자신감을 높이고, 구체적으로 진로 목표를 설정할 수 있을 것입니다.

	유튜브 콘텐츠 제작 과제 제시
주제 문장	학생 B를 위한 교사의 지도 방안은 유튜브 콘텐츠 제작 과제를 제시하는 것입니다.
구체화	예를 들면, 학생이 들은 특강의 내용 중 인상 깊은 부분을 유튜브 콘텐츠로 제작할 수 있도록 과제를 부여하는 것입니다.
기대 효과	이를 통해 해당 학생은 특강 내용을 자신의 관심사인 유튜브 콘텐츠로 연결시키면서 학습 동기가 강화되고, 특강의 중요성을 더욱 잘 이해하게 될 것입니다.

2. 비교과 구상형 2

답변 시작	구상형 2번 답변 시작하겠습니다.
주제 문장 (지도 방안)	제시된 상황에서 적절한 교사의 지도 방안으로는 스마트 기기 사용 규칙을 학생과 함께 설정하는 것입니다.
구체화	예를 들면, 학기 초 스마트 기기를 학생들에게 보급하기 전에 스마트 기기의 사용 시간 및 목적에 맞는 이용 방법에 관하여 학생들과 함께 '규칙 정하기 활동'을 실시하는 것입니다.
기대 효과	이를 통해서, 교사는 학생들과 협의 과정을 통해 규칙의 필요성에 대한 공감대를 형성할 수 있고 학생은 교육 목적에 맞는 스마트 기기 사용 습관이 길러질 것입니다.
마무리	(전체 답변 분량을 고려하여 생략)
주제 문장 (전문성 향상 방안)	이에 대한 전문성 향상 방안으로, 교사는 디지털 리터러시 교육을 받을 수 있습니다.
구체화	예를 들면, 교사가 디지털 리터러시 교육을 수료하여 스마트 기기의 올바른 사용 방법과 교육적 활용 방안에 대한 전문적 지식을 습득하는 것입니다. 또한, 습득한 지식을 학생들에게 전달하며 스마트 기기의 활용 규칙에 대한 필요성을 강조하는 것입니다.
기대효과	이를 통해서, 학생은 올바른 스마트 기기 활용의 중요성에 대해 깨달을 수 있으며, 교사는 해당 영역에 관한 전문성 향상뿐만 아니라, 습득한 전문 지식을 바탕으로 학생의 생활을 효과적으로 지도할 수 있을 것입니다.
마무리	(전체 답변 분량을 고려하여 생략)
답변 끝	이상입니다.

<상담 교과 TIP>

또래 상담 동아리를 통한 캠페인 활동을 주제로 예시 답변을 구성할 수 있습니다.

주제 문장 (지도 방안)	제시된 상황에서 적절한 교사의 지도 방안으로는 교내 또래 상담 도우미 학생들과 함께 캠페인 활동을 주기적으로 여는 것입니다.
구체화	예를 들면, 타인에게 모범이 되는 또래 상담자 도우미를 선정해서 올바른 스마트폰 사용 시간 및 이용 방법을 주제로 등굣길이나 점심시간 등을 활용한 캠페인 활동을 진행하겠습니다.
기대 효과	이를 통해서, 학생들은 스마트폰 위험성에 대해 경각심을 가지고, 스마트폰 조절이 어려운 학생들을 또래 상담자 친구들이 발견하여 상담교사에게 연계함으로써 그 아이의 심층적인 문제 또한 해결할 수 있을 것입니다.

<사서 교과 TIP>

'도서관 전자책 활용'을 주제로 예시 답변을 구성할 수 있습니다.

주제 문장 (지도 방안)	제시된 상황에서 적절한 교사의 지도 방안은 스마트폰을 활용한 전자책 이용 방법을 교육하는 것입니다.
구체화	예를 들면, 학생들에게 도서관에서 구독하고 있는 전자책이나 오디오북의 사용 방법을 알려주어 쉬는 시간에 독서를 할 수 있도록 지도하는 것입니다.
기대 효과	이를 통해 학생들은 스마트폰을 단순한 오락 도구가 아닌, 지식과 정보를 얻는 유용한 도구로 인식할 수 있을 것입니다.

03 2023 기출 문제 (비교과)

1 비교과 구상형 1

답변 시작	구상형 1번 답변 시작하겠습니다.
주제 문장 (문제점 1)	먼저 아래와 같은 상황이 계속될 경우 나타날 수 있는 첫 번째 문제점은 학생 A의 자립심 부족입니다.
이상적 상황	자아가 형성되는 사춘기 시점에 자립심을 기르는 것은 중요합니다.
원인-문제 상황 연결	그러나 학생 A는 매번 김 교사를 찾아와 정서적으로 의지하는 모습이 보입니다. 따라서 이와 같은 상황이 계속될 경우 학생 A의 자립심 발달에 부정적인 영향을 끼칠 수 있습니다.
주제 문장 (문제점 2)	또한, 두 번째 문제점으로는 교사와 학생 관계의 경계가 모호해질 우려가 있습니다.
이상적 상황	물론 학생을 인격적으로 대하는 것은 중요하지만, 교사로서 학생과 적절한 거리를 유지하는 것도 중요합니다.
원인-문제 상황연결	그러나 학생 A는 늦은 시간과 주말에도 개인적인 연락을 지속하며 김 교사를 마치 자신의 보호자와 같이 인식하고 있습니다. 따라서 이러한 상황이 계속될 경우 사제 관계의 경계가 무너질 우려가 있습니다.
주제 문장 (지도 방안 1)	이에 대한 첫 번째 지도 방안으로는 사회성 코칭을 실시하는 것입니다.
구체화	예를 들면, "친구에게 지우개 빌려보기", "고맙다고 표현하기"처럼, 친구에게 말을 잘 걸지 못하는 학생도 쉽게 달성할 수 있는 아주 사소한 과제를 주고 이를 달성하게 하는 것입니다.
기대 효과	이러한 성공 경험을 통해 학생은 사회적으로 관계 맺는 방식을 배우게 되고 자연스럽게 자신감이 상승할 것입니다. 더 나아가 교우 관계도 회복되어 발전된 사회성을 바탕으로 자립심을 기를 수 있을 것입니다.
마무리	(후반부에 언급되므로 생략)

주제 문장 (지도 방안 2)	이어서 두 번째 지도 방안으로는 학생 A와 일대일 상담을 진행하겠습니다.
구체화	예를 들면, 상담을 통해 먼저 학생의 마음에 공감하며 학생 A가 처한 상황과 심리적 어려움을 충분히 이해하고 있음을 전달하겠습니다. 이후 교사와 학생의 관계에서는 적절한 경계가 필요함을 전달하겠습니다.
기대 효과	이를 통해서, 학생 A는 김 교사와의 관계를 사제 관계의 관점에서 다시금 깨닫게 되어 개인적인 연락을 하는 등의 행동을 자제할 것입니다. 또한, 김 교사는 확립된 관계를 통해 학생 A에게 교사로서 적절한 도움을 효과적으로 제공할 수 있을 것입니다.
마무리	따라서 저는 위와 같은 문제 상황을 예방하기 위해 사회성 코칭을 실시하고 사제 관계의 경계를 이해할 수 있도록 면담을 진행하겠습니다.
답변 끝	이상입니다.

<사서 교과 TIP>

'독서토론 동아리 참여'를 주제로 예시 답변을 구성할 수 있습니다.

주제 문장 (지도 방안)	제시된 상황에서 적절한 교사의 지도 방안은 독서토론 동아리 참여를 독려하는 것입니다.
구체화	예를 들면, 도서관에서 진행하고 있는 독서토론동아리에 참여하도록 하여 동아리원들과 함께 책을 읽고 서로의 생각과 경험을 공유할 수 있도록 하는 것입니다.
기대 효과	이를 통해 학생은 다양한 사람들과 소통함으로써 교사에 대한 의존성을 낮추고, 사회적 상호 작용을 늘릴 수 있을 것입니다.

'도서관 자료를 활용한 자기주도학습 독려'를 주제로 예시 답변을 구성할 수 있습니다.

주제 문장 (지도 방안)	제시된 상황에서 적절한 교사의 지도 방안은 도서관 자료를 활용한 자기주도학습 과제를 제시하는 것입니다.
구체화	예를 들어, 학생이 역사에 관심이 있다면 특정 역사적 사건에 대해 도서관 자료를 읽고 보고서를 작성하는 과제를 제시하는 것입니다.
기대 효과	이를 통해 학생은 스스로 과제를 해결하는 경험으로 성취감을 느끼고, 자기주도학습 능력을 높일 수 있을 것입니다.

2　비교과 구상형 2

답변 시작	구상형 2번 답변 시작하겠습니다.
주제 문장 (자질 1)	협력적 분위기 형성을 위해서 필요한 인성적 자질은 공감 능력입니다.
이상적 상황	다양한 사람들과 다양한 의견을 공유해야 하는 학교 현장에서 구성원의 감정과 생각을 이해하는 것은 중요합니다.
자질-노력 연결	저는 이러한 공감 능력을 함양하기 위해서 대학교 동아리 대표로 활동할 당시 구성원의 다양한 생각을 수용하기 위해 설문 조사 및 투표를 진행하거나 회의를 주최하여 의견을 적절하게 조율하는 등 공감과 소통을 바탕으로 한 협력적 분위기 형성에 노력해 온 경험이 있습니다.
주제 문장(자질 2)	다음으로, 협력적 분위기 형성을 위한 전문적 자질은 전문성을 바탕으로 한 리더십입니다.
이상적 상황	학교 현장에서 다양한 교육적 목표를 달성하고 구성원의 참여를 이끌어내기 위해서는 전문 지식을 바탕으로 한 리더십이 중요합니다.
자질-노력 연결	저는 이러한 리더십을 함양하기 위해서, 과거 학교 프로젝트 팀장을 맡았을 때 최신 교육 동향과 자료를 학습하고 이를 팀원들과 공유하며 전문성을 바탕으로 한 신뢰와 협력적 분위기를 조성하였습니다.
주제 문장 (보완점 1)	인성적 자질의 관점에서 보완해야 할 부분은 성급한 태도입니다.
이상적 상황	협력적 분위기 형성을 위해서는 신중하고 차분한 태도를 유지하고 상황을 정확하게 판단하여 구성원의 신뢰를 형성하는 것이 중요합니다.
보완점-노력 연결	따라서 저는 의사 결정을 내릴 때 충분한 정보를 수집하고, 다양한 의견을 경청하며, 상황을 종합적으로 고려하는 습관을 기르기 위해 노력할 것입니다.
주제 문장 (보완점2)	한편, 전문적 자질의 관점에서 보완해야 할 부분은 스트레스 관리 능력입니다.
이상적 상황	올바른 스트레스 관리 방법을 갖추어 감정적 소진을 방지하고 구성원의 안정감과 행복감을 증진하여 협력적 분위기를 형성하는 것은 중요합니다.
보완점-노력 연결	따라서 저는 직무 능률에 영향을 끼치지 않는 선에서 적절한 휴식을 취하거나 스트레칭이나 명상법을 배우는 등 자신에게 맞는 스트레스 관리 방법을 찾을 수 있도록 노력할 것입니다.
답변 끝	이상입니다.

04　2022 기출 문제 (비교과)

1　비교과 구상형 1

답변 시작	구상형 1번 답변 시작하겠습니다.
주제 문장 (문제 원인)	학생 A의 문제 원인은 학습된 무기력으로, 반복된 실패로 인한 좌절감과 동기 상실입니다.
이상적 상황	학생이 자신의 능력에 맞는 과제를 스스로 해결하며 자신감을 기르는 것은 중요합니다.
원인-문제 상황 연결	그러나 학생 A는 반복되는 실패로 인해 자신감을 잃고 모든 활동에 대한 의욕을 상실한 상태입니다. 따라서 정서적 측면에서 학생 A는 학습된 무기력을 겪고 있는 상황이며, 더 이상 도전하지 않으려는 태도를 보이고 있습니다.
주제 문장 (지도 방안 1)	이에 대한 첫 번째 지도 방안으로, 지속적인 일대일 상담을 통해 정서적 안정화를 도모하겠습니다.
구체화	구체적으로 상담을 통해 그동안 혼자 많이 속상했을 학생의 마음에 공감하고 위로하겠습니다. 또한 지속적인 면담을 통해 사소한 변화나 작은 행동도 칭찬하면서 실패는 자연스러운 것임을 강조하겠습니다.
기대 효과	이러한 방법으로, 교사는 학생을 정서적으로 지원하며 실패는 자연스러운 것이고 다시 극복할 수 있는 것임을 깨닫게 할 수 있을 것입니다.
마무리	(후반부에 언급되므로 생략)
주제 문장 (지도 방안 2)	이어서 두 번째 방안으로는 학생 A가 성공 경험을 얻을 수 있도록 학습 난이도를 조절하고 목표를 재설정할 수 있도록 지도하겠습니다.
구체화	예를 들면, 학생 A의 현재 상황과 감정을 고려하여, 부담을 줄이고 성공 가능성을 높일 수 있는 학습 및 활동 계획을 함께 세우겠습니다.
기대 효과	이를 통해서, 학생 A는 달성 가능한 작은 목표부터 설정하는 법을 배우고 계획했던 것을 하나씩 이뤄나가면서 성공 경험을 얻을 수 있을 것입니다.
마무리	따라서 저는 위와 같은 문제 원인의 해결 방안으로 학생을 정서적으로 지원하고 성공 경험을 얻을 수 있도록 지도하겠습니다.
답변 끝	이상입니다.

2 비교과 구상형 2-1

답변 시작	구상형 2-1번 답변 시작하겠습니다.
주제 문장	비교과 교사라도 인성교육을 실시해야 합니다.
대전제	비교과 교사가 학생들과 접하면서 가르치는 항목은 주로 생활 습관과 관련된 내용입니다. 생활 습관은 곧 인성과도 관련이 있으며, 인성교육은 학생들의 전인적 성장을 돕고, 사회적, 정서적 발달에 중요한 역할을 합니다.
구체화	*(전체 답변 분량을 고려하여 생략)*
기대효과	*(전체 답변 분량을 고려하여 생략)*
주장 강화 1단계 (예상되는 반박)	물론 비교과 교사는 학생과의 상호 작용이 담임 교사만큼 활발하게 벌어지지는 않습니다.
주장 강화 2단계 (재반박)	그러나, 2022개정 교육과정과 고교학점제 도입으로, 비교과 교사 또한 심리학 수업 등을 통해 학생들을 만날 기회가 늘어나고 있습니다. 따라서 인지적인 영역뿐 아니라 정의적인 영역으로 자연스러운 인성 함양 교육이 이루어져야 할 것입니다.
마무리	*(전체 답변 분량을 고려하여 생략)*
답변 끝	이상입니다.

2 비교과 구상형 2-2

답변 시작	구상형 2-2번 답변 시작하겠습니다.
주제 문장	인성교육에서 보건 교과가 가진 강점은 타인에 대한 배려와 존중의 가치를 직접적으로 가르친다는 점입니다.
구체화	학생은 보건 교과를 통해 자신의 건강뿐만 아니라 응급처치와 심폐소생술 교육으로 타인의 건강을 지키고 존중하는 방법을 배웁니다.
기대효과	이러한 교과 특성이 인성교육과 연계된다면 학생들은 자신과 타인의 삶을 소중하게 여길 수 있으며 공동체 의식 및 사회적 책임감을 함양할 수 있을 것입니다.
마무리	*(전체 답변 분량을 고려하여 생략)*
답변 끝	이상입니다.

비교과 전공 연계 답변 TIP [구상형 2-2번]

<보건>

건강에 대한 책임감 함양

주제 문장	인성교육에서 보건 교과가 가진 강점은 건강에 대한 책임감을 가르친다는 것입니다.
구체화	학생들은 보건 교과를 통해 자신의 건강과 타인의 건강을 돌보는 데 필요한 지식과 태도를 기를 수 있습니다.
기대 효과	이는 학생들이 자신과 타인의 건강을 존중하고 책임지는 성숙한 인성을 기르는 데 중요한 역할을 할 것입니다.

성교육을 통한 존중과 배려의 가치 교육

주제 문장	인성교육에서 보건 교과가 가진 강점은 성교육을 통해 존중과 배려의 가치를 교육한다는 것입니다.
구체화	학생은 보건 교과에서 배운 성교육을 통해 타인에 대한 존중과 배려의 중요성을 알게 될 것입니다.
기대 효과	이러한 교과 특성이 인성교육과 연계된다면 학생들은 서로의 신체적, 정서적 경계를 존중하고, 건강한 인간관계를 형성할 수 있으며, 사회에서 책임감 있는 성인으로 성장할 수 있을 것입니다.

위기 대처 능력과 안전 의식 교육

주제 문장	인성교육에서 보건교과가 가진 강점은 위기 대처 능력과 안전 의식을 가르친다는 것입니다.
구체화	학생은 보건 교과를 통해 응급 상황에서 타인의 생명을 구할 수 있는 지식과 기술을 습득하고, 자신의 행동이 타인에게 미칠 수 있는 영향에 대해 배웁니다.
기대 효과	이러한 교과 특성이 인성교육과 연계된다면 학생들은 자신과 타인의 생명을 존중하고, 공동체 의식과 사회적 책임감을 함양할 수 있을 것입니다.

사회적 책임감 함양

주제 문장	인성교육에서 보건 교과가 가진 강점은 감염병 예방, 공공 보건 정책 등 사회적 이슈를 다룬다는 것입니다.
구체화	학생은 보건 교과를 통해 개인위생의 중요성과 예방접종의 필요성을 배우며, 이러한 행동이 우리 사회의 건강을 증진시키는 데 기여할 수 있다는 것을 배웁니다.
기대 효과	이러한 교과 특성이 인성교육과 연계된다면 학생들은 사회적 책임감을 가지고 공동체의 건강과 안전을 위해 행동하는 성숙한 시민으로 성장할 수 있을 것입니다.

<영양>

더불어 살아가는 가치 교육

주제 문장	인성교육에서 영양 교과가 가진 강점은 더불어 살아가는 사람을 기르는 교육을 수행한다는 것입니다.
구체화	학생들은 영양 교과를 통해 올바른 식습관에 대한 지식을 배움으로써 건강한 생활을 유지할 수 있으며, 건강한 식생활은 개인을 넘어 학교, 가족, 지역 사회와 연관되어 있습니다.
기대 효과	이는 학생들이 건강한 삶을 실천할 수 있도록 하며, 자신과 타인의 건강을 인식하고 배려하는 마음을 통해 더불어 사는 사람이 될 수 있도록 할 것입니다.

급식 교육을 통한 존중과 배려의 가치 교육

주제 문장	인성교육에서 영양 교과가 가진 강점은 급식 시간에 이루어지는 식생활 교육을 통해 존중과 배려의 가치를 교육한다는 것입니다.
구체화	급식은 단순히 식사하는 것에 그치는 것이 아니라 식생활 교육이 함께 이루어집니다. 우리나라 지역 관련 음식과 세계 요리를 식단에 반영하여, 급식을 통해 다른 문화를 느낄 수 있도록 합니다.
기대 효과	이러한 교과 특성이 인성교육과 연계된다면 학생들은 서로의 문화를 이해하고 존중함으로써 미래의 세계시민으로 성장할 수 있을 것입니다.

바른 식습관 교육

주제 문장	인성교육에서 영양 교과가 가진 강점은 바른 식습관 교육을 통해 자아실현을 도와준다는 것입니다.
구체화	학생은 영양 교과를 통해 영양적인 식사와 올바른 지식을 습득하여 건강한 신체를 만들어 삶의 질을 높게 유지할 수 있습니다. 이는 올바른 식습관으로 이어져 학생의 전인적 성장과 자아실현을 할 수 있도록 도와줍니다.
기대 효과	이러한 교과 특성이 인성교육과 연계된다면 학생들은 자신의 생활 습관을 점검하고, 목표를 이루어 가는 자아실현을 통해 성숙한 시민으로 성장할 수 있을 것입니다.

사회적 책임감 함양

주제 문장	인성교육에서 영양 교과가 가진 강점은 알레르기 예방, 식품 위생 등 사회적 이슈를 다룬다는 것입니다.
구체화	학생은 영양 교과를 통해 알레르기가 있는 친구를 배려하고, 식사할 때 개인위생의 중요성을 배우며, 사회에 나아가서도 우리의 건강을 지키는 방법을 배웁니다.
기대 효과	이러한 교과 특성이 인성교육과 연계된다면 학생들은 배려하고 이해하는 마음을 배우며, 공동체의 건강과 안전을 위해 행동하는 시민으로 성장할 수 있을 것입니다.

<상담>

공동체 생활 속 소통 및 협력 교육

주제 문장	인성교육에서 상담 교과가 가진 장점은 2022개정 교육과정에서 강조하는 '협력적 소통' 및 '공동체 역량'을 기를 수 있다는 점입니다.
구체화	구체적으로 상담 교과는 집단상담을 통해서 자신의 생각과 감정을 표현하고 타인의 이야기에 경청하고 공감하는 등 소통과 협력하는 방법에 대해 배우게 됩니다.
기대 효과	따라서 이러한 상담 교과의 특성이 자신과 타인을 존중하고 배려할 수 있는 공동체 의식 및 소통 역량을 함양할 것입니다.

생명존중교육

주제 문장	인성교육에서 상담 교과가 가진 강점은 생명존중교육을 통해 생명의 소중함을 깨우친다는 것입니다.
구체화	학생은 생명존중교육을 통해 생명의 소중함에 대해 알 수 있고 '아 나도 게이트키퍼 역할이 되어 친구가 마음의 적신호가 있을 때 도움을 줄 수 있구나'를 배우게 됩니다.
기대 효과	이러한 교과 특성이 인성교육과 연계된다면 학생들은 나, 너 그리고 우리 모두의 생명이 소중한 것임을 알고 책임감 있는 성인으로 성장할 수 있을 것입니다.

자기탐색 교육

주제 문장	인성교육에서 상담 교과가 가진 강점은 자기탐색 활동을 통해 자기 돌봄 및 자아실현을 도와준다는 것입니다.
구체화	학생은 상담 교과를 통해 자기 내면을 탐색하고 돌봄의 기술을 획득하게 됩니다. 이는 학생의 전인적 성장과 자아실현을 할 수 있도록 도와줍니다.
기대 효과	이러한 교과 특성이 인성교육과 연계된다면 학생들은 자신의 내면을 점검하고, 내 마음이 힘들 땐 스스로 돌보는 등 건강한 성인으로 성장할 수 있을 것입니다.

더불어 살아가는 가치 교육

주제 문장	인성교육에서 상담 교과가 가진 강점은 자해, 자살, 우울증, 조현병 등의 사회적 이슈를 다룬다는 것입니다.
구체화	학생은 상담 교과를 통해 우울증, 조현병, 성격장애 등의 정신질환을 배우고 더 나아가 자해, 자살 등의 신체적 증상 및 행동에 대해 다루게 됩니다.
기대 효과	이러한 교과 특성이 인성교육과 연계된다면 학생들은 정신질환자를 기피 하거나 피하는 것이 아닌 그렇게 될 수밖에 없었던 상황을 이해하고 필요하다면 상담으로 연계하는 등 더불어 살아가는 가치를 배우게 될 것입니다.

<사서>

타인에 대한 공감 능력 함양

주제 문장	인성교육에서 사서 교과가 가진 강점은 타인에 대한 공감 능력을 키울 수 있다는 점입니다.
구체화	예를 들면, 사서 교과에서 다양한 문학작품을 통해 여러 배경과 경험을 가진 인물들의 이야기를 접하면서, 다른 사람의 감정과 경험을 이해하고 공감하는 능력을 키울 수 있습니다.
기대 효과	이러한 사서 교과의 특성으로 학생들은 학교생활에서 타인에 대한 공감과 배려로 자신과 다른 사람들의 입장을 이해하고 존중할 수 있을 것입니다.

자기 성찰의 기회 제공

주제 문장	인성교육에서 사서 교과가 가진 강점은 자기 성찰의 기회를 제공한다는 점입니다.
구체화	예를 들면, 사서 교과에서 다양한 문학작품을 통해 여러 배경과 경험을 가진 인물들의 이야기를 접하면서, 자신의 삶을 되돌아보고 반성하는 성찰의 시간을 가질 수 있습니다.
기대 효과	이러한 사서 교과의 특성으로 학생들은 자기 성찰을 통해 자신을 더 잘 이해하고, 자기의 행동들을 되돌아보아 긍정적인 태도를 형성할 수 있습니다.

의사소통 능력 개발

주제 문장	인성교육에서 사서 교과가 가진 강점은 의사소통 능력을 개발할 수 있다는 점입니다.
구체화	예를 들면, 사서 교과에서 독서 토론을 통해 학생들은 자신의 생각을 명확하게 표현하고, 다른 사람의 의견을 경청하는 방법을 배울 수 있습니다.
기대 효과	이러한 사서 교과의 특성으로 학생들은 다양한 사람들과 소통함으로써 서로 다른 관점을 이해하고 존중하는 법을 배울 수 있게 됩니다.

책임감 및 공공의식 제고

주제 문장	인성교육에서 사서 교과가 가진 강점은 책임감과 공공의식을 기를 수 있다는 점입니다.
구체화	예를 들면, 사서 교과에서 학생들은 도서관에서 자료를 스스로 찾고, 대출하고, 기한에 맞춰 반납하는 방법과 도서관에서 지켜야 할 이용 예절들을 배우게 됩니다.
기대 효과	이를 통해 학생들은 도서관이 다른 사람들과 함께 이용하는 공공시설로써 소중히 다뤄야 함을 배우면서 책임감과 공공의식을 높일 수 있습니다.

2 비교과 구상형 2-3

답변 시작	구상형 2-3번 답변 시작하겠습니다.
주제 문장 (자질)	인성교육과 관련하여 향후 교직 생활에서 필요한 자질은 의사소통 능력입니다.
이상적 상황	학생들의 의견을 경청하고 명확하게 전달하는 것은 인성교육을 실시할 때 중요한 부분입니다.
자질-상황 연결	*(전체 답변 분량을 고려하여 생략)*
주제 문장 (노력 방안)	따라서 저는 의사소통 능력을 함양하기 위해서 경청과 공감을 주제로 한 전문적 학습 공동체를 적극적으로 활용하겠습니다.
구체화	예를 들면, 인성교육에 관심이 많은 동료 교사와 역할극을 진행하며 효과적인 의사소통 방법을 연구하는 것입니다.
기대효과	이를 통해 적극적인 경청 연습과 공감 표현 방법을 배우고, 명확한 언어로 소통하는 방법을 연구할 수 있을 것입니다. 또한, 서로의 의사소통 방식을 평가하고 발전 방향을 모색하며 더욱 효과적인 인성교육을 실천할 수 있을 것입니다.
마무리	*(전체 답변 분량을 고려하여 생략)*
답변 끝	이상입니다.

05 2021 기출 문제 (비교과)

1 비교과 구상형 1

답변 시작	구상형 1번 답변 시작하겠습니다.
주제 문장 (문제 원인1)	정서적 측면에서 민주의 문제 원인은 회복 탄력성이 약하다는 점입니다.
이상적 상황	회복 탄력성이 강한 학생은 실패 경험을 도약의 발판으로 삼아 다시 일어서는 힘이 있습니다.
원인-문제 상황 연결	그러나 민주는 이러한 회복 탄력성이 부족하여 반복된 실패 경험으로 '전부 다 하기가 싫어졌어요'라고 하며 의지를 잃고 무기력한 모습이 나타나고 있습니다.
주제 문장 (문제 원인2)	한편 행동적 측면에서 민주의 문제 원인은 자신을 해치는 방식으로 부정적 감정을 해소하는 것입니다.
이상적 상황	자신의 감정을 정확하게 알아차리고 이를 스스로 올바른 방식으로 해소하는 법을 익히는 것은 중요합니다.
원인-문제 상황연결	그러나 민주는 자신의 부정적인 감정을 조절하는 방법이 서툴렀으므로 자신의 손에 붕대를 감아야 할 정도로 책상에 손을 내리치는 자해 행동을 하게 된 것입니다.
주제 문장 (지도 방안1)	민주의 정서적 문제를 해결하기 위한 교사의 지도 방안으로 학생의 긍정적 측면을 강조하는 것이 중요합니다.
구체화	예를 들면, 민주가 공모전에서 보여준 노력과 성장을 칭찬하고, 실패 경험이 미래의 성공을 위한 중요한 학습 기회가 될 수 있음을 이야기하는 것입니다.
기대 효과	이를 통해 교사는 민주가 자신감을 회복하고, 미래의 도전에서도 긍정적인 태도로 임할 수 있게 도울 수 있을 것입니다. 또한, 민주는 실패를 성장의 기회로 받아들이며 앞으로 실패를 두려워하지 않고 강한 의지를 가질 수 있게끔 회복 탄력성이 강화될 것입니다.
마무리	*(전체 답변 분량을 고려하여 생략)*

주제 문장(지도 방안2)	한편 민주의 행동적 문제를 해결하기 위한 교사의 지도 방안으로는 올바르게 감정을 조절하는 방법을 연습하게끔 도와주는 것입니다.
구체화	예를 들면, 감정 일기를 쓰도록 격려하여 자신의 감정을 인식하고 표현하는 연습을 하게 하는 것입니다. 또한, 화가 날 때 깊은 호흡을 하거나, 스트레스가 심할 때는 운동이나 취미 활동을 통해 부정적인 감정을 적절한 방식으로 해소하는 법을 익히도록 도와주는 것입니다.
기대 효과	이를 통해 교사는 민주가 자신의 감정을 더 잘 이해하고 조절할 수 있도록 도울 수 있을 것입니다. 또한, 이러한 방식으로 민주는 부정적인 감정을 적절하게 해소할 수 있게 되므로 충동적인 행동을 줄일 수 있을 것입니다.
마무리	(전체 답변 분량을 고려하여 생략)
답변 끝	이상입니다.

2 비교과 구상형 2

답변 시작	구상형 2번 답변 시작하겠습니다.
주제 문장 (자질 1)	주어진 상황에서 교사 A가 현재 갖추고 있는 자질은 친근감을 바탕으로 한 사회성입니다.
이상적 상황	친근한 모습으로 주변 사람들에게 다가가면 짧은 시간에 심리적 거리를 좁힐 수 있고 우호적인 관계를 형성할 수 있습니다.
자질-상황 연결	주어진 상황에서 교사 A는 평소 학생들에게 친근하게 다가가 대화를 나누며, 동료 교사에게도 적극적으로 먼저 나서서 도와주는 모습을 보입니다. 이는 교사 A가 평소 친근감을 바탕으로 한 사회성이 뛰어난 사람임을 알 수 있습니다.
주제 문장 (자질 2)	한편 교사 A가 앞으로 갖춰야 할 자질은 공적인 거리를 유지할 줄 아는 것입니다.
이상적 상황	직장에서 친근감을 바탕으로 한 우호적 관계 형성도 중요하지만, 공과 사를 상황에 맞게 구분할 수 있는 부분도 필요합니다.
자질-상황 연결	그러나 교사 A는 학생과 교사라는 공적인 거리를 적절히 유지하지 못해 마치 교사 A를 사적인 친구 관계로 대하는 학생들이 많아졌고, 동료 교사와의 관계도 지나친 적극성으로 상대방에게 부담감을 주고 있습니다.

주제 문장 (노력 1)	앞서 언급한 자질과 관련하여 저는 교생 실습을 할 당시 학생들에게 친근한 모습으로 다가가기 위해 노력한 경험이 있습니다.
구체화	예를 들면, 밝은 표정으로 쉬는 시간마다 학생들과 대화를 나누며 평소 관심사와 고민을 경청했습니다. 또한, 점심시간에는 학생들과 함께 식사를 하며 자연스럽게 소통하는 기회를 가졌습니다.
기대 효과	*(질문과 무관하므로 생략)*
마무리	*(전체 답변 분량을 고려하여 생략)*
주제 문장 (노력 2)	한편, 교생 실습 과정에서 저는 공적인 거리를 유지하기 위해 다음과 같은 노력을 하였습니다.
구체화	예를 들면, 학생들과의 대화에서 간혹 사적인 부분에 대한 질문이 나왔을 때 적절한 예의와 존중을 지킬 수 있도록 지도하였습니다. 또한, 비록 실습생이더라도 학생과 교사의 관계임을 명확하게 하여 공적인 거리를 지킬 수 있도록 노력하였습니다.
기대 효과	*(질문과 무관하므로 생략)*
마무리	따라서 위와 같은 방식으로 저는 교생 실습 과정에서 친근감을 바탕으로 한 관계 형성 부분과 공적인 거리를 유지할 수 있는 부분에서의 자질 함양에 대해 익히고 연습할 수 있었습니다.
답변 끝	이상입니다.

06 2020 기출 문제 (비교과)

1 비교과 구상형 1

답변 시작	구상형 1번 답변 시작하겠습니다.
주제 문장 (문제 원인1)	학생들의 문제 원인 중 하나는 책임 의식 부족입니다.
이상적 상황	책임 의식이 강한 학생은 자신의 역할과 임무를 성실히 수행하며, 봉사 활동의 중요성을 인식하고 자발적으로 참여합니다.
원인-문제 상황 연결	그러나 학생들은 책임 의식이 부족하여 맡은 역할을 성실히 수행하지 않고 시간만 채우는 태도를 보이고 있습니다. 이는 봉사활동의 목적과 의미를 충분히 이해하지 못한 채 형식적으로 참여하기 때문입니다.
주제 문장 (문제 원인2)	한편, 학생들의 두 번째 문제 원인은 사회적 규칙 준수의 필요성을 깨닫지 못하고 있기 때문입니다.
이상적 상황	사회적 규칙을 준수하는 학생은 약속된 시간에 맞춰 활동에 참여하고, 자신의 행동이 다른 사람들에게 피해를 주지 않도록 노력합니다.
원인-문제 상황연결	그러나 위 학생들은 사회적 규칙 준수에 대한 필요성을 인식하지 못하고 있으므로 지각이 잦고, 큰 소리로 떠들며 장난을 치는 행동을 하고 있습니다.
주제 문장 (지도 방안1)	이에 대한 첫 번째 지도 방안으로, 학생들의 책임 의식을 높이기 위해 봉사활동의 의미와 중요성에 관한 교육을 실시하겠습니다.
구체화	예를 들어, 봉사활동 전 특별 교육 시간을 마련해 봉사활동의 목적, 지역 사회에 미치는 긍정적 영향 등을 설명하는 것입니다. 실제 비슷한 봉사 활동 사례를 제시하여 학생들이 본인의 역할을 스스로 자각할 수 있도록 돕고, 봉사활동의 중요성을 느끼도록 하겠습니다.
기대 효과	이를 통해 학생들은 봉사활동의 가치를 이해하며, 책임감을 지니고 참여할 수 있게 될 것입니다. 또한, 자신의 행동이 지역 사회와 다른 사람들에게 긍정적인 영향을 지닌다는 것을 깨닫게 되어 봉사활동에 더욱 적극적이고 성실하게 임하게 될 것입니다.
마무리	(전체 답변 분량을 고려하여 생략)
주제 문장 (지도 방안2)	또한 두 번째 지도 방안으로, 학생들이 규칙을 잘 지키도록 하기 위해 사회적 규칙과 기대 행동에 관한 공동체 약속 활동을 실시하겠습니다.

구체화	예를 들어, 학생들에게 공동체 생활에서의 규칙과 기대 행동에 대해 교육하고, 규칙을 지키는 이유와 중요성을 스스로 이해하여 앞으로의 행동을 약속하는 활동을 기획하겠습니다.
기대 효과	이를 통해 학생들은 규칙 준수의 중요성을 인식하고, 지각을 하거나 큰 소리로 떠드는 등의 문제 행동을 스스로 고쳐나갈 수 있을 것입니다. 또한, 공동체의 일원으로서 사회적 규칙을 스스로 준수하고, 서로 존중하고 배려하는 태도를 기를 수 있을 것입니다.
마무리	*(전체 답변 분량을 고려하여 생략)*
답변 끝	이상입니다.

2 비교과 구상형2(A의 입장)

답변 시작	구상형 2번 답변 시작하겠습니다.
주제 문장	아래 수업에 관한 두 견해 중 제 의견과 가까운 것은 교사 A의 입장입니다.
대전제	전인적 성장을 도모하기 위해서는 지식적인 측면도 중요하지만, 정의적인 측면 또한 매우 중요합니다.
구체화	*(전체 답변 분량을 고려하여 생략)*
기대효과	*(전체 답변 분량을 고려하여 생략)*
주장 강화 1단계 (예상되는 반박)	물론 교사 B의 의견처럼 수업이 교사의 가장 핵심적인 역할이며, 학생들에게 관련 지식을 전달하는 것이 중요합니다.
주장 강화 2단계 (재반박)	그러나 교육 활동은 다양한 방식으로 이루어질 수 있습니다. 따라서 지식적인 측면은 교과교사를 통해, 정의적인 측면은 비교수교사를 통해 체험형 생활지도를 실천한다면, 2022개정교육과정에서 강조하는 '미래에 필요한 역량을 갖춘 자기 주도적인 사람'이 되리라 생각합니다.
마무리	*(전체 답변 분량을 고려하여 생략)*
주제 문장 (노력 1)	체험형 생활지도와 관련하여 과거에 제가 한 노력으로는 청소년 리더십 캠프 인솔자 경험이 있습니다.
구체화	대학 시절, 여름방학과 겨울 방학 시기에 청소년 리더십 캠프에 참여하여 학생들과 직접 체험형 활동을 진행하였습니다. 이 과정에서 체험형 활동의 기획과 운영에 대한 실제적 경험을 쌓을 수 있었습니다.
기대효과	*(질문과 무관하므로 생략)*

마무리	*(전체 답변 분량을 고려하여 생략)*
주제 문장 (노력 2)	두 번째로 저는 학생들의 생활지도를 위해 캠페인 활동 기획을 보조한 경험이 있습니다.
구체화	교생 실습 당시 지도 교사 선생님을 도와 '친구 존중하기'를 주제로 캠페인 기획을 보조하였습니다. 이러한 경험으로, 학생들의 다양한 참여를 유도하기 위해 SNS 참여, 체험 부스 운영 등 효과적인 교육 방법을 고민하는 시간을 가지게 되었습니다.
기대 효과	*(질문과 무관하므로 생략)*
마무리	*(전체 답변 분량을 고려하여 생략)*
답변 끝	이상입니다.

비교과 전공 연계 답변 TIP [구상형 2번]

<보건>

캠페인 활동 기획 보조

주제 문장	체험형 생활지도와 관련하여 제가 한 노력 중 하나는 학생들의 생활지도를 위해 캠페인 활동 기획을 보조한 경험입니다.
구체화	저는 교육실습 당시 지도교사 선생님을 도와 '흡연 예방 캠페인'을 기획하는 데 참여했습니다. 이러한 활동은 학생들이 건강한 생활습관을 형성하는 데 중요한 역할을 합니다. 이 경험을 통해 체험 부스 운영 및 매력적인 캠페인 기획 방법을 배우고 고민할 수 있는 기회를 가졌습니다.

메타버스 공간을 활용한 교육

주제 문장	두 번째로, 메타버스 공간을 활용한 교육 경험이 있습니다.
구체화	저는 대학 시절, 메타버스 공간을 활용하여 청소년을 대상으로 '마약류 예방 교육'을 진행했습니다. 이 과정에서 온라인 공간에서 체험형 활동을 기획하고 운영하는 실제적 경험을 쌓을 수 있었습니다. 이 경험을 통해 학생들이 가상 환경에서도 현실감 있는 교육을 받을 수 있도록 하는 방법을 익혔습니다.

응급처치교육 부스 운영

주제 문장	마지막으로, 고등학생 대상 진로체험에서 응급처치교육 부스를 운영한 경험이 있습니다.
구체화	학부 4학년 재학 당시 고등학교 1학년 학생을 대상으로 응급처치교육 부스를 기획하고 운영했습니다. 부목 적용법을 체험할 수 있도록 프로그램을 구성하여, 학생들이 실습을 통해 응급처치 기술을 익힐 수 있도록 도왔습니다. 이를 통해 학생들이 응급상황에서 실제로 필요한 기술을 습득하게 되었습니다.

<영양>

	채소과일 네컷 행사 기획
주제 문장	체험형 생활지도와 관련하여 제가 한 노력 중 하나는 학생들의 채소·과일 먹기 실천을 위해 인생네컷을 활용한 채소과일 네컷 행사를 기획한 것입니다.
구체화	저는 교육실습 당시 학생들이 채소와 과일에 대해 친근함을 느끼면 좋겠다는 생각이 들어 지도교사 선생님과 함께 채소·과일의 날을 기획했습니다. 급식실 입구에 채소와 과일 실물을 두어, 학생들이 재료와 함께 사진을 찍을 수 있도록 준비했습니다. 학생들은 이 행사를 마음껏 즐겨주었고, 평소보다 잔반량이 가장 적게 나오는 성과를 냈습니다. 이 경험을 통해 체험형 교육은 건강한 식생활 실천으로 이어진다는 것을 배웠습니다.

	작은 텃밭 체험을 활용한 교육
주제 문장	두 번째로, 텃밭 체험을 활용한 교육 경험이 있습니다.
구체화	교육실습 당시, 동아리 활동을 위해 작은 텃밭을 만들어 보는 활동을 계획했습니다. 상추와 방울토마토 등 쉽게 볼 수 있는 채소의 씨앗을 심어 직접 기를 수 있도록 했습니다. 이를 통해 학생들은 친구들과 함께 이야기 나누며 소통하고, 과정을 직접 관찰하면서 채소의 성장 과정을 배우는 기회가 되었습니다. 또한, 직접 기른 작물은 친구와 가족과 함께 나누며 공동체를 생각하는 마음도 가지게 되었습니다.

	세계 문화 체험 부스 운영
주제 문장	마지막으로, 세계 문화 체험 부스를 운영한 경험이 있습니다.
구체화	학교 축제에서 세계 문화 체험 부스를 운영하여, 학생들이 세계 음식과 의복을 탐구하는 시간을 마련했습니다. 나라마다 식재료를 다르게 준비하여, 학생들이 직접 조리 전과 조리 후를 비교해 볼 수 있도록 했고, 음식과 함께 의복을 입어보는 프로그램을 구성하여 학생들이 체험 행사를 즐길 수 있도록 했습니다. 이를 통해 학생들은 서로 다른 문화를 긍정적으로 받아들이며 존중하는 시간을 가질 수 있었습니다.

<상담>

집단상담 참여

주제 문장	체험형 생활지도와 관련하여 제가 한 노력 중 하나는 다양한 집단상담에 참여한 것입니다.
구체화	구체적으로 감수성훈련집단상담, 자기탐색집단상담, 정신역동적 집단상담등에 참여 하였으며 이를 통해 나에 대해 탐색할 수 있었고 타인의 생각과 감정을 존중할 수 있는 뜻깊은 자리가 되었습니다.

생명존중 교육 및 캠페인 활동

주제 문장	두 번째로, 학생들의 생활지도를 위해 캠페인 활동 기획을 보조한 경험이 있습니다.
구체화	교생 실습 당시 지도 교사 선생님을 도와 '생명의 소중함'을 주제로 또래상담자 친구들과 함께 캠페인을 기획하고 운영 하였습니다. 이러한 경험으로, 학생들의 다양한 참여를 유도하기 위해 SNS 참여, 체험 부스 운영 등 효과적인 교육 방법을 고민하는 시간을 가지게 되었습니다.

심리정서 봉사활동 참여

주제 문장	마지막으로, 심리정서 봉사활동에 참여하였습니다.
구체화	대학생 시절 심리 정서지원 멘토링 사업에 참여하여 학생들의 지지체계가 되어주었습니다. 당시 학생들이 긍정적으로 변화하는 모습을 직접 볼 수 있었던 것을 계기로, 정의적 영역의 지도 또한 매우 중요한 부분이라고 깨닫게 되었습니다.

<사서>

독서 상담 활동

주제 문장	체험형 생활지도와 관련하여 제가 한 노력 중 하나는 학생들의 생활지도를 위해 독서 상담 활동을 진행한 것입니다.
구체화	교생 실습 당시, 지도 선생님을 도와 학생들의 독서나 개인적인 문제와 관련된 고민을 들어주고, 그에 맞는 책을 추천해 주는 독서 상담 활동을 하였습니다. 학생들이 제가 추천해 준 책을 읽고 고민 해결에 많은 도움이 되었다고 이야기하는 모습을 보면서 독서 상담의 중요성과 효과를 다시금 깨닫게 되었습니다.

아침 독서 운동

주제 문장	두 번째로, 아침 독서 운동 프로그램을 보조한 경험이 있습니다.
구체화	'아침 독서 운동'은 학생들이 도서관에 와서 매일 아침 20분씩 책을 읽을 수 있도록 하는 활동입니다. 이를 통해 학생들은 독후 활동이나 평가에 대한 부담 없이 온전히 책 읽기에 집중할 수 있었으며, 자연스럽게 독서 습관을 형성하고 책 읽는 즐거움을 느끼게 되었습니다. 독서 습관이 학생들에게 점점 더 자리 잡는 모습을 보면서 프로그램의 효과를 실감할 수 있었습니다.

가짜 뉴스 퇴치 캠페인 활동 보조

주제 문장	세 번째로, 캠페인 활동 기획을 보조한 경험이 있습니다.
구체화	교생 실습 당시, 지도 선생님을 도와 가짜 뉴스 퇴치 캠페인 활동을 보조하였습니다. 이 캠페인에서 학생들에게 가짜 뉴스 식별 방법을 안내하고, 가짜 뉴스가 초래할 수 있는 위험성에 대해 알렸습니다. 이를 통해 학생들이 가짜 뉴스에 대한 경각심을 가지게 되고, 비판적 사고 능력을 키우는 데 도움을 주었습니다.

07 2019 기출 문제 (비교과)

1 비교과 구상형 1

답변 시작	구상형 1번 답변 시작하겠습니다.
주제 문장 (문제 원인)	아래 상황에 나타난 문제 원인은 의사 결정 당시 학생들의 의견이 배제되었다는 점입니다.
이상적 상황	방과후학교 프로그램은 학생들의 요구 사항과 수요에 맞게 제공되어야 합니다.
원인-문제 상황 연결	그러나 해당 고등학교의 학교운영위원회에서는 학생의 의견이 반영될 수 없는 구조여서 학생의 요구 사항이 배제될 수밖에 없었습니다. 따라서 결과적으로 학생들은 학교가 제공하는 방과후학교 프로그램 편성에 불만을 가지게 된 것입니다.
주제 문장 (해결 방안)	이에 관한 해결 방안으로, 방과후학교 프로그램 편성 시 학생회와 적극적으로 소통하여 학생의 요구를 파악하는 것입니다.
구체화	예를 들어, 학생회를 기반으로 학기 초에 전교생을 대상으로 관심 주제, 배우고 싶은 내용, 참여하고 싶은 활동 등을 묻는 설문 조사를 실시하고 학교운영위원회에 전달하여 방과후학교 프로그램 편성에 참고하는 것입니다.
기대 효과	이를 통해, 학교는 학생의 요구를 반영한 맞춤형 방과후학교 프로그램을 편성할 수 있고, 학생들은 자신이 원하는 프로그램에 참여하게 되어 흥미와 동기가 높아질 것입니다.
마무리	따라서 저는 위와 같은 문제 원인을 해결하기 위해서 학생회와 협력하여 학생의 요구를 파악하는 과정이 필요하다고 생각합니다.
답변 끝	이상입니다.

2 비교과 구상형 2

답변 시작	구상형 2번 답변 시작하겠습니다.
주제 문장 (노력)	저는 협력적 소통 역량을 기르기 위해 조별 토론 과제에서 사회자 역할을 맡아 양측의 의견을 적절히 조율하며 진행하였던 경험이 있습니다.
구체화	대학 시절, 조별 토론에서 다양한 주제로 의견을 나누며 양측의 의견을 정확하게 요약하고 한쪽으로 치우치지 않게 발언을 정리하는 역할을 충실히 수행하였습니다.
기대효과	(질문과 무관하므로 생략)
마무리	(전체 답변 분량을 고려하여 생략)
주제 문장 (배운 점)	이 경험을 통해 배운 점은 효과적인 의사소통을 위한 태도에 대하여 깨닫게 된 것입니다.
구체화	효과적인 의사소통은 상대방의 말을 경청하고 존중하는 것에서부터 시작되며, 서로의 의견이 다를지라도 그 생각을 존중하고 자신의 의견을 논리적으로 전달하는 태도가 중요하다는 것을 배우게 되었습니다.
기대효과	(질문과 무관하므로 생략)
마무리	(전체 답변 분량을 고려하여 생략)
주제 문장 (유의점)	한편, 교사로서 독서 토론 동아리를 운영할 때 유의해야 할 점은 토론이 과열될 경우 구성원 간 의견 충돌과 감정적 대립을 적절히 조율해야 한다는 것입니다.
구체화 (근거 문장)	왜냐하면, 학생들은 자기 생각을 나누는 과정이 익숙하지 않을 수 있으므로, 본인의 의견이 받아들여지지 않는 것에 대하여 감정적으로 반응할 수도 있기 때문입니다. 또한, 만약 의견이 극단적으로 대립할 경우 적절한 합의점을 찾지 못하여 학생들의 참여 의욕이 떨어질 수도 있기 때문입니다.
마무리	(전체 답변 분량을 고려하여 생략)
주제 문장 (보완 방안)	이를 보완할 방안으로, 토론 활동을 시작하기 전 사전 교육을 충분히 진행하는 것입니다.
구체화	예를 들면, 서로의 의견을 존중하고 비난하지 않는 규칙, 발언 시 시간을 공평하게 갖는 규칙, 상대방의 발언 시 끼어들지 않는 규칙, 상대방의 주장을 감정적으로 여기지 않는 약속 등을 포함한 토론 규칙을 명확히 정하고 토론 시작 전에 이를 공지하는 것입니다.
기대효과	이를 통해서 교사는 토론이 과열되어 구성원 간 의견 충돌과 감정적 대립을 적절히 예방할 수 있을 것입니다. 또한, 학생들은 건전한 토론을 바탕으로 참여 의욕이 높아질 것이며 협력적 소통 역량도 향상될 것입니다.
마무리	(전체 답변 분량을 고려하여 생략)
답변 끝	이상입니다.

08　2018 기출 문제 (비교과)

1　비교과 구상형 1

답변 시작	구상형 1번 답변 시작하겠습니다.
주제 문장 (화가 난 이유)	학생 A가 화가 난 원인은 강압적으로 이루어지는 담임 교사의 통제적인 지도 방식입니다.
이상적 상황	이상적인 생활지도의 모습은 교사와 학생이 서로 소통하며 규칙의 필요성에 대하여 이해하고, 학생이 자발적으로 규칙을 준수할 수 있도록 이끄는 것입니다.
원인-문제 상황연결	그러나 학생 A의 담임 교사는 학생의 감정을 고려하지 않고 강압적으로 휴대폰을 압수하고 사소한 행동도 통제적으로 접근하며 지도하고 있습니다. 이로 인해 학생 A는 교사의 행동을 융통성이 없는 간섭으로 느끼고 화가 나며, 학교생활에 대한 불만이 커지는 것입니다.
주제 문장 (지도 방안1)	이러한 상황에서 학생 A를 지도하기 위한 첫 번째 방안은, 먼저 일대일 상담을 통해 학생 이야기에 귀를 기울이는 것입니다.
대전제	현재 학생 A는 감정적으로 격양되고 흥분한 상태이므로 우선 학생의 감정을 수용하고 경청하는 방식으로 상담을 진행하여 학생 A의 감정 상태를 진정시키는 것이 중요합니다.
구체화	구체적으로, "네가 휴대폰을 강제로 빼앗겨서 많이 화가 났겠구나"라고 말하면서 학생 A가 화가 난 이유를 충분히 들어주며 감정을 수용하고, "왜 그렇게 느끼는지 더 자세히 말해줄래?"라고 질문하여 학생이 자신의 감정을 차근차근 표현할 수 있도록 돕는 것입니다.
기대 효과	이를 통해 학생 A는 자신의 감정이 존중받고 있다는 느낌을 받아 조금씩 진정하게 될 것입니다. 또한, 김 교사와의 신뢰 관계가 형성되어 이후 문제를 더 건설적으로 해결할 수 있는 기반이 마련될 것입니다.
마무리	*(전체 답변 분량을 고려하여 생략)*

주제 문장 (지도 방안2)	이어서 두 번째 지도 방안은 학생 A에게 규칙의 필요성에 대하여 언급하며 담임 교사와의 관계 회복을 유도하는 것입니다.
구체화	예를 들면, 학생 A에게 학교생활은 공동체의 가치에 대해서 배우는 곳이고 이를 위해서는 규칙이 필요하다는 사실을 이해할 수 있도록 돕는 것입니다. 그 이후, 학생 A에게 "담임 선생님의 지도 방식이 너와 맞지 않아 속상하겠지만, 분명 선생님도 교육적인 목적으로 그러셨을 거야. 선생님이 중간에서 담임 선생님과 화해할 수 있도록 이야기를 나눠볼까?"라고 질문하며 학생 A와 담임 교사와의 관계 회복을 유도하는 것입니다.
기대효과	이를 통해 학생 A는 규칙의 의미를 이해하고, 규칙 준수의 중요성을 깨닫게 될 것입니다. 또한, 이를 바탕으로 더 나아가 담임 교사와의 관계가 회복되고 감정적인 충돌을 줄여 학교생활에 대한 긍정적인 태도를 보일 수 있게 될 것입니다.
마무리	*(전체 답변 분량을 고려하여 생략)*
답변 끝	이상입니다.

2 비교과 구상형 2

답변 시작	구상형 2번 답변 시작하겠습니다.
주제 문장	교사로서 가장 먼저 취해야 할 행동은 상황 파악 및 중재입니다.
대전제	학생들 사이의 갈등 상황에서는 즉각적으로 상황을 파악하고 중재하는 것이 학생들의 안전과 정서적 안정을 위해 매우 중요합니다.
구체화	*(전체 답변 분량을 고려하여 생략)*
기대효과	*(전체 답변 분량을 고려하여 생략)*
주장 강화 1단계 (예상되는 반박)	물론, 교사가 학생들 사이의 사소한 갈등에 일일이 개입하는 것은 학생의 자율성을 해칠 우려가 있습니다.
주장 강화 2단계 (재반박)	그러나 교사의 개입은 단순히 문제를 해결하는 것뿐만 아니라 학생들에게 적절한 갈등 해결 방법을 가르치고, 심각한 문제로 발전하는 것을 방지하는 데 중요한 역할을 합니다.
마무리	따라서 저는 교사로서 가장 먼저 취해야 할 행동은 상황 파악 및 중재라고 생각합니다.
주제 문장 (자질 1)	이에 관한 교사의 자질은 먼저 지속적인 관심과 관찰 능력입니다.
구체화 (근거문장)	지속적인 관심과 관찰 능력을 가진 교사는 학생들의 일상적인 행동 변화를 민감하게 감지하고, 학생들 간의 갈등이나 문제가 발생하기 전에 예방할 수 있습니다. 또한, 학생들은 이러한 교사의 태도를 통해 언제든지 교사로부터 도움을 받을 수 있다는 안도감을 느끼게 될 것입니다.
마무리	*(전체 답변 분량을 고려하여 생략)*
주제 문장 (자질 2)	교사의 행동과 관련한 두 번째 자질은 교육적 책임감입니다.
구체화 (근거 문장)	물론 행정업무도 교사의 업무 중 하나지만, 교사로서의 우선순위는 학생 지도가 되어야 할 것입니다. 따라서 교육적 책임감을 지니고 갈등 상황을 겪고 있는 학생들에게 다가가서 적극적으로 중재하고 도움을 제공하려는 태도가 필요하다고 생각합니다.
마무리	*(전체 답변 분량을 고려하여 생략)*
답변 끝	이상입니다.

09 2017 기출 문제 (비교과)

1 비교과 구상형 1

답변 시작	구상형 1번 답변 시작하겠습니다.
주제 문장 (자질 1)	교사 A에게 필요한 첫 번째 자질은 협업 능력입니다.
이상적 상황	교사로서 업무적인 어려움이 있을 때 주변 교사에게 때때로 도움을 요청할 수 있어야 합니다.
자질-상황 연결	그러나 교사 A는 다른 사람의 도움 없이 모든 일을 늦은 시간까지 혼자 처리하여 피로감을 느끼고 있습니다. 물론 교사 A의 책임감은 칭찬받아 마땅하지만, 교사 A가 주변 동료 교사와 협업을 하였다면 더 효율적으로 업무를 처리할 수 있었을 것입니다.
주제 문장 (자질 2)	한편, 교사 A에게 필요한 두 번째 자질은 직무 효능감을 바탕으로 한 도전적 태도입니다.
이상적 상황	교사로서 변화하는 교육 환경에 맞춰 새로운 것을 탐구하고 고민하는 태도를 지니는 것은 중요합니다.
자질-상황 연결	그러나 교사 A는 교과수업 연구대회 참가 권유에 대해 다소 자신감이 없는 모습을 보입니다. 교사 A가 만약 자신의 직무에 대하여 효능감을 느끼고 있었다면, 비교과 교사로서 교과수업 연구대회에 참가하는 도전적 태도가 나타날 수 있었을 것입니다.
주제 문장 (방안 1)	먼저, 협업 능력 향상을 위한 방안은 부서별 협의회에 성실히 준비하여 참가하는 것입니다.
구체화	예를 들면, 자신이 맡은 업무에 대하여 스스로 해결할 수 있는 부분과 협력이 필요한 부분을 구분하고, 부서별 협의회에서 솔직한 태도로 공유하는 것입니다.
기대효과	이를 통해, 교사 A는 자신의 업무 상황을 공유하고 적절한 도움을 요청할 줄 아는 협업 능력을 갖추게 될 것입니다. 또한, 이로써 혼자서 늦은 시간까지 많은 업무를 처리해야 하는 부담감에서 벗어날 수 있을 것입니다.
마무리	*(전체 답변 분량을 고려하여 생략)*

주제 문장 (방안 2)	한편, 직무 효능감 향상을 위한 방안으로는 직무 연수 및 연구회 참여가 있습니다.
구체화	예를 들면, 자신의 전공과 관련된 심화 탐구 주제형 연수를 수강하거나, 교과 관련 우수 교육 사례집을 참고하는 것입니다. 또한 자신의 교과와 관련된 연구회에 가입하여 교사로서 자신의 과목에 대한 자신감 및 효능감을 상승시킬 기회를 갖는 것입니다.
기대효과	이를 통해, 교사 A는 높아진 자신감과 효능감을 바탕으로 새로운 것을 시도할 도전 의지가 생겨 교과수업 연구대회와 같은 권유를 긍정적인 방향으로 고민할 여유가 생길 것입니다.
마무리	*(전체 답변 분량을 고려하여 생략)*
답변 끝	이상입니다.

2 비교과 구상형 2

답변 시작	구상형 2번 답변 시작하겠습니다.
주제 문장 (분류)	먼저, 사건 속 학생들을 세 유형으로 분류하자면 학생 A는 학교 폭력 피해자이고, 학생 A에게 다가온 4명의 학생은 학교 폭력 가해자이며, 주변에 있던 다른 학생들은 학교 폭력 방관자로 나눌 수 있습니다.
주제 문장 (방안 1)	먼저 학교 폭력 피해 학생을 위한 대처방안으로, 안전한 공간에서 일대일 상담을 진행하는 것입니다.
구체화	구체적으로, 피해 학생과 함께 안전한 공간으로 이동한 뒤 정서적으로 진정될 때까지 기다리겠습니다. 이후 진정이 되면 학생이 두려움에 떨고 무서웠을 그 상황에 대하여 공감하고 위로하겠습니다. 이후 자신의 감정을 조금씩 표현할 수 있도록 격려하고 지지하겠습니다.
기대효과	이를 통해, 피해 학생은 안전한 환경에서 이루어지는 심리적 진정과 상담을 통해 정서적으로 안정을 찾고 추후 사건 대응 방안을 냉정하게 모색할 수 있을 것입니다.
마무리	*(전체 답변 분량을 고려하여 생략)*

주제 문장 (방안 2)	한편, 학교 폭력 가해 학생을 위한 대처방안으로는, 발견 즉시 교육적으로 개입하여 피해 학생과 분리하고 행동 교정과 회복적 생활 교육을 실시하는 것입니다.
구체화	예를 들면, 가해 학생에게 자신의 행동이 부적절하였다는 것을 인지하고, 다른 사람을 존중하고 배려하는 태도에 대하여 이해하도록 한 뒤, 피해 학생에게 진심으로 사과하여 관계 회복을 도모할 수 있도록 지도하는 것입니다.
기대효과	이를 통해, 가해 학생은 자신의 행동을 반성적으로 돌아보게 되고 잘못에 대하여 인정하고 책임을 지며, 화해를 위한 행동을 취할 수 있을 것입니다.
마무리	*(전체 답변 분량을 고려하여 생략)*
주제 문장 (방안 3)	마지막으로 학교 폭력 방관 학생에게는 학교 폭력의 심각성을 강조하고 개입의 중요성을 깨닫도록 하는 방관자 교육을 실시할 수 있습니다.
구체화	예를 들면, 제노비스 신드롬에 관한 영상을 보고 집단 속에서는 책임 의식이 약화된다는 사실을 깨닫게 하는 것입니다. 또한, 스스로 잘못된 행동에 대하여 적극적으로 문제를 제기할 수 있는 자신감을 갖추도록 교육하는 것입니다.
기대효과	이를 통해, 학교 폭력 방관 학생들은 학교 폭력의 심각성과 적극적 개입의 필요성을 이해함으로써 자신들의 중요한 역할에 대해 깨닫게 될 것입니다. 또한 이를 바탕으로 주어진 상황과 같은 일이 재발하지 않도록 적극적 개입의 분위기를 형성할 수 있을 것입니다.
마무리	(전체 답변 분량을 고려하여 생략)
답변 끝	이상입니다.

Interview

Chapter 03

심층 면접 연습 문제 예시 답변

01 연습 문제 1회

1 구상형 1

답변 시작	구상형 1번 답변 시작하겠습니다.
주제 문장 (원인 1)	먼저 문제 상황에 나타난 첫 번째 원인은, 학생 A의 자기 관리 역량 부족입니다.
이상적 상황	자기 주도적인 인간으로 성장하기 위해서는 자신의 욕구를 스스로 통제할 수 있는 자기 관리 역량이 중요합니다.
원인-문제 상황 연결	그러나 온라인 수업에서는 등교 수업보다 자기 관리 역량이 더욱 요구되기 때문에 평소에도 지각을 자주 하던 학생 A의 행동이 악화되어 나타난 것입니다.
주제 문장 (원인 2)	두 번째 원인은 동료 압박 현상 부재로 인한 학습 동기 하락입니다.
이상적 상황	학생들은 종종 주변 학생들을 따라 하려는 심리로 동기 부여를 하기도 합니다.
원인-문제 상황 연결	그러나, 원격 수업 상황에서는 주변에 학생들이 없기 때문에 교실 환경과 달리 동료 압박 현상이 일어나지 않았고 이로 인해서 수업에 참여할 동기를 잃게 된 것입니다.
주제 문장 (해결 방안 1)	이에 대한 첫 번째 해결 방안으로는, 저는 시간 관리 일기를 쓰도록 제안하겠습니다.
구체화	예를 들면, 자신이 일어난 시간, 집중한 시간, 휴식을 취한 시간 등 모두 기록하게 하는 것입니다.

기대 효과	이를 통해서 학생 A는 자신의 행동을 객관적으로 돌아볼 수 있게 되고 기록하는 습관을 지님으로 인해서 자기 관리 능력을 향상할 수 있을 것입니다.
마무리	따라서 저는 시간 관리 일기를 쓰도록 제안하겠습니다.
주제 문장 (해결 방안 2)	두 번째 해결 방안으로는, 저는 학급 온라인 포트폴리오를 개설하겠습니다.
구체화	예를 들면, 구글 클래스룸을 활용해서 그날 배운 내용을 정리하여 업로드하고 다른 친구들에게 공유해서 서로 댓글을 다는 활동을 실시하겠습니다.
기대 효과	이를 통해서 학생 A는 주변 친구들의 활동을 직접 눈으로 볼 수 있게 되고 동기 부여가 되어서 온라인 수업에서도 교실 수업과 마찬가지로 활발히 참여하게 될 것입니다.
마무리	따라서 저는 학급 온라인 포트폴리오를 개설하겠습니다.
답변 끝	이상입니다.

2 구상형 2

답변 시작	구상형 2번 답변 시작하겠습니다.
주제 문장	주어진 상황에서 교사 A에게 요구되는 자질은 학생의 요구를 분석하여 수업에 반영할 줄 아는 것입니다.
대전제	자신의 수업을 듣는 학생이 교사로부터 무엇을 기대하는지, 어떤 수업을 바라는지 파악하는 것은 수업을 준비하는 과정에서 제일 먼저 이루어져야 합니다.
구체화	(후반부에 언급되므로 생략)
기대 효과	(후반부에 언급되므로 생략)
주장 강화 1단계 (예상되는 반박)	물론 교사 A처럼 평소에 교재 연구도 열심히 하고, 수업에 들어가기 전에 준비도 철저히 하는 성실한 모습은 칭찬받아야 마땅합니다.
주장 강화 2단계 (재반박)	그러나 만약 교사 A가 학생의 요구를 정확하게 파악하여 그것에 맞게 자신의 수업을 준비했더라면 학생들로부터 훨씬 더 만족스러운 반응을 받을 수 있었을 것입니다.
마무리	따라서 저는 교사 A에게 요구되는 자질은 학생의 요구를 분석하여 수업에 반영할 줄 아는 능력이라고 생각합니다.

주제 문장	이러한 자질을 기르기 위해서 저는 수시로 학생들로부터 수업 피드백을 받겠습니다.
구체화	예를 들면, 수업 전 간단한 설문 조사를 하여 현재 학생이 어느 정도의 수준인지, 학생이 자신의 수업에서 어떤 활동을 하고 싶은지를 먼저 파악하겠습니다. 또한, 첫 시간뿐만 아니라, 필요하다면 중반부 수업 차시 중에도 학생들에게 설문 조사를 하여 현재 시점의 이해도를 파악하고, 수업에서 만족하는 부분과 개선해야 할 부분을 적극적으로 찾아내려고 노력하겠습니다.
기대 효과	이를 통해서, 교사로서는 수업 준비 과정에서 올바른 방향을 설정할 수 있고, 학생으로서는 자신의 수준에 맞고, 기대에 부응하는 수업을 들을 수 있을 것입니다. 이러한 방식으로 학생들의 요구를 파악하고 수업에 반영함으로써 교사와 학생이 모두 만족하는 수업을 준비할 수 있을 것입니다.
마무리	따라서 저는 수시로 학생들로부터 수업 피드백을 받아 학생들의 요구를 분석하여 수업에 반영할 줄 아는 자세를 기르도록 노력하겠습니다.
답변 끝	이상입니다.

3 구상형 3

답변 시작	구상형 3번 답변 시작하겠습니다.
주제 문장	제시된 (ㄱ)과 (ㄴ)의 관점 중, 저의 교직관과 가까운 것은 (ㄴ)입니다.
대전제	학생들은 학교에서 교과 지식뿐만 아니라 친구들과 선후배, 선생님과 같은 다양한 사람들과 상호작용 하는 방법을 배우기도 합니다.
구체화	*(후반부에 언급되므로 생략)*
기대 효과	*(후반부에 언급되므로 생략)*
주장 강화 1단계 (예상되는 반박)	물론 학생들이 미래에 인간다운 삶을 살기 위해서는 기초 학력의 중요성이 간과되어서는 안 될 것입니다.
주장 강화 2단계 (재반박)	그렇지만 타인과 상호작용을 함으로써 배우게 되는 공감 능력과 의사소통 능력, 협력과 공동체의 가치가 바람직한 방식으로 미래 사회에 적응하는 데 필요한 선행 요소라고 생각합니다.
마무리	따라서, 제시된 (ㄱ)과 (ㄴ)의 관점 중, 저의 교직관과 가까운 것은 (ㄴ)입니다.

주제 문장 (방안 1)	이러한 교직관을 실현하기 위한 첫 번째 방안으로, 저는 단합 체육 활동을 추진하겠습니다.
구체화	예를 들면, 저는 다른 반, 다른 학년과 운동으로 경합하는 체육 대회나, 교사와 학생이 한마음이 되어 운동할 수 있는 사제동행 행사를 추진하겠습니다.
기대 효과	이를 통해, 공동의 목표를 이루기 위해 협력이 필요하다는 사실을 깨달을 수 있을 것입니다. 또한, 그 과정에서 서로 이견을 조율하고 갈등을 해결하며 공동체 의식을 함양할 수 있을 것입니다.
마무리	(후반부에 언급되므로 생략)
주제 문장 (방안 2)	두 번째 방안으로는, 또래 상담을 실시하겠습니다.
구체화	예를 들면, 희망 학생을 대상으로 짝을 지어 쪽지나 익명 상담, 대면 상담 등 다양한 방식을 통해 또래 상담을 지원하겠습니다.
기대 효과	이를 통해, 학생들은 다양한 상황에 놓인 친구들의 감정을 이해하고 공감함으로써 서로 존중하는 분위기가 형성될 것입니다. 또한, 자기 생각과 감정을 다른 친구들에게 표현하고 경청함으로써 협력적 소통 역량도 길러질 것입니다.
마무리	(후반부에 언급되므로 생략)
주제 문장 (방안 3)	세 번째 방안으로는, 정보 차이를 이용한 짝 활동을 실시하겠습니다.
구체화	예를 들면, 교과와 연계하여 학생들에게 틀린 그림 찾기 세트를 한 장씩 나누어주고 학생들에게 짝과 그림을 공유하지 않고 설명을 통해서만 틀린 부분을 찾아보게끔 하는 상호 간 정보 차이를 활용한 짝 활동을 기획하겠습니다.
기대 효과	이를 통해서, 학생들은 자신의 그림에 대해 상대방에게 설명하고, 서로가 각자의 이해도를 점검하는 과정에서 협력적 소통 역량이 길러질 것입니다. 이뿐만 아니라, 교과와 연계함으로써 교과 지식을 점검하거나 배운 내용을 활용해보는 지식 습득 효과도 나타날 것입니다.
마무리	따라서 저는 학교에서 다른 사람과의 상호작용 기회를 활발히 제공하기 위하여 단합 체육 활동, 또래 상담, 교과와 연계한 정보 차이를 이용한 짝 활동을 실시하겠습니다.
답변 끝	이상입니다.

4　즉답형 1

답변 시작	즉답형 1번 답변 시작하겠습니다.
주제 문장	교사 A와 교사 B의 관점 중 저의 생각과 가까운 것은 교사 A의 관점입니다.
대전제	학생을 지도할 때 가장 중요한 것 중 하나는 학생의 잘못된 행동에는 냉정하게 옳고 그름을 따지되, 학생의 감정에는 따뜻하게 공감해주고 귀를 기울여 이해해주는 것입니다.
구체화	*(질문과 무관하므로 생략)*
기대 효과	*(질문과 무관하므로 생략)*
주장 강화 1단계 (예상되는 반박)	물론 교사 B처럼 잘못을 문제 삼지 않음으로써 관용의 미덕을 실천할 수 있을 것입니다.
주장 강화 2단계 (재반박)	그러나 비록 교사의 의도는 관용을 베푸는 것이었을지라도, 학생으로서는 자신의 잘못된 행동을 인지하지 못한 채로 남겨지게 될 수도 있습니다. 이는 문제행동을 강화하는 요인으로 작용할 수 있으므로 학생 지도의 관점에서도 교육적으로 바람직하다고 보기는 어려울 것입니다.
마무리	따라서, 교사 A와 교사 B의 관점 중 저의 생각과 가까운 것은 교사 A의 관점입니다.
답변 끝	이상입니다.

5 즉답형 2

답변 시작	즉답형 2번 답변 시작하겠습니다.
주제 문장 (한계점)	제가 선택한 관점의 한계점으로는, 매번 학생의 잘못된 행동을 지적하고 반성문을 쓰게 하면 자칫 학생과 관계 형성이 어려워지거나, 심지어는 기존에 두터운 라포를 형성하고 있던 학생과도 멀어질 수 있다는 것입니다.
주제 문장 (극복 방안)	이러한 한계점을 극복하기 위해서 저는 학생을 지도할 때마다 학생을 통제의 대상이 아니라 존중의 대상임을 기억하고 행동으로 실천하겠습니다.
구체화	예를 들면, 비록 학생이 잘못한 행동을 했을지라도, 그 행동을 한 이유에 대해서 경청하고 감정에 깊게 공감하겠습니다. 그 이후에 학생의 행동에 대한 잘못을 스스로 생각해 보게 하며, 제가 결정을 내리기 전에 해당 학생의 의견을 묻고 존중하는 태도를 보여주며 학생 스스로 받아들일 수 있는 생활 지도를 실천하도록 하겠습니다.
기대 효과	이를 통해, 교사는 학생을 교육적으로 바람직한 방향으로 이끌 수 있을 것입니다. 또한, 학생은 이러한 교사의 모습을 보고 존경심을 바탕으로 한 돈독한 신뢰 관계가 형성될 것입니다.
마무리	따라서 저는 이러한 한계점을 극복하기 위해서 학생 지도 시 존중하는 태도를 실천하겠습니다.
답변 끝	이상입니다.

02 연습 문제 2회

1 구상형 1

답변 시작	구상형 1번 답변 시작하겠습니다.
주제 문장 (학습 방식)	학생 A는 글보다 그림을 선호하므로 시각 학습자, 학생 B는 앉아있는 것보다 활동적인 것을 선호하므로 운동 감각 학습자, 학생 C는 귀가 즐거운 수업을 원하므로 청각 학습자로 볼 수 있습니다.
주제 문장	각각에 맞는 수업 방식을 제시하자면, 먼저 글보다 그림을 선호하는 학생 A에게는 도표와 같이 시각적 자료를 제시하는 수업이 적합합니다.
구체화	예를 들면, 여러 요소를 비교하는 내용일 경우에는 도표로, 이야기의 흐름을 파악할 때는 만화로, 인물의 감정 변화를 나타낼 때는 그래프로 학습지를 구성하는 등 해당 수업 내용을 시각적 자료로 표현하는 것입니다.
기대 효과	이를 통해서, 해당 학생은 그림을 통해서 전체적인 내용을 한눈에 파악할 수 있게 되고, 수업 이해도가 높아질 것입니다.
마무리	따라서 학생 A에게는 도표나 만화, 그래프와 같은 시각적 자료를 제시하는 수업이 적합할 것입니다.
주제 문장	두 번째로, 앉아있는 것보다 활동적인 것을 좋아하는 학생 B에게는 신체를 활용한 수업이 적합합니다.
구체화	예를 들면, 전신반응교수법(TPR)이나, 칵테일 파티와 같이 학생들이 모두 일어나서 주변을 돌아다니며 상호 작용하는 활동을 해당 차시 수업 내용과 연계하는 것입니다.
기대 효과	이를 통해서, 해당 학생은 수업 시간에 단순히 앉아있는 것보다 더 적극적이고 직접적으로 수업에 참여하여 재미있고 활발한 학습 경험을 얻을 수 있을 것입니다.
마무리	따라서 학생 B에게는 전신반응교수법(TPR)이나, 칵테일 파티와 같이 신체를 활용한 수업이 적합할 것입니다.
주제 문장	마지막으로, 귀가 즐거운 수업을 원하는 학생 C에게는 음악을 활용한 수업이 적합합니다.
구체화	예를 들면, 노래 가사 바꾸어 부르기나, 챈트와 같이 관련 주제의 어휘를 외우거나, 핵심 표현이 사용된 문장에 운율을 붙여 반복적으로 듣고 따라 부르는 활동을 수업 시간에 적용하는 것입니다.
기대 효과	이를 통해서, 해당 학생은 음악이 접목된 수업으로 흥미가 유발되어 더 높은 수업 집중도를 보여줄 것입니다. 또한, 반복 연습으로 인한 암기 효과도 더 높아질 것입니다.

마무리	따라서 학생 C에게는 노래 가사 바꾸어 부르기나, 챈트와 같이 음악을 활용한 수업이 적합할 것입니다.
답변 끝	이상입니다.

2 구상형 2

답변 시작	구상형 2번 답변 시작하겠습니다.
주제 문장	아래 내용을 바탕으로 할 때 앞으로 요구될 교사의 자질은 수업 연구 및 개발 능력이라고 생각합니다.
대전제	온라인과 오프라인을 넘나들게 되면서 거꾸로 수업, 스마트 기기를 활용한 수업 등 다양한 형태의 수업 진행 가능성이 무궁무진해질 것입니다.
구체화	*(후반부에 언급되므로 생략)*
기대 효과	*(후반부에 언급되므로 생략)*
주장 강화 1단계 (예상되는 반박)	물론, 급격한 변화는 혼란을 초래하기도 합니다.
주장 강화 2단계 (재반박)	그러나, 교육의 패러다임이 변화하는 과정에서 교사의 새로운 수업 연구 및 개발 활동은 학생들에게 더욱 효과적인 교육 활동을 펼치려는 전문성 계발 노력의 일환입니다.
마무리	따라서, 아래 내용을 바탕으로 할 때 앞으로 요구될 교사의 자질은 수업 연구 및 개발 능력이라고 생각합니다.
주제 문장	이러한 자질을 기르기 위해서 저는 성실한 자기 장학을 통해 전문성 계발에 힘쓰겠습니다.
구체화	예를 들면, 변화하는 교육 방식에 적합한 관련 연수를 수강하고, 동료들과 전문적 학습 공동체를 형성하여 AI를 활용한 수업, 온라인 플랫폼을 활용한 수업, 메타 버스를 활용한 수업 등에 대해서 방법과 생각을 나누어보는 활동을 주기적으로 실시하겠습니다.
기대 효과	이를 통해서, 컨텐츠 제작 능력, 블랜디드 수업 능력, 디지털 기기 및 에듀 테크 활용 능력 등 교육적 변화에 따라서 교사에게 요구되는 자질을 기를 수 있을 것입니다.
마무리	따라서 저는 주기적인 자기 장학을 바탕으로 전문성 계발을 성실히 하는 교사가 되겠습니다.
답변 끝	이상입니다.

3 구상형 3

답변 시작	구상형 3번 답변 시작하겠습니다.
주제 문장	먼저, (ㄱ)에 해당하는 사례는 교사가 자신이 가르치고자 하는 내용에 대해서 학생에게 전달할 때입니다.
구체화 (근거 문장)	왜냐하면, 교사는 자신이 가르치고자 하는 교육 내용에 대해서 전문성을 바탕으로 한 자신감을 지녀야 하기 때문입니다. 따라서, 교사가 자신의 교육 내용에 대해서 학생에게 전달할 때는 (ㄱ)과 같은 관점이 적합합니다.
주제 문장	한편, (ㄴ)에 해당하는 사례는 교사가 자신이 가르치고자 하는 내용에 대해서 전달 방식을 고민할 때입니다.
구체화 (근거 문장)	왜냐하면, 기술 발전에 따라 점점 더 새롭고 효과적인 교수 모델이 등장하며, 이러한 교수법을 자신의 수업에 접목하기 위해서는 자기 계발이 필요하기 때문입니다. 따라서, 자신이 가르치고자 하는 내용에 대해서 전달 방식을 고민할 때는 (ㄴ)과 같은 관점이 적합합니다.
주제 문장	제시된 (ㄱ)과 (ㄴ)의 입장 중, 저의 입장과 가까운 것은 (ㄴ)입니다.
대전제	우리가 살아가는 사회는 계속해서 변화하고 발전하기 때문에, 교육 환경에서도 중요시되는 가치관과 요구되는 지식, 바람직한 인간상과 핵심 역량도 변화를 겪을 것입니다.
구체화	(질문과 무관하므로 생략)
기대 효과	(질문과 무관하므로 생략)
주장 강화 1단계 (예상되는 반박)	물론, 교사의 본질은 학생을 올바른 방향으로 교육하는 것이며, 일관된 가치관과 철학으로 학생을 대하는 것이 중요합니다.
주장 강화 2단계 (재반박)	그러나 시대의 요구에 따라 수직적이고 권위적인 교사상에서 수평적이고 민주적인 교사상으로 가치관이 변화한 것처럼, 옳고 그름과 바람직한 것에 대한 기준은 시대에 따라 변화하기도 하며, 이러한 변화에 발맞추어 자기 스스로 발전하는 교육적 태도를 지니는 것이 본받을 만한 교사의 모습이라고 생각합니다.
마무리	따라서, 제시된 (ㄱ)과 (ㄴ)의 입장 중, 저의 입장과 가까운 것은 (ㄴ)입니다.
답변 끝	이상입니다.

4 즉답형 1

답변 시작	즉답형 1번 답변 시작하겠습니다.
주제 문장	저는 제시된 두 가지 선택지 중 두 번째 선택지가 더 바람직하다고 생각합니다.
대전제	지각과 흡연과 같은 학생의 일탈 행동은 불안정한 정서적 요인이 원인이 되는 경우가 많으며, 이는 학급 내에서 교우 관계를 개선하여 안정적인 인간관계를 형성함으로써 문제 해결에 도움이 될 수 있습니다.
구체화	*(후반부에 언급되므로 생략)*
기대 효과	*(후반부에 언급되므로 생략)*
주장 강화 1단계 (예상되는 반박)	물론, 담임 교사로서 학생 A와 어울리는 다른 학생을 같은 반에 두는 것은 생활 지도의 측면에서 많은 시간과 노력이 들기 때문에 부담이 되는 것은 사실입니다.
주장 강화 2단계 (재반박)	그러나, 만약 학생 A가 같은 반에 어울릴 친구가 없다면, 고립된 교실 환경에서 소외감을 느껴 더욱 정서적으로 불안정함을 느끼게 될 것입니다. 또한, 담임 교사로서도 학생 A를 혼자 지도하는 것보다 학생 A와 친한 친구를 같이 지도하는 것이 교사의 지도에 대한 반항심을 줄이고 서로에게 의지하도록 하며 시너지 효과를 기대할 수 있을 것입니다.
마무리	따라서, 저는 제시된 두 가지 선택지 중 두 번째 선택지가 더 바람직하다고 생각합니다.
답변 끝	이상입니다.

5 즉답형 2

답변 시작	즉답형 2번 답변 시작하겠습니다.
주제 문장	저는 담임 교사로서 학생 A의 적응을 돕기 위해 학급 그룹 한끼 상담을 실시하겠습니다.
대전제	학급 내에서 안정적인 교우 관계를 형성하여 좋은 영향력을 줄 수 있는 친구가 곁에 있다면 학생 스스로 자기 통제력이 형성되어 문제행동이 개선될 수 있습니다.
구체화	따라서 구체적인 방안을 예시로 들자면, 저는 먼저 학생 A에게 같이 편하게 이야기를 나누며 밥을 먹고 싶은 친구를 반에서 2~3명 정도를 선택하게 한 뒤, 선택된 학생에게 사정을 설명한 후 한끼 상담 참여를 원하는지 의견을 물어보겠습니다. 그 후 같이 학교 밖 편한 자리에서 밥을 함께 먹으며 가볍게 학교생활에 관하여 묻고 학생 A와 친해질 수 있도록 공감대를 형성하여 대화를 이끌어나가겠습니다.
기대 효과	이를 통해서, 학생 A는 자기 주변에 긍정적인 영향력을 줄 수 있는 친구가 곁에 생김으로써 자기 통제력이 형성될 것입니다. 또한, 학급 내에서 안정적인 교우 관계를 형성함으로써 학교에 더 잘 적응할 수 있으며 정서적 안정감이 생겨 문제행동의 빈도도 많이 감소할 것입니다.
마무리	따라서 저는 담임 교사로서 학생 A의 적응을 돕기 위해 학급 그룹 한끼 상담을 실시하겠습니다.
답변 끝	이상입니다.

03 연습 문제 3회

1 구상형 1

답변 시작	구상형 1번 답변 시작하겠습니다.
주제 문장 (원인 1)	먼저 문제 상황이 발생하게 된 첫 번째 원인은, 학생 A의 행동과 감정을 비롯한 자기 통제 능력이 서툴기 때문입니다.
이상적 상황	바람직한 인간관계를 형성하기 위해서는 자신의 감정을 잘 다룰 수 있는 능력이 필요하며 이는 학교에서 다양한 사람들과의 상호작용을 통해 학습될 수 있습니다.
원인-문제 상황 연결	그러나 학생 A는 자신의 행동과 감정을 통제하는 능력이 서툴기 때문에 같은 반 학생들의 자극에 민감하게 반응하여 과도한 행동과 감정 표현이 나타나게 된 것입니다.
주제 문장 (원인 2)	두 번째 원인은 학생 A를 놀리는 것에 대해 심각성을 인지하지 못하고 방관하는 교실 분위기입니다.
이상적 상황	다수의 학생이 한 학생을 놀리는 것에 대한 방관자적 태도는 심각한 따돌림 문제로 번질 가능성이 있으므로 이에 대한 경각심이 필요합니다.
원인-문제 상황 연결	그러나, 해당 교실에서는 군중 심리로 여러 학생이 다 같이 하는 행동에 대해서 심각성을 느끼지 못하고 있으며 이러한 분위기에 의해 쪽지 상담에서 모두 빈 종이로 제출하게 된 것입니다.
주제 문장 (해결 방안 1)	이에 대한 첫 번째 해결 방안으로는, 저는 학생 A에게 사회성 코칭을 실시하겠습니다.
구체화	예를 들면, 학생 A가 겪은 상황을 다시 되짚어 보며 자신의 어떤 반응으로 인하여 어떤 결과가 나타났는지 직접 복기해 보게 하는 것입니다. 그후, 다른 방식으로 반응했다면 어떤 결과가 나타났을지 이야기를 나누어 보고 최종적으로 어떤 방식으로 반응을 하는 것이 바람직한지 스스로 알아보는 기회를 제공할 것입니다.
기대 효과	이를 통해서 학생 A는 사회적으로 관계 맺는 방식을 배우게 되고 바람직한 상호작용 방식을 터득하게 됨으로써 자신감이 상승하고 교우 관계가 회복될 것입니다.
마무리	따라서 저는 학생 A에게 사회성 코칭을 실시하겠습니다.
주제 문장 (해결 방안 2)	두 번째 해결 방안으로는, 저는 매체를 활용한 토의/토론 수업을 진행하겠습니다.

대전제	학생들은 자신의 행동을 제삼자의 시각으로 바라보았을 때 문제점을 더욱 잘 파악할 수 있습니다.	
구체화	따라서 저는 학교 폭력 상황이나, 따돌림 상황에 대한 비디오 영상을 보여주고 이에 대해 가해자의 행동과 피해자의 감정에 대해서 토의해보는 시간을 갖겠습니다.	
기대 효과	이를 통해서, 학생은 자신의 행동을 제삼자의 관점에서 바라보고 반성하며 성찰할 기회를 얻게 될 것입니다.	
마무리	따라서 저는 매체를 활용한 토의/토론 수업을 진행하겠습니다.	
답변 끝	이상입니다.	

2 구상형 2

답변 시작	구상형 2번 답변 시작하겠습니다.
주제 문장	다음과 같은 상황에서 교사 A에게 필요했던 자질은 공과 사를 구별하는 태도라고 생각합니다.
대전제	Getzels와 Guba의 사회체제 이론에 따르면 개인이 가지고 있는 욕구 성향과 역할 기대 사이의 조율이 바람직한 사회 행동에 중요하다는 것을 알 수 있습니다.
구체화	*(후반부에 언급되므로 생략)*
기대 효과	*(후반부에 언급되므로 생략)*
주장 강화 1단계 (예상되는 반박)	물론 교사 A처럼 평소에 학생들과 스스럼없이 친근하게 지내며 마치 친구와 같이 사소한 이야기를 많이 주고받는 행동은 학생 지도나 학교 폭력 예방의 관점에서 많은 이점이 존재합니다.
주장 강화 2단계 (재반박)	그러나 교사 A와 같이 격의 없는 관계를 추구하는 성향과 교사의 역할 기대를 적절히 조율하지 못한다면, 교사가 하는 교육적 행위에 대해서 학생들에게 설득력을 잃게 될 우려가 있습니다.
마무리	따라서 저는 다음과 같은 상황에서 교사 A에게 필요했던 자질은 공과 사를 구별하는 태도라고 생각합니다.
주제 문장	이러한 자질을 기르기 위해서 저는 다음과 같이 노력하겠습니다.
구체화	먼저, 항상 학생들을 대할 때 인간적인 저의 성향과 직업적인 역할 기대 사이에서 무엇이 적절한지 판단하고 최선의 결정을 내리기 위해 고민하는 태도를 지니겠습니다. 평소에는 학생들과 스스럼없는 친근한 관계를 유지하되, 학생이 잘못된 행동을 하거나 교사로서 존중하지 않는 태도를 보일 때는 엄격하게 지도함으로써 학생이 자신의 행동을 돌아보며 바람직한 방향으로 나아갈 수 있도록 하는 교사로서의 모습을 유지할 것입니다.

기대 효과	이를 통해서, 때로는 친구와 같이 속마음을 털어놓고 믿고 의지할 수 있는 선생님, 때로는 잘못된 길로 가지 않도록 바람직한 방향을 제시해주는 든든한 선생님으로 친근함과 존경심을 바탕으로 한 학생과의 관계가 형성될 것입니다.
마무리	따라서 저는 항상 학생들을 대할 때 인간적인 모습과 직업적인 역할 기대 사이에서 무엇이 적절한지 판단하고 최선의 결정을 내리기 위해 고민하는 태도를 지니고 실천하겠습니다.
답변 끝	이상입니다.

3 구상형 3

답변 시작	구상형 3번 답변 시작하겠습니다.
상대방 상황 공감	원격 수업을 하면서 교실에서 할 수 없었던 새롭고 신기한 활동을 하니까 재미가 있나 보네. 그렇지만 선생님이 종종 너무 자세히 설명해서 수업이 답답하게 느껴질 때도 있나 보다. 그렇지. 이미 다 이해한 내용이고 이제는 다음 활동이 기다려지는데 자꾸 같은 설명을 하고 그걸 듣고만 있으면 답답하지. 선생님도 충분히 이해해.
자신의 상황 전달	그렇지만 학생들은 배우는 속도가 모두 다르단다. 각자 잘하는 과목이 있고 부족한 과목이 있듯이, 잘하는 과목에서는 선생님이 하는 말을 빨리 이해하고 부족한 과목에서는 몇 번을 반복해서 들어야 이해가 될 때가 있어. 너도 그런 경험이 있지 않니? 선생님은 우리 반 모두가 잘 이해했으면 하는 마음에서 여러 번 설명하게 된 거야. 하지만 교실 수업은 그래도 학생들의 표정을 보면서 잘 따라오는지 확인하고, 넘어갈 부분은 넘어가고 설명할 부분은 설명하는 것이 가능했는데, 온라인 수업에서는 선생님이 학생들 표정이 잘 보이지 않으니까 선생님이 걱정되어서 조금 더 필요 이상으로 설명하게 되는 것 같기도 해. 그래서 우리 학생같이 답답함을 느끼는 친구들이 많아진 것 같네.
앞으로의 개선	오늘 우리 학생이 이야기해준 것처럼, 답답함을 느끼지 않도록 온라인 수업에서도 선생님이 학생들이 잘 이해했는지 더 자주 물어보고 잘 파악해서 조금 더 효율적으로 수업 진행하도록 할게.
답변 끝	이상입니다.

4 즉답형 1

답변 시작	즉답형 1번 답변 시작하겠습니다.
주제 문장	교사 A와 교사 B의 입장 중 저의 견해와 가까운 것은 교사 A의 입장입니다.
대전제	구성주의 관점에 따르면, 지식은 교사로부터 전달되는 것이 아니라 학습자로부터 구성되는 것이므로 학생 중심 수업이 더욱 효과적인 방식이라고 설명하고 있습니다.
구체화	*(즉답형 3에서 언급되므로 생략)*
기대 효과	*(즉답형 3에서 언급되므로 생략)*
주장 강화 1단계 (예상되는 반박)	물론 교사 B와 같이 논리적인 전개로 수업을 짜임새 있게 구성한다면 수업의 주제와 배우고자 하는 내용이 명확하게 드러남으로써 수업 전달력이 높아질 수 있습니다.
주장 강화 2단계 (재반박)	그러나, 교사의 수업 전달력이 아무리 좋을지라도 학생의 동기 부여 및 흥미 유발을 통한 학생 참여가 전제되지 않으면 높은 수업 효과성을 기대할 수 없을 것입니다.
마무리	따라서, 교사 A와 교사 B의 입장 중 저의 견해와 가까운 것은 교사 A의 입장입니다.
답변 끝	이상입니다.

5 즉답형 2

답변 시작	즉답형 2번 답변 시작하겠습니다.
주제 문장 (유의점)	제가 선택한 입장의 방식으로 수업했을 때 유의해야 할 점은 수업의 효율성입니다.
구체화 (근거 문장)	매 수업 시간 모둠 학습과 토론, 토의 수업을 진행하면 활발한 학생 참여가 이루어질 수는 있으나 전체적인 수업 차시 배분을 고려하였을 때 수업 진행에 필요한 시간이 늘어나게 될 것입니다. 또한, 모둠마다, 교실마다, 학생 개인마다 다른 결론에 도달하게 될 가능성이 있으므로 가르치고자 하는 내용이 불명확하거나 배운 내용이 무엇인지 정확히 파악할 수 없게 되는 혼란을 초래할 수도 있습니다.
마무리	따라서 수업을 진행한 시간에 비해서 얼마나 효과적으로 내용이 정확하게 전달되었는지 수업의 효율성에 관해 유의해야 할 것입니다.
답변 끝	이상입니다.

6 즉답형 3

답변 시작	즉답형 3번 답변 시작하겠습니다.
주제 문장	앞서 언급한 유의점을 바탕으로, 저는 교재 연구를 할 때 가르치고자 하는 지식의 성질과 수업에서 이루고자 하는 목표를 고려하여 강의식 수업과 학생 참여식 수업이 적합하게 혼합된 수업 방식을 추구하겠습니다.
구체화	예를 들면, 주요 개념이나 핵심 내용을 전달할 때는 강의식으로 명확하게 수업 전달력을 높여 진행하고 배운 내용을 바탕으로 새로운 상황에 적용하고 문제를 해결해야 하는 과제를 수행할 때는 토론/토의식 수업, 발표 수업, 프로젝트 수업 등 다양한 학생 참여 활동을 접목하겠습니다.
기대 효과	이를 통해서, 일관되게 전달되어야 하는 핵심 개념에 대해서는 강의식 수업을 통해 정확하게 배우고, 배운 내용을 새로운 상황에 적용하는 단계에서는 학생 중심 수업을 통해 사고 확장의 기회를 얻게 될 것입니다.
마무리	따라서 저는 강의식 수업과 학생 참여식 수업이 필요에 따라 적절히 혼합된 수업 방식을 추구하겠습니다.
답변 끝	이상입니다.

04 연습 문제 4회

1 구상형 1

답변 시작	구상형 1번 답변 시작하겠습니다.
주제 문장 (동기 부여 방식)	캘러의 ARCS 이론을 바탕으로, 학생 A는 주의 집중 방식에 따라 동기 부여가 되는 방식, 학생 B는 관련성에 따라 동기 부여가 되는 방식, 학생 C는 자신감의 여부에 따라 동기 부여가 되는 방식으로 분석할 수 있습니다.
주제 문장	첫 번째로, 주의 집중 방식에 따라 동기 부여가 되는 학생 A에게는 수업 내용을 전달할 때 표현 방식을 다양화하는 방안이 효과적일 것입니다.
구체화	예를 들면, 그림이나 도표를 활용하여 자료를 제시하거나, 유튜브 영상이나 인스타그램을 접목하는 것입니다.
기대 효과	이러한 방식으로, 학생 A는 글로만 제시되었던 기존의 방식과는 다른 전달 방식을 통해 학습 내용에 대해 흥미를 느끼고 집중하게 될 것입니다.
마무리	따라서 학생 A에게는 그림이나 도표, 유튜브나 인스타그램을 활용한 색다른 표현 방식을 접목하는 방안이 효과적일 것입니다.
주제 문장	두 번째로, 관련성에 따라 동기 부여가 되는 학생 B에게는 실제 상황을 기반으로 한 문제 해결 방식의 수업 모형이 효과적일 것입니다.
구체화	예를 들면, 삼각비를 활용하여 우리 동네에서 제일 높은 건물의 높이를 구해보거나, 영어 표현을 활용하여 맛집 지도를 만들어보는 것처럼, 자신이 배운 내용이 실제 상황에 사용되는 모습을 수업에서 소개하는 것입니다.
기대 효과	이를 통해서, 학생 B는 자신이 배운 내용이 실제 상황에 활용된다는 사실을 깨달음으로써 수업 내용에 흥미를 느끼고 학습하고자 하는 동기가 생길 것입니다.
마무리	따라서 학생 B에게는 실제 상황을 기반으로 한 문제 해결 방식의 수업 모형이 효과적일 것입니다.
주제 문장	마지막으로, 자신감에 따라 동기 부여가 되는 학생 C에게는 성공 경험이나 선택권이 충분히 제공되는 방식의 수업을 실현하는 것이 적합할 것입니다.
구체화	예를 들면, 학생의 수준에 맞는 난이도를 제시하거나, 쉬운 문제에서 어려운 문제 순서로 풀어보는 단계적 학습으로 성공 경험을 제공하고, 자신이 직접 과제를 고를 수 있게끔 선택권을 제공함으로써 개인적 조절감을 증대시키는 것입니다.

기대 효과	이를 통해서, 학생 C는 자아 효능감과 수업에 대한 자신감을 바탕으로 학습하고자 하는 동기가 생길 것입니다.
마무리	따라서 학생 C에게는 성공 경험이나 선택권이 충분히 제공되는 방식의 수업을 실현하는 것이 적합할 것입니다.
답변 끝	이상입니다.

2 구상형 2

답변 시작	구상형 2번 답변 시작하겠습니다.
주제 문장	다음과 같은 상황에서 김 교사에게 필요했던 자질은 생활 지도 실천 능력이라고 생각합니다.
대전제	교사의 지도는 교과 측면과 생활 측면의 두 축으로 나눌 수 있으며, 이 둘의 적절한 균형을 맞추는 것은 중요합니다.
구체화	*(후반부에 언급되므로 생략)*
기대 효과	*(후반부에 언급되므로 생략)*
주장 강화 1단계 (예상되는 반박)	물론 김 교사처럼 교재 연구와 수업 준비에 시간을 아끼지 않으며 각종 연수를 신청하고 교수법도 개발하는 태도는 교사로서 본받을만한 점입니다.
주장 강화 2단계 (재반박)	그러나 수업 중에 엎드려 자거나 만화책을 보는 것처럼 교사를 존중하지 않는 태도나, 친구와 장난을 치며 다른 학생들의 학습을 방해하는 행위는 적절한 지도가 필요합니다.
마무리	따라서 저는 다음과 같은 상황에서 김 교사에게 필요했던 자질은 생활 지도 실천 능력이라고 생각합니다.
주제 문장 (방안 1)	이에 대한 첫 번째 방안으로 수업 규칙을 정하는 활동을 실시하겠습니다.
구체화	예를 들면, 수업 시간에 지켜야 할 규칙과 규칙을 지키는 것이 중요한 이유에 대해 학생들과 함께 이야기를 나누어보는 활동을 실시하는 것입니다.
기대 효과	이를 통해서, 학생은 다른 사람을 존중하는 태도를 지니는 것의 중요성을 배우고 교사는 수업 규칙 준수의 중요성을 강조하며 적절한 생활 지도 역량을 기를 수 있을 것입니다.
주제 문장 (방안 2)	두 번째 방안으로, 저는 전문적 학습 공동체나 학년부 모임 등에서 동료 교사들과 고민을 공유하고 조언을 구하겠습니다.

구체화	예를 들면, 같은 반 수업을 들어가는 다른 교과 선생님이나, 교육 경험이 풍부한 선배 교사에게 고민을 공유하고 이와 같은 상황에서는 어떻게 지도하는 것이 바람직한지 조언을 구하겠습니다.	
기대 효과	이를 통해서, 동료 간 협력 관계가 형성되고 선배 교사의 현명한 조언을 통해 적절한 생활 지도 역량을 함양할 수 있을 것입니다.	
답변 끝	이상입니다.	

3 구상형 3

답변 시작	구상형 3번 답변 시작하겠습니다.
주제 문장	교사 A와 교사 B의 입장 중 저의 견해와 가까운 것은 교사 B의 입장입니다.
대전제	학교 운영에 관한 업무와 교육 활동은 개별적으로 이루어지는 것이 아니라 교사 간 협력을 바탕으로 한 상호 작용을 통해 이루어집니다.
구체화	*(질문과 무관하므로 생략)*
기대 효과	*(질문과 무관하므로 생략)*
주장 강화 1단계 (예상되는 반박)	물론 교사 A의 입장과 같이, 젊은 세대 교사는 비교적 디지털 기기에 능숙하고 원로 교사는 행정 업무 처리, 교육 사업 추진 및 실무에 풍부한 경험이 있다는 특징이 존재합니다.
주장 강화 2단계 (재반박)	그러나, 위와 같은 특징은 단순히 경력뿐만 아니라, 교사의 적성과 개인적 목표, 관심 분야 및 추구 방향에 따라 교육 활동과 업무에 대한 적절성이 달라질 수 있을 것입니다.
마무리	따라서, 교사 A와 교사 B의 입장 중 저의 견해와 가까운 것은 교사 B의 입장입니다.
주제 문장 (유의점)	한편, 교사 B의 입장과 관련하여 유의해야 할 점은 학교 구성원이 협력에 대한 개방적 태도를 지녀야 한다는 것입니다.
구체화 (근거 문장)	교육 활동과 업무에 대한 적절성이 경력과 무관하다 할지라도 교사 개인의 강점과 적성에 따라 더 잘 수행할 수 있는 부분이 있고 서툰 부분이 있기 마련입니다. 또한, 학교의 업무 처리와 교육 활동은 독립적인 것이 아니라 서로 연관되어 있으므로 상호 간 협력이 중요합니다. 따라서 자신이 잘 수 있는 부분은 적극적으로 도맡아 하고, 부족한 부분은 도움을 요청할 수 있는 태도가 필요할 것입니다.
마무리	따라서 교사 B의 입장과 관련하여 유의해야 할 부분은 학교 구성원이 협력에 대한 개방적 태도를 지녀야 한다는 점이라고 생각합니다.
답변 끝	이상입니다.

4 즉답형 1

답변 시작	즉답형 1번 답변 시작하겠습니다.
주제 문장	두 부장 교사 중 제가 협력하고 싶은 분은 부장 교사 B입니다.
대전제	신규 교사로서 새로운 근무 환경에 원활히 적응하기 위해서는 동료 간의 관계 형성이 중요합니다.
구체화	*(질문과 무관하므로 생략)*
기대 효과	*(질문과 무관하므로 생략)*
주장 강화 1단계 (예상되는 반박)	물론 부장 교사 A와 협력한다면 업무와 관련하여 훨씬 더 효율적으로 배울 수 있을 것입니다.
주장 강화 2단계 (재반박)	그러나 신규 교사인 저의 입장에서, 부서의 분위기가 밝고 의견 교환이 활발히 이루어진다면, 제가 모르는 부분을 편하게 물어볼 수 있는 환경이 형성되기 때문에 업무에 더욱 원활히 적응할 수 있을 것으로 생각합니다.
마무리	따라서, 두 부장 교사 중 제가 협력하고 싶은 분은 부장 교사 B입니다.
답변 끝	이상입니다.

5 즉답형 2

답변 시작	즉답형 2번 답변 시작하겠습니다.
주제 문장 (비판)	부장 교사 B는 업무 처리의 효율성 측면에서 단점이 존재합니다.
구체화 (근거 문장)	물론 업무 처리 과정에서 동료 간 의견 교환이 중요한 것은 사실이지만 신속성과 정확성에 대한 중요성도 간과되어서는 안 될 것입니다. 하지만 부장 교사 B와 같이 부서의 업무 처리보다 동료 간의 화합을 중시하다 보면 업무 처리의 정확도가 떨어지고 시간이 많이 소요될 우려가 있습니다.
마무리	따라서, 부장 교사 B는 업무 처리의 효율성 측면에서 단점이 존재한다고 생각합니다.
답변 끝	이상입니다.

6 즉답형 3

답변 시작	즉답형 3번 답변 시작하겠습니다.
주제 문장	저는 부장 교사 A와는 효율성을 중시하는 모습을 존중하는 방식으로 협력하겠습니다.
구체화	먼저 맡은 역할과 관련한 인수인계를 성실히 받아 업무 파악을 확실히 하겠습니다. 물론 신규 교사로서 업무를 처리하는 과정에 어려움이 있을 것입니다. 그러나 이러한 상황에는 업무 지침서를 참고하거나 전임자에게 물어보는 등 나름대로 업무 해결에 대한 노력을 스스로 해보겠습니다. 그 후에도 혼자 힘으로 해결하기 어려운 문제의 경우에는 부장 교사 A에게 조언을 요청하는 순서로 협력하겠습니다.
기대 효과	이를 통해서 업무 처리 속도를 중시하는 부장 교사 A의 방식을 존중할 수 있을 것입니다. 또한, 스스로 문제를 해결하려고 노력한 후 조언을 구하는 자기 주도적인 태도로 원활한 협력 관계를 형성할 수 있을 것입니다.
마무리	따라서 저는 위와 같이 부장 교사 A의 업무 처리 방식을 존중하는 태도로 협력하겠습니다.
답변 끝	이상입니다.

05 연습 문제 5회

1 구상형 1

답변 시작	구상형 1번 답변 시작하겠습니다.
주제 문장 (평가 방식)	학생 A는 상대 평가, 학생 B는 성장 지향 평가, 학생 C는 노력 지향 평가를 희망하고 있습니다.
주제 문장 (실현 방안 1)	이러한 희망 사항을 수업에서 실현할 방안으로, 먼저 학생 A에게는 팀 경쟁 활동이 적합할 것입니다.
구체화	예를 들면, 팀을 나누어 내부에서는 협동할 수 있도록 하고, 외부에서는 경쟁할 수 있도록 수업 활동을 구성하여 평가에 반영하는 것입니다.
기대 효과	이처럼 협동심과 경쟁심을 자극하는 활동을 통해서, 학생 A는 수업 시간에 적극적인 태도로 참여할 것입니다.
주제 문장 (실현 방안 2)	두 번째 실현 방안으로, 학생 B에게는 성적 상승률을 평가에 일정 부분 반영하는 것입니다.
구체화	예를 들면, 매 수업 시간 형성 평가를 실시하고, 해당 시험의 결과가 직전 시험과 비교하여 성적 상승 폭이 일정 부분 이상 되는 학생들에게 적절한 보상을 제공하는 것입니다.
기대 효과	이를 통해서, 학생 B는 과거의 자기 자신과 경쟁하며 성장하는 자신의 모습을 보며 성취감을 느낄 것입니다.
주제 문장 (실현 방안 3)	마지막으로, 학생 C에게는 단계별 프로젝트 활동을 실시하는 것입니다.
구체화	예를 들면, 평가 과정을 여러 단계로 나누고 단계마다 학생의 참여도, 몰입도, 과제 수행 정도 등을 종합적으로 평가하여 노력의 정도를 판단하는 것입니다.
기대 효과	이를 통해서, 학생 C는 결과 완성도에 대한 부담에서 벗어나 매시간 열심히 노력하며 적극적인 수업 참여 의지를 보일 것입니다.
답변 끝	이상입니다.

2 구상형 2

답변 시작	구상형 2번 답변 시작하겠습니다.
주제 문장 (자질 1)	아래 상황에서 박 교사에게 필요했던 첫 번째 자질은 통합 학급 학생에 대한 이해입니다.
이상적 상황	통합 학급은 다른 학생들과 함께 교실에서 수업을 듣기는 하지만 배려와 이해가 필요한 부분이 있기 마련입니다.
자질-상황 연결	그러나 박 교사는 위와 같은 부분을 고려하지 않고 통합 학급 학생도 다른 학생과 똑같이 대우받아야 한다고 생각하며 지도하고 있습니다. 만약, 박 교사가 배려와 이해가 필요한 부분에 대해서 인지하고 있었다면 다른 방식의 생활 지도가 가능했을 것입니다.
주제 문장 (자질 2)	한편, 박 교사에게 필요했던 두 번째 자질은 수업 운영 능력입니다.
이상적 상황	수업 운영 능력이란 수업 중 문제행동을 보이는 학생들을 지도하는 능력에만 국한되는 것이 아니라, 학생들의 자연스러운 흥미와 주의 집중을 유도할 수 있는 수업 구성, 차시별 진도 운영, 수업 중 학생의 몰입도 확인 등 포괄적인 영역을 포함합니다.
자질-상황 연결	그러나 박 교사는 위와 같은 부분이 미흡하였기 때문에 효과적인 학생 지도가 이루어지지 못하고 수업 진도에도 차질이 생기게 된 것입니다.
주제 문장 (방안 1)	이에 대한 첫 번째 방안으로 통합 학급에 관한 자율 장학을 할 수 있을 것입니다.
구체화	예를 들면, 주의력 집중 결핍 장애의 증상이나 해당 학생을 수업 시간에 참여시키는 방법, 문제행동을 보일 시에 지도하는 방법 등에 대해서 연수를 수강하는 것입니다. 또한, 학교에 통합 학급 선생님이 계신다면 조언을 요청하여 구체적인 지도 방안에 대해 논의할 수도 있을 것입니다.
기대 효과	이를 통해서, 통합 학급 학생에 관한 지식을 바탕으로 배려가 필요한 부분과 통합이 필요한 부분을 적절히 조율하여 효과적인 방식의 교실 지도를 실현할 수 있을 것입니다.
주제 문장 (방안 2)	두 번째 방안으로, 수업 성찰을 성실히 하는 것입니다.
구체화	예를 들면, 수업이 끝난 후 수업 성찰 일지를 활용하여 자신의 수업에서 벌어졌던 상황을 간략히 언급하고 이에 어떻게 지도하였는지, 학생이 어떤 반응을 보였는지, 다른 방법은 없었는지, 수업 진도에는 문제가 없는지, 앞으로의 수업 운영은 어떻게 해나갈 건지 등을 종합적으로 성찰하는 것입니다.

기대 효과	이를 통해서 수업 전문성을 확보하고, 자연스러운 참여를 유도할 수 있을 것입니다. 또한, 수업 진도에 영향을 주지 않는 범위 내에서 적절한 학생 지도가 이루어질 수 있을 것입니다.
답변 끝	이상입니다.

3 구상형 3

답변 시작	구상형 3번 답변 시작하겠습니다.
주제 문장	교사 A와 교사 B 중 저의 생각과 가까운 것은 교사 B의 의견입니다.
대전제	담임 교사와 학생 사이 가장 중요한 것은 신뢰를 바탕으로 한 라포 형성입니다.
구체화	*(질문과 무관하므로 생략)*
기대 효과	*(질문과 무관하므로 생략)*
주장 강화 1단계 (예상되는 반박)	물론 교사 A와 같이 다양한 교육학적 이론과 심리학적인 지식, 전문 상담 기술 등을 바탕으로 학생들을 지도하는 것은 중요합니다.
주장 강화 2단계 (재반박)	그러나 학생들과의 친밀한 관계 형성이 전제되지 않으면 학생이 교사에게 개방적 태도를 유지하고 마음을 열어 대화에 임하는 것을 기대하기 어려울 것입니다.
마무리	따라서, 교사 A와 교사 B의 입장 중 저의 견해와 가까운 것은 교사 B의 입장입니다.
주제 문장 (유의점)	한편, 교사 B의 입장과 관련하여 유의해야 할 점은 격의 없는 관계 형성으로 인한 통솔력 상실입니다.
구체화 (근거 문장)	학생과 지나치게 친밀한 관계를 유지하면 자칫 '교사'가 아니라 '친한 어른'이 되어 교사의 지도에 대한 통솔력이 상실될 우려가 있습니다. 친구에게 하는 장난을 교사에게 한다거나, 교사의 정당한 교육적 행위를 진지하게 받아들이지 않는 등의 문제 상황이 발생할 수 있을 것입니다.
마무리	따라서 교사 B의 입장과 관련하여 유의해야 할 점은 격의 없는 관계 형성으로 인한 통솔력 상실이라고 생각합니다.
답변 끝	이상입니다.

4 즉답형 1

답변 시작	즉답형 1번 답변 시작하겠습니다.
주제 문장 (행동의 원인)	선배 교사 A는 학생들에게 다양한 방식의 수업을 제공해주고 싶은 마음에 후배 교사 B에게 혁신적인 수업을 진행해달라고 부탁한 것입니다.
대전제	학생으로서 여러 방식의 수업을 듣는 것은 좋은 학습 경험이 될 것입니다.
원인-상황 연결	이러한 점에서 선배 교사 A는 후배 교사 B가 자신보다 젊으므로 학생들과 교감이 더 잘 되고, 이와 같은 강점을 살려서 혁신적인 수업을 진행할 역량이 충분하다고 판단한 것으로 생각합니다.
답변 끝	이상입니다.

5 즉답형 2

답변 시작	즉답형 2번 답변 시작하겠습니다.
주제 문장 (비판)	선배 교사 A의 제안은 의사결정이 일방적으로 이루어졌다는 점에서 비판의 여지가 있습니다.
구체화 (근거 문장)	물론 선배 교사의 경험상 젊은 교사는 학생들과 잘 어울리고 혁신적인 수업에 관심이 많았을 수도 있습니다. 그러나, 동 교과 선배로서 같이 수업을 구성해나가야 하는 선배 교사 A가 후배 교사 B에게 자신의 의견을 전달하고 후배 교사의 입장도 들어보면서 협력하였다면 더 바람직한 결과를 기대할 수 있었을 것입니다.
답변 끝	이상입니다.

6 즉답형 3

답변 시작	즉답형 3번 답변 시작하겠습니다.
주제 문장	저는 선배 교사 A에게 솔직하게 고민을 털어놓는 방식으로 협력을 요청하겠습니다.
구체화	먼저, '저도 선생님처럼 학생들에게 다양한 방식의 수업을 제공하고 싶습니다.'라고 언급하며 선배 교사 A의 생각을 이해하고 있음을 보여주겠습니다. 그 후, '그런데 저는 경력이 아직 부족해서 학생들과 잘 어울릴 자신도 없고 혁신적인 수업이 무엇인지 솔직히 잘 모르겠습니다.'라고 말하며 선배 교사 A에게 솔직한 고민을 털어놓겠습니다. 그다음, 선배 교사 A와 함께 적절한 협력 방안을 모색하며 수업을 구성해나가겠습니다.
기대 효과	이를 통해서 선배 교사 A의 입장을 존중하며 바람직한 방향으로 협력 관계를 구성해나갈 수 있을 것입니다. 또한, 후배 교사 B의 입장에서는 선배 교사 A의 풍부한 경험으로부터 학생들과 어울리는 법, 혁신적인 수업을 만드는 법에 대해서 배울 수 있을 것입니다.
마무리	따라서 저는 위와 같이 선배 교사 A에게 솔직하게 고민을 털어놓는 방식으로 협력을 요청하겠습니다.
답변 끝	이상입니다.

06 연습 문제 6회

1 구상형 1

답변 시작	구상형 1번 답변 시작하겠습니다.
주제 문장 (원인 1)	먼저 문제 상황이 발생하게 된 첫 번째 원인은, 박 교사의 의사결정이 일방적이었기 때문입니다.
이상적 상황	학급 자리를 정하는 것처럼, 모든 학생에게 영향을 주는 의사결정 과정에서는 이해 당사자 모두의 의견을 수렴하는 과정이 필수적입니다.
원인-문제 상황 연결	그러나 박 교사는 학급의 자리를 정하는 과정에서 눈이 나쁜 학생의 자리를 먼저 정하는 것에 대해 다른 학생의 의견을 구하는 과정 없이 일방적으로 결정하였습니다.
주제 문장 (원인 2)	두 번째 원인은 박 교사가 민수를 편애한다고 생각하는 분위기 때문입니다.
이상적 상황	담임 교사로서, 자신이 맡은 학생을 차별 없이 공평하게 대하는 태도는 중요합니다.
원인-문제 상황 연결	그러나 아무리 수업 태도도 좋고 공부도 열심히 하려는 민수가 눈이 나쁜 것에 대해 안타깝다 할지라도, 담임 교사로서 그 부탁을 선뜻 들어주는 행위는 다른 학생들에게 민수를 편애한다고 비칠 수 있을 것입니다.
주제 문장 (해결책 1)	이러한 문제에 대한 첫 번째 해결책으로, 학생의 자율성을 존중하며 스스로 의사결정을 할 기회를 제공하는 것입니다.
구체화	예를 들면, 학급 운영에 관한 크고 작은 의사결정을 내릴 때 그 과정에서 학생의 의견을 들어보는 시간을 가지고 여러 생각을 경청하고 반영할 수 있도록 하는 것입니다.
기대 효과	이를 통해, 학생들은 자신의 의견을 존중받고, 의사결정 과정에 참여하는 방법을 배울 수 있게 될 것입니다. 또한, 이러한 방식으로 학급 규칙을 새롭게 설정한다면 다른 학생들도 자신이 결정한 규칙을 스스로 받아들일 수 있을 것이며, 민수도 주어진 결과에 순응하는 방법을 배우게 될 것입니다.
마무리	(전체 답변 분량을 고려하여 생략)
주제 문장 (해결책 2)	두 번째 해결책으로, 학생에게 진심으로 사과하는 것입니다.
대전제	교사도 교사이기 이전에 사람이기 때문에, 불완전하고 때로는 실수를 할 수도 있습니다.

구체화	따라서, 위와 같은 일이 발생했을 때 교사로서 인간적인 모습을 인정하고 비록 상대가 학생이라 할지라도 자존심을 세우지 않고 편애로 볼 수 있는 부분에 대해서 진심으로 사과할 수 있어야 할 것입니다.
기대 효과	이를 통해서 학생도 교사를 인격적 존재로 인식하고 교사의 감정에 공감할 수 있을 것입니다. 또한, 이러한 과정을 바탕으로 서로 오해를 풀고 더욱 두터운 인간적인 관계 형성이 이루어질 것입니다.
마무리	*(전체 답변 분량을 고려하여 생략)*
답변 끝	이상입니다.

2 구상형 2

답변 시작	구상형 2번 답변 시작하겠습니다.
주제 문장 (자질 1)	먼저, 책임감의 관점에서 김 교사에게 필요했던 자질은 인성 지도 부분입니다.
이상적 상황	학생들이 다른 사람을 존중하도록 지도하는 것은 중요합니다.
자질-상황 연결	그러나, 김 교사는 인성 지도 측면에서 책임을 다하지 못하였기 때문에 학생들이 김 교사의 수업 시간에 엎드려있거나 학원 숙제를 하는 등 존중하지 않는 태도를 보이게 된 것입니다.
주제 문장 (자질 2)	한편, 전문성의 관점에서 김 교사에게 필요했던 자질은 교과 지도 부분입니다.
이상적 상황	교사로서 가르치고자 하는 내용을 짜임새 있게 구성하여 학생들의 관심과 흥미를 유발하는 것은 중요합니다.
자질-상황 연결	그러나, 김 교사는 전문성 측면에서 교과 지도 부분이 부족하여 학생들이 김 교사의 수업에 매력을 느끼지 못하고 수업을 듣지 않는 학생들이 점점 더 많아지게 된 것입니다.
주제 문장 (함양 방안 1)	이와 같은 부분을 함양하기 위한 첫 번째 방안으로 수업 규칙을 정하는 활동을 실시하는 것입니다.
구체화	예를 들면, 수업 시간에 지켜야 할 규칙과 규칙을 지키는 것이 중요한 이유에 대해 학생들과 함께 이야기를 나누어보는 활동을 실시하고, 수업 시간에 엎드리거나 학원 숙제를 하는 것은 교사뿐만 아니라 수업을 듣는 다른 학생들도 존중하지 않는 행위임을 알려주는 것입니다.
기대 효과	이를 통해서, 학생은 다른 사람을 존중하는 태도를 지니는 것의 중요성을 배우고 교사는 수업 규칙 준수의 중요성을 강조하며 적절한 인성 지도 역량을 기를 수 있을 것입니다.
마무리	(전체 답변 분량을 고려하여 생략)
주제 문장 (함양 방안 2)	두 번째 방안으로, 우수 수업 영상을 활용하여 수업 전문성을 신장하는 것입니다.
구체화	예를 들면, 교육청 홈페이지, 블로그, 유튜브 등에 공유된 수석 교사 선생님이나 선배 교사 선생님의 우수 수업 영상을 시청하고 수업 자료를 활용하여 자신의 수업 매력도를 높이는 것입니다.
기대 효과	이를 통해 수업 전문성을 향상할 수 있을 뿐만 아니라, 높아진 수업 효과성과 매력도로 학생들이 교사의 수업에 관심과 흥미를 느끼고 적극적으로 참여할 것입니다.
마무리	(전체 답변 분량을 고려하여 생략)
답변 끝	이상입니다.

3 구상형 3

답변 시작	구상형 3번 답변 시작하겠습니다.
주제 문장	아래 교사 A와 교사 B중 저의 의견과 가까운 것은 교사 A의 의견입니다.
대전제	학생들이 적절한 협력적 소통 역량을 기르기 위해서는 갈등 해결 방법을 배우는 것이 중요합니다.
구체화	*(질문과 무관하므로 생략)*
기대 효과	*(질문과 무관하므로 생략)*
주장 강화 1단계 (예상되는 반박)	물론, 작은 다툼에서 큰 갈등으로 빚어질 수 있으므로 교사가 개입하여 해결을 도와야 한다는 교사 A의 입장도 설득력이 있습니다.
주장 강화 2단계 (재반박)	그러나, 앞으로 학생들이 자라면서 마주할 수많은 갈등 상황을 고려하였을 때, 상대방의 상황을 이해하고 공감하며 이에 대한 적절한 해결 방법을 떠올리고 최종적으로 화해까지 이를 수 있는 의사소통 경험을 제공하는 것도 중요하다고 생각합니다.
마무리	따라서, 아래 교사 A와 교사 B중 저의 의견과 가까운 것은 교사 A의 의견입니다.
주제 문장 (유의점)	한편, 교사 A의 의견은 학생의 갈등 상황 전개에 대한 교사의 지속적인 관찰이 전제되어야 한다는 유의점이 있습니다.
구체화 (근거 문장)	작은 다툼이 큰 싸움으로 번져 걷잡을 수 없는 상황이 벌어질 수도 있으며, 학생 간 갈등이 깊어진 후에 교사가 발견하게 되면 중재와 해결을 위한 노력이 불가능하거나 무의미해질 수도 있기 때문입니다. 또한, 만약 이러한 상황이 전개된다면 교사의 무관심 및 방관 행위로 학생의 신뢰를 잃을 위험도 있을 것입니다.
마무리	따라서, 갈등 상황이 심각해지기 전에 적절한 교육적 개입이 필요할 것이므로 교사 A의 의견은 교사의 지속적인 관찰이 전제되어야 한다는 유의점이 있다고 생각합니다.
주제 문장 (향후 노력)	이러한 유의점과 관련하여, 저는 주기적인 교실 방문을 통한 임장 지도를 성실히 하겠습니다.
구체화	예를 들면, 점심시간이나 쉬는 시간 등을 이용하여 평소에 학생들을 세심하게 관찰하고 필요할 때마다 임장 지도를 즉각적으로 실시하겠습니다. 또한, 학급 SNS를 활용하여 온라인 공간에서도 학생들을 세심하게 관찰하며 교우 관계 파악을 성실히 하겠습니다.
기대 효과	이를 통해, 교사로서는 작은 문제가 큰 문제로 번지는 것을 미리 방지할 수 있으며 학생들은 교사의 적절한 개입으로 바람직한 갈등 해결 방법을 배우게 될 것입니다.
답변 끝	이상입니다.

4 즉답형 1

답변 시작	즉답형 1번 답변 시작하겠습니다.
주제 문장	두 부장 교사 중 제가 협력하고 싶은 교사는 부장 교사 A입니다.
대전제	신규 교사로서 업무를 배우고 직장 생활에 원활히 적응하기 위해서는 친밀한 동료 관계 형성이 중요하다고 생각합니다.
구체화	*(이후에 언급되므로 생략)*
기대 효과	*(이후에 언급되므로 생략)*
주장 강화 1단계 (예상되는 반박)	물론, 공과 사를 구분하는 것은 중요합니다.
주장 강화 2단계 (재반박)	그러나 저는 사람 사이의 친밀감이 먼저 형성되어야 공적 관계에서도 업무에 관한 질문이나 요청 사항, 협력적 분위기 형성 및 협조적 태도가 원활히 만들어질 수 있다고 생각합니다.
마무리	따라서, 신규 교사인 저의 관점에서 두 부장 교사 중 제가 협력하고 싶은 교사는 부장 교사 A입니다.
답변 끝	이상입니다.

5 즉답형 2

답변 시작	즉답형 2번 답변 시작하겠습니다.
주제 문장 (유의점)	한편, 부장 교사 A와 협력하였을 때의 유의점은 공적인 업무와 사적인 친밀감 형성 사이의 우선순위 문제라고 생각합니다.
구체화 (근거 문장)	물론 친밀감 형성을 통해 협력적 분위기가 원활하게 형성될 수는 있으나, 부장 교사 A는 매주 회식을 선호할 정도로 사적 관계 유지가 많은 비중을 차지하고 있습니다. 이와 같은 부분은 업무 처리의 효율성 측면과 관련하여서도 지장이 생길 위험이 있을 것입니다.
마무리	따라서, 부장 교사 A와 협력하였을 때의 유의점은 공적인 업무와 사적인 친밀감 형성 사이의 우선순위 문제라고 생각합니다.
답변 끝	이상입니다.

6 즉답형 3

답변 시작	즉답형 3번 답변 시작하겠습니다.
주제 문장	저는 부장 교사 A와 업무 흐름 일정을 사전에 명확히 설정하는 방식으로 협력하겠습니다.
구체화	예를 들면, 부장 교사 A와 업무 논의 과정에서 업무 흐름에 대하여 세부 기한을 미리 설정해 놓는 것입니다. 그 후, 업무 기한에 맞춰 시간적 여유를 만들어 부장 교사 A와의 회식 자리에도 참여하겠습니다. 그 자리에서 업무 처리 과정 중에 생긴 궁금한 점이나 어려운 점 등을 편한 분위기에서 이야기를 나누며 협력 관계를 유지하겠습니다.
기대 효과	이를 통해서, 업무 처리의 효율성 측면과 친밀한 관계 유지 부분의 적절한 균형을 찾을 수 있을 것입니다. 또한, 개방적이고 협력적인 분위기에서 업무에 대해 전문적으로 배울 수 있을 뿐만 아니라 편안하게 고민을 털어놓을 수 있게 됨으로써 신규 교사로서 원활히 직장에 적응할 수 있을 것입니다.
마무리	따라서, 저는 위와 같은 방식으로 부장 교사 A와의 협력을 원활하게 진행하겠습니다.
답변 끝	이상입니다.

07 연습 문제 7회

1 구상형 1

답변 시작	구상형 1번 답변 시작하겠습니다.
주제 문장 (원인 1)	먼저 문제 상황이 발생하게 된 첫 번째 원인은, 학생들이 초상권 침해에 대한 이해가 부족했기 때문입니다.
이상적 상황	당사자의 동의 없이 다른 사람의 얼굴이 나온 사진이나 동영상을 자신의 개인 SNS에 공유하는 행위는 초상권 침해에 해당합니다.
원인-문제 상황 연결	그러나 찬석이는 이러한 초상권에 대한 이해가 부족하여 김 교사의 온라인 수업 모습을 캡쳐 하였고 다른 학생들도 이와 같은 행동의 문제를 모른 채 장난스러운 댓글을 달고 있습니다.
주제 문장 (원인 2)	두 번째 원인은 위 상황에 대해 진지하게 받아들이지 않는 김 교사의 태도라고 생각합니다.
이상적 상황	잘못된 행동에 대해서는 그 행동이 왜 잘못된 것인지 정확하게 짚어주는 것이 교육적으로 바람직합니다.
원인-문제 상황 연결	그러나 김 교사는 찬석이의 행동이 명확하게 초상권 침해 여지가 있음에도 불구하고 '내가 못생기게 나왔으니 지워라.'라고 하며 다소 장난스럽게 받아들이고 있습니다.
주제 문장 (해결책 1)	이러한 문제에 대한 첫 번째 해결책으로, 온라인 공간 윤리 교육을 실시하겠습니다.
구체화	예를 들면, 영상 자료나 사례형 토론/토의 수업을 접목하여 초상권 침해 문제, 사이버 폭력, 댓글 예절, 개인정보 보호 등 학생들이 온라인 공간에서 지켜야 할 윤리 교육을 실시하는 것입니다.
기대 효과	이를 통해, 학생들은 잦아진 온라인 수업 환경에 대해 스스로가 지켜야 할 윤리에 대해서 깨닫게 될 것입니다. 또한, 초상권 침해 문제, 악플, 개인정보 유출 등 온라인 공간에서 벌어지는 범죄 행위에 대해 자신의 행동을 성찰하며 경각심을 갖게 될 것입니다.

주제 문장 (해결책 2)	두 번째 해결책으로, 학생의 잘못된 행동에는 엄격하게 지도하는 태도를 함양하는 것입니다.
구체화	예를 들면, 평소에는 학생들과 SNS 소통을 하면서 고민을 들어주거나 일상생활 등을 공유하며 친근하게 지내되, 사이버 폭력이나 초상권 침해 등 온라인 공간에서 잘못된 행동을 할 때는 교사로서 정확하게 짚어주며 온라인 생활 지도를 실시하는 것입니다.
기대 효과	이를 통해, 교사로서는 학생들과 가까운 거리를 유지하며 라포를 형성할 수 있을 것입니다. 또한, 학생으로서는 자신이 잘못된 행동을 할 때마다 정확하게 옳은 길로 안내해주는 교사를 보며 신뢰감이 형성될 것입니다.
답변 끝	이상입니다.

2 구상형 2

답변 시작	구상형 2번 답변 시작하겠습니다.
주제 문장 (자질 1)	먼저, 최 교사에게 필요했던 첫 번째 자질은 시간 관리 부분입니다.
이상적 상황	교사는 행정업무 외에도 학생 상담, 교과 지도 등 다양한 업무가 동시에 존재합니다.
자질-상황 연결	그러나 최 교사는 시간 관리 부분에서 미흡함이 보였기 때문에 행정업무에 많은 시간을 소비하여 학생 상담에 비교적 많은 시간을 보내지 못하게 된 것입니다.
주제 문장 (자질 2)	한편, 최 교사에게 필요했던 두 번째 자질은 학생을 면밀하게 관찰하는 태도입니다.
이상적 상황	교사로서 학생과 대화하는 것뿐만 아니라, 대화를 통해 드러나는 학생의 표정과 감정, 신체적 변화 등을 세심하게 관찰하는 것도 중요합니다.
자질-상황 연결	그러나 최 교사는 위와 같은 부분에서의 미흡함 때문에 영희의 '아무것도 아니에요. 바쁘시니까 신경 안 쓰셔도 돼요. 진짜 별일 아니에요.'라는 말을 그대로 믿고 그 말에서 드러나는 표정과 감정, 멍 자국이 있었다는 사실을 알아차리지 못한 것입니다.
주제 문장 (함양 방안 1)	이와 같은 부분을 함양하기 위한 첫 번째 방안으로 업무 스케줄 표를 작성하는 것입니다.
구체화	예를 들면, 행정 처리에 관한 날짜별 흐름도, 학생 상담 스케줄 표, 수업 준비에 필요한 시간 등을 모두 계획해두고 한쪽으로 지나치게 치우치는 경향은 없는지, 적절한 균형을 유지하고 있는지 항상 살피는 것입니다.
기대 효과	위와 같은 방식으로 시간 관리 역량이 향상되어, 행정업무에 과도한 시간을 쏟아 학생 상담에 소홀해지는 경우를 예방할 수 있을 것입니다.
마무리	*(전체 답변 분량을 고려하여 생략)*
주제 문장 (함양 방안 2)	두 번째 방안으로, 주기적으로 교실 방문을 하는 것입니다.
구체화	예를 들면, 행정업무를 하거나 수업 준비를 하면서 잠깐 비는 시간이나, 쉬는 시간, 점심시간 등 자투리 시간을 활용하여 잠깐씩이라도 주기적으로 교실 방문을 하며 학생들을 관찰하는 것입니다.
기대 효과	이를 통해, 학생은 자신을 세심히 관찰하고 신경 쓰는 교사의 모습을 보며 신뢰감이 형성될 것이고 교사로서는 학생의 사소한 변화도 알아차릴 수 있을 만큼 주기적이고 면밀한 관찰을 할 수 있을 것입니다.
마무리	*(전체 답변 분량을 고려하여 생략)*
답변 끝	이상입니다.

3 구상형 3

답변 시작	구상형 3번 답변 시작하겠습니다.
주제 문장	교우 관계에 관한 교사 A와 교사 B의 의견 중 저의 생각과 가까운 것은 교사 B의 의견입니다.
대전제	학생마다 친구들 사이에서 심리적 안정감을 느끼는 성향이 있고, 혼자 있을 때 심리적 안정감을 느끼는 성향이 있습니다.
구체화	*(질문과 무관하므로 생략)*
기대 효과	*(질문과 무관하므로 생략)*
주장 강화 1단계 (예상되는 반박)	물론, 학교에서 다른 사람과 상호 작용하며 적절한 협력적 소통 역량 및 사회성을 함양할 기회를 제공하는 것은 중요합니다.
주장 강화 2단계 (재반박)	그러나, 학생이 혼자 있는 것이 더 편한 성향이고 현재 상황에 대해 스스로가 만족하는 상황에서 교사가 이를 문제 삼아 억지로 교우 관계를 만들어주는 행위는 학생의 자존감을 하락시키고 학교생활의 흥미를 잃게 만들 위험이 있다고 생각합니다.
마무리	따라서, 교우 관계에 관한 교사 A와 교사 B의 의견 중 저의 생각과 가까운 것은 교사 B의 의견입니다.
주제 문장 (유의점)	한편, 교사 B의 의견은 자칫 학생에게 소홀할 경우 교사의 방관 행위나 무책임함으로 비칠 수 있다는 점을 유의해야 합니다.
구체화 (근거 문장)	혼자 학교생활을 하는 학생들도 속으로는 외로움을 느끼지만 이를 겉으로 표현하는 것이 부끄러워 숨기는 경우도 많이 있습니다. 이러한 상황에서 교사가 혼자 있는 것이 더 편한 학생이라고 속단하게 되면, 학생은 교사의 무관심함에 마음을 닫고 도움을 요청할 동기를 잃게 될 것입니다.
마무리	*(전체 답변 분량을 고려하여 생략)*
주제 문장 (개선 방안)	저는 이러한 유의점과 관련하여 해당 학생과 주기적으로 면담을 하겠습니다.
구체화	예를 들면, 산책 면담이나 학교 밖 상담을 실시하고 점심시간이나 쉬는 시간 등을 이용한 일상적인 대화를 주기적으로 하여 해당 학생이 어떤 성향인지, 학생이 원하는 것은 무엇인지 정확하게 파악할 수 있도록 노력하겠습니다.
기대 효과	이를 통해, 학생으로서는 자신을 진심으로 보살펴주는 교사에게 마음을 열고 도움을 요청할 수 있을 것이고 교사로서는 학생을 면밀하게 파악하여 학생이 실제로 원하는 것은 무엇인지, 어떤 도움을 줄 수 있을지 정확하게 알 수 있을 것입니다.
답변 끝	이상입니다.

4 즉답형 1

답변 시작	즉답형 1번 답변 시작하겠습니다.
주제 문장 (장점 1)	A 부서의 장점은 신규 교사로서 직장 생활에 적응할 시간적 여유가 있다는 점입니다.
구체화 (근거 문장)	왜냐하면, 행정업무 경감으로 인한 시간적 여유로 동료 간의 관계 형성 및 학생 파악 등 직장 생활에 필요한 인간관계 부분에서의 적응이 이루어질 수 있기 때문입니다.
주제 문장 (단점 1)	한편, A 부서의 단점은 업무 처리 측면에서 전문성을 신장할 기회가 적다는 것입니다.
구체화 (근거 문장)	신규 교사라도 학교 업무의 일부분을 도맡아서 해야 하므로 업무 처리에 관한 전문성을 갖추는 것이 중요합니다. 그러나 A 부서에서는 행정업무를 신규 교사에게 많이 주지 않기 때문에 전문성 신장의 기회가 적을 것입니다.
주제 문장 (장점 2)	이와 반대로, B 부서의 장점은 신규 교사로서 행정업무 전문성을 갖출 수 있다는 것입니다.
구체화 (근거 문장)	B 부서에서는 행정업무를 다른 교사와 같은 정도로 분담하므로, 신규 교사로서 실제 맡아야 하는 업무 분담의 정도를 체감하고 이에 맞는 전문성을 기를 수 있을 것입니다.
주제 문장 (단점 2)	한편, B 부서의 단점은 신규 교사의 처지에서 업무 적응에 많은 시간이 걸릴 것이라는 점입니다.
구체화 (근거 문장)	신규 교사로서 행정업무 외에도 담임 업무, 교과 지도 업무, 학생과 동료 간의 관계 등 노력이 필요한 부분이 많이 있습니다. 그러나 B 부서는 신규 교사도 다른 교사와 같은 정도의 행정업무가 분담되므로 신규 교사의 처지에서는 직장 생활에 적응하기 위해 다른 교사보다 더 많은 시간적 노력이 필요하게 될 것입니다.
답변 끝	이상입니다.

5 즉답형 2

답변 시작	즉답형 2번 답변 시작하겠습니다.
주제 문장	두 부서 중 제가 희망하는 곳은 A 부서입니다.
대전제	'천 리 길도 한 걸음부터'라는 말이 있듯이, 처음 사회생활을 겪게 되는 신규 교사의 처지에서 차근차근 하나씩 적응을 이루어나가는 것이 행복한 직장 생활의 첫걸음이 될 것입니다.
구체화	*(질문과 무관하므로 생략)*
기대 효과	*(질문과 무관하므로 생략)*
주장 강화 1단계 (예상되는 반박)	물론, 신규 교사라는 이유로 특별히 대우하지 않고 다른 교사와 같은 정도의 행정업무를 분담하는 것이 형평성에 걸맞은 것일 수도 있습니다.
주장 강화 2단계 (재반박)	그러나, 모든 것이 새롭고 서툰 신규 교사의 처지에서는 같은 업무를 받더라도 시간과 노력이 더 들어갈 수밖에 없을 것입니다. 또한, 단순히 행정업무뿐만 아니라 학생과 학부모, 동료와의 관계 형성 및 교재 연구에도 많은 시간과 노력을 쏟아야 할 것이므로 원활한 직장 적응을 위해서는 행정업무 측면에서라도 배려가 필요하다고 생각합니다.
마무리	따라서, 신규 교사의 처지에서 두 부서 중 제가 희망하는 곳은 A 부서입니다.
답변 끝	이상입니다.

6 즉답형 3

답변 시작	즉답형 3번 답변 시작하겠습니다.
주제 문장	제가 만약 B 부서에 배정받는다면 균형 잡힌 시간 관리를 위해 노력하고, 항상 긍정적인 태도로 배우고자 하는 자세를 유지하며 적응해 나가겠습니다.
구체화	예를 들면, 제가 맡은 업무와 학생 상담, 교재 연구 등 필요한 시간을 미리 배분하고 이를 바탕으로 업무 스케줄 표를 작성하여 균형 잡힌 시간 관리를 할 수 있도록 노력하겠습니다. 또한, B 부서의 장점에 주목하여 'B 부서는 신규 교사로서 A 부서보다 훨씬 효율적으로 업무 전문성을 갖출 수 있을 것이다.'라고 긍정적으로 생각하며 같은 부서 선배 선생님들이나 부장 선생님께 잘 모르는 부분이 생기면 항상 겸손한 자세로 여쭈어보고 배우겠습니다.
기대 효과	이와 같이 적절한 시간 배분을 통해 신규 교사로서 다양한 업무에 대한 적응을 동시에 이루어낼 수 있을 것입니다. 또한, 동료 교사에게 항상 배우는 자세를 가짐으로써 업무 처리 측면에서의 전문성도 향상되어 효능감을 바탕으로 직장에 원활히 적응할 수 있을 것입니다.
마무리	따라서, 만약 제가 B 부서에 배정받는다면, 위와 같은 방식으로 노력하겠습니다.
답변 끝	이상입니다.

08 연습 문제 8회

1 구상형 1

답변 시작	구상형 1번 답변 시작하겠습니다.
주제 문장 (원인 1)	아래 상황에 나타난 문제의 첫 번째 원인은, 담임과 학부모의 소통 부족이라고 생각합니다.
대전제	가정 통신문을 발송하는 것과 같은 간접적인 소통 방식도 좋지만, 때로는 직접적인 소통이 필요할 때도 있기 마련입니다.
원인-문제 상황 연결	그러나 박 교사는 학부모와의 직접적인 소통 창구가 부족하였기 때문에 가정 통신문을 확인하지 못한 민희의 학부모가 중요한 정보를 받지 못하게 된 상황이 벌어진 것입니다.
주제 문장 (원인 2)	두 번째 원인은 부모님에 대한 민희의 폐쇄적 태도입니다.
대전제	학생이 부모와 어떤 관계를 유지하고 있는지, 이로 인해서 어떤 감정을 느끼고 있는지에 따라 학교생활의 적응도가 달라질 수 있습니다.
원인-문제 상황 연결	한편, 민희는 부모와의 관계가 폐쇄적이기 때문에 '부모님과 대화하기 싫다.'라고 이야기하며 학교에서 받은 가정 통신문을 부모님께 하나도 전달하지 않게 된 것입니다.
주제 문장 (해결책 1)	이에 대한 첫 번째 해결 방안으로, 학부모 SNS를 개설하는 것입니다.
구체화	예를 들면, 학부모 네이버 밴드나, 카페 등을 활용하여 사소한 학급 행사, 학생들의 활동 참여 모습, 중요한 가정 통신문, 공지 사항 등을 게시하는 것입니다.
기대 효과	이를 통해, 교사와 학부모의 직접적인 소통 창구가 열리게 되어 중요한 정보를 놓치지 않고 확인하며 교사에 대한 신뢰도가 높아질 것입니다.
마무리	*(전체 답변 분량을 고려하여 생략)*
주제 문장 (해결책 2)	한편, 이와 관련한 두 번째 해결 방안으로, 개별 상담을 진행하는 것입니다.
구체화	예를 들면, 한끼 상담이나 산책 상담, 개별 면담 등을 통하여 부모님과의 관계에 대해서 학생이 어떻게 생각하는지, 어떤 감정을 느끼는지 파악하고 적절한 조언을 제공하는 것입니다. 또한, 이러한 과정에서 필요할 경우 상담 교사와 협력하여 학생이 전문적인 도움을 받을 수 있도록 할 것입니다.

기대 효과	이를 통해서, 민희가 부모님에게 폐쇄적 태도를 보이게 된 원인을 파악하고 적절한 상담 활동을 통해 도움을 제공함으로써 가정에서의 관계 회복을 기대할 수 있게 될 것입니다.
마무리	*(전체 답변 분량을 고려하여 생략)*
답변 끝	이상입니다.

2 구상형 2

답변 시작	구상형 2번 답변 시작하겠습니다.
주제 문장 (자질)	아래 내용과 관련하여 필요한 교사의 자질은 공감 능력이라고 생각합니다.
이상적 상황	물론 교사로서 학생이 잘못된 행동을 하였을 때 교육적 차원에서 혼을 낼 수는 있지만, 학생이 그러한 행동을 한 이유에 대한 이해와 공감이 우선시되어야 할 것입니다.
자질-상황 연결	따라서, 만약 교사가 적절한 공감 능력을 갖추어 학생들의 이야기를 들어주고 잘못된 행동에 대해 적절한 조언을 할 수 있는 자질을 갖춘다면, 학생으로서도 친구와 다툴 때 혼이 날 것에 대한 두려움 때문에 자신의 잘못을 감추려 하는 것이 아니라, 이를 해결하기 위해 먼저 교사의 도움을 구하러 찾아오는 개방적 태도를 보이게 될 것입니다.
주제 문장 (함양 방안 1)	이와 같은 자질을 함양하기 위한 첫 번째 향후 계획으로 저는 학생 상담과 관련한 전문성을 신장하기 위해 노력하겠습니다.
구체화	예를 들면, 공감과 소통을 주제로 한 전문적 학습 공동체를 형성하거나, 학생 상담과 관련한 연수를 수강하여 학생 심리와 정서, 문제행동에 대한 이해, 갈등 해결과 관련한 전문적 지식을 함양하도록 노력하겠습니다.
기대 효과	이를 통해서, 학생이 다른 친구와 갈등이 생겼을 때, 단순히 혼을 내며 지도하는 것이 아니라 공감과 경청을 바탕으로 한 상담과 전문적 조언을 제공할 수 있게 됨으로써 교사로서 전문적 효능감이 형성되고 학생으로서도 교사를 믿고 신뢰할 수 있게 될 것입니다.
마무리	*(전체 답변 분량을 고려하여 생략)*
주제 문장 (함양 방안 2)	두 번째로, 저는 학생의 감정과 행동을 분리해서 생각할 줄 아는 교사가 되도록 노력하겠습니다.
구체화	예를 들면, 학생이 친구와 싸웠을 때, 폭력을 행사한 행위에 대해서는 엄격하게 잘못을 언급하며 지도하되, 그 행위를 하게 된 감정적 원인에 대해서는 공감과 경청을 바탕으로 따뜻하게 이해해주며 위로를 건넬 줄 아는 모습을 함양하겠습니다.

기대 효과	이를 통해, 학생은 자신의 감정적 원인과 잘못된 행동을 분리하여 생각할 수 있게 되며 스스로 반성적 태도를 함양할 수 있게 될 것입니다. 또한, 교사로서도 학생에게 적절한 조언을 제공함으로써 바람직한 교육적 개입을 실천할 수 있을 것입니다.
마무리	(전체 답변 분량을 고려하여 생략)
답변 끝	이상입니다.

3 구상형 3

답변 시작	구상형 3번 답변 시작하겠습니다.
주제 문장	먼저, 교사 A의 의견이 중시되어야 하는 상황은 해당 학생이 악의적이고 반복적으로 학교 폭력을 저지르며 개선이 보이지 않을 때입니다.
구체화 (근거 문장)	학교 폭력이 반복적으로 일어나고 그 의도가 지능적이고 악의적일 경우, 책임 회피적인 태도를 보일 가능성이 크므로 교사는 최대한 감정을 배제하고 사실에 근거하여 객관적인 상황 파악에 몰두하여야 할 것입니다.
주제 문장	한편, 교사 B의 의견이 중시되어야 하는 상황은 우발적으로 학교 폭력을 저질러 자신의 행동에 책임을 느끼고 반성하는 태도를 보일 때입니다.
구체화 (근거 문장)	우발적으로 학교 폭력을 저지르는 경우는 평소 정서적으로 불안하거나 심지어는 학교 폭력 피해 학생이었을 가능성이 큽니다. 따라서 이와 같은 상황에서는 가해 학생일지라도 이야기를 경청하고 감정에 공감하여 상담을 이어나가는 것이 중요할 것입니다.
주제 문장	교사 A와 교사 B의 의견 중 저의 생각과 가까운 것은 교사 B의 입장입니다.
대전제	학교 폭력은 피해자에게는 씻을 수 없는 상처를, 가해자에게는 인생의 오점을 남기는 되돌릴 수 없는 행동이므로 이에 대한 예방이 필수적입니다.
구체화	(질문과 무관하므로 생략)
기대 효과	(질문과 무관하므로 생략)
주장 강화 1단계 (예상되는 반박)	물론 교사 A의 의견이 중시되어야 하는 사례와 같이 가해 학생의 행동이 반성의 기미가 없고 개선의 여지가 보이지 않을 수도 있습니다.

주장 강화 2단계 (재반박)	그러나 자신의 행동에 대해 책임지도록 하는 것뿐만 아니라 이와 같은 행동이 앞으로 나타나지 않도록 그 원인을 파악하고 개선할 수 있도록 끝까지 돕는 일이 교사의 역할이며, 이는 먼저 학생의 생각을 들어보는 것에서 시작된다고 생각합니다.
마무리	따라서, 교사 A와 교사 B의 의견 중 저의 생각과 가까운 것은 교사 B의 입장입니다.
답변 끝	이상입니다.

4 즉답형 1

답변 시작	즉답형 1번 답변 시작하겠습니다.
주제 문장 (비판)	위 상황은 협력의 관점에서 서로 이타적인 태도가 보이지 않는다는 부분에서 비판의 여지가 있습니다.
이상적 상황	협력은 '공동의 목표 달성을 위하여 힘을 합치는 행위'를 의미합니다. 이러한 가치가 실현되기 위해서는 개인의 욕구보다 공동체의 목표를 우선시하는 이타적인 태도 및 공동체 의식이 필요할 것입니다.
비판-상황 연결	그러나, 위 상황에서는 모두가 간단한 업무를 선호하며 그 누구도 선뜻 어려운 업무를 하려고 하지 않고 있습니다. 이는 공동체 의식 및 이타적 태도가 부족하여 나타난 현상이라고 생각합니다.
답변 끝	이상입니다.

5　즉답형 2

답변 시작	즉답형 2번 답변 시작하겠습니다.
주제 문장	저는 이와 같은 상황에서 솔선수범하는 모습을 보이며 협력적 분위기를 형성하도록 하겠습니다.
구체화	예를 들면, 먼저, 가장 어려운 업무를 제가 솔선수범하여 맡겠다고 지원하겠습니다. 그 후, '저도 선생님들과 마찬가지로 이 업무를 해본 적이 없고 잘 해낼 자신도 없는 것이 솔직한 심정이라, 나중에 저에게 어려움이 생기면 다 같이 도와주셨으면 좋겠습니다.'라고 말하며 솔직한 마음을 털어놓고 동 학년 선생님들의 협력 요청을 구하겠습니다.
기대 효과	이처럼 솔선수범하는 태도를 통해, 동 학년 업무 분배 문제를 해결할 수 있을 것입니다. 또한, 솔직한 마음을 털어놓고 협력의 필요성을 언급함으로써 학년 내 교사 간 공동체 의식을 함양하고 협력적 분위기를 형성할 수 있을 것입니다.
마무리	따라서, 저는 이와 같은 상황에서 솔선수범하는 모습을 보이며 협력적 분위기를 형성하도록 하겠습니다.
답변 끝	이상입니다.

09 연습 문제 9회

1 구상형 1

답변 시작	구상형 1번 답변 시작하겠습니다.
주제 문장 (원인 1)	아래 상황에 나타난 문제의 첫 번째 원인은, 타인을 존중하는 모습이 부족한 철수의 태도입니다.
대전제	항상 자신감 있는 태도를 유지하는 것은 좋지만, 다른 사람을 배려하여 존중하는 태도를 함양하는 것도 중요합니다.
원인-문제 상황 연결	그러나 철수는 이와 같은 부분이 부족하였기 때문에 '선생님이 수업하시는 거 다 아는 내용이에요.', '선생님 수업 시간에 고등학교 문제집 풀고 있을래요.'라고 말하는 상황이 벌어지게 된 것입니다.
주제 문장 (원인 2)	두 번째 원인은 수업 설계 측면에서 성취도가 높은 학생을 위한 활동이 없다는 점입니다.
대전제	교실 안에서는 다양한 성취 수준의 학생이 섞여 있으므로 학생의 역량을 고려한 다양한 수준의 활동이 제공되어야 합니다.
원인-문제 상황 연결	그러나 교사 A의 수업에서는 철수와 같이 높은 성취도를 보이는 학생을 위한 활동이 없었기 때문에 철수가 수업에 참여할 필요성을 느끼지 못하는 상황이 나타나게 된 것입니다.
주제 문장 (해결책 1)	교사 A의 입장에서, 이와 같은 상황을 해결하기 위한 첫 번째 방안으로는 철수와의 개별 면담을 실시하는 것입니다.
구체화	예를 들면, '나' 전달법을 활용하여 철수가 교실에서 보인 행동에 대해 교사로서 어떤 감정이 들었는지 솔직하게 털어놓고, 철수와 대화를 이어나가는 것입니다. 그 후, 다른 사람을 존중하는 모습을 보여주는 것과 겸손한 마음가짐, 바람직한 태도 함양의 중요성에 관해 이야기를 나누는 것입니다.
기대 효과	이를 통해, 철수는 겸손한 마음을 가지고 수업 시간에 교사와 다른 학생을 존중하는 태도를 보이며 수업 시간에 참여하게 될 것입니다.
마무리	*(전체 답변 분량을 고려하여 생략)*
주제 문장 (해결책 2)	한편, 두 번째 해결 방안으로 교사 A의 수업 시간에 '수업 도우미' 역할을 설정하는 것입니다.
구체화	예를 들면, 철수와 같이 높은 성취도를 보이는 학생에게 '수업 도우미' 역할을 부여하고 어려움을 겪는 학생들을 위한 또래 멘토 역할을 할 수 있도록 하는 것입니다.

기대 효과	이를 통해서, '수업 도우미' 역할을 맡은 학생들로서는 다른 학생들을 도와주며 자신이 미처 파악하지 못했던 부분에서의 학습이 일어날 수 있을 것입니다. 또한, 도움을 받는 학생으로서는 눈높이에 맞는 설명으로 수업 내용에 대한 이해도가 높아질 것입니다.
마무리	*(전체 답변 분량을 고려하여 생략)*
답변 끝	이상입니다.

2 구상형 2

답변 시작	구상형 2번 답변 시작하겠습니다.
주제 문장 (자질 1)	아래 상황에서 김 교사에게 필요한 첫 번째 자질은 수업 성찰과 관련한 부분입니다.
이상적 상황	교사로서 자신의 수업을 객관적으로 바라보고 성찰하며, 더 나은 방법은 없는지 고민하는 태도를 지니는 것은 중요합니다.
자질-상황 연결	그러나 김 교사는 위와 같이 자신의 수업을 성찰하는 부분이 부족하였기 때문에 학생들의 불만을 알아차리지 못한 채로 계속 수업을 진행하고 있는 것으로 생각합니다.
주제 문장 (자질 2)	한편, 김 교사에게 필요한 두 번째 자질은 원활한 수업 차시 운영 능력입니다.
이상적 상황	수업을 구성할 때 학기별, 분기별, 단원별로 계획을 세워 준비한 활동이 차질없이 운영되도록 하는 것은 중요합니다.
자질-상황 연결	그러나 김 교사는 위와 같은 수업 차시 운영 부분에서 미흡함이 있었기 때문에 매시간 진도 나가기에 급급하며 시간이 적게 걸리는 강의식 수업만 진행하게 된 것입니다.
주제 문장 (함양 방안 1)	먼저, 수업 성찰 능력을 함양하는 방안으로는 주기적인 학생 수업 설문 조사를 실시하는 것입니다.
구체화	예를 들면, 수업 초반, 중반, 후반부에 걸쳐 학생들의 요구분석을 하고 현재 시점 이해도 점검, 수업 개선 사항 등 학생들의 피드백을 받는 것입니다.
기대 효과	이를 통해서, 학생들의 이해도와 요구 사항을 정확하게 파악할 수 있고 이를 수업 시간에 접목하여 개선함으로써 수업 성찰 능력 및 수업 전문성을 신장할 수 있을 것입니다.
마무리	*(전체 답변 분량을 고려하여 생략)*

주제 문장 (함양 방안 2)	한편, 수업 차시 운영 능력을 함양하는 방안으로는 단계별 수업 스케줄표를 작성하는 것입니다.
구체화	예를 들면, 학년 단위, 학기 단위, 중간고사와 기말고사 단위, 월별, 주별, 차시별로 단계별 수업 스케줄을 미리 계획하는 것입니다. 또한, 단계별로 해당 차시에 진행할 활동과 수업 내용 및 진도를 유기적으로 정리해 두는 것입니다.
기대 효과	이를 통해, 안정적으로 수업 진도를 운영할 수 있을 것입니다. 또한, 교재 연구 단계에서 적절한 분량을 조절함으로써 강의식과 학생 중심 활동 수업을 병행한 차시 운영도 가능할 것입니다.
마무리	*(전체 답변 분량을 고려하여 생략)*
답변 끝	이상입니다.

3 구상형 3

답변 시작	구상형 3번 답변 시작하겠습니다.
주제 문장	아래 두 교사의 의견 중 저의 의견과 가까운 것은 교사 A의 의견입니다.
대전제	학생들은 디지털 기기 사용에 익숙하며 이를 활용한 다양한 교육 플랫폼도 많이 등장하고 있습니다.
구체화	예를 들면, 카훗과 퀴지즈와 같은 온라인 퀴즈 플랫폼, 멘티미터와 같은 실시간 설문 집계 사이트 등은 교육 활동에 접목할 가능성이 무궁무진합니다.
기대 효과	이러한 플랫폼을 적절히 활용한다면, 학생들의 학업적 관심과 흥미를 불러일으킬 수 있을 것입니다. 또한, 효과적인 방식으로 동기 부여를 함으로써 수업의 재미를 높이고 적극적인 참여를 유도할 수 있을 것입니다.
주장 강화 1단계 (예상되는 반박)	*(이후에 언급되므로 생략)*
주장 강화 2단계 (재반박)	*(이후에 언급되므로 생략)*
마무리	따라서, 아래 두 교사의 의견 중 저의 의견과 가까운 것은 교사 A의 의견입니다.

주제 문장 (유의점)	한편 교사 A의 의견은 학생들이 수업과 관련 없는 핸드폰 사용으로 인해 집중력이 저하되고 수업 운영에 차질이 생길 수 있다는 유의점이 있습니다.
구체화 (근거 문장)	왜냐하면, 현실적으로 교실 내 모든 학생의 핸드폰 사용을 교사 한 명이 관리하기에는 어려움이 있으며, 학생들은 핸드폰을 수업 교구보다는 오락 요소로 인식하기 때문에 수업에 대한 집중력을 쉽게 잃을 수 있기 때문입니다.
마무리	*(전체 답변 분량을 고려하여 생략)*
주제 문장 (향후 노력)	저는 이러한 유의점을 개선하기 위한 방안으로 실시간 참여가 요구되는 활동을 접목하도록 하겠습니다.
구체화	예를 들면, 실시간 순위 및 학생 활동 상황이 집계되는 온라인 퀴즈 게임이나, 참여도를 확인할 수 있는 설문 조사, 매시간 집중을 요구하는 스피드 게임을 접목하겠습니다.
기대 효과	이를 통해, 교사로서는 스마트폰을 수업 교구로 활용하여 학생들의 집중력을 저해하지 않고 관심과 흥미를 유도할 수 있을 것입니다. 또한, 학생으로서는 자신에게 친숙한 기기를 사용하고, 실시간으로 결과가 집계되므로 적극적인 수업 참여 의지가 생겨날 것입니다.
답변 끝	이상입니다.

4 즉답형 1

답변 시작	즉답형 1번 답변 시작하겠습니다.
주제 문장 (행동의 원인)	부장 교사 B는 기초 학력의 중요성을 인식하여 교사 A에게 위와 같은 제안을 하였을 것입니다.
대전제	온라인 수업에 의한 집중력 저하, 코로나 상황으로 인한 학습 결손으로 인해 기초 학력 문제가 대두되고 있습니다.
원인-상황 연결	위와 같은 상황에서 부장 교사 B는 상위권 학생보다는 기초 학력 결손이 발생한 하위권 학생을 위한 수업을 개설하는 것이 더 중요하다고 생각하여 교사 A에게 이와 같은 제안을 한 것입니다.
답변 끝	이상입니다.

5 즉답형 2

답변 시작	즉답형 2번 답변 시작하겠습니다.
주제 문장	제가 만약 교사 A라면 이와 같은 상황에서 다음과 같이 대처하겠습니다.
구체화	먼저, 하위권 학생을 위한 수업 개설 제안을 수락하겠습니다. 그 후, '지금까지 비록 상위권 학생을 위한 수업을 준비해놓았지만 같은 내용을 더 쉽게 설명하는 것이 교사로서 더 도전적이고 역량 발전을 위한 기회'라고 생각하며 긍정적인 태도로 성실히 준비하겠습니다.
기대 효과	이를 통해서, 부장 교사 B와 원만한 협력 관계를 유지할 수 있을 것입니다. 이뿐만 아니라, 교사 A의 입장에서도 하위권과 상위권 학생을 아우르는 수업 전문성을 신장할 수 있을 것입니다.
마무리	*(전체 답변 분량을 고려하여 생략)*
답변 끝	이상입니다.

6 즉답형 3

답변 시작	즉답형 3번 답변 시작하겠습니다.
주제 문장 (유의점)	만약, 위와 같이 부장 교사 B의 제안을 수락한다면 교사 A의 입장에서 자신의 역량을 충분히 발휘할 기회를 얻지 못한다는 점에서 유의점이 존재합니다.
구체화 (근거 문장)	왜냐하면, 비록 교사 A가 긍정적인 태도로 하위권 학생을 위한 수업을 개설한다고 해도, 교사 A는 지금까지 상위권 학생들을 위한 수업을 진행해왔으며 이에 대한 효능감이 높으므로, 부장 교사 B의 제안을 수락한다면 교사 A의 유능감 욕구가 충족되지 못할 가능성이 있기 때문입니다.
마무리	*(전체 답변 분량을 고려하여 생략)*
주제 문장 (개선 방안)	한편, 이를 개선하기 위한 방안으로 자율 동아리를 활용할 수 있을 것입니다.
구체화	예를 들면, 고난이도 수학 풀이, 창의적 물리 실험, 고급 영어 독해 등 상위권 학생들의 지적 호기심을 충족시키기 위한 자율 동아리를 개설하고 운영하는 것입니다.
기대 효과	이를 통해, 해당 학생으로서는 자신의 역량과 호기심에 따른 지적 욕구를 충족할 수 있을 것입니다. 또한, 교사 A의 입장에서는 지금까지 준비해온 자신의 수업 내용을 자율 동아리를 통해 활용하며 유능감 욕구를 충족할 수 있을 것입니다.
답변 끝	이상입니다.

10 연습 문제 10회

1 구상형 1

답변 시작	구상형 1번 답변 시작하겠습니다.
주제 문장 (원인 1)	아래 문제 상황의 첫 번째 원인은 친구를 따돌리는 놀이 문화입니다.
대전제	친구 사이에서 서로 놀리거나 장난을 치는 것은 흔한 현상이기는 하지만 정도가 심하거나 당사자의 기분을 고려하지 않으면 따돌림이 되기 마련입니다.
원인-문제 상황 연결	그러나 아래 문제 상황에서는 친구를 따돌리는 문화가 친구 사이의 놀이로 정착되어 심각성을 인식하지 못하고 있으므로 B, C, D가 A를 매번 놀리고 심한 장난을 치는 현상이 벌어진 것입니다.
주제 문장 (원인 2)	두 번째 원인은 학생 A가 자신의 감정에 솔직하지 못한 모습이라고 생각합니다.
대전제	자신의 감정을 알아차리고 이를 솔직하게 나타낼 수 있는 감정 조절 능력도 중요합니다.
원인-문제 상황 연결	그러나 학생 A는 감정 조절 부분에서 서툰 면이 있었기 때문에 자신이 기분이 나쁘더라도 이를 적절한 방식으로 표현하지 못하고 있는 것입니다.
주제 문장 (해결책 1)	한편, 친구를 따돌리는 놀이 문화를 해결하기 위해서 바람직한 친구 관계를 주제로 한 토론, 토의 매체 교육을 실시할 수 있습니다.
구체화	예를 들면, 서로의 감정을 헤아려주고 진심으로 위하며 존중하는 친구 관계를 보여주며 자신의 행동을 반성해보고 앞으로의 다짐을 이야기해보는 활동을 실시하는 것입니다.
기대 효과	이를 통해, 여러 명이 한 명을 상대로 심한 장난을 치거나 놀리는 행위는 바람직한 친구 관계가 아니라 학교 폭력으로 인식될 수도 있음을 깨닫게 될 것입니다. 또한, 이를 바탕으로 자신의 행동을 되돌아보며 따돌리는 놀이 문화가 점차 사라지게 될 것입니다.
주제 문장 (해결책 2)	그리고 학생 A와 관련하여서는, 감정 코칭이 적절한 해결 방안이 될 수 있습니다.
구체화	예를 들면, 자신이 겪은 상황에 대해서 감정적으로 살펴보는 일기를 써본다거나, 감정 카드를 활용해서 주어진 감정을 표현해보는 활동을 하는 등 학생이 자신의 감정을 알아차리고 적절한 방식으로 나타내보는 활동을 실시하는 것입니다.

기대 효과	이를 통해서, 학생 A는 자신의 감정을 솔직하게 표현하는 방법을 배우게 될 것입니다. 또한, 이를 바탕으로 서로를 존중해주고 기분을 이해하는 바람직한 친구 관계를 형성할 수 있을 것입니다.
답변 끝	이상입니다.

2 구상형 2

답변 시작	구상형 2번 답변 시작하겠습니다.
주제 문장 (자질 1)	아래 내용과 관련하여 앞으로 요구될 교사의 첫 번째 자질은 에듀테크 활용 능력입니다.
이상적 상황	기술 발전의 속도가 비약적으로 증가하면서 교육 분야에서도 다양한 기술이 도입되고 있습니다.
자질-상황 연결	이러한 상황에서 학생이 미래 역량을 준비할 수 있도록 교사가 적절한 도움을 주기 위해서는 에듀테크 활용 능력이 중요할 것입니다.
주제 문장 (자질 2)	한편, 앞으로 요구될 교사의 두 번째 자질은 학생 중심 수업 설계 능력입니다.
이상적 상황	미래에는 단순한 암기력을 넘어서서 자기 주도 학습 역량, 협동 및 의사소통 역량, 창의적 사고 역량 등이 요구될 것입니다.
자질-상황 연결	따라서 수업 환경에서 위와 같은 역량을 자극하기 위해서는 기존의 강의식 수업에서 벗어나 학생 중심 수업을 설계할 수 있는 능력이 필요할 것입니다.
주제 문장 (향후 계획 1)	먼저, 에듀테크 활용 능력과 관련한 자질을 함양하기 위해서 저는 관련 연수를 수강하고 실습 과정에 참여하겠습니다.
구체화	예를 들면, 에듀테크 활용 연수를 직접 찾아서 등록하거나 수업 연구 지원단을 활용하거나 수석 교사 선생님의 수업 공유 자료를 참고하는 등 다양한 방식으로 자기 장학을 도모하겠습니다.
기대 효과	이를 통해서, 기술 발전에 발맞추어 학생에게 요구될 미래 역량을 효과적으로 준비시킬 수 있는 전문성을 함양할 수 있을 것입니다.
마무리	*(전체 답변 분량을 고려하여 생략)*

주제 문장 (향후 계획 2)	두 번째로, 학생 중심 수업 설계와 관련한 자질을 함양하기 위해서 거꾸로 수업이나 프로젝트형 수업, 모둠 학습 등을 적극적으로 교과 시간에 접목하겠습니다.
구체화	예를 들면, 거꾸로 수업을 진행할 때, 개념 학습 부분은 자기 주도적으로 학습하고 교실에서는 실제 상황에 적용하는 방식의 수업을 실시하는 것입니다. 또한, 프로젝트형 수업일 경우에는 비구조적인 과제를 제시하여 서로 협력하며 실제 상황에 대한 해결 방안을 모색하도록 하는 것입니다.
기대 효과	이를 통해, 단순한 암기력을 벗어나 자기 주도 학습 능력, 문제 해결 능력, 창의적 사고 능력, 의사소통 및 협업 능력 등 미래 사회에 필요한 역량을 학생들이 준비할 수 있도록 충분한 교육적 기회를 제공할 수 있을 것입니다.
마무리	*(전체 답변 분량을 고려하여 생략)*

답변 끝	이상입니다.

3 구상형 3

답변 시작	구상형 3번 답변 시작하겠습니다.
주제 문장	아침 자습 시간 운영 방안에 대한 두 견해 중 저의 의견과 가까운 것은 방안 B입니다.
대전제	자신의 컨디션을 스스로 관리할 줄 아는 것도 자기 관리 역량 및 자기 주도 학습 역량에 포함됩니다.
구체화	만약, 아침 자습 시간에 학생의 의지와 상관없이 일방적으로 공부하도록 지도한다면 자습의 의미가 상실되며 그날 하루 전체 수업의 컨디션을 잃게 될 수도 있을 것입니다. 따라서 학생이 자기 스스로 현재 공부가 필요한지 휴식이 필요한지 판단할 수 있도록 선택권을 제공해야 할 것입니다.
기대 효과	*(질문과 무관하므로 생략)*
주장 강화 1단계 (예상되는 반박)	*(이후에 언급되므로 생략)*
주장 강화 2단계 (재반박)	*(이후에 언급되므로 생략)*
마무리	따라서, 아침 자습 시간 운영 방안에 대한 두 견해 중 저의 의견과 가까운 것은 방안 B입니다.
주제 문장 (유의점)	한편, 방안 B는 자기 주도 학습 역량이 부족한 학생에게는 효과적인 방안이 될 수 없다는 점을 유의해야 합니다.
구체화 (근거 문장)	왜냐하면, 어떻게 계획을 세워야 하는지 모르는 학생이나 학습에 대한 적절한 동기 부여가 부족하여 매일 엎드려있는 학생과 같이 목표 의식이 없거나 스스로 공부하는 습관이 형성되지 않은 학생들에게는 B와 같은 방안이 도움이 되기 어렵기 때문입니다.
마무리	*(전체 답변 분량을 고려하여 생략)*
주제 문장 (향후 노력)	이러한 유의점을 개선하려는 방안으로 공부법 코칭을 실시할 수 있을 것입니다.
구체화	예를 들면, 1:1이나 그룹을 형성하여 학습법에 관한 특강이나 공부 계획, 진로 정해보기 활동, 1주일 간격의 학습 분량 설정 미션 등 학습에 관해 동기를 유발하고 공부법을 알려주는 것입니다.
기대 효과	이를 통해, 학생들은 적절한 자기 주도 학습 역량 및 자기 관리 역량을 기를 수 있을 것입니다. 또한, 교사는 자율성이 보장된 효과적인 아침 자습 시간을 운영할 수 있을 것입니다.
답변 끝	이상입니다.

4 즉답형 1

답변 시작	즉답형 1번 답변 시작하겠습니다.
주제 문장 (조직 문화)	위와 같은 상황이 계속될 경우 학교는 기계 문화나 공포 문화로 들어설 가능성이 있다고 생각합니다.
대전제	스타인호프와 오웬스의 학교문화 유형론에서는 학교 조직 문화 유형을 구성원간 목표 인식 및 관계 유형에 따라 가족 문화, 기계 문화, 공포 문화, 공연 문화로 나눕니다.
주제-상황 연결	주어진 상황을 보면, 가족 문화로 보이는 지금까지의 상황에서 김 교사는 직장 동료로부터 업무 처리 능력을 인정받아 높은 효능감과 열정이 나타나고 있습니다. 그러나 자신의 업무를 김 교사에게 부탁하는 행위가 점점 많아진다면 학교문화는 점차 협력적 분위기를 잃고 기계 문화의 특징을 보이게 될 것이며 심해질 경우 교직원 간 우호적 관계가 무너지며 적대성을 보이는 공포 문화가 나타나게 될 가능성이 있을 것입니다.
답변 끝	이상입니다.

5 즉답형 2

답변 시작	즉답형 2번 답변 시작하겠습니다.
주제 문장	제가 만약 김 교사라면 동료 교사의 부탁을 다음과 같은 방식으로 완곡히 거절하겠습니다.
구체화	먼저, 동료 교사의 부탁을 바로 거절하는 것이 아니라, 어떤 이유로 부탁하게 되었는지, 어느 부분에서 어려움이 있었는지 여쭈어보겠습니다. 그 후, '지금은 제가 맡은 업무가 까다롭고 학생 지도 일정도 많은 상황이니 조금만 이해 부탁드립니다.'라고 언급하며 제가 처한 상황을 완곡하게 설명하겠습니다. 그다음으로는 '그래도 제가 스스로 해보실 수 있게끔 알려드릴 테니 이렇게 한번 해보시는 게 어떨까요?'라며 협력적 태도를 유지하겠습니다.
기대 효과	이를 통해서, 동료 교사와 우호적 분위기를 유지함과 동시에 다른 교사의 업무를 도맡아 하게 되는 김 교사의 상황이 개선될 수 있을 것입니다.
마무리	*(전체 답변 분량을 고려하여 생략)*
답변 끝	이상입니다.

6　즉답형 3

답변 시작	즉답형 3번 답변 시작하겠습니다.
주제 문장	김 교사의 처지에서 위와 같은 상황을 예방하기 위한 방안으로는 적절한 의사 표현 방법 숙지라고 생각합니다.
구체화	예를 들면, 필요에 따라 거절 의사를 밝힐 수 있는 것, '나' 전달법과 같이 상대방의 기분을 고려하여 자신의 감정을 표현할 수 있는 것, 업무의 경계를 명확히 설정하여 기준대로 행동하는 것 등이 적절한 의사 표현 방법에 포함되는 내용일 것입니다.
기대 효과	이를 통해, 김 교사는 적절한 의사 표현 방법을 습득하여 거절하는 법을 몰라 다른 교사의 부탁을 모두 들어주는 상황을 예방할 수 있을 것입니다.
마무리	*(전체 답변 분량을 고려하여 생략)*
답변 끝	이상입니다.

11 연습 문제 11회

1 구상형 1

답변 시작	구상형 1번 답변 시작하겠습니다.
주제 문장 (원인 1)	아래 상황에 나타난 문제의 첫 번째 원인은 영철이가 학교 과목의 중요도를 차별적으로 인식하고 있다는 것입니다.
대전제	학교에서 배우는 과목은 신중한 논의 과정을 거쳐 결정된 것이기 때문에 과목마다 각자의 가치를 지니며 이를 존중하는 태도는 중요합니다.
원인-문제 상황 연결	그러나 영철이는 학교 과목의 중요도를 차별적으로 인식하고 있었기 때문에 수능을 치르는 과목만 열심히 듣고 다른 과목에는 수업 태도가 좋지 않은 모습이 나타나는 것입니다.
주제 문장 (원인 2)	두 번째 원인은 해당 과목에 대하여 진로 관련성에 의한 동기 부여가 부족하기 때문입니다.
대전제	학생들은 해당 과목이 자신의 미래와 어떤 방식으로 연관이 되는지 알게 됨으로써 학습 동기 부여를 얻게 됩니다.
원인-문제 상황 연결	그러나 영철이는 수능을 치르지 않는 과목에 대하여 자신의 진로와 어떻게 연관이 되는지 잘 알지 못하기 때문에 '제 진로와도 관련 없을 거예요.'라고 속단하며 위와 같은 태도를 보이게 된 것입니다.
주제 문장 (해결책 1)	이와 관련하여, 첫 번째 해결 방안으로는 영철이와 개별 면담을 실시하는 것입니다.
구체화	예를 들면, 영철이에게 각 과목이 어떤 논의 과정을 거쳐서 학교에서 배우게 되었는지 설명해주고 '모든 과목이 각자 나름대로 배울 가치가 있다.'라는 것을 깨닫도록 도와주는 것입니다. 또한, 해당 과목을 수업하시는 선생님을 존중하는 태도의 중요성을 언급하며 영철이와의 면담을 진행하도록 할 수 있을 것입니다.
기대 효과	이를 통해, 영철이는 학교에서 배우는 모든 과목이 신중한 논의 과정을 거친 배울 가치가 있는 학문이라는 것을 깨닫게 될 것입니다. 또한, 과목별로 중요도의 차별을 두지 않고 선생님을 존중하며 학습 태도가 개선될 것입니다.
마무리	(전체 답변 분량을 고려하여 생략)
주제 문장 (해결책 2)	두 번째 해결 방안으로 해당 과목과 진로 수업을 연계하는 융합 수업을 실시하는 것입니다.
구체화	예를 들면, 진로 교사와 협력하여 해당 과목에 대하여 어떻게 자신의 미래에 적용될 수 있는지, 어떻게 해당 직업과 관련이 되는지를 학습할 수 있도록 융합 교육과정을 추진하는 것입니다.

기대 효과	이를 통해서, 영철이를 비롯한 다른 학생들은 비록 수능 과목은 아니지만, 자신의 미래 직업군과 깊은 연관성이 있음을 깨닫게 되고 관련성에 의한 동기 부여가 충족되어 활발히 수업에 참여하게 될 것입니다.
마무리	*(전체 답변 분량을 고려하여 생략)*
답변 끝	이상입니다.

2 구상형 2

답변 시작	구상형 2번 답변 시작하겠습니다.
주제 문장 (자질 1)	아래 상황을 바탕으로 박 교사가 함양하고 있는 교사로서 긍정적 자질은 학생을 존중하는 태도입니다.
이상적 상황	학생을 하나의 인격적 존재로서 인식하고 존중하는 태도는 중요합니다.
자질-상황 연결	이와 관련하여, 박 교사는 항상 학생들을 존중하는 태도를 함양하고 있으므로 학생들에게 높임말을 쓰고 상호 존중하는 모습을 유지하고 있는 것입니다.
주제 문장 (유의점)	한편, 항상 높임말을 쓰는 박 교사의 모습은 학생들과 라포를 형성하기 어려울 수 있다는 점에서 유의점이 있습니다.
구체화 (근거 문장)	왜냐하면, 높임말은 상대방을 존중하는 표현이기도 하지만 심리적 거리감을 나타내기도 하기 때문입니다. 따라서 비록 존중의 의도로 높임말을 쓸지라도, 학생이 심리적 거리감을 느낀다면 친밀한 관계를 형성하기 어려울 수도 있다고 생각합니다.
마무리	*(전체 답변 분량을 고려하여 생략)*
주제 문장 (향후 계획)	이와 관련한 향후 계획으로, 저는 학생들을 대할 때 언어뿐만 아니라 행동을 통해서도 존중과 친근함을 표시할 수 있도록 노력하겠습니다.
대전제	적절한 행동과 표정을 통해서 높임말을 쓰더라도 친근함을 표시할 수 있고, 높임말을 쓰지 않더라도 학생들을 존중하는 태도를 보여줄 수 있을 것입니다.
구체화	따라서 저는 학생과 소통할 때 말과 같은 언어적 요소뿐만 아니라 행동 및 표정과 같은 비언어적 요소에도 관심을 기울여 학생을 존중하면서 친근한 관계를 유지하도록 노력하겠습니다.
기대 효과	이를 통해, 높임말을 통해서 생길 수 있는 심리적 거리감 문제를 개선할 수 있을 것입니다. 또한, 학생을 친근하게 대하고 존중하는 태도를 보임으로써 바람직한 학생과 교사 간의 관계가 형성될 것입니다.
마무리	(전체 답변 분량을 고려하여 생략)
답변 끝	이상입니다.

3 구상형 3

답변 시작	구상형 3번 답변 시작하겠습니다.
주제 문장	자신의 담임 반 학생이 다른 반 학생과 갈등이 벌어졌을 때 담임 교사가 취해야 할 태도에 관해서 제 생각과 가까운 것은 교사 B의 의견입니다.
대전제	교사는 학생의 원활한 갈등 해결을 돕기 위해, 주어진 갈등 상황을 조금 더 높은 차원에서 여러 각도로 살펴볼 수 있는 역량을 지녀야 합니다.
구체화	*(질문과 무관하므로 생략)*
기대 효과	*(질문과 무관하므로 생략)*
주장 강화 1단계 (예상되는 반박)	물론 교사 A의 의견처럼, 자신의 담임 학생과 관련된 일이기 때문에 해당 학생의 편에서 든든하게 지원해주는 자세도 필요합니다.
주장 강화 2단계 (재반박)	그러나, 서로가 각자 학생의 편에서 대화를 나누다 보면, 학생의 갈등이 교사의 갈등으로 번질 위험을 간과할 수 없을 것입니다.
마무리	따라서, 위 두 의견 중 저의 생각과 가까운 것은 교사 B의 의견입니다.
주제 문장 (유의점)	한편, 교사 B의 의견은 학생의 처지에서 담임 교사를 믿고 신뢰할 수 있는 존재로 인식하지 못할 수도 있다는 한계점이 존재합니다.
구체화 (근거 문장)	왜냐하면, 학생은 자신의 상황에 진심으로 공감하고 이해해 줄 수 있는 사람에게 의지하기 마련이기 때문입니다. 이와 같은 상황에서 담임 교사가 위와 같이 신뢰할 수 있는 존재가 되어주지 못한다면, 해당 학생은 자신의 마음을 닫게 되어 교사로서 갈등 해결이 더 어려워질 위험이 있다고 생각합니다.
마무리	*(전체 답변 분량을 고려하여 생략)*
주제 문장 (향후 노력)	이러한 유의점을 개선하기 위한 방안으로 진솔한 대화를 통한 정서적 지지 표현이 있을 것입니다.
대전제	'이심전심'이라는 말처럼 학생을 위한 진심 어린 마음과 태도는 전달되기 마련입니다.
구체화	따라서, 저는 해당 학생을 상담할 때, 학생이 겪은 일과 감정에 대해서 깊이 공감하고 이해하며 정서적으로 지지하겠습니다. 또한, 마냥 학생의 입장만을 고려하는 것이 아니라, 선생님의 관점에서 진솔한 조언을 제공하고 갈등 해결을 위한 방법을 제안함으로써 학생과 신뢰 관계를 유지하겠습니다.
기대 효과	이를 통해, 학생은 신뢰를 바탕으로 담임 교사와 바람직한 관계를 유지할 수 있을 것입니다. 또한, 담임 교사로서는 해당 학생에게 적절한 조언을 제공함으로써 갈등을 해결하는 방법을 배우도록 도와줄 수 있을 것입니다.
답변 끝	이상입니다.

4 즉답형 1

답변 시작	즉답형 1번 답변 시작하겠습니다.
주제 문장 (행동의 원인)	최 교사는 동료 교사와 친밀한 관계를 유지하고 싶은 열정이 가득하여 위와 같은 행동을 하였을 것입니다.
대전제	사회에 첫발을 내디딘 신규 교사로서 직장 생활에 원활히 적응하고 싶은 마음에 매사 의욕이 넘치고 열정이 가득한 모습을 보이는 것은 자연스러운 일입니다.
원인-상황 연결	따라서 최 교사는 이처럼 동료 교사와 친밀한 관계를 유지하고자 하는 열정이 가득하여 자신이 맡은 업무에 충실할 뿐만 아니라 매주 비타민 음료를 부서 동료에게 돌리는 의욕적인 모습까지 보이게 된 것입니다.
답변 끝	이상입니다.

5 즉답형 2

답변 시작	즉답형 2번 답변 시작하겠습니다.
주제 문장	최 교사의 행동은 비판의 여지가 있다고 생각합니다.
대전제	동료 교사와 원활한 관계를 유지하기 위해서는 상대방의 상황을 이해하고 배려하는 행동이 필요합니다.
구체화	비록, 최 교사는 자신의 부서 동료 선배 교사들과 원활한 관계를 유지하기 위해 노력하는 모습을 보였으나 이러한 행동으로 인해서 신규 발령 동기들은 심리적 부담감을 느끼게 되었습니다. 이는 동기 선생님들의 상황을 고려하지 않은 행동으로 비판의 여지가 있을 것입니다.
기대 효과	*(질문과 무관하므로 생략)*
주장 강화 1단계 (예상되는 반박)	물론, 매사 의욕이 넘치고 열정이 가득한 모습을 보이는 최 교사의 행동은 칭찬받아 마땅합니다.
주장 강화 2단계 (재반박)	그러나, 최 교사가 동료와의 관계에 대해 조금 더 세심했더라면, 의욕이 넘쳐 비타민 음료를 돌리기에 앞서 신규 발령 동기 선생님들과 상의하는 과정이 있었을 것으로 생각합니다.
마무리	따라서 최 교사의 행동은 동료의 상황을 이해하고 배려하는 행동이 부족했다는 점에서 비판의 여지가 있다고 생각합니다.
답변 끝	이상입니다.

Part 5

주제별 아이디어 &예시 답변

Chapter 01 학교폭력 예방

1 세심한 관찰

주제 문장	저는 평소에 학생들을 세심하게 관찰하겠습니다.
대전제	학생들을 평소에 관찰함으로써 얻는 정보를 통해 여러 문제를 예방할 수 있습니다.
구체화	따라서 저는 학급 SNS나 점심시간, 쉬는 시간 등을 이용해 평소에 학생들을 세심하게 관찰하고 필요할 때마다 임장 지도를 즉각적으로 실시하겠습니다.
기대 효과	이를 통해, 교사로서는 작은 문제가 큰 문제로 번지는 것을 미리 방지할 수 있으며, 학생으로서는 사소한 장난에 대한 경각심을 불러일으킬 수 있을 것입니다.
마무리	따라서, 저는 학교폭력 예방을 위해 학생들을 평소에 세심하게 관찰하도록 노력하겠습니다.

2 Motivation Monday

주제 문장	저는 'Motivation Monday'라는 학급 행사를 주 1회 정기적으로 실시하겠습니다.
대전제	대화가 오가는 화목한 학급 분위기가 형성된다면 학급 내 학교폭력 발생 확률은 현저히 줄어들 것입니다.
구체화	이를 위한 구체적인 방안을 제시하자면, 저는 매주 월요일마다 아침 자습 시간에 학생들에게 동기를 불러일으키는 격언을 제시하고 그 의미를 이야기하게 해보며, 자신의 경험을 공유하는 활동을 기획하겠습니다.
기대 효과	이를 통해, 학생들은 자신의 학교생활에 긍정적 동기부여를 할 수 있을 것입니다. 또한 다른 친구와 자신의 경험을 공유함으로써 대화가 오가는 화목한 학급 분위기가 형성될 것입니다.
마무리	따라서 저는 주 1회 정기적으로 'Motivation Monday'라는 학급 행사를 추진하도록 하겠습니다.

3 Thirsty Thursday

주제 문장	저는 'Thirsty Thursday'라는 학급 행사를 주 1회 정기적으로 실시하겠습니다.
대전제	학교폭력 예방을 위해서는 편안한 교사와의 관계, 원만한 친구 관계가 형성되어야 할 것입니다.
구체화	구체적인 방안을 예시로 들자면, 저는 매주 목요일마다 아침에 학생들에게 마치 카페처럼 음료와 함께 교실 맞이를 하고, 짧게나마 일상적인 대화를 나누는 시간을 가지겠습니다.
기대 효과	이를 통해, 학생들은 교사를 좀 더 편하게 다가갈 수 있는 존재로 여길 것입니다. 또한 서로가 어색하여 핸드폰 화면을 바라보는 대신에 친구들과 마주 보며 이야기를 나눔으로써 원만한 교우 관계도 자연스럽게 형성될 것입니다.
마무리	따라서 저는 'Thirsty Thursday'라는 학급 행사를 주 1회 정기적으로 실시하도록 하겠습니다.

4 학급 단합대회

주제 문장	저는 학급 단합대회를 추진하겠습니다.
대전제	학생들은 공동으로 협력하여 해결해야 하는 과제를 통해 서로 친밀감을 느낍니다.
구체화	따라서 저는, 학급 체육대회나 보드게임 대회를 개최하여 학생들이 공동으로 팀을 이뤄 단합할 기회를 제공하겠습니다.
기대 효과	이를 통해서, 학생들은 활동 과정 중 갈등을 관리하는 법을 배우며 협동하고 상호 존중하며 의사소통하는 법을 배울 수 있을 것입니다. 또한 협력하여 이루어 낸 결과의 성취감은 더욱 큰 긍정적인 교육적 효과를 가져올 것입니다.
마무리	따라서 저는 개방적 학급 분위기 형성을 위해 학급 단합대회를 추진하겠습니다.

5 감정 코칭

주제 문장	저는 감정 조절이 필요한 학생들에게는 자신의 감정을 숨김없이 그대로 받아들이고 표출하게 하는 감정 코칭을 하겠습니다.
대전제	학생들의 억압된 감정이 종종 문제 행동으로 표출됩니다. 따라서 학생들이 평소에 원활하게 감정을 알아차리고 해소할 수 있도록 하는 것이 중요할 것입니다.
구체화	구체적인 방법을 예시로 들자면 역할극이나, '행복', '슬픔', '분노' 등 여러 감정이 적혀있는 카드를 뽑고 해당 감정을 표출해 보는 활동을 하겠습니다.
기대 효과	이를 통해, 학생들은 자신의 억압된 감정을 해소할 수 있는 경험을 하게 되고, 생각보다 '슬픈' 감정을 표현하기 어렵다는 것을 자각함으로써 자신의 감정을 더욱 잘 다룰 수 있는 사람으로 성장할 것입니다.
마무리	따라서 저는 학생들이 자신의 감정을 잘 조절할 수 있도록 감정 코칭을 실시하겠습니다.

6 매체 교육

주제 문장	저는 매체를 활용한 토의/토론 수업을 진행하겠습니다.
대전제	학생들은 자신의 행동을 제삼자의 시각으로 바라보았을 때 문제점을 더욱 잘 파악할 수 있습니다.
구체화	따라서 구체적인 방안을 예시로 들자면, 학교폭력 상황이나, 따돌림 상황에 대한 비디오 영상을 보여주고 이에 대해 가해자의 행동과 피해자의 감정에 대해서 토의해 보는 시간을 갖겠습니다.
기대 효과	이를 통해서, 학생들은 자신의 행동을 제삼자의 관점에서 바라보고 반성하며 성찰할 기회를 얻게 될 것입니다.
마무리	따라서 저는 매체를 활용한 토의/토론 수업을 진행하겠습니다.

7 방관자 교육

주제 문장	저는 방관자 교육을 진행하겠습니다.
대전제	학교폭력 예방에서 가장 중요한 부분은 바로 방관자의 역할에 대한 경각심 교육입니다.
구체화	따라서 저는 제노비스 신드롬에 관한 비디오를 시청하고 토의를 한 후, 방관자의 역할에 대한 중요성을 스스로 인지할 수 있도록 하겠습니다.
기대 효과	이를 통해서 학생들은 학급 구성원으로서 책임감을 느끼게 되고 불의를 보고 묵인하지 않고 목소리를 낼 수 있는 학생이 될 것입니다.
마무리	따라서 저는 학교폭력 예방을 위해서 방관자 교육을 진행하겠습니다.

8 천사 친구

주제 문장	저는 천사 친구 활동을 추진하겠습니다.
대전제	학교폭력 예방을 위해서는 서로 돕는 분위기 형성이 중요합니다.
구체화	따라서 구체적인 방안을 제시하자면, 학급 회의를 통해 학생들의 의견을 취합한 후, 멘토-멘티와 같은 학업적인 측면이나 점심 친구와 같이 학교생활의 측면에서 의지할 수 있는 짝을 설정하겠습니다.
기대 효과	이를 통해, 친구끼리 돕는 문화를 형성하여 공동체적 의식을 함양하고 상호 우호적이고 협력적인 학급 분위기를 형성할 수 있을 것입니다.
마무리	따라서 저는 학교폭력 예방을 위해 천사 친구 활동을 추진하겠습니다.

Chapter 02 학교폭력 사후 처리

1 회복적 생활교육

주제 문장	저는 회복적 생활교육을 실시하겠습니다.
대전제	징벌적 생활교육은 가해자에게는 면죄부를 쥐어 준다는 점이, 피해자에게는 아물지 않는 상처를 남긴다는 점이 비판받아왔습니다.
구체화	따라서 저는 또래 상담, 친구 사랑동아리, 회복적 콘퍼런스 등을 통해서 가해자의 처벌에 초점을 두는 것이 아니라 관계의 회복을 도모하겠습니다.
기대 효과	이를 통해, 학생들은 책임과 용서, 화해의 가치를 알게 되고, 과거의 상처를 씻고 회복하여 다시금 정상적인 학교생활로 돌아올 수 있을 것입니다.
마무리	따라서 저는 처벌이 아니라 관계 회복에 초점을 둔 회복적 생활교육을 실시하겠습니다.

2 산책 시간

주제 문장	저는 해당 문제를 해결하기 위해 학생과 산책 시간을 갖겠습니다.
대전제	학생을 더 많이 알아가기 위해서는 심리적으로 안정되고 편안한 분위기의 형성이 중요합니다.
구체화	따라서 저는 점심시간이나 방과 후, 학생과 학교 주변을 산책하며 안정적이고 편안한 분위기를 조성하고 현재 학생의 심리상태 및 학교생활 적응에 대해서 면밀하게 파악하는 시간을 갖겠습니다.
기대 효과	이를 통해 학생은 자신의 상황에 관심을 가지고 지켜보는 교사의 노력을 이해하여 신뢰감을 형성할 수 있고 교사로서는 학생의 현재 상태를 더욱 잘 파악하여 필요한 도움을 즉각적으로 줄 수 있을 것입니다.
마무리	따라서 저는 학생과 산책 시간을 통해 문제 해결을 도모하겠습니다.

3 학교 밖 상담

주제 문장	저는 해당 문제를 해결하기 위해 학생과 학교 밖에서 이야기를 나누는 시간을 갖겠습니다.
대전제	학생들은 학교 안에서보다 학교 밖에서 조금 더 자유로움을 느끼는 경향이 있으므로 학생들을 학교 밖에서 만난다면 마음속에 있는 이야기를 더 잘 들을 수 있을 것입니다.
구체화	구체적인 방안으로는, 저는 학생들이 좋아할 만한 가게에 함께 방문하여 가벼운 식사와 함께 상담을 이어나가겠습니다.
기대 효과	이를 통해 학생은 학교 안에서보다 조금 더 편안한 분위기에서 이야기를 할 수 있고, 교사로서는 더욱 진솔한 이야기를 통해 나온 정보로 학생에 대해 자세히 파악할 수 있을 것입니다.
마무리	따라서 저는 학생과 학교 밖에서 이야기를 나누는 시간을 가지도록 하겠습니다.

4 학부모 협력

주제 문장	저는 해당 문제를 해결하기 위해 학부모와 협력하겠습니다.
대전제	문제 상황의 원활한 해결을 위해서는 학교와 가정의 협력이 필수적입니다.
구체화	따라서 저는 피해자와 가해자 학부모에게 해당 사실을 객관적으로 전달하고 양측 학생의 상황을 이해하도록 도운 뒤, 가정에서의 지원이 충분히 이루어질 수 있도록 협력을 요청하겠습니다.
기대 효과	이를 통해 학생은 학교와 가정에서 지원이 양측으로 이루어지게 되므로 효과적으로 문제 상황을 극복할 수 있을 것입니다.
마무리	따라서 저는 학부모와 협력하여 문제 해결을 할 수 있도록 하겠습니다.

5 동료 교사 협력

주제 문장	저는 해당 문제를 해결하기 위해 동료 교사와 협력하겠습니다.
대전제	학교폭력의 가해자와 피해자 모두 정신적/신체적으로 큰 문제를 겪고 있을 것입니다. 이와 같은 문제는 혼자 해결할 때보다 해당 분야의 전문가와 협력한다면 더 나은 도움을 제공할 수 있을 것입니다.
구체화	예를 들면, 해당 학생의 학교생활을 담임 교사로서 주의 깊게 관찰하고 그 결과를 상담 선생님이나 보건 선생님께 면담을 통해 전달하여 조언을 듣겠습니다.
기대 효과	이를 통해, 자칫 섣부른 판단으로 학생에게 더 큰 상처가 되는 것을 막을 수 있을 것입니다. 또한, 더욱 전문적인 지식으로 학생에게 필요한 도움이 적절히 제공될 수 있을 것입니다.
마무리	따라서 저는 학교폭력 문제를 해결하기 위해 동료 교사와 협력하겠습니다.

6 지역사회 연계 프로젝트

주제 문장	저는 학교폭력 문제를 해결하기 위해 지역사회와 협력하여 다양한 프로그램에 참여하도록 독려하겠습니다.
대전제	학생들은 심리적으로 불안정할 때 그 상황만 생각하고 집중하는 것보다 오히려 다른 상황에 몰두하는 것이 정서적 안정에 도움이 될 때가 있습니다.
구체화	구체적인 방안을 예시로 들자면, 지역사회에서 진행하는 봉사활동이나 진로 체험, 목공 교실과 같은 메이커 프로젝트 등 다양한 학교 밖 활동에 해당 학생을 추천하여 참여해보도록 독려하겠습니다.
기대 효과	이를 통해 학생은 자신의 진로와 관련된 정보를 얻을 수 있을 뿐만 아니라 이를 몸소 체험하고 새로운 상황에 몰두함으로써 학교 안에서의 어려움을 잊고 새로운 인간관계와 새로운 경험으로 심리적 재충전의 시간을 가질 수 있을 것입니다.
마무리	따라서 저는 지역사회와 연계하여 다양하게 제공되는 프로그램에 참여할 수 있도록 적극적으로 독려하겠습니다.

Chapter 03 학교생활 부적응 학생

1 개별 상담

주제 문장	저는 해당 문제를 해결하기 위해 공감과 경청을 바탕으로 개별적 상담을 진행하겠습니다.
대전제	관찰을 통해 잘 파악하고 있다고 생각했던 학생이라도 개별 상담을 통해서 교사가 몰랐던 부분이 나타나기도 합니다.
구체화	따라서 저는 학교 밖 편한 자리에서 밥을 같이 먹으면서 가볍게 학교생활에 관해서 묻거나, 점심시간을 이용하여 부담 없이 학교 주변을 산책하면서 편한 분위기에서 상담을 진행하겠습니다.
기대 효과	이를 통해 학생들은 자신이 교사로부터 관심을 받고 있다는 점을 알게 되어 내적 통제감이 생길 것입니다. 또한 교사는 학생과의 1:1 대화를 바탕으로 해당 학생에 대해 더 잘 이해할 수 있을 것입니다.
마무리	따라서 저는 꾸준한 개별적 상담으로 부적응 문제를 해결하려 노력하겠습니다.

2 정서적 지원

주제 문장	저는 먼저 학생의 상황을 경청하고 공감한 뒤, 정서적으로 지원하겠습니다.
대전제	학교생활 부적응 학생은 자존감, 성취감, 자신감이 많이 낮아진 상태이기 때문에 문제 해결을 위해서는 정의적 부분에서의 지원이 먼저 뒷받침되어야 할 것입니다.
구체화	따라서 구체적인 방안을 예로 들면, '긍정적인 점에 주목하게 하기', '사소한 것도 칭찬하기', '실패는 자연스러운 것임을 강조하기' 등을 실시하겠습니다.
기대 효과	이러한 방법을 통해, 교사는 학생의 낮았던 자존감과 자신감을 회복할 수 있도록 도움을 줄 수 있을 것입니다.
마무리	따라서 저는 학생의 정서적인 부분을 먼저 지원하여 학교생활 부적응 문제를 해결할 수 있도록 돕겠습니다.

3 작은 행동도 칭찬하기

주제 문장	저는 학생의 원활한 학교생활 적응을 위해 작은 행동도 놓치지 않고 칭찬하겠습니다.
대전제	자기 스스로 해낼 수 있다는 믿음인 '자기 효능감'은 칭찬을 통해 길러집니다.
구체화	따라서 구체적인 방안을 예시로 들자면, '오늘은 수업 시간에 졸지 않고 집중을 정말 잘하는구나!', '친구와 웃으면서 잘 지내는구나!'와 같이 작은 행동에도 큰 의미를 부여하여 칭찬하겠습니다.
기대 효과	이를 통해 학생은 정서적으로 자신감을 얻게 될 것이고 이를 바탕으로 더욱 활기찬 학교생활을 할 수 있을 것입니다.
마무리	따라서 저는 꾸준한 칭찬을 통해 학생의 정서적인 부분을 격려 및 지원하여 학교생활에 적응할 수 있도록 돕겠습니다.

4 성공 경험 제공

주제 문장	저는 학생에게 성공 경험을 제공하겠습니다.
대전제	학생들은 크고 작은 성공 경험을 축적함으로써 자신감과 성취감을 얻게 됩니다.
구체화	따라서 저는 학습 측면에서는 학생 수준에 맞는 난이도의 과제를 제시하고, 학습 외적인 것으로는 '지각하지 않기', '준비물 챙겨오기' 등 노력을 하면 충분히 성공할 수 있는 과제를 제시할 것입니다.
기대 효과	이를 통해서 학생은 작게나마 성취감을 느끼기 시작하여 '자아 효능감'을 상승시키고 점차 더 큰 목표를 설정하는 것에 용기를 얻게 될 것입니다.
마무리	따라서 저는 학생의 학교생활 적응을 위해 크고 작은 성공 경험을 꾸준히 제공하겠습니다.

5 사회성 코칭

주제 문장	저는 해당 문제를 해결하기 위해 사회성 코칭을 진행하겠습니다.
대전제	사회성은 자연스럽게 체득하는 것이기도 하지만 필요에 따라서는 적절한 코칭이 도움이 될 수 있습니다.
구체화	구체적인 방안을 예시로 들자면, "친구에게 지우개 빌려보기", "고맙다고 표현하기"처럼, 친구에게 말을 잘 걸지 못하는 학생도 쉽게 달성할 수 있는 아주 사소한 미션을 주고 이를 달성하게 하는 것입니다.
기대 효과	이를 통해 학생은 사회적으로 관계 맺는 방식을 배우게 되고 성공 경험을 통해 자신감이 상승할 것입니다. 더 나아가 교우 관계도 회복될 수 있을 것입니다.
마무리	따라서 저는 사회성 코칭 방법을 활용하여 학생이 학교에 원활히 적응할 수 있도록 노력하겠습니다.

6 학부모 협력

주제 문장	저는 학생이 학교에 잘 적응할 수 있도록 학부모와 협력하겠습니다.
대전제	학생의 학교생활 부적응의 원인은 한 가지로 파악될 수 있는 것이 아니라 학생 자신의 정신적, 심리적 고통에 의한 내면적 문제 또는 학생 주변을 둘러싼 환경적 문제 등 다방면의 관점에서 파악해야 할 것입니다. 따라서 학생을 보다 다방면으로 이해하기 위해서는 교사의 관점에서 관찰한 학생의 모습뿐만 아니라 학부모의 시각에서 관찰한 학생의 모습도 중요한 정보가 될 것입니다.
구체화	구체적인 방안을 예시로 들자면, 학부모에게 학생의 상황을 있는 그대로 사실적으로 전달하고 학생이 가정에서는 어떻게 행동하는지, 학생에게 최근에 어떤 사건이 벌어졌는지, 학생의 행동을 변화시킬 만한 원인이 있었는지 등 학부모의 시각에서 정보를 수집하겠습니다.
기대 효과	이를 통해 교사는 종합적으로 얻은 정보로 해당 학생의 부적응 원인을 정확하게 파악하고 이를 해결하기 위한 적절한 도움을 보다 효과적으로 제공할 수 있을 것입니다.
마무리	따라서 저는 학부모와 꾸준한 협력을 통해 학생이 학교에 적응할 수 있도록 노력하겠습니다.

7 동료 교사 협력

주제 문장	저는 해당 문제를 해결하기 위해 동료 교사와 협력하겠습니다.
대전제	학교 부적응의 원인은 복잡하고 다양하므로 담임 교사 혼자의 노력보다는 해당 분야의 전문가와 협력한다면 더 나은 도움을 제공할 수 있을 것입니다.
구체화	예를 들면, 해당 학생의 학교생활을 주의 깊게 관찰하고 그 결과를 동 학년 교과 담당 선생님, 학년 부장 선생님, 상담 선생님이나 그 외 선배 교사와의 면담을 통해 전달하여 조언을 듣겠습니다.
기대 효과	이를 통해, 더욱 전문적인 지식과 선배 교사의 경험으로 학생에게 필요한 도움이 적절히 제공될 수 있을 것입니다.
마무리	따라서 저는 동료 교사와 협력하여 문제를 해결하겠습니다.

8 지역사회 연계 프로젝트

주제 문장	저는 해당 문제를 해결하기 위해 지역사회와 협력하여 다양한 프로그램에 참여하도록 독려하겠습니다.
대전제	학생들이 비록 학교생활에 흥미를 느끼지는 못할지라도 학교 밖 실제적인 체험에는 아주 큰 관심과 흥미를 보이는 경우가 많이 있습니다.
구체화	구체적인 방안을 예시로 들자면, 지역사회에서 진행하는 봉사활동이나 바리스타 체험, 베이킹 교실 등 다양한 학교 밖 활동에 해당 학생을 추천하여 참여해보도록 독려하겠습니다.
기대 효과	이를 통해 학생은 자신의 진로와 관련된 정보를 얻을 수 있을 뿐만 아니라 자신의 목표를 설정하는 목표 지향적인 태도를 함양함으로써 다시금 학교생활에 활력을 불러일으킬 수 있는 전환점이 될 것입니다.
마무리	따라서 저는 학생을 대상으로 다양하게 제공되는 지역사회의 프로그램을 알아보고 추천하여 해당 학생이 학교생활에 원활히 적응할 발판을 다질 수 있게끔 노력하겠습니다.

Chapter 04 인성 교육

1 인문학 독서

주제 문장	저는 인성 교육을 위해 인문학 독서 교육을 하겠습니다.
대전제	독서를 통해서 등장인물의 감정과 행동에 공감하고 존중하는 방법을 배울 수 있습니다.
구체화	따라서 저는, 저의 과목과 연계하여 동화부터 소설까지 수준에 맞는 영문학을 선정하고 인물의 상황과 감정에 초점을 맞추어 그림이나 글로 자유롭게 감상을 표현해보는 활동을 진행하겠습니다.
기대 효과	이를 통해, 학생들은 인간의 감정을 이해하고 존중할 수 있는 능력을 기를 수 있을 것입니다. 더 나아가 이는 부모와의 갈등, 문화 차이나 세대 차이 등에 의한 문제를 해결하는 데 필요한 공감 능력을 갖추도록 할 것입니다.
마무리	따라서 저는 인성 교육의 목적으로 인문학 독서 교육을 하겠습니다.

2 학교 정원 가꾸기

주제 문장	저는 인성 교육을 위해 학교 정원 가꾸기를 실시하겠습니다.
대전제	학생들은 식물을 기르는 활동을 통해 책임감을 기를 수 있습니다.
구체화	구체적인 방안을 예로 들자면, 학교 정원에 자신의 책임 구역을 나누고 씨앗을 심어서 채소를 기른 후, 이를 재배하여 급식 시간에 친구들에게 나누어 주는 활동을 하겠습니다.
기대 효과	이를 통해, 학생들은 자신이 기르는 작물에 대해 책임감을 기를 수 있고, 생명의 소중함을 깨달을 수 있을 것입니다. 또한 자신의 노력에 대한 성과를 친구들과 나눔으로써 배려의 가치를 배우고, 정이 있는 교우 관계가 만들어질 것입니다.
마무리	따라서 저는 인성 교육을 위해 학교 정원 가꾸기를 실시하겠습니다.

3 학급 단합대회

주제 문장	저는 학급 단합대회를 추진하겠습니다.
대전제	올바른 인성을 함양하기 위해서는 주변 사람과 효과적으로 상호작용하는 경험이 필요할 것입니다.
구체화	구체적인 방안을 예시로 들자면, 스포츠클럽 대회, 합창대회, 뮤지컬 활동 등을 추진하겠습니다.
기대 효과	이를 통해서, 학생들은 일련의 단합 과정에서 갈등을 관리하는 법을 배우며 협동하고 상호 존중하며 의사소통하는 법을 배울 수 있을 것입니다. 이뿐만 아니라, 협력하여 이루어낸 결과의 성취감을 바탕으로 올바른 인성의 함양이라는 더욱 큰 교육적 효과를 기대할 수 있을 것입니다.
마무리	따라서 저는 올바른 인성 함양을 위해 학급 단합대회를 추진하겠습니다.

4 학급 천사

주제 문장	저는 학급 천사 활동을 하겠습니다.
대전제	학생들은 직접 주변 사람을 돕는 활동을 해봄으로써 올바른 인성을 함양할 수 있습니다.
구체화	따라서 저는, 학급 회의를 통해 학생들의 의견을 취합한 후, 멘토-멘티, 숙제 스터디와 같은 학업적인 측면이나 점심 친구, 등하교 친구와 같이 학교생활의 측면에서 의지할 수 있는 짝을 설정하겠습니다.
기대 효과	이를 통해, 학생들은 서로서로 돕는 문화를 형성하여 공동체적 의식을 함양하고 타인을 존중하는 올바른 인성을 지닌 사람으로 성장할 것입니다.
마무리	따라서 저는 학생의 바람직한 인성 함양을 목적으로 학급 천사 활동을 하겠습니다.

5 역할극

주제 문장	저는 역할극 활동을 기획하겠습니다.
대전제	올바른 인성의 함양을 위해서는 타인을 이해하고 배려하며 존중하는 태도가 선행돼야 할 것입니다.
구체화	따라서, 구체적인 방안을 예시로 들자면, 학생들에게 등장인물이 나와 있는 카드를 나누어주고 자신이 그 카드에 적힌 등장인물이라면 어떻게 행동할 것인지 몰입하여 연극을 해보는 활동을 진행하겠습니다.
기대 효과	이를 통해, 학생들은 다른 인물의 처지를 이해하고 이를 바탕으로 타인을 존중하고 배려하는 방법을 배울 수 있을 것입니다.
마무리	따라서 저는 역할극 활동을 통해 올바른 인성 함양을 도모하겠습니다.

6 직소 봉사활동

주제 문장	저는 인성 교육을 목적으로 직소 봉사활동을 기획하겠습니다.
대전제	봉사활동을 통해서 학생의 올바른 인성 함양을 도모할 수 있습니다.
구체화	예를 들면, 직소 활동처럼 각 조원이 다른 곳에 봉사활동을 하러 간 뒤, 각자의 경험을 조원들에게 소개하며 공유하는 활동을 하겠습니다.
기대 효과	이를 통해 학생들은 다른 친구들에게 자신의 봉사활동을 소개해야 하므로 더욱 책임감 있게 봉사활동에 임할 것입니다. 이뿐만 아니라, 각 조원이 서로 다른 봉사활동에 대한 경험을 공유함으로써, 친구가 방문한 곳을 가고 싶어 하는 마음이 저절로 생길 것입니다. 또한, 이를 바탕으로 봉사활동이 일회적 활동이 아닌 지속적인 활동으로 이어지게 할 수 있을 것입니다.
마무리	따라서 저는 직소 봉사활동을 통해 학생들의 인성 교육을 진행하겠습니다.

7 매체 교육

주제 문장	저는 서로를 존중하는 학급 분위기를 만들기 위해 토론/토의 수업을 병합한 매체 교육을 하겠습니다.
대전제	학생의 올바른 인성 함양은 서로를 존중하는 것에서 시작합니다.
구체화	예를 들면, 무관심 속에서 소외당하는 학생의 이야기를 보여주거나 모두가 다 같이 어울릴 때 행복한 학급 이야기를 보여주면서 어떤 학급이 더 나은지 왜 그런지 생각을 공유하는 시간을 갖겠습니다.
기대 효과	이를 통해, 학생들은 자신의 행동을 반성하며 성찰하고 상호 존중하는 학급 분위기를 만드는 것이 중요하다는 사실을 깨달을 수 있을 것입니다.
마무리	따라서 저는 존중을 통한 올바른 인성 함양을 위해 매체를 활용한 토의/토론 수업을 진행하겠습니다.

8 배려 왕 선발

주제 문장	저는 학생들에게 배려 왕이라는 상을 시상하겠습니다.
대전제	배려심을 기르는 활동을 통해 학생이 올바른 인성을 함양할 수 있도록 할 수 있습니다.
구체화	따라서 저는 학급 회의를 통하여 주변 친구를 도울 학생을 지원하게 하고 일정 기간의 활동을 한 후, 해당 학생에게 배려 왕이라는 학급 상장을 수여하겠습니다.
기대 효과	이를 통해 학생들은 다른 친구를 돕는 과정에서 배려심을 키우고, 성취감도 느낄 수 있을 것입니다.
마무리	따라서 저는 배려 왕 활동을 학급 운영에 적용하여 학생들이 올바른 인성을 함양할 수 있도록 돕겠습니다.

Chapter 05 자기관리 역량

1 학습 일지

주제 문장	저는 학생이 자기관리 역량을 기를 수 있도록 학습 일지를 써보는 것을 추천하겠습니다.
대전제	자기 자신을 관리하는 것은 계획하고 기록하는 습관에서 시작됩니다.
구체화	따라서 저는 학생에게 학습 일지를 써보도록 권유하여, 자기 스스로 기간을 정하고, 해당 기간에 달성할 목표를 설정하고, 목표를 이루기 위한 전략을 계획하고 추진하여 마지막에서는 스스로 평가를 할 수 있도록 하겠습니다.
기대 효과	이를 통해서 해당 학생은 자신의 목표달성 전반에 걸쳐 자기 스스로 노력하는 과정이 포함되므로 자아 효능감이 생기고 자신감을 얻을 수 있을 것입니다. 이뿐만 아니라 자기 스스로 관리하고 통제할 수 있는 능력도 생기게 될 것입니다.
마무리	따라서 저는 학생의 자기관리 역량 함양을 위해 학습 일지를 써보는 활동을 권유하겠습니다.

2 학습 성향 파악 검사

주제 문장	저는 학생의 자기관리 역량을 기르기 위해 학습 성향 파악 검사를 하겠습니다.
대전제	자기관리 역량을 기르기 위해서는 먼저 자기 스스로에 대해 잘 알고 있어야 합니다.
구체화	따라서 저는 학생의 학습법, 성격, 진로 등 자신의 전반적인 성향을 파악할 수 있는 여러 검사를 추천하고 그 결과를 해석해보며 이를 바탕으로 상담해보는 시간을 갖겠습니다.
기대 효과	이러한 과정을 통해서 학생은 자기 자신에 대해 더 자세히 잘 파악할 수 있을 것입니다. 또한, 이렇게 알게 된 자기 자신에 대한 정보를 바탕으로 효과적으로 자신을 관리할 수 있는 전략 및 습관을 형성할 수 있을 것입니다.
마무리	따라서 저는 학생의 자기관리 역량 향상을 위한 다양한 종류의 성향 파악 검사를 하겠습니다.

3 66일 습관 형성 챌린지

주제 문장	저는 학생들의 자기관리 역량 함양을 위해 66일간 습관 형성 챌린지 활동을 추진하겠습니다.
대전제	한 사람의 행동이 습관으로서 정착하기 위해서는 66일의 시간이 소요된다고 합니다.
구체화	따라서 저는 학생들의 바람직한 습관 형성을 위해서 '매일 수학 문제 10개씩 풀기', '영어 단어 10개씩 외우기', '매일 운동 30분씩 하기' 등 자신이 만들고 싶은 습관을 설정하고, 66일 동안 진행하도록 하는 습관 형성 챌린지 활동을 기획하겠습니다.
기대 효과	이를 통해서 학생들은 자신이 스스로 설정한 목표를 달성하기 위하여 꾸준히 노력하는 경험을 하게 될 것입니다. 더 나아가 이러한 활동을 바탕으로 올바른 습관을 형성하게 되고 자기 스스로 통제하고 관리할 수 있는 역량을 기를 수 있을 것입니다.
마무리	따라서 저는 학생들이 자기관리 역량을 함양하도록 돕기 위해 66일간의 습관 형성 챌린지를 실시하겠습니다.

4 성찰 일지

주제 문장	저는 학생들의 자기관리 역량 향상을 위해 성찰 일지 작성 활동을 하겠습니다.
대전제	자기 자신을 관리하고 스스로 바람직한 방향으로 이끌기 위해서는 자신에 대한 성찰 활동이 필수적입니다.
구체화	따라서 저는 '안 좋은 습관 발견하기', '오늘 하루 후회하는 행동 쓰기', '고쳐야 할 점 알아보기' 등 자기 자신을 성찰할 수 있는 활동을 하겠습니다.
기대 효과	이를 통해서 학생들은 자신이 무의식적으로 하는 안 좋은 습관이나 고쳐야 할 버릇 등을 발견하게 될 것입니다. 또한, 이를 개선하기 위해 노력함으로써 자기 자신을 관리하고 바람직한 방향으로 발전할 수 있는 능력을 기를 수 있게 될 것입니다.
마무리	따라서 저는 학생들의 자기관리 역량 향상을 위해 성찰 일지 작성 활동을 추진하겠습니다.

5　자서전 써보기

주제 문장	저는 학생의 자기관리 역량 함양을 위해 자서전을 써보는 활동을 시행하겠습니다.
대전제	자기관리 역량을 함양하기 위해서는 자기 스스로에 관한 깊은 탐구와 고찰이 필요합니다.
구체화	따라서 저는 학생들에게 자신의 과거를 1년 단위나 6개월 단위로 돌아보게끔 한 후 지금까지 어떠한 모습으로 지내왔는지 스스로 써보게 하는 자서전 작성 활동을 하겠습니다.
기대 효과	이를 통해서 학생들은 자신의 모습을 반성하며 돌아보게 되어 앞으로의 계획에 반영할 수 있을 것입니다. 이 뿐만 아니라, 자기 자신에 대한 깊은 고찰과 탐구를 바탕으로 자기 자신을 더 잘 이해하게 될 것입니다.
마무리	따라서 저는 학생의 자기관리 역량 함양을 위해 자서전 작성 활동을 하겠습니다.

6　자신이 원하는 미래의 모습 상상하기

주제 문장	저는 학생이 자기관리 역량을 함양할 수 있도록 돕기 위해 자신이 원하는 미래의 모습을 상상해보는 활동을 하겠습니다.
대전제	학생들은 자신이 원하는 모습을 상상하고 이를 현실화하기 위해서 어떤 태도를 보여야 하는지 파악하는 과정에서 자기관리 역량이 생겨납니다.
구체화	따라서 저는 학생들에게 향후 10년 뒤, 20년 뒤, 30년 뒤 등 일정 시간 이후의 미래 모습을 상상하게 하고 자신이 원하는 모습을 이루기 위해서는 시간대별로 어떠한 세부 목표를 달성해야 하는지, 그리고 현재 어떠한 목표를 정해야 하는지 탐구해보게끔 하는 시간을 갖겠습니다.
기대 효과	이를 통해서 학생들은 미래의 목표달성을 위해 현재 어떤 태도를 보여야 하는지 이해할 수 있게 될 것입니다. 또한, 이러한 과정에서 자기 스스로 통제하고 자신의 행동을 관리할 힘이 생겨날 것입니다.
마무리	따라서 저는 학생이 자기관리 역량을 함양할 수 있도록 자신이 원하는 미래의 모습을 상상해보는 활동을 시행하겠습니다.

Chapter 06 지식정보처리 역량

1 자원기반 학습

주제 문장	저는 학생의 지식정보처리 역량을 기르기 위해 자원기반 학습을 하겠습니다.
대전제	학생들은 주어진 문제를 해결하기 위해 어떤 자원을 활용해야 하는지 파악하는 과정에서 지식정보처리 역량이 길러집니다.
구체화	따라서 저는 상황 맥락적인 문제를 제시하고 이를 해결하기 위해서 인쇄물, 전자기기, 다양한 통계자료 등을 활용하여 각자의 의견 및 해결책을 공유하도록 하는 활동을 기획하겠습니다.
기대 효과	이를 통해서 학생들은 주어진 상황을 해결하는 데 필요한 자원을 파악하고 선별하고 정리하면서 지식정보처리 역량을 기를 수 있을 것입니다.
마무리	따라서 저는 학생의 지식정보처리 역량을 기르기 위해 자원기반 학습을 하겠습니다.

2 리서치 프로젝트

주제 문장	저는 학생의 지식정보처리 역량 향상을 위해 리서치 프로젝트를 실시하겠습니다.
대전제	학생들은 자신이 관심이 있는 분야를 조사하고 탐구하는 과정에서 지식정보처리 역량이 향상됩니다.
구체화	따라서 저는 학생들이 관심 있는 분야를 스스로 선택하게 한 뒤, 여러 세부 카테고리를 정하게 하고 각 카테고리에 맞는 내용을 다양한 자원과 검증된 정보를 활용하여 연구를 해보도록 하는 프로젝트 수업을 기획하겠습니다.
기대 효과	이를 통해서 학생들은 자신의 관심 분야에 대해 더욱 깊이 탐구할 기회를 얻게 될 것입니다. 또한, 이러한 과정에서 학생들은 정보를 찾고 검증하고 활용하는 능력을 자연스럽게 향상할 수 있을 것입니다.
마무리	따라서 저는 학생들의 지식정보처리 역량을 향상하기 위해 리서치 프로젝트를 실시하겠습니다.

3 Big 6 Skills 기반 정보처리 과정 보고서 작성

주제 문장	저는 학생의 지식정보처리역량을 향상하기 위해 Big 6 Skills 모형을 바탕으로 한 정보처리 과정 보고서를 작성하는 활동을 하겠습니다.
대전제	학생들은 자신이 활용한 정보를 어떠한 경로와 근거로 선택했는지 파악하는 과정에서 지식정보처리 역량이 향상됩니다.
구체화	따라서 저는 Big 6 Skills 모형을 참고하여, 자신이 필요한 정보 파악, 최선의 자원 선택 과정, 정보의 위치, 실제적 활용 과정, 정보 종합, 자원의 효율성 평가를 스스로 판단해보게끔 하는 정보처리 과정 보고서를 작성해보는 활동을 기획하겠습니다.
기대 효과	이를 통해 학생들은 자신이 문제를 해결하기 위해 활용한 정보를 어떠한 경로와 근거로 선택했는지 스스로 살펴볼 수 있게 됨으로써 주어진 정보를 처리하고 활용하는 능력이 길러질 것입니다.
마무리	따라서 저는 학생의 지식정보처리 역량 향상을 위해 Big 6 Skills 모형을 기반으로 한 정보처리 과정 보고서를 작성하는 활동을 기획하겠습니다.

4 자료 공유 클라우드

주제 문장	저는 지식정보처리역량 향상과 관련하여 제 수업 자료를 공유하는 클라우드를 개설하고 학생들과 공유하겠습니다.
대전제	온라인 수업 시대에 걸맞게 저의 모든 수업 자료를 클라우드에 올려준 뒤 학생들이 필요에 맞게 자료를 열람할 수 있게 한다면 시공간의 제약 없이 학생 개별적 맞춤 학습을 제공할 수 있을 것입니다.
구체화	따라서 저는 저의 수업과 관련한 모든 영상자료, 강의 원고, 학습지 등을 클라우드에 공유하고 학생들이 열람할 수 있도록 설정하겠습니다. 또한, 과제 탐구 수업이나 프로젝트 수업, 수행평가와 같이 다양한 자료를 활용하여 결과물을 만드는 형식의 수업일 경우 클라우드에 관련된 자원과 정보를 담아두어 학생들이 자유롭게 찾아볼 수 있도록 하겠습니다.
기대 효과	이를 통해 학생들은 교사의 수업을 듣고 필요한 내용을 선생님이 제공하는 클라우드에서 자유롭게 찾아 자기 주도적 수준별 맞춤 학습이 가능할 것입니다. 또한, 과제에 필요한 내용을 스스로 찾고 활용하는 과정에서 지식정보처리 역량도 향상될 것입니다.
마무리	따라서 저는 학생의 지식정보처리 역량을 증진하기 위해 수업 자료 공유 클라우드를 개설하고 운영하겠습니다.

Chapter 07 창의적 사고 역량

1 배움 중심 수업

주제 문장	저는 학생의 창의성을 기르기 위해서 배움 중심 수업을 적용하겠습니다.
대전제	창의성이란 기존에 없는 독창적인 것을 창조해 내는 능력입니다. 따라서 이는 교사가 지식을 일방적으로 제공하는 과정이 아니라 자기 스스로 배우는 과정에서 길러질 수 있을 것입니다.
구체화	구체적인 방안을 예시로 들자면, 프로젝트 학습, 문제해결학습, 발견학습 등을 접목한 학생 주도형 배움 중심 수업을 적용하겠습니다.
기대 효과	이를 통해, 전통적인 교사 중심 수업에서 벗어나 학생들은 교사로부터 일방적인 강의로 일률적인 지식을 얻게 되는 것이 아니라 자기 주도적으로 학습하고 새로운 관점에서 사고할 기회를 얻게 될 것입니다.
마무리	따라서 저는 학생이 주도적으로 생각할 수 있도록 하는 배움 중심 교실을 만들겠습니다.

2 비구조적인 과제 제시

주제 문장	저는 학생들의 창의성을 기르기 위해 비구조적인 과제를 제시하겠습니다.
대전제	학생들은 비구조적인 과제를 부여받았을 때 기존의 생각과 다른 방식으로 해당 문제에 접근할 수 있습니다.
구체화	예를 들면, 구체적이고 실제적인 문제 상황을 주되, 하나의 답만 찾도록 요구하는 것이 아니라 여러 개의 정답을 허용하는 과제를 제시하겠습니다.
기대 효과	이를 통해 학생들은 정답을 위한 사고가 아닌 문제를 해결하기 위한 과정으로써 다양한 대안을 떠올릴 수 있을 것입니다.
마무리	따라서 저는 학생이 창의성을 기를 수 있도록 비구조적인 과제를 제시하겠습니다.

3 다양한 창의성 향상 기법을 수업에 접목

주제 문장	저는 창의성을 기르기 위해 PMI, SCAMPER, 시넥티스 기법을 수업에 접목하겠습니다.
대전제	창의성 향상을 목적으로 고안된 수업 방식을 적용함으로써 학생들을 효과적으로 지도할 수 있을 것입니다.
구체화	예를 들면, 토론/토의 수업에 PMI를 사용하거나, 물체의 새로운 용도에 대해서 떠올려보는 활동을 수업 중 흥미 유발 요소로 접목하겠습니다.
기대 효과	이를 통해 학생들은 다양한 대안을 탐색해 봄으로써 창의성을 기를 수 있을 것입니다.
마무리	따라서 저는 다양한 창의성 향상 기법을 수업에 접목할 수 있도록 연구하고 노력하겠습니다.

4 완전 학습

주제 문장	저는 학생의 창의성을 기르기 위해 완전 학습을 추구하겠습니다.
대전제	새로운 지식을 창출하기 위해서는 먼저 기초지식에 대한 완전 학습이 바탕이 되어야만 합니다.
구체화	이를 실현하기 위한 예시로, 저는 주기적으로 형성평가를 시행하여 학생의 이해도를 점검하겠습니다. 또한, 교실 내 다양한 질문기법을 활용하여 학생의 이해도를 수시로 점검하거나, 학습지 형태로 수업 이해 정도를 점검하겠습니다.
기대 효과	이를 통해 학생들은 창의적 사고에 바탕이 되는 기초지식에 대한 완전 학습이 이루어져 새로운 방식으로 사고를 확장할 수 있게 될 것입니다.
마무리	따라서 저는 학생의 창의성 함양을 위해 기초 내용을 완전히 이해할 수 있도록 완전 학습을 목표로 지도하겠습니다.

5 토론/토의식 수업

주제 문장	저는 학생의 창의성을 기르기 위해 토론/토의식 수업을 진행하겠습니다.
대전제	학생들은 자기 생각에 확신을 더하는 것보다 다른 사람의 생각을 이해하며 새로운 관점을 가지게 될 때 창의성이 길러집니다.
구체화	이를 실현하기 위하여 저는 수업에서 토론/토의식 방법을 적극적으로 활용하겠습니다. 한 주제에 대해서 여러 학생의 의견을 토론과 토의의 방식으로 수용하여 교실 내에서 학생들이 다양한 관점을 가지고 열린 사고를 할 수 있도록 돕겠습니다.
기대 효과	이를 통해 학생들은 다른 학생들의 의견을 들으며 새로운 관점에서 내용을 이해하게 되고 이는 사고의 확장을 자극하는 유의미한 학습 경험이 될 것입니다.
마무리	따라서 저는 학생들의 창의성 함양을 위해 토론/토의식 수업을 적극적으로 활용하겠습니다.

6 메이커 수업

주제 문장	저는 학생의 창의성을 기르기 위해 메이커 수업을 진행하겠습니다.
대전제	학생들은 직접 새로운 것을 만들어보는 과정을 통해서 창의력이 증진됩니다.
구체화	따라서 저는 학생들에게 만들어 볼 것에 대한 주제를 제공한 다음 자유롭게 머릿속에 있는 것을 설계하도록 한 뒤, 실제로 창의공작실을 활용하여 만들어보는 활동을 기획하겠습니다.
기대 효과	이렇게 학생들이 자유롭게 자신이 원하는 것을 설계하고 만들어보는 과정을 통해서 자연스럽게 학생들의 창의력을 자극할 수 있을 것입니다.
마무리	따라서 저는 학생의 창의력 증진을 위해 메이커 수업을 진행하겠습니다.

7 개방형 질문

주제 문장	저는 학생의 창의력 증진을 위해 대화를 통한 개방형 질문의 활용 빈도를 높이겠습니다.
대전제	교사의 질문 형태가 폐쇄형인지 개방형인지에 따라 학생들은 자신이 알고 있는 내용을 회상해야 하는지, 아니면 새로운 내용을 떠올려야 하는지가 달라집니다.
구체화	따라서 저는 수업 내에서 '이게 무엇이었는지 기억이 나나요?'와 같이 단순히 이미 알고 있는 지식을 회상하도록 하는 폐쇄형 질문보다는 '이 상황에서 여러분은 어떻게 할 건가요? 자유롭게 이야기해 봅시다.'처럼 다양한 정답이 허용되어 열린 사고를 유도하는 개방적 질문 빈도를 높이겠습니다.
기대 효과	이러한 과정에서 학생들은 단순히 자신이 알고 있는 내용을 떠올리는 것을 넘어서 새로운 상황에 적합한 새로운 해결책을 생각해야 할 것입니다. 이는 학생들의 개방적 사고를 촉진하여 창의력을 증진하는 데에 도움이 될 것입니다.
마무리	따라서 저는 학생의 창의력 증진을 위해 대화를 통한 개방형 질문의 활용 빈도를 높이겠습니다.

Chapter 08 심미적 감성 역량

1 협력 종합예술 활동

주제 문장	저는 학생의 심미적 감성 역량을 증진하기 위해서 협력 종합예술 활동을 추진하겠습니다.
대전제	학생들은 예술 작품을 단순히 감상하는 것을 넘어 직접 제작에 참여하고 공연을 해봄으로써 심미적 감수성이 크게 발달합니다.
구체화	따라서 저는 학급 단위나 동아리 단위로 한 학기 동안 학생들이 모두 참여해서 연극, 뮤지컬, 합창 등 예술 활동을 기획부터 발표까지 해볼 수 있도록 적극적으로 지원하겠습니다.
기대 효과	이를 통해서 학생들은 다른 친구들과 협력하는 방법을 배울 뿐만 아니라 예술적 참여 활동을 통해 심미적 감성 역량이 길러질 것입니다.
마무리	따라서 저는 학생의 심미적 감성 역량을 증진하기 위해서 협력 종합예술 활동을 추진하겠습니다.

2 인문학 독서 포트폴리오

주제 문장	저는 학생들의 심미적 감성 역량을 향상하기 위하여 인문학 독서 포트폴리오 활동을 기획하겠습니다.
대전제	학생들은 인문학 독서 활동을 통해서 인간에 대한 공감적 이해와 문화적 감수성을 기를 수 있습니다.
구체화	따라서 저는 다양한 세계 문화와 문학, 음악, 미술, 철학 등을 주제로 한 책을 학생 수준에 맞게 선별하여 독서를 한 후, 책을 읽고 느낀 점을 자유롭게 포트폴리오 형식으로 남겨보도록 하는 활동을 기획하겠습니다.
기대 효과	이를 통해서 학생들은 책을 통해 다양한 주제에 대한 지식을 접함으로써 교양을 쌓을 수 있을 뿐만 아니라 축적되는 독서 경험으로 인해 심미적 감성 역량이 점진적으로 길러질 것입니다.
마무리	따라서 저는 학생의 심미적 감성 역량을 향상하기 위하여 인문학 독서 포트폴리오 활동을 기획하겠습니다.

3 지역연계 예술 관람 활동

주제 문장	저는 학생들의 심미적 감성 역량을 키워주기 위하여 지역과 연계하여 예술 체험 활동을 추진하겠습니다.
대전제	각 지역에는 연극, 뮤지컬, 미술관 관람, 오케스트라 공연 등 학생들을 위한 문화 체험 시설이 교육청 프로그램과 연계된 경우가 많이 있습니다.
구체화	따라서 저는 해당 교육청이 주관하는 지역연계 문화 예술 체험 프로그램을 조사하고 학생들이 우리 지역에서 다양한 문화 예술 체험 활동에 참여할 수 있도록 지원하겠습니다.
기대 효과	이를 통해서 학생들은 자신의 동네에서 문화 예술 체험을 경험함으로써 예술이 가까이에 있는 것임을 깨닫게 될 것입니다. 또한, 이러한 경험을 통해서 학생들의 심미적 감성 역량도 자연스럽게 증진될 것입니다.
마무리	따라서 저는 학생들의 심미적 감성 역량을 키워주기 위하여 지역과 연계하여 예술 체험 활동을 추진하겠습니다.

Chapter 09 협력적 소통 역량

1 정보 차이를 이용한 짝 활동

주제 문장	저는 학생의 협력적 소통 역량을 증진하기 위해서 정보 차이를 이용한 짝 활동을 수업에 적용하겠습니다.
대전제	학생들은 공동의 목표를 달성하기 위해서 각자의 정보를 공유하고 서로를 이해시키는 과정에서 협력적 소통 역량이 향상됩니다.
구체화	따라서 저는 학생들에게 틀린 그림 찾기 세트를 한 장씩 나누어주고 학생들에게 짝과 그림을 공유하지 않고 설명을 통해서만 틀린 부분을 찾아보게끔 하는 상호 간 정보 차이를 활용한 짝 활동을 기획하겠습니다.
기대 효과	이를 통해서 학생들은 자신의 그림에 대해 상대방에게 설명하고, 서로가 각자의 이해도를 점검하는 과정에서 협력적 소통 역량이 길러질 것입니다.
마무리	따라서 저는 학생의 협력적 소통 역량을 증진하기 위해서 정보 차이를 이용한 짝 활동을 수업 시간에 적용하겠습니다.

2 토론/토의 수업

주제 문장	저는 학생들의 협력적 소통 역량을 향상하기 위하여 토론/토의식 수업을 적용하겠습니다.
대전제	학생들은 자신의 의견을 상대방에게 설명하고 설득하는 과정에서 협력적 소통 역량이 향상됩니다.
구체화	따라서 저는 다양한 주제에 대해서 학생들을 그룹별로 토론/토의하도록 하고, 상대방의 의견을 경청하고 자기 생각과 다르더라도 존중하며, 필요에 따라서는 논리적으로 비판할 수 있는 활동을 기획하겠습니다.
기대 효과	이를 통해서 학생들은 자기 생각을 다른 사람에게 설명하고 설득하는 경험을 얻게 될 것입니다. 또한, 서로 다른 관점의 여러 생각이 오가는 과정에서 학생들의 협력적 소통 역량은 향상될 것입니다.
마무리	따라서 저는 학생들의 협력적 소통 역량을 길러주기 위하여 토론/토의식 수업을 활용하겠습니다.

3 역할극

주제 문장	저는 학생들의 협력적 소통 역량을 향상하기 위하여 역할극 활동을 하겠습니다.
대전제	의사소통 역량은 논리적으로 자기 생각을 전달하는 것뿐만 아니라 다른 사람의 감정을 이해하고 공감할 수 있는 능력도 의미합니다.
구체화	따라서 저는 인물들의 감정선이 잘 드러나는 작품을 선정하여 학생들에게 해당 인물의 감정을 이해하고 공감하도록 한 뒤, 역할극을 통해서 해당 감정을 표현하도록 하는 활동을 기획하겠습니다.
기대 효과	이를 통해서 학생들은 자신이 맡은 인물의 감정을 직접 연기해 봄으로써 해당 감정에 대해 실제로 이해하고 공감하는 방법을 배울 수 있을 것입니다. 또한, 이러한 경험을 바탕으로 다른 사람의 감정을 존중할 수 있는 협력적 소통 역량이 길러질 것입니다.
마무리	따라서 저는 학생들의 협력적 소통 역량을 증진하기 위하여 역할극 활동을 하겠습니다.

4 또래 상담

주제 문장	저는 학생들이 협력적 소통 역량을 기를 수 있도록 또래 상담 활동을 추진하겠습니다.
대전제	학생들은 자신의 상황을 친구에게 설명하거나 친구의 고민을 경청하고 공감해 줌으로써 협력적 소통 역량이 길러집니다.
구체화	따라서 저는 희망 학생을 대상으로 짝을 지어 쪽지나 익명 상담, 대면 상담 등 다양한 방식을 통해 또래 상담을 지원하겠습니다.
기대 효과	이를 통해 학생들은 다양한 상황에 놓인 친구들의 감정을 이해하고 공감함으로써 서로 존중하는 분위기가 형성될 것입니다. 또한, 자기 생각과 감정을 다른 친구들에게 표현하고 경청함으로써 협력적 소통 역량도 길러질 것입니다.
마무리	따라서 저는 학생들이 협력적 소통 역량을 기를 수 있도록 또래 상담 활동을 기획하겠습니다.

Chapter 10 공동체 역량

1 협동 과제 제시

주제 문장	저는 학생들이 공동체 역량을 함양할 수 있도록 협동 과제를 제시하겠습니다.
대전제	공동체 의식은 서로 협력을 통해 답을 도출하여 공동의 과제를 해결할 때 생겨나기 마련입니다.
구체화	따라서 구체적인 방안을 예시로 들자면 직소, Information gap 활동처럼 조원끼리 협력을 해야만 과제가 완성되는 방식의 수업 모형을 적용하겠습니다.
기대 효과	이를 통해 학생들은 목표를 이루기 위해 협동하고, 그 과정에서 일어나는 갈등을 공동체 의식을 바탕으로 원만하게 해결할 수 있는 능력을 기를 수 있을 것입니다.
마무리	따라서 저는 공동체 역량 함양을 위해 협동 과제를 제시하겠습니다.

2 지역연계 봉사활동

주제 문장	저는 지역 기관과 연계하여 봉사활동을 기획하겠습니다.
대전제	다른 사람을 돕는 봉사활동을 통해서 사회를 이루고 있는 공동체에 대한 의식을 키울 수 있습니다.
구체화	따라서 저는 다문화가정 지원센터, 지역아동센터, 장애아동센터, 복지관 등을 대상으로 참여형 봉사활동을 기획하겠습니다.
기대 효과	이를 통해 학생들은 약자에 대한 배려와 존중을 배우고 우리 사회를 이루고 있는 공동체에 대한 의식을 키울 수 있을 것입니다.
마무리	따라서 저는 공동체 역량 함양을 위해 지역사회와 연계하여 봉사활동을 기획하겠습니다.

3 단합 체육 활동

주제 문장	저는 단합 체육 활동을 적극적으로 추진하겠습니다.
대전제	학생들은 팀 협동 경쟁 활동을 통해 내부의 단합력 및 공동체 의식을 높일 수 있습니다.
구체화	따라서 저는 다른 반, 다른 학년과 운동으로 경합하는 체육대회를 적극적으로 지원하겠습니다.
기대 효과	이를 통해 공동의 목표를 이루기 위해 협력이 필요하다는 사실을 깨달을 수 있을 것입니다. 또한, 그 과정에서 서로 이견을 조율하고 갈등을 해결하며 공동체 의식을 함양할 수 있을 것입니다.
마무리	따라서 저는 공동체 역량 함양을 위해 단합 체육 활동을 적극적으로 추진하겠습니다.

4 1인 1역할 부여

주제 문장	저는 학생들의 공동체 역량을 함양하기 위해 1인 1역할을 부여하겠습니다.
대전제	공동체 역량을 함양하기 위해서는 개인의 역할이 공동체의 화합에 중요한 요소라는 것을 이해하는 것이 중요할 것입니다.
구체화	따라서 저는 청소시간이나 학급 운영 전반에 걸쳐서 개별적으로 역할을 세분화하여 부여하도록 하겠습니다. 또한, 자신의 역할이 전체 학급에 어떻게 이바지하는지 이해할 수 있도록 역할 피드백 시간도 제공하도록 하겠습니다.
기대 효과	이를 통해서 학생들은 자신이 학급에 어떠한 도움이 되는지 몸소 체험하게 될 것입니다. 이 뿐만 아니라, 공동체의 화합을 위해 개인이 어떠한 태도를 지녀야 하는지 이해할 수 있을 것입니다.
마무리	따라서 저는 학생들의 공동체 역량 함양을 위해 1인 1 역할 활동을 시행하겠습니다.

5 체인지 메이커스 활동

주제 문장	저는 학생들의 공동체 역량을 함양하기 위해 체인지 메이커스 활동을 기획하겠습니다.
대전제	학생들은 실제로 자신을 이루고 있는 공동체에서 개선할 점은 무엇인지 알아보고 이를 현실화하기 위해 노력하는 과정에서 공동체 의식이 생겨납니다.
구체화	따라서 저는 학교 안이나 우리 마을, 우리 도시 등 일정한 범위를 정하고 개선해야 할 점을 알아본 뒤 이를 현실화하기 위하여 적절한 절차와 수단을 통해 변화를 만들어 내는 프로젝트 활동을 기획하겠습니다.
기대 효과	이를 통해 학생들은 자신이 실질적으로 변화를 만들어 낼 수 있는 존재임을 인식하게 될 것입니다. 또한, 학생들은 해당 활동에 참여함으로써 우리 사회에 도움이 되었다는 사실에 자부심을 느끼며 공동체 의식이 함양될 것입니다.
마무리	따라서 저는 학생들의 공동체 역량 함양을 위해 체인지 메이커스 활동을 기획하겠습니다.

6 세계 현안 토론

주제 문장	저는 학생들이 공동체 역량을 함양할 수 있도록 세계 현안 토론 수업을 하겠습니다.
대전제	국가 간의 장벽이 점점 낮아지고 있는 세계화 시대 속에서 학생들이 인식하는 공동체의 범위는 더 넓어져야 할 것입니다.
구체화	따라서 구체적인 방안을 예시로 들자면, 국가 간 분쟁, 정치/경제적 이슈, 인종 차별, 환경 문제, 빈부 격차와 같이 전 세계를 둘러싼 다양한 문제에 대해 자기 생각을 나누고 해결책을 떠올려보는 활동을 하겠습니다.
기대 효과	이를 통해서 학생들은 자신이 인식하고 있는 공동체의 범위를 확장할 수 있게 되고 지구촌 시민으로서 앞으로 어떤 태도를 지녀야 할지 깨닫는 기회를 얻게 될 것입니다.
마무리	따라서 저는 학생들이 공동체 역량을 함양할 수 있도록 세계 현안 토론 수업을 진행하겠습니다.

Chapter 11 진학 지도 방안

1 적성 검사

주제 문장	저는 학생들의 진학 지도를 위해 적성 검사를 활용하겠습니다.
대전제	자신의 적성을 파악하는 것이 진로를 찾는 첫걸음이 될 수도 있습니다.
구체화	예를 들면, MBTI나 홀랜드 인·적성 검사를 실시하여 자신의 강점 및 진로 성향을 발견하도록 하겠습니다.
기대 효과	이를 통해, 학생들은 자신의 성향을 바탕으로 관련 직업군에 대한 정보를 얻고 관심을 가질 수 있을 것입니다.
마무리	따라서 저는 학생의 진로를 찾기 위해 적성 검사 실시를 추천하겠습니다.

2 진로교육 지원센터와 연계

주제 문장	저는 진로교육 지원센터와 연계하겠습니다.
대전제	외부 진로교육 프로그램을 활용하면 학생들에게 학교 안에서는 경험할 수 없는 실제적이고 다양한 경험을 제공할 수 있습니다.
구체화	예를 들면 연극·영화 프로그램, 목공 프로그램, 메이크업 아티스트 체험 등 학생을 위한 다양한 활동을 제공하는 진로교육 지원센터와 협력하겠습니다.
기대 효과	이를 통해 학교 내에서만 이루어지는 진로활동의 인적/물적 자원의 한계를 극복할 수 있을 것입니다.
마무리	따라서 저는 학생들의 진로를 실질적인 경험을 통해서 찾을 수 있도록 진로교육지원 센터와 연계하겠습니다.

3 마을 교육공동체를 통한 체험 활동

주제 문장	저는 마을 교육공동체를 통한 체험 활동을 추천하겠습니다.
대전제	자신의 동네에 어떤 다양한 직업군이 있는지 알아보는 것이 자신의 진로를 찾는 데 도움이 될 수 있습니다.
구체화	예를 들면, 마을 교육공동체에서 추진하는 관공서 방문활동, 바자회 추진, 달력 제작, 직업 소개 및 체험 등의 활동 참여를 추천하겠습니다.
기대 효과	이를 통해, 지역 주민으로서는 학생 교육에 대한 책임감을 높일 수 있을 것입니다. 이뿐만 아니라, 학생으로서는 마을을 구성하는 다양한 직업군들을 직접 마주하게 되고 그분들을 가까이서 관찰함으로써 관련 분야에 대한 흥미를 자극할 수 있을 것입니다.
마무리	따라서 저는 학생의 진로를 찾기 위해 마을 교육공동체를 통한 체험 활동을 추진하겠습니다.

4 학부모 초청 강연

주제 문장	저는 진학·진로교육을 목적으로 학부모 초청 강연을 추진하겠습니다.
대전제	학교에는 다양한 직업군의 학부모가 있습니다. 따라서 학부모와 협력하여 학부모 강연을 추진하면 학생들에게 더욱 친근한 진로 수업이 될 수 있을 것입니다.
구체화	예를 들면, 학부모님이 자신의 직업에 대해 교실 안에서 강연 형태로 소개하거나, 근무하는 곳에 직접 학생들이 방문하여 체험 활동을 하는 방식으로 기획하겠습니다.
기대 효과	이를 통해, 학생들은 친구의 부모님이기 때문에 더욱 가까운 시각에서 진로 체험을 할 수 있으며, 이는 학부모의 교육에 관한 관심을 높일 뿐만 아니라 미래에 학생들이 직업을 선택하는 데에도 더욱 직접적인 영향을 줄 수 있을 것입니다.
마무리	따라서 저는 학생들이 진로를 찾을 수 있도록 학부모 초청 강연을 개설하겠습니다.

Chapter 12 학력 신장

1. 적성 발견에 도움을 주기

주제 문장	저는 학생의 기초 학력을 신장하기 위해 먼저 자신의 적성을 발견할 수 있도록 관련 활동을 다양하게 추진하겠습니다.
대전제	학생이 자신의 관심 분야를 먼저 파악한다면 해당 목표를 이루기 위한 학습적인 측면에서의 노력은 자연스럽게 뒤따라올 것입니다.
구체화	따라서 구체적인 방안을 예로 들자면, MBTI나 홀랜드 인·적성 검사를 실시하거나 지역과 연계한 직업 체험 프로젝트, 다양한 직업군의 학부모 초청 강연 등을 기획하여 자신의 관심 분야를 찾을 수 있도록 돕겠습니다.
기대 효과	이를 통해, 학생들은 자신이 관심 있는 분야와 잘하는 분야를 파악할 수 있게 될 것입니다. 또한, 이는 미래에 자신이 원하는 직업을 선택하고자 하는 동기부여가 되어 스스로 학습에 대한 의욕을 높일 수 있을 것입니다.
마무리	따라서 저는 학생의 기초 학력 신장을 위해 먼저 자신의 적성을 발견할 수 있는 활동을 다양하게 추진하겠습니다.

2. 학습일지 작성

주제 문장	저는 학생의 학력 신장을 위해 학습일지를 작성하는 활동을 기획하겠습니다.
대전제	메타 인지 능력을 향상하기 위해서는 자신의 학습을 매일 기록하는 습관이 중요합니다.
구체화	따라서 저는 학습 일지를 꾸준히 작성하도록 하여, 계획한 것, 실행한 것, 실행하지 못한 것을 분석하고, 자신이 할 수 있는 분량과 하지 못하는 분량을 자각하여 다음 계획에 반영할 수 있도록 하겠습니다.
기대 효과	이를 통해, 학생들은 메타 인지를 계발하고, 자신의 공부습관을 바로잡을 수 있으며 매일매일 성취해나가는 스스로 모습을 보며 공부에 내재적 동기를 불러일으킬 수 있을 것입니다. 또한, 이는 학력 신장뿐만 아니라 미래 사회에 적응하는 데 필요할 자기관리역량을 기르는 데에도 도움이 될 것입니다.
마무리	따라서 저는 학생의 학력 신장을 위해 학습일지를 작성하는 활동을 기획하겠습니다.

3 교육청 지원 사업 활용

주제 문장	저는 학생들의 학력 신장을 위해 교육청 지원 사업을 적극적으로 알아보고 활용하겠습니다.
대전제	교육청에서는 학력 신장을 위해 다양한 프로그램을 제공하고 있습니다.
구체화	예를 들면, 대학교 멘토링 동아리에 신청하거나 1수업 2교사제 지원, 예비교사와 함께하는 방과 후 공부방 운영 프로그램을 알아보고 해당 학생에게 추천하여 참여를 독려하도록 하겠습니다.
기대 효과	이를 통해, 교사로서는 학력 신장에 필요한 자원을 교육청으로부터 지원받아 훨씬 더 질적으로 우수한 프로그램을 제공할 수가 있을 것입니다. 또한, 학생으로서는 새로운 환경에서 이루어지는 프로그램으로 흥미가 유발되어 학업 동기가 상승할 뿐만 아니라 전문가와의 상담을 통해 더욱 효과적인 학생 맞춤 지원을 받을 수가 있을 것입니다.
마무리	따라서 저는 학생들의 학력 신장을 위해 교육청 지원 사업을 적극적으로 알아보고 활용하겠습니다.

4 멘토-멘티 동아리

주제 문장	저는 학생의 학력 신장을 위해 교내 멘토-멘티 동아리를 기획하겠습니다.
대전제	학생들은 교사보다 또래 친구들에게서 배울 때 학습 효과가 더 큰 경우가 종종 있습니다.
구체화	따라서 구체적인 방안을 예로 들자면, 멘토가 되고 싶은 학생과 멘티가 되고 싶은 학생을 연결 지어 학습적인 측면에서는 서로 공부법을 공유하거나 모르는 것을 질문하도록 하고 생활적인 측면에서는 수업 시간 태도, 시험 기간 자기관리 등을 배울 수 있도록 하겠습니다.
기대 효과	이를 통해, 멘토 학생으로서는 자신이 알고 있는 내용을 더욱 체계적으로 정리하여 심층적으로 이해할 수 있을 것입니다. 또한, 멘티 학생으로서는 또래에게 도움을 받음으로써 원만한 교우 관계를 형성할 수 있을 뿐만 아니라 학업적인 측면에서도 큰 발전을 기대할 수 있을 것입니다.
마무리	따라서 저는 학생의 학력 신장을 위해 교내 멘토-멘티 동아리를 기획하겠습니다.

5 재능 교환 동아리

주제 문장	저는 학생의 학력 신장을 목표로 교내 재능교환 동아리를 기획하겠습니다.
대전제	학생들로부터 서로 자신이 잘하는 것을 다른 친구들에게 가르쳐주게 함으로써 학습에 대한 흥미와 즐거움을 자연스럽게 일으킬 수 있습니다.
구체화	예를 들면, 공부는 잘하지만 축구를 못하는 학생과, 축구를 잘하지만 공부를 못하는 학생이 서로의 재능을 교환하는 활동을 하는 것입니다.
기대 효과	이를 통해, 학생들은 각자의 강점이 존중되고 인정되므로 유능감 욕구가 충족되고 자존감이 상승할 것입니다. 또한, 협력을 통한 원만한 교우 관계가 형성될 뿐만 아니라 학업에 대한 흥미가 자연스럽게 생겨 학업적 측면에서의 발전도 일어날 수 있을 것입니다.
마무리	따라서 저는 학생의 학력 신장을 목표로 교내 재능교환 동아리를 기획하겠습니다.

6 공부시간 인증 챌린지

주제 문장	저는 학생들의 학력 신장을 위해 공부시간 인증 챌린지를 실시하겠습니다.
대전제	학생 본인의 학력 신장을 위해서는 먼저 자기 스스로 학업을 이어나갈 수 있는 의지와 역량이 뒷받침되어야 합니다.
구체화	따라서 구체적인 방안을 예시로 들자면, 시험 기간 10일 동안 매일 학생들에게 자신의 공부 모습을 촬영하여 학급 단체 채팅방에 올리도록 하고 20시간의 목표를 달성하도록 하겠습니다.
기대 효과	이를 통해, 학생들은 자기 주도적으로 공부하는 습관을 기를 수 있을 뿐만 아니라, 목표 달성으로 인한 성취감을 통해 내적 동기부여를 형성할 수 있을 것입니다. 또한, 학급 내 다른 친구들이 공부하는 모습을 보면서 자연스럽게 외적 동기부여도 형성되어 시너지효과를 발휘할 것입니다. 이와 같은 방식으로 자신의 목표를 향해 열심히 노력하고 서로가 서로에게 의지가 되면서 동시에 자극이 되는 학급 분위기가 형성될 것입니다.
마무리	따라서 저는 학생들의 학력 신장을 위해 공부시간 인증 챌린지를 실시하겠습니다.

Chapter 13 건강/환경 교육

1 교과 연계 프로젝트 학습

주제 문장	저는 저의 교과와 연계하여 관련 주제에 대해서 프로젝트 학습을 진행하겠습니다.
대전제	학생들에게 단순히 수업을 듣게 하는 것보다는 주도적으로 프로젝트를 실행하도록 할 때 직접적인 교육 효과를 기대할 수 있을 것입니다.
구체화	예를 들면, 미세먼지, 건강 관리 등에 대하여 학생 주도적으로 토의와 토론을 통해 계획하고, 해당 주제에 대한 관련 자료를 읽고, 발표 자료를 만들어, 마지막에는 친구들의 프로젝트 결과 발표를 감상하고 평가하도록 하는 활동을 진행하는 것입니다.
기대 효과	이를 통해 학생들은 자기 주도적으로 해당 문제에 대해 폭넓게 이해할 수 있을 것이며, 이에 대한 심각성을 스스로 깨달을 수 있을 것입니다.
마무리	따라서 저는 관련 주제에 대하여 교과 연계 프로젝트 학습을 진행하겠습니다.

2 직소 캠페인

주제 문장	저는 환경 교육을 위해 직소 캠페인 활동을 기획하겠습니다.
대전제	직소 활동을 통해 모든 학생이 적극적으로 참여할 수 있고 캠페인 활동을 통해 해당 문제에 대한 위험성을 널리 알릴 수 있을 것입니다.
구체화	따라서 미세먼지 문제를 예로 들자면, 미세먼지의 원인, 위험성, 대처방법 등 여러 분야를 조원들이 분담하여 각자 조사하게 한 후 이를 조합하여 피켓을 만들거나 SNS 카드뉴스를 만들어 캠페인을 하는 활동을 추진하겠습니다.
기대 효과	이를 통해, 학생들은 환경 문제에 대해서 깊고 넓은 지식을 얻을 수 있고, 캠페인을 준비하는 과정에서 책임감과 협동심을 기를 수 있을 것입니다. 또한, 이를 바탕으로 환경보호 의식의 밑거름이 되는 공동체 역량 역시 길러질 수 있을 것입니다.
마무리	따라서 저는 환경 교육을 위해 직소 캠페인 활동을 기획하겠습니다.

3 건강 게임

주제 문장	저는 수업 시간에 게임 활동을 접목하여 학생 건강 교육을 진행하도록 하겠습니다.
대전제	게임을 활용하면 더욱 효과적으로 학생들을 교육 활동에 참여시킬 수 있을 것입니다.
구체화	따라서 구체적인 방안을 예시로 들자면, 각자 건강 상태가 기록된 캐릭터 카드를 하나씩 나누어주고 해당 캐릭터의 건강 상태를 개선하기 위한 아이템을 찾아보는 게임 활동을 기획하겠습니다.
기대 효과	이를 통해서 학생들은 캐릭터의 상황을 자기 자신의 건강 상태에 투영하여 더욱 현실적으로 건강 관리의 중요성을 인식할 수 있을 것입니다. 또한, 건강에 대한 흥미가 자연스럽게 유발되어 단순한 정보 전달식 수업보다 높은 교육적 효과를 기대할 수 있을 것입니다.
마무리	따라서 저는 건강 교육을 위한 게임 활동을 수업 시간에 접목하여 실시하겠습니다.

4 독서 토론

주제 문장	저는 환경 문제 교육을 위해 독서 토론 수업을 진행하겠습니다.
대전제	책에는 다양한 지식이 담겨있으므로 독서를 통해서 관련 주제에 대한 넓고 깊은 이해를 할 수 있습니다.
구체화	따라서 저는 환경과 관련한 다양한 주제를 담은 책을 학생들과 함께 읽고 자기 생각을 자유롭게 나눠보며, 찬반이 나뉘는 주제에 관해서는 토론 활동도 해보면서 수업을 진행하겠습니다.
기대 효과	이를 통해 학생들은 독서를 함으로써 관련 주제에 대해 깊은 이해를 할 수 있고 자기 생각을 다른 친구들과 나누면서 사고를 확장할 수 있는 계기를 가지게 될 것입니다.
마무리	따라서 저는 환경 문제 교육을 위해 독서 토론 수업을 진행하겠습니다.

5 다큐멘터리 활용

주제 문장	저는 환경 문제 교육을 위해 다큐멘터리를 활용하겠습니다.
대전제	교육적 목적에 맞는 환경 다큐멘터리가 이미 많이 제작되어있으며 이러한 다큐멘터리에서는 다양한 전문가의 인터뷰, 자연의 풍경 등 일상에서는 쉽게 구하거나 접하기 힘든 장면도 쉽게 확인할 수가 있습니다.
구체화	따라서 구체적인 방안을 예시로 들자면, EBS나 KBS 등 다양한 방송국에서 기획한 환경 관련 다큐멘터리를 시청하고 관련 주제에 대해서 학습지를 채워보거나 조별로 토론, 토의 활동을 연계한 수업을 하겠습니다.
기대 효과	이를 통해서 학생들은 자신이 평소에 접할 수 없었던 자연의 모습을 감상하고 이를 보존해야 할 책임이 있음을 자연스럽게 깨닫게 될 것입니다. 또한, 각 분야의 전문가 인터뷰를 통해 더욱 전문적인 지식을 갖게 될 것입니다.
마무리	따라서 저는 환경 교육의 목적으로 다큐멘터리를 활용하겠습니다.

6 포스터, UCC 제작

주제 문장	저는 지구를 둘러싼 다양한 문제에 관한 교육의 하나로 포스터나 UCC 제작 활동을 기획하겠습니다.
대전제	포스터나 UCC를 만드는 과정에서 관련 주제에 대한 많은 학습이 일어납니다. 또한, 이를 다른 사람에게 공유함으로써 선한 영향력을 펼칠 수 있습니다.
구체화	따라서 구체적인 방안으로는 미세먼지 농도별 대응 매뉴얼 UCC 제작, 미세먼지 저감 포스터 만들기, 전문가 인터뷰 정리 등 학생 참여형 컨텐츠 제작 활동을 하고, 완성 작품을 학교 홈페이지에 게시하여 전교생이 관련 문제를 인식할 수 있도록 하겠습니다.
기대 효과	이를 통해서 학생들은 UCC나 포스터를 제작하는 과정에서 깊이 있는 관련 지식을 얻을 수 있을 것입니다. 이뿐만 아니라, 해당 내용을 다른 사람에게 공유함으로써 선한 영향력을 행사하게 되고, 이를 통해 얻는 성취감은 긍정적인 교육적 효과를 불러일으킬 것입니다.
마무리	따라서 저는 다양한 지구촌 문제에 관하여 포스터나 UCC를 제작하는 활동을 추진하겠습니다.

Chapter 14 다문화 학생

1 매체 교육으로 서로 존중하는 학급 분위기 만들기

주제 문장	저는 다문화 감수성을 높이고 서로를 존중하는 학급 분위기를 만들기 위해 토론/토의 수업을 병합한 매체 교육을 하겠습니다.
대전제	다문화 지도에서 가장 중요한 것은 다른 문화에 대한 존중입니다.
구체화	따라서 구체적인 방안을 제시하자면, 무관심 속에서 소외당하는 학생의 이야기를 보여주거나 모두가 다 같이 어울릴 때 행복한 학급 이야기를 보여주면서 어떤 학급이 더 나은지 왜 그런지 생각을 공유하는 시간을 갖겠습니다.
기대 효과	이를 통해, 학생들은 자신의 행동을 반성하며 성찰하고 상호 존중하는 학급 분위기를 만드는 것이 중요하다는 사실을 깨달을 수 있을 것입니다.
마무리	따라서 저는 다문화 감수성을 높이고 서로를 존중하는 학급 분위기를 만들기 위해 토론/토의 수업을 병합한 매체 교육을 하겠습니다.

2 지역연계 한국어 학습 및 문화 적응 프로그램 추천

주제 문장	저는 해당 학생에게 지역연계 한국어 학습 및 한국 문화 교육 프로그램을 추천하겠습니다.
대전제	다문화 학생은 종종 한국의 문화나 언어에 어려움을 겪는 경우가 많이 있습니다.
구체화	따라서 저는 지역의 다문화가족 지원센터와 연계하여 한국어와 문화 적응 교육 프로그램을 제공하겠습니다.
기대 효과	이를 통해, 학생들은 다문화가족지원센터에서 매칭된 한국인 자원봉사자들과 언어교환을 할 수 있고 한국 문화에 더 빨리 적응할 수 있을 것입니다.
마무리	따라서 저는 한국의 문화나 언어에 어려움을 겪는 학생들을 위해 지역과 연계하여 한국어 및 한국 문화 교육 프로그램을 추천하겠습니다.

3 학생을 주인공으로 만들어 주는 테마 중심 수업

주제 문장	저는 학생을 주인공으로 만들어 주는 테마 중심 수업을 진행하겠습니다.
대전제	테마 중심 수업을 적용하면 학생들에게 효과적으로 다른 문화를 소개할 수 있으며 다문화 학생에게는 자신의 문화에 대한 자부심을 느끼게 할 수 있을 것입니다.
구체화	예를 들면, 학생 출신 국가의 전통문화나 음식, 의복 등을 소개하는 내용으로 수업을 진행하겠습니다.
기대 효과	이를 통해, 교실 학생들은 "그 음식 맛은 어때?", "그곳에 가봤어, 어때?"처럼 해당 학생에게 관심을 보일 것이고, 다문화 학생도 자신의 문화에 관심을 보이는 친구들을 보며 자신감이 상승하고 원만한 교우관계가 형성될 것입니다.
마무리	따라서 저는 해당 학생을 주인공으로 만들어 주는 테마 중심 수업을 진행하겠습니다.

Chapter 15 엎드린 학생(학습 동기 부여)

1 도전적 과제 제시

주제 문장	저는 수업이 쉬워서 엎드려 있는 학생에게는 수월성 교육의 하나로 현재 학생의 수준보다 한 단계 높은 수준의 도전적 과제를 제시하겠습니다.
대전제	학업성취가 높은 학생들은 이미 알고 있는 내용에 대한 흥미도가 떨어지며, 성공 경험이 많이 축적되어있기 때문에, 때로는 실패경험을 제공하는 것도 학습 동기를 자극하는 데 도움이 될 수 있습니다.
구체화	따라서 구체적인 방안을 예로 들자면, 심화 탐구/실험 활동이나, 실제적 문제 해결 활동, 프로젝트 학습, 한 수준 높은 단계의 개념 학습 등을 실시하겠습니다.
기대 효과	이를 통해 학생들은 스스로 도전 정신을 불러일으키며 학습 의욕이 되살아날 것입니다. 또한 그 과제를 해결했을 때의 성취감으로 지속적인 학습 동기를 유지할 수 있을 것입니다.
마무리	따라서 저는 수업이 쉬워서 엎드려 있는 학생에게는 도전적 과제를 제시하겠습니다.

2 학습 도우미

주제 문장	저는 수업 시간에 선행 학습으로 엎드려 있는 학생에게 '학습 도우미'라는 임무를 부여하겠습니다.
대전제	자신이 알고 있다고 생각하는 내용이라도 직접 설명하는 과정을 통해서 이해가 잘 안 되었던 부분이 드러나기도 합니다.
구체화	따라서 구체적인 방안을 예시로 들자면, 수업 중 어려운 내용이 있으면 그 학생에게 '교사 도우미'와 같이 다른 학생들을 도와주는 임무를 부여하겠습니다.
기대 효과	이를 통해 해당 학생은 수업에서 자신의 역할을 찾게 되고 수업에 참여할 의욕과 동기가 생길 것입니다. 또한 다른 학생들을 가르침으로써 자신이 몰랐던 내용을 발견하거나 더 심층적인 이해를 할 수 있을 것입니다.
마무리	따라서 저는 선행 학습을 이유로 수업 시간에 엎드려 있는 학생에게는 '학습 도우미'라는 임무를 부여하겠습니다.

3 거꾸로 수업

주제 문장	저는 학생들의 학업 수준이 높아서 수업을 쉽게 느낄 때는 거꾸로 수업을 진행하겠습니다.
대전제	학생들은 자신의 수준보다 쉬운 내용의 수업에 지루함을 느끼며 수업의 참여도가 낮아지게 됩니다.
구체화	따라서 저는 학생들에게 해당 차시의 기본적인 개념을 집에서 학습할 수 있도록 과제를 제시한 후 수업 시간에는 자신이 학습한 내용을 바탕으로 실제적인 문제 상황에 적용할 수 있는 사례 중심형 개념 적용 수업을 진행하겠습니다.
기대 효과	이를 통해서 학생들은 자신이 알고 있는 내용이 실제 상황에 적용될 수 있음을 깨달아 해당 과목에 대한 흥미와 동기부여가 생길 것입니다. 또한 단순한 개념 학습에서 벗어나 적용과 문제 해결 단계를 요구함으로써 학생의 수준에 부합하는 수업을 제공할 수 있을 것입니다.
마무리	따라서 저는 학생들의 학업 수준이 높아서 수업을 쉽게 느낄 때는 거꾸로 수업을 진행하겠습니다.

4 정서적 지원

주제 문장	저는 학습된 무기력 현상으로 인해 수업 시간에 엎드려 있는 학생에게는 우선 정서적으로 지원하려고 노력하겠습니다.
대전제	학습 부진 학생은 자존감, 성취감, 자신감이 많이 낮아진 상태이므로 학업적인 부분보다는 정의적 부분에서의 지원이 먼저 뒷받침되어야 합니다.
구체화	따라서 구체적인 방안을 예로 들자면, 먼저 학생의 상황을 경청하고 공감한 뒤, '긍정적인 측면 강조하기', '사소한 것도 칭찬하기', '실패는 자연스러운 것임을 강조하기' 등의 대화법을 통해 학생이 학습된 무기력 현상을 이겨낼 수 있도록 돕겠습니다.
기대 효과	이를 통해 학생의 낮았던 자존감과 자신감, 자아 효능감을 회복하고 성취감을 맛본 경험을 토대로 학업적 영역에서도 자기 발전 욕구를 자극할 수 있을 것입니다.
마무리	따라서 저는 학습된 무기력 현상에 의해 수업 시간에 엎드려 있는 학생에게는 우선 정서적으로 지원할 수 있도록 노력하겠습니다.

5 성공 경험 제공

주제 문장	저는 학습된 무기력으로 수업 시간에 엎드려 있는 학생에게 적절한 성공 경험을 제공하겠습니다.
대전제	학습된 무기력은 반복된 실패경험으로 인해서 생겨납니다. 따라서 학생에게 적절한 성공 경험을 제공하는 것이 직접적인 해결 방안이 될 수 있습니다.
구체화	예를 들면, 저는 학생 수준에 맞는 과제로 난이도를 조절하거나, 학업적인 측면을 배제하고 학습 외적인 것, '지각하지 않기', '준비물 챙겨오기' 등 자신의 생활 습관을 개선하여 조금만 노력하면 충분히 성공할 수 있는 과제를 제시할 것입니다.
기대 효과	이를 통해서 학생은 작게나마 성취감을 느끼기 시작하여 자아 효능감을 상승시킬 수 있을 것입니다. 또한, 이는 학생이 점차 더 큰 목표를 설정하는 데 밑거름이 될 것입니다.
마무리	따라서 저는 무기력한 학생에게 적절한 성공 경험을 제공하겠습니다.

6 기초 학력 향상

주제 문장	저는 학습된 무기력으로 수업 시간에 엎드려 있는 학생을 위해서 다양한 기초 학력 향상 프로그램을 추천해줄 것입니다.
대전제	기초 학력 향상 프로그램에는 학생 수준에 맞는 개별적 맞춤 학습이 가능합니다.
구체화	따라서 저는 학생을 위해서 방과 후 학습 도움닫기 수업, 지역연계 기초 학력 향상 프로그램, 또래나 대학생 멘토링 등 해당 학생이 교과 내용에 대한 자신감을 쌓을 수 있도록 다양한 학력 향상 프로그램을 추천하겠습니다.
기대 효과	이를 통해서 학생은 해당 교과에 대한 기본적인 내용을 습득함으로써 차츰 학습에 대한 자아 효능감과 자신감, 긍정적인 자기 인식이 형성될 것입니다.
마무리	따라서 저는 학습된 무기력으로 수업 시간에 엎드려 있는 학생을 위해서 다양한 기초 학력 향상 프로그램을 추천하겠습니다.

7 신체를 활용한 수업

주제 문장	저는 수업 시간에 엎드리는 현상을 예방하기 위해 신체를 활용한 수업을 적극적으로 활용하겠습니다.
대전제	학생들은 배우는 내용에 대해서 시각, 청각, 촉각 등 다양한 자극이 연계되었을 때 더 쉽게 이해를 할 수 있습니다.
구체화	따라서 저는 전신반응교수법(TPR)이나 칵테일 파티와 같이 학생들이 모두 일어나서 주변을 돌아다니며 상호 작용하는 활동을 수업 내용과 연계하여 저의 수업 자체를 다양화하겠습니다.
기대 효과	이를 통해서 교사로서는 수업 자체가 학생들의 신체적 활동을 요구하기 때문에 학생들이 엎드리는 현상을 예방할 수 있을 것입니다. 또한 학생으로서는 수업 시간에 더 적극적이고 직접적으로 참여하여 재미있고 활발한 학습 경험이 될 것입니다.
마무리	따라서 저는 수업 시간에 학생들이 엎드리는 상황을 예방하기 위해서 신체를 활용한 수업을 진행하겠습니다.

8 조별 활동

주제 문장	저는 수업 시간에 학생들이 엎드리는 것을 예방하기 위해서 개별 책무성이 강조되는 조별 활동을 활용하겠습니다.
대전제	조별 활동을 실시하면 학생들은 협력 관계가 형성되기 때문에 각자가 서로를 격려하며 서로의 동기부여가 될 수 있을 것입니다.
구체화	따라서 구체적인 방안을 예시로 들자면 직소 활동처럼 조별 목표를 제시하고 해당 조 안에서 각자의 역할이 명확하게 분리된 조별 활동을 제시하겠습니다.
기대 효과	이를 통해서 학생들은 자신의 조별 성과를 위해 개별적 임무를 수행해야 하므로 수업 활동 자체에 동기부여가 될 것입니다. 또한, 서로가 격려하고 협력함으로써 협동적인 학습 분위기도 형성될 것입니다.
마무리	따라서 저는 학생들이 수업 시간에 엎드리는 것을 예방하기 위해서 개별 책무성이 강조되는 조별 활동을 활용하겠습니다.

9 블랜디드 수업

주제 문장	저는 다양한 온라인 플랫폼을 활용하여 블랜디드 수업을 진행하겠습니다.
대전제	학생들은 매번 똑같은 방식의 수업에 지루함을 느끼기 마련입니다.
구체화	따라서 저는 다양한 온라인 학습 사이트를 활용하여 오프라인 수업과 온라인 수업을 연계한 실시간 퀴즈 게임, 팀 경쟁 온라인 협동 학습 등을 진행하겠습니다.
기대 효과	이를 통해서 교사는 교과서와 강의로만 이루어지는 오프라인 수업에 활력을 불어넣을 수 있을 것입니다. 또한, 학생 역시도 새로운 방식의 수업에 흥미를 느끼고 더 적극적인 태도로 수업에 참여할 것입니다.
마무리	따라서 저는 다양한 온라인 플랫폼을 활용하여 블랜디드 수업을 진행하겠습니다.

10 주제 선택형 수업

주제 문장	저는 학생의 학습 동기 부여를 위해 주제 선택형 수업을 진행하겠습니다.
대전제	학생은 자신의 흥미 분야를 학습할 수 있도록 자율성을 존중해 줄 때 학습 동기가 상승합니다.
구체화	구체적인 방안을 예시로 들자면, 자신의 교과와 연계하여 학생이 개별적으로 관심 있는 주제를 선택하게 하고, 일정 기간 동안 조사한 후, 적절한 양식의 보고서를 작성하거나 창의적인 결과물을 만들어 발표하게 하는 것입니다.
기대 효과	이를 통해, 자신이 직접 선택한 과제를 자기 주도적으로 수행함으로써 자율성 욕구가 충족되어 학습 동기가 강화될 것입니다.
마무리	따라서 저는 학생의 학습 동기 부여를 위해 주제 선택형 수업을 진행하겠습니다.

11. 에듀테크 활용

주제 문장	저는 학생의 학습 동기 부여를 위해 에듀테크를 적극적으로 활용하겠습니다.
대전제	기술이 발전하고 플랫폼이 다양해짐에 따라서 학생의 학습 동기를 효과적으로 강화할 수 있는 에듀테크가 많이 등장하고 있습니다.
구체화	따라서 저는 디지털 기기를 활용한 다양한 교수-학습 모델을 숙지하고, 온라인 학습 플랫폼, 메타버스 등 에듀테크를 활용한 학생 참여형 수업을 구성하겠습니다.
기대 효과	이를 통해서 학생들은 새로운 방식의 수업으로 인해 관심도가 높아질 것입니다. 또한, 학생 참여가 요구되는 에듀테크 활용을 통해 학생 참여가 활발히 이루어지고 수업의 효과성도 증가할 것입니다.
마무리	따라서 저는 학생의 학습 동기 부여를 위해 에듀테크를 적극적으로 활용하겠습니다.

Chapter 16 통합교육 대상 학생

1 해당 학생/학부모의 요구분석

주제 문장	저는 해당 학생/학부모에게 도움이 필요한지 의사를 묻고, 필요하다면 어떤 도움이 필요한지 요구분석을 하겠습니다.
대전제	아무리 배려심에서 하는 행동이라도 불필요한 부분에서 도움을 주면 그 역시 소외감을 느끼게 하는 원인이 되기 마련입니다.
구체화	따라서 구체적인 방안을 예로 들자면, 학생/학부모와 개별 면담을 진행하여 도움을 받고 싶은 부분이 있는지, 있다면 어떤 부분에서 도움을 받고 싶은지 먼저 요구를 파악하겠습니다.
기대 효과	이를 통해, 학생으로서는 불필요한 부분에서의 도움을 방지하여 자립심을 기를 수 있고, 교사로서는 역차별로 인한 다른 학생들의 불만을 예방하여 자연스럽게 학급에 통합될 수 있도록 할 수 있을 것입니다.
마무리	따라서 저는 통합교육 대상 학생을 즉각적으로 도와주기에 앞서 도움이 필요한지 먼저 의사를 묻고 필요하다면 어떤 도움이 필요한지 요구분석을 실시하겠습니다.

2 도움왕 선발

주제 문장	저는 통합교육 대상 학생을 책임감 있게 대하는 학생들에게 도움왕이라는 상을 시상하겠습니다.
대전제	학급 친구들로부터 도움을 받으면 원활한 교우관계를 형성할 수 있을 뿐만 아니라 자신이 학급의 일원임을 인식할 수 있도록 할 수 있습니다.
구체화	따라서 구체적인 방안을 예시로 들자면, 학급 회의를 통하여 학생들이 스스로 도와줄 친구를 지원하게 하고 해당 학생에게 도움왕이라는 임명장을 수여하겠습니다.
기대 효과	이를 통해 학생들은 다른 친구를 돕는 과정에서 배려심을 키우고, 성취감도 느낄 수 있을 것이며 도움을 받는 학생으로서는 원활한 교우관계 및 학급 공동체 의식을 가질 수 있을 것입니다.
마무리	따라서 저는 통합교육 대상 학생을 책임감 있게 대하는 학생들을 위해 도움왕이라는 학급 시상식을 열어 활동을 진행하겠습니다.

3 과제 및 시험 방식의 수정

주제 문장	저는 불편함이 있는 학생이 과제나 각종 평가 활동에 불이익을 받지 않도록 과제수행 및 시험 방식을 수정하겠습니다.
대전제	어려움을 가지고 있음에도 불구하고 다른 학생과 시험에서 똑같이 대하는 것 또한 공정하다고 하기 어려울 것입니다.
구체화	예를 들면, 시각이 불편한 학생에게는 확대 시험지를, 청각이 불편한 학생에게는 반복 청취를 허용하거나 읽기 대본을 제공하겠습니다. 또한, 가능한 범위 내에서 시험시간을 확대 운영하거나, 표현방식을 다르게 하거나, 일회성이 아닌, 다회성 포트폴리오 평가 방식으로 수정하는 등 학생에게 필요한 조처를 할 것입니다.
기대 효과	이를 통해, 해당 학생은 자신이 가진 어려움에도 불구하고 적절한 학습 및 평가 기회를 존중받을 수 있을 것입니다.
마무리	따라서 저는 과제나 시험 방식을 수정하여 해당 학생이 자신의 능력을 최대한 발휘할 수 있도록 지원하겠습니다.

Chapter 17 교육복지 대상 학생

1 보충 수업

주제 문장	저는 교육복지 대상 학생을 위해 보충 수업을 개설하겠습니다.
대전제	교육 지원이 필요한 학생들은 사교육을 받지 못하는 경우가 많아 학교에서 교과 내용을 이해하지 못하면 이를 다른 곳에서 해결할 수 없게 됩니다.
구체화	따라서 저는 방과 후 정규 교과목에 대해서 보충 수업을 개설하겠습니다.
기대 효과	이를 통해, 해당 학생은 교사와의 관계가 신뢰감으로 돈독해질 수 있을 뿐만 아니라 정규 수업에서 결손이 생긴 부분을 보완할 수 있을 것입니다.
마무리	따라서 저는 교육복지 대상 학생을 위해 보충 수업을 개설하겠습니다.

2 교육 지원 프로그램 연계

주제 문장	저는 교육복지 대상 학생을 위해 지역과 연계하여 교육 지원 프로그램에 학생을 추천하겠습니다.
대전제	교육청뿐만 아니라 시청이나 구청에서도 교육 지원 대상 학생을 위한 다양한 프로그램을 준비해두고 있습니다.
구체화	따라서 저는 해당 학생을 위해 지역연계 견학, 대학생 멘토링, 무료 개인 교습 프로그램 등을 추천하겠습니다.
기대 효과	이를 통해 학교에 한정된 인적/물적 자원의 문제를 해결할 수 있을 뿐 아니라, 해당 학생에게 더 직접적이고 실질적인 도움을 제공할 수 있을 것입니다.
마무리	따라서 저는 교육복지 대상 학생을 위해 지역과 연계하여 교육 지원 프로그램에 학생을 추천하겠습니다.

3 장학금 추천

주제 문장	저는 교육복지 대상 학생을 위한 장학금 제도를 찾아보고 추천하겠습니다.
대전제	사회에는 어려움을 겪는 학생을 위한 장학 제도가 잘 마련되어 있습니다.
구체화	따라서 저는 해당 학생과 학부모와 상담 후 학생이 지원받을 수 있는 다양한 장학 제도를 찾아보고 추천하도록 하겠습니다.
기대 효과	이를 통해서 해당 학생은 사회 제도를 신뢰할 수 있게 될 뿐만 아니라 자신에게 주어진 환경적 어려움을 극복할 용기를 갖게 될 것입니다.
마무리	따라서 저는 다양한 장학금 제도를 찾아보고 해당 학생이 지원을 받을 수 있도록 하겠습니다.

4 평범하게 대하기

주제 문장	저는 해당 학생을 다른 학생과 달리 대하지 않고 평범하게 대하겠습니다.
대전제	자신이 처한 어려움에 대해서 지나치게 배려하거나 동정심을 보이는 것은 자칫 해당 학생에게 더 큰 상처를 줄 수 있는 행동이 됩니다.
구체화	따라서 저는 다른 학생들이 같이 있는 공간에서 해당 학생을 대할 때 어휘 선택과 표현에 있어서 존중하는 태도를 솔선수범하고 지나친 동정심을 유발하는 행동으로 해당 학생에게 상처가 되지 않도록 주의하겠습니다.
기대 효과	이를 통해 교사는 해당 학생이 자신이 처한 어려움에 대해서 부끄러운 감정이 들지 않도록 할 수 있으며 주어진 장애물을 극복하고 앞으로 나아갈 용기를 북돋아 줄 수 있을 것입니다.
마무리	따라서 저는 해당 학생을 다른 학생과 마찬가지로 평범하게 대하겠습니다.

Chapter 18 학부모와의 관계

1. 공동의 목표 확인

주제 문장	저는 학부모와의 관계에서 학부모와 학교의 목표가 일치한다는 점을 강조할 것입니다.
대전제	서로 공동의 목표를 확인하면 상호 협력 관계가 자연스럽게 형성됩니다.
구체화	예를 들면, 학부모 역시 자녀의 행복을 추구하고, 학교 역시 학생의 행복을 목표로 한다는 점, 따라서 공동의 목표를 가지고 있다는 점을 강조할 것입니다.
기대 효과	이를 통해, 학교와 학부모는 공동의 목표 달성을 위해 신뢰를 바탕으로 협력적 태도를 유지할 수 있을 것입니다.
마무리	따라서 저는 보호자와 학교의 목표가 일치하는 점을 강조하여 학부모와 원만한 관계를 형성하겠습니다.

2. 정기적 학부모 간담회

주제 문장	저는 정기적으로 학부모 간담회를 개최하겠습니다.
대전제	학부모도 학교를 구성하는 공동체의 일원이므로, 교내 활동에 대해서 알 권리가 있으며, 정당한 요구는 반영되어야 마땅합니다.
구체화	따라서 구체적인 방안을 예시로 들자면, 월 단위나 분기 단위로 학부모를 초청하여 지금까지 어떤 활동을 하였고 앞으로 어떤 것을 계획하고 있는지에 대해서 말씀드리고 이에 대해 의견을 교환하는 시간을 갖겠습니다.
기대 효과	이를 통해, 학부모로서는 학교 내 상황에 대해 더 잘 알 수 있게 되고 학교에 대한 신뢰감이 상승할 것입니다. 또한 교사로서는 무분별하거나 무리한 요구, 또는 개인적인 요구로 인한 부담을 줄일 수 있으며, 학부모 다수의 의견을 확인할 수 있을 것입니다.
마무리	따라서 저는 학부모와 관계 형성을 위해 정기적인 학부모 간담회를 개최하겠습니다.

3 커뮤니티나 SNS 활용

주제 문장	저는 커뮤니티나 SNS 플랫폼을 활용하여 학생들이 학교에서 생활하는 모습을 게시하여 학부모가 확인할 수 있도록 하겠습니다.
대전제	학부모로서 자녀가 학교생활을 어떻게 하고 있는지 궁금해하는 것은 자연스러운 것입니다. 또한, 이러한 궁금증이 사진을 통해서 전달되면 가정에서 자녀와 이야기를 나눌 수 있는 주제가 생기기도 합니다.
구체화	따라서 구체적인 방안을 예시로 들자면, 네이버 밴드를 활용하여 체험학습이나 교내 행사, 학급 활동에 대하여 학급 내 학부모들이 사진을 통해 자녀의 학교생활을 확인할 수 있도록 하겠습니다.
기대 효과	이를 통해, 학부모로서는 학생들의 학교생활을 더욱 잘 알 수 있게 되고, 가정에서 자녀와 학교생활에 관해 이야기를 나눌 기회를 제공하여 학교에 대한 만족도와 신뢰도가 상승할 것입니다.
마무리	따라서 저는 학부모와의 관계 형성을 위해 커뮤니티나 SNS 플랫폼을 활용하여 학생들이 학교에서 생활하는 모습을 학부모와 공유하겠습니다.

4 학급 – 가정 소통 활성화

주제 문장	저는 학부모와 관계 형성을 위해 학급과 가정의 소통을 활성화하겠습니다.
대전제	가정과 학급이 소통이 잘되지 않는다면, 중요한 정보가 전달되지 않아 학생이 어려움을 겪을 수도 있고 불필요한 오해가 생겨 교사와 학교에 대한 신뢰를 잃을 수 있을 것입니다.
구체화	따라서 구체적인 방안을 예시로 들자면, 카카오톡, 네이버 밴드, 학부모 단체 문자 등을 적극적으로 활용하여 교내 행사, 학급 활동, 원격 수업 기간과 등교 일정 등에 관한 정보를 신속하게 전달하겠습니다.
기대 효과	이를 통해, 학부모로서는 학교에서 벌어지는 일에 대해 신속하게 파악할 수 있고 교사로서는 차질없이 원활하게 교육 활동을 추진할 수 있을 것입니다. 이를 바탕으로 교사와 학부모 간 협력 관계가 형성되어 학교에 대한 신뢰도가 상승할 것입니다.
마무리	따라서 저는 학부모와 관계 형성을 위해 학급과 가정의 소통을 활성화하겠습니다.

5 학생에 대한 정보 교환

주제 문장	저는 학부모와 관계 형성을 위해 학부모에게 학생의 학교생활에 대한 정보를 제공하고, 학부모로부터 학생의 학교 밖 생활에 대한 정보를 얻겠습니다.
대전제	학생의 학교생활과 가정 내 생활이 다른 경우가 많이 있습니다.
구체화	따라서 구체적인 방안을 예시로 들자면, 학생들이 어떻게 학교생활을 하고 있는지 개별 면담을 통해 알려드리고, 그 학생의 방과 후 일상은 어떤지, 가정에서는 어떻게 행동하는지, 부모님과 어떤 이야기를 주로 하는지 여쭤볼 것입니다.
기대 효과	이를 통해, 교사와 학부모는 학교 내 생활과 학교 밖 생활에 대한 정보를 종합함으로써 학생에 대해 더 잘 이해할 수 있을 것입니다. 또한 이를 바탕으로 교사-학부모의 신뢰 관계를 형성하고 협력적 태도를 지닐 수 있을 것입니다.
마무리	따라서 저는 학부모와의 협력적인 관계 형성을 위해 학생에 대한 정보를 자주 교환하는 시간을 갖겠습니다.

Chapter 19 동료와의 관계

1 상호 존중

주제 문장	저는 동료 교사와의 원만한 관계 형성을 위해서는 상호 존중하는 태도가 중요하다고 생각합니다.
대전제	권위적인 문화 속에서는 서로 소극적인 태도를 유지하여 인간적인 유대감을 쌓기가 어려울 것입니다.
구체화	따라서 저는 선배 교사는 선배 교사대로 풍부한 경험과 전문적인 지식을 존중하고 후배 교사는 후배 교사대로 교직에 대한 열정과 적극적이고 도전적인 정신을 존중하겠습니다.
기대 효과	이를 통해서 선배 교사의 경험과 노련함을 배우고 후배 교사의 적극적인 도전 정신과 새로운 방식의 교육 활동에 영감을 받음으로써 상호 존중하는 학교 문화를 만들 수 있을 것입니다.
마무리	따라서 저는 동료 교사 간 원만한 관계 형성을 위해서는 상호 존중하는 태도가 중요하다고 생각합니다.

2 협력적 태도

주제 문장	저는 동료 교사 사이에는 협력적 태도가 중요하다고 생각합니다.
대전제	학교에서 벌어지는 일은 혼자의 힘으로 해결할 수 없는 경우가 많습니다.
구체화	따라서 저는 특정한 문제가 발생할 때마다 학년 부장 선생님이나, 상담 선생님, 보건 선생님뿐만 아니라 교감, 교장 선생님께도 필요할 때는 도움을 적극적으로 요청할 수 있는 교사가 되겠습니다.
기대 효과	이를 통해 동료 간 서로 돕는 협력적인 분위기가 형성되어 조직 내 소통이 활발해지고 상호 신뢰가 두터워질 것입니다. 이뿐만 아니라 어려운 문제에 당면하더라도 집단지성으로 더 나은 해결책을 떠올릴 수 있을 것입니다.
마무리	따라서 저는 동료 교사 사이에는 협력적 태도가 중요하다고 생각합니다.

3　배려와 양보

주제 문장	저는 바람직한 동료 교사 관계를 형성하기 위해서는 배려와 양보가 필요하다고 생각합니다.
대전제	서로 주어진 업무를 하다 보면 모두가 만족할 수 있는 방향으로 결론이 나지 못하는 경우가 많이 있습니다.
구체화	따라서 저는 업무를 처리할 때 최대한 동료 교사를 배려하고, 설령 양보해야 할 일이 생긴다면 제가 손해를 본다는 생각보다는 다른 관점을 배울 좋은 기회라는 생각으로 임하겠습니다.
기대 효과	이를 통해 서로 양보하고 배려하는 분위기 속에서 화목한 조직 문화가 만들어질 것입니다. 또한 저 역시도 이후에 도움이 필요할 때 조금 더 편안한 마음으로 동료의 도움을 요청할 수 있을 것입니다.
마무리	따라서 저는 바람직한 동료 교사 관계를 형성하기 위해서는 배려와 양보가 필요하다고 생각합니다.

4　유능감 보이기

주제 문장	저는 서로 믿는 동료 관계를 형성하기 위해서는 직장에서 스스로 유능감을 보여주는 것이 중요하다고 생각합니다.
대전제	직장에서 자신이 맡은 업무를 책임감 있는 태도로 능숙하게 처리하는 능력은 중요합니다.
구체화	따라서 저는 제 업무를 꼼꼼하게 파악하고 이를 능숙하게 처리하기 위해 매뉴얼을 숙지하거나 선임자에게 인수인계를 자세히 받는 등 스스로 업무 처리 능력을 향상하기 위해 노력하겠습니다.
기대 효과	이를 통해 자기 스스로 업무적인 성취감을 느낄 수 있을 뿐만 아니라 동료로부터 받는 존중과 인정으로 더욱 원활히 직장에 적응할 수 있을 것입니다. 또한, 이로 인해서 동료들도 저의 업무 처리 능력을 신뢰하게 되고 서로 믿는 관계가 형성될 것입니다.
마무리	따라서 저는 서로 믿는 동료 관계를 형성하기 위해서 직장에서 스스로 유능감을 보여주는 것이 중요하다고 생각합니다.

5 성숙한 대우

주제 문장	저는 상대방에게 성숙한 대우를 해주는 것이 중요하다고 생각합니다.
대전제	아지리스의 미성숙-성숙 이론에 따르면 같은 사람이라도 자신에게 성숙한 대우를 해주는 사람에게는 성숙한 태도를 보이고, 미성숙하게 대하는 사람에게는 미성숙한 태도를 보인다고 합니다.
구체화	따라서 저는 직장에 있는 주변 사람의 의견을 경청하고 존중하며 감정적으로 대하는 것을 지양하는 등 상대방에게 항상 인격적이고 성숙한 대우를 해주도록 노력하겠습니다.
기대 효과	이를 통해 서로가 각자의 행동을 돌아보며 성숙한 대우에 걸맞은 태도로 변화할 것입니다. 또한, 이는 궁극적으로 성숙한 조직 문화를 만드는 것에 이바지할 수 있을 것으로 생각합니다.
마무리	따라서 저는 미성숙-성숙 이론에 따라 상대방에게 성숙한 대우를 하도록 노력하겠습니다.

6 성찰 능력

주제 문장	저는 바람직한 동료 관계를 형성하기 위해서는 책임 회피적인 태도를 경계하고 성찰 능력을 갖추는 것이 중요하다고 생각합니다.
대전제	갈등 상황에서 한 사람의 잘못만 있는 경우는 드물며, 설령 그렇더라도 양측이 협력하는 것이 갈등의 해결에 도움이 되기 마련입니다.
구체화	따라서 저는 항상 스스로가 옳다는 생각을 경계하며 개방적 관점으로 자신의 행동을 돌아보겠습니다. 또한 다른 사람의 의견을 경청하며 성찰적이고 수용적인 태도를 유지하겠습니다.
기대 효과	이렇게 자신의 잘못을 알아봄으로써, 보다 효과적으로 주어진 문제 상황을 해결할 수 있으며 장기적으로는 자기 발전의 밑바탕이 될 것입니다. 또한, 성찰적 태도를 바탕으로 동료 간 신뢰 관계가 형성되어 바람직한 조직 분위기가 만들어질 것입니다.
마무리	따라서 저는 바람직한 동료 관계를 형성하기 위해서는 책임 회피적인 태도를 경계하고 성찰 능력을 갖추는 것이 중요하다고 생각합니다.

7 겸손한 태도

주제 문장	저는 바람직한 동료 관계를 형성하기 위해서는 겸손한 태도를 지니는 것이 중요하다고 생각합니다.
대전제	교육 행위의 특성상 정답이 하나만 존재할 수는 없으므로, 각자가 옳다고 생각하는 소신과 철학이 모두 존중되어야 합니다.
구체화	따라서 저는 저의 소신껏 교육 활동을 펼치되, 항상 저의 생각과 방식이 완벽할 수는 없다는 점을 겸허히 받아들이고, 겸손한 자세로 조언을 받아들일 줄 알고 대화에 열려있는 태도를 지닐 수 있도록 노력하겠습니다.
기대 효과	이를 통해서, 동료 교사 간 건설적이고 생산적인 대화가 오가며, 각자의 전문성을 향상할 수 있는 조언을 제공하고 받아들임으로써 발전적인 교직 문화가 형성될 것입니다.
마무리	따라서 저는 바람직한 동료 관계 형성을 위해서는 겸손한 태도를 지니는 것이 중요하다고 생각합니다.

8 일관성 있는 태도

주제 문장	저는 동료 사이의 관계에서 일관성 있는 태도가 중요하다고 생각합니다.
대전제	공적인 업무를 처리하는 과정에서 사적인 관계나 감정이 개입되어서는 안 될 것입니다.
구체화	따라서, 업무를 처리할 때 개인적으로 친한 사이라고 하여 동료의 편의를 봐주거나, 자신의 사적인 일로 인해 감정적인 태도를 보이는 모습을 스스로 주의할 필요가 있을 것입니다.
기대 효과	이를 통해서, 불필요한 오해로 인해 동료와의 갈등을 빚는 상황을 예방할 수 있을 것입니다. 또한, 항상 일관적인 태도로 업무에 임함으로써 자신의 전문성을 신뢰하는 동료 교사를 중심으로 바람직한 협력 관계가 형성될 것입니다.
마무리	따라서 저는 동료 사이의 관계에서 일관성 있는 태도가 중요하다고 생각합니다.

Chapter 20 학생과의 관계

1 통제가 아니라 존중의 대상이라고 생각하기

주제 문장	저는 학생과의 바람직한 관계 형성을 위해서 학생을 통제의 관점이 아니라 존중의 관점에서 대하겠습니다.
대전제	학생을 지도할 때 규칙을 지켜야 하는 이유도 모른 채 행동을 강요받게 되면 오히려 반감과 반항을 불러일으키게 됩니다. 반면 학생을 존중하는 태도로 대하면 규칙이 필요한 이유를 스스로 생각하여 성숙한 행동을 보일 것입니다.
구체화	따라서 저는 제가 결정을 내리기 전에 항상 학생들의 의견을 묻고 존중하는 태도를 보인 뒤, 학생들이 받아들일 수 있는 결정을 내리는 등 의사결정 과정에 학생들이 참여할 수 있도록 하겠습니다.
기대 효과	이를 통해 학생들은 교사와의 신뢰감을 형성할 수 있고 자신의 의견을 자신 있게 발표하고 다른 사람의 의견을 존중할 줄 아는 민주적 태도를 함양한 성인으로 자라날 것입니다.
마무리	따라서 저는 학생과의 바람직한 관계 형성을 위해서 학생을 항상 존중하는 태도로 대하겠습니다.

2 학생의 긍정적인 면 찾기

주제 문장	저는 교사와 학생과의 바람직한 관계 형성을 위해 모든 학생에 대해서 각자 긍정적인 면을 찾으려고 노력하겠습니다.
대전제	모든 학생은 각각의 개성이 있고 강점이 있습니다.
구체화	따라서 저는 제가 수업 시간에 마주하는 학생들의 모습으로만 섣불리 평가하지 않고 최대한 다양한 활동과 환경에서 열린 관점을 가지고 학생들을 파악하겠습니다.
기대 효과	이를 통해 교사는 학생의 긍정적인 부분을 발견하고 칭찬해줌으로써 학생과의 유대감을 쌓을 수 있을 것입니다. 또한 학생 역시 자신도 몰랐던 강점을 찾게 됨으로써 유능감이 생기고 훨씬 더 긍정적인 학교생활을 할 수 있을 것입니다.
마무리	따라서 저는 교사와 학생과의 바람직한 관계 형성을 위해 학생의 긍정적인 면을 찾으려고 노력하겠습니다.

3 공과 사를 구별하기

주제 문장	저는 바람직한 학생과 교사와의 관계 형성을 위해서는 학생들을 대할 때 공과 사를 구별하는 것이 중요하다고 생각합니다.
대전제	Getzels와 Guba의 사회체제 이론에 따르면 개인이 가지고 있는 욕구 성향과 역할 기대 사이의 조율이 바람직한 사회 행동에 중요하다는 것을 알 수 있습니다.
구체화	따라서 저는 사적인 욕구 및 감정과 공적인 교사로서의 역할 기대 사이에서 무엇이 적절한지 판단하고 최선의 결정을 내리기 위해 이 두 요소를 적절히 조율할 수 있도록 노력하겠습니다.
기대 효과	이를 통해 교사는 학생에게 자신의 역할 기대에 맞는 평정심을 보여줌으로써 모범이 될 수 있을 것입니다. 또한 학생은 이러한 교사의 모습을 바탕으로 신뢰감이 형성될 것입니다.
마무리	따라서 저는 바람직한 학생과 교사와의 관계 형성을 위해서는 학생들을 대할 때 공과 사를 구별하는 것이 중요하다고 생각합니다.

4 감정 성찰

주제 문장	저는 학생과의 신뢰 관계 유지에서 자신의 감정을 성찰하는 능력이 중요하다고 생각합니다.
대전제	'종로에서 뺨 맞고 한강에서 눈 흘긴다.'라는 옛 속담이 있는 것처럼 때로는 원인 제공과 관련이 없는 제삼자가 자신의 감정 상태에 의해 피해를 볼 수 있습니다.
구체화	따라서 저는 항상 저의 감정을 스스로 살펴 슬프거나 화가 날 때 그 감정의 원인이 어디에 있는지 차분하게 생각해보는 시간을 갖겠습니다. 또한 그 원인과 상관이 없는 학생들이 저로 인해 불편함을 겪지 않도록 성찰하겠습니다.
기대 효과	이를 통해서 학생들이 자칫 화풀이 대상이 되는 상황을 예방할 수 있을 것입니다. 또한 학생들 역시도 감정적으로 휘둘리지 않는 교사의 모습을 보고 믿고 신뢰할 수 있는 대상이라고 여길 것입니다.
마무리	따라서 저는 학생과의 신뢰 관계 유지에서 자신의 감정을 성찰하는 능력이 중요하다고 생각합니다.

5 학생 통솔 능력

주제 문장	저는 교사와 학생의 신뢰 관계 형성에 있어서 학생 통솔 능력이 중요하다고 생각합니다.
대전제	교사는 적절한 때에 학생을 바람직한 방향으로 효과적으로 이끌 수 있어야 합니다.
구체화	따라서 저는 위임적 리더십, 민주주의적 리더십, 변혁적 리더십 등 다양한 리더십의 유형을 알아보고 각각의 상황에 따라 필요에 맞는 리더십을 발휘할 수 있는 교사가 되도록 노력하겠습니다.
기대 효과	이를 통해 교사는 학생들을 교육적으로 바람직한 방향으로 이끌 수 있을 것입니다. 또한 학생들은 이러한 교사의 모습을 보고 존경심을 바탕으로 한 돈독한 신뢰 관계가 형성될 것입니다.
마무리	따라서 저는 교사와 학생의 신뢰 관계 형성에 있어서 학생 통솔 능력이 중요하다고 생각합니다.

6 진심으로 사과하기

주제 문장	저는 교사와 학생의 인간적인 관계 형성에 있어서 교사도 학생에게 사과할 수 있는 용기를 가져야 한다고 생각합니다.
대전제	교사도 교사이기 이전에 사람이기 때문에, 불완전하고 때로는 실수를 할 수도 있습니다.
구체화	따라서 저는 교사로서 인간적인 모습을 인정하고 불완전한 존재임을 받아들이며, 비록 상대가 학생이라고 할지라도 자존심을 지나치게 세우지 않고 사과할 부분은 진심으로 사과할 수 있는 교사가 되도록 노력하겠습니다.
기대 효과	이를 통해 학생도 교사를 인격적 존재로 인식하고 교사의 감정에 공감할 수 있을 것입니다. 또한 이렇게 학생에게 인격적 대우를 해주는 것을 바탕으로 더욱 두터운 인간적인 관계 형성이 이루어질 것입니다.
마무리	따라서 저는 교사와 학생의 인간적인 관계 형성에 있어서 교사도 학생에게 사과할 수 있는 용기를 가져야 한다고 생각합니다.

7 점수로 학생을 판단하지 않기

주제 문장	저는 학생과의 바람직한 관계를 형성하기 위해 점수로 학생을 판단하는 오류를 범하는 것을 경계해야 한다고 생각합니다.
대전제	사람마다 다양한 재능이 있으며 학교에서 치르는 제한된 과목의 시험으로 해당 학생의 모든 재능을 발견하고 평가하는 것은 불가능합니다.
구체화	따라서 저는 학생의 점수는 해당 과목에 대한 성취도를 판단하는 보조 자료로만 생각하고 점수에 따른 편견 없이 학생들을 대하겠습니다. 또한, 해당 학생에 대해서 다방면으로 이해하여 숨겨진 재능과 적성을 찾기 위해서 노력하겠습니다.
기대 효과	이를 통해 학생은 자신의 잠재력을 믿어주는 교사를 믿고 의지하며 자연스러운 신뢰 관계가 형성될 것입니다. 또한, 교사의 도움으로 재능과 적성을 찾게 되어 자존감이 회복되고 긍정적인 자기 인식이 생길 것입니다.
마무리	따라서 저는 학생과의 바람직한 관계를 형성하기 위해서는 점수로 학생을 판단하는 오류를 범하는 것을 경계해야 한다고 생각합니다.

8 감정에는 공감하되 행동은 엄격하게 한계 짓기

주제 문장	저는 학생과 바람직한 관계를 형성하며 올바른 방향으로 이끌기 위해서는 감정에는 공감하되 잘못된 행동에 대해서는 엄격하게 한계를 지어줄 수 있어야 한다고 생각합니다.
대전제	교사로서 학생의 감정과 행동을 분리하여 대할 수 있는 능력은 중요합니다.
구체화	따라서 저는 무작정 학생의 감정에 공감하고 그 행동에 대해서도 무조건적인 긍정을 보여주는 것이 아니라, 잘못된 행동을 저지른 행위에 대해서는 엄격히 한계를 짓되, 그 행동을 저지른 감정적 원인에 대해서는 깊게 이해하고 공감하는 자세를 지니도록 노력하겠습니다.
기대 효과	이를 통해, 해당 학생은 자신의 감정에 친구처럼 진심으로 공감해주면서 어른처럼 자신을 위한 조언을 제공해주는 교사를 보며 믿고 기댈 수 있는 신뢰감을 형성할 수 있을 것입니다.
마무리	따라서 저는 학생과 바람직한 관계를 형성하기 위해서는 감정에는 공감하되 잘못된 행동에 대해서는 엄격하게 한계를 지어줄 수 있어야 한다고 생각합니다.

9 비언어적 표현에도 신경 쓰기

주제 문장	저는 학생과의 신뢰 관계 형성을 위해서는 비언어적 표현에도 신경을 쓸 줄 알아야 한다고 생각합니다.
대전제	다른 사람의 표정과 행동 하나에도 세심하게 반응하는 청소년기 학생들과 원활한 관계를 형성하기 위해서는 비언어적 표현의 중요성을 인식할 필요가 있습니다.
구체화	따라서 저는 학생과 소통할 때 말과 같은 언어적 요소뿐만 아니라 행동, 표정과 같은 비언어적 요소에도 관심을 기울이도록 하겠습니다. 또한, 학생의 감정에 무표정으로 반응하지 않고 말과 표정, 행동이 일치될 수 있도록 노력하겠습니다.
기대 효과	이를 통해서, 학생은 교사의 반응에 안정감을 느끼고 정서적으로 더 깊은 유대감을 형성할 수 있을 것입니다.
마무리	따라서 저는 학생과의 신뢰 관계 형성을 위해서 비언어적 표현에도 신경을 쓸 줄 알아야 한다고 생각합니다.

Chapter 21 학급 경영

1 청렴 의식

주제 문장	저는 올바른 학급 경영을 하기 위해서는 담임 교사로서 청렴 의식을 함양해야 한다고 생각합니다.
대전제	교사는 담임 학생들에 대해서 많은 권한을 가지므로 더 큰 책임감을 느끼며 공정함을 유지해야 할 필요가 있습니다.
구체화	따라서 저는 청렴과 관련된 각종 연수와 자료를 찾아보며 관련 사례 발생 시 대응 매뉴얼을 정확하게 숙지하도록 하겠습니다.
기대 효과	이를 통해서 교사로서는 부정 청탁 및 학생 편애와 관련된 불미스러운 일과 관련되는 것을 예방할 수 있고, 학생으로서는 청렴한 교사, 공정한 교사라는 이미지와 함께 더 신뢰할 수 있는 담임 교사라고 인식할 것입니다.
마무리	따라서 저는 올바른 학급 경영을 하기 위해서는 담임 교사로서 청렴 의식을 함양해야 한다고 생각합니다.

2 문·예·체 활동 활성화

주제 문장	저는 담임 학급 학생들에게 문·예·체 학습 경험을 제공하겠습니다.
대전제	학생들이 인간으로서 행복감을 느끼고 만족스러운 삶을 누리기 위해서는 문학, 예술, 체육에 대한 문화생활 및 취미생활이 뒷받침되어야 할 것입니다.
구체화	따라서 저는 문학과 예술의 방면으로 아침 문학의 날과 뮤지컬 감상의 날을 지정하여 학생들에게 문학 작품과 뮤지컬 공연을 경험할 기회를 제공하겠습니다. 또한, 체육의 방면으로 학급 체육회를 추진하여 스포츠 경기의 가치를 깨달을 수 있도록 하겠습니다.
기대 효과	이를 통해서 학생들은 단순한 교과 지식을 쌓는 것에서 벗어나 문학, 예술, 체육에 관한 풍부한 경험을 바탕으로 전인적 인간으로 성장할 것입니다. 이뿐만 아니라, 이러한 활동을 통해서 단합된 학급 분위기를 형성할 수 있을 것입니다.
마무리	따라서 저는 담임 교사로서 학생들에게 문학, 예술, 체육에 관한 경험을 제공하기 위해 노력하겠습니다.

3 메이커 교육 연계

주제 문장	저는 담임 교사로서 메이커 교육과 연계한 학급 활동을 추진하겠습니다.
대전제	4차 산업 혁명과 관련하여 창의성 증진에 도움이 되는 메이커 교육에 관한 관심 및 중요성이 대두되고 있습니다.
구체화	따라서 구체적인 방안을 예시로 들자면, 조별 학급 회의를 통해서 어떤 것을 만들어볼지 토의하여 정한 후, 창의공작실을 활용하여 실제 작품을 만들어보고, 각 조의 결과물을 발표하여 다른 조의 작품을 평가해보는 활동을 기획하겠습니다.
기대 효과	이를 통해서 학생들은 매이커 교육을 실제로 경험해볼 수 있을 뿐만 아니라 학급 내에서 협동과 단합의 가치를 배워 4차 산업 혁명 시대에 걸맞는 창의성과 인성을 함양한 인재로 거듭날 수 있을 것입니다.
마무리	따라서 저는 학급 경영의 하나로 메이커 교육과 연계한 학급 활동을 추진하겠습니다.

4 자율성 존중

주제 문장	저는 학생들의 자율성을 존중하는 담임 교사가 되겠습니다.
대전제	학생이 민주적인 가치를 이해하는 성인으로 성장하기 위해서는 교사로서 학생들의 자율성을 존중하는 것이 중요합니다.
구체화	따라서 저는 학급 운영에 관한 크고 작은 의사결정을 내릴 때 그 과정에서 학생들의 의견을 들어보는 시간을 가지고 여러 생각을 경청하고 반영할 수 있도록 하겠습니다.
기대 효과	이를 통해서 학생들은 의사결정 과정에 참여하는 방법을 배울 수 있게 될 것입니다. 또한, 이러한 방식으로 학급 규칙을 설정한다면 규칙에 강압적으로 순응하는 것이 아니라 규칙의 필요성을 인식하고 자율적으로 규칙을 준수하는 학급 분위기가 형성될 것입니다.
마무리	따라서 저는 학생을 위압적으로 지도하지 않고 자율성을 존중하는 담임 교사가 되겠습니다.

5 자아 효능감 발달

주제 문장	저는 담임 교사로서 학생들이 자아 효능감을 발달시킬 수 있도록 노력하겠습니다.
대전제	긍정적인 자아 인식 및 높은 자존감 형성을 위해서는 유능감 욕구 충족이 필요할 것입니다.
구체화	따라서 저는 개별 상담 및 관찰, 자기소개 시간을 통해 학생들의 강점과 약점을 파악한 후 재능교환을 목적으로 한 짝 활동을 추진하겠습니다. 또한, 학생들이 자아 효능감을 계발할 수 있도록 서로 강점을 찾아주거나 칭찬하는 활동을 주기적으로 실시하겠습니다.
기대 효과	이를 통해서 학생들은 각자 자신이 잘하는 것이 있음을 깨닫게 되고 가르치고 배우며 성장하는 과정을 통해 자아 효능감이 형성될 것입니다.
마무리	따라서 저는 담임 교사로서 학생들이 자아 효능감을 발달시킬 수 있도록 노력하겠습니다.

6 사회성 발달

주제 문장	저는 학생들이 학급 내에서 타인과의 관계 형성 방법에 대해 배울 수 있도록 노력하겠습니다.
대전제	청소년기 학생들의 가장 큰 욕구 중 하나는 바로 관계 형성 욕구입니다.
구체화	따라서 저는 정기적으로 아침 시간을 활용하여 카페 분위기의 교실 환경을 만들고 음료와 음악과 함께 담임 교사나 친구들끼리 소소한 대화를 나눌 수 있는 시간을 제공하겠습니다.
기대 효과	이를 통해서 학생들은 다른 사람과 관계 맺는 방법을 터득하여 관계 형성 욕구가 충족될 것입니다. 이뿐만 아니라, 서로 자신의 일상에 대해 툭 터놓고 이야기할 수 있는 친구가 생기므로 자연스럽게 화목하고 개방적인 학급 분위기가 형성될 것입니다.
마무리	따라서 저는 학급 내에서 관계 형성 욕구가 충족될 수 있도록 노력하는 담임 교사가 되도록 하겠습니다.

7 SNS 활용

주제 문장	저는 학생들이 자주 사용하는 SNS를 파악하여 저도 이를 활용하겠습니다.
대전제	SNS는 이미 10대 청소년 문화의 큰 축을 차지하였기 때문에 학생들을 더 잘 이해하여 가까워지기 위해서는 SNS를 활용하는 것도 좋은 방법이 될 것입니다.
구체화	따라서 저는 페이스북이나 인스타그램처럼 학생들이 자주 사용하는 SNS를 파악하고 이를 활용하여 학생들과 인터넷 공간상에서도 적극적으로 소통하겠습니다.
기대 효과	이를 통해 학생으로서는 교사를 더 가까운 존재로 여길 수 있을 것이고, 교사로서는 학생들의 교우관계를 효과적으로 파악할 수 있어 학급 경영에 도움이 될 것입니다. 더 나아가 인터넷 예절 교육, 사이버 폭력 예방 효과도 기대할 수 있을 것입니다.
마무리	따라서 저는 학생들이 자주 사용하는 SNS를 활용하여 활발하게 소통하는 담임 교사가 되겠습니다.

8 학급 밴드 사용

주제 문장	저는 담임 교사로서 학급 경영 목적으로 학급 밴드를 사용하겠습니다.
대전제	학교에서 벌어지는 다양한 활동을 사진이나 영상으로 남겨두고 학부모와 공유한다면 보다 밀접한 학급 경영이 가능할 것입니다.
구체화	따라서 저는 담임 학급 학부모만 가입 및 이용을 할 수 있도록 네이버 밴드를 개설하여, 교내 활동이나 학급 행사 사진 및 동영상을 공유하고 소통하도록 하겠습니다.
기대 효과	이를 통해 학부모로서는 학교 내 활동에 대한 궁금증을 해소할 수 있고 자녀의 학교생활을 더 잘 파악할 수 있을 것입니다. 교사와 학생으로서는 밴드가 하나의 학급 포트폴리오가 되어 추억을 기록하는 장소가 될 수 있을 것입니다.
마무리	따라서 저는 학급 경영의 하나로 담임 학급 밴드를 개설하여 운영하도록 하겠습니다.

Chapter 22 수업 전문성

1 수업 컨설팅

주제 문장	저는 전문성 향상을 위해서 수업 컨설팅을 신청하겠습니다.
대전제	교육청에서는 교사의 전문성 향상을 위해 수석 교사와 멘토-멘티 프로그램, 신규 교사 수업 컨설팅 등 다양한 형태의 지원을 제공하고 있습니다.
구체화	따라서 구체적인 방안을 예시로 들자면, 저는 신규 교사로서 수업 전문성을 향상하기 위하여 교육청에서 제공하는 다양한 수업 컨설팅 관련 지원을 꼼꼼하게 찾아보고, 수석 교사 컨설팅, 멘토-멘티 프로그램 등 다양한 컨설팅 프로그램에 지원하겠습니다.
기대 효과	이를 통해서, 선배 교사의 수업 노하우를 전수받고, 학생 중심 수업 활동에 대한 전문성을 향상시킬 수 있을 것입니다.
마무리	따라서 저는 전문성 향상을 위하여 수업 컨설팅에 지원하겠습니다.

2 리허설

주제 문장	저는 수업 리허설을 하는 것이 원활한 수업 진행을 위한 방안이 될 수 있다고 생각합니다.
대전제	실전과 같은 연습을 통해서 위기 상황 및 돌발 상황 대처, 수업 진행 능력 향상 등 수업에 필요한 다방면의 전문성을 함양할 수 있을 것입니다.
구체화	예를 들면, 공개수업을 진행하기 전이나 새로운 방식의 수업을 도입하기 전 수업 리허설을 실시하는 것입니다. 수업에서 사용할 기기를 미리 확인해보고 기술적인 문제는 없는지 파악하거나, 자신이 준비한 활동을 학생의 관점에서 실제로 진행해보는 등 사전 점검을 하는 것입니다.
기대 효과	이를 통해서, 수업 중 발생한 돌발 상황에 대하여 능숙하게 대처할 수 있을 것입니다. 또한, 실전 연습 과정에서 수업의 세심한 부분까지 고려할 수 있는 안목이 길러지므로 교사의 수업 전문성도 역시 향상될 것입니다.
마무리	따라서 저는 전문성 향상을 위해 수업 전 실전 연습 리허설을 성실히 진행하겠습니다.

3 자율 연수

주제 문장	저는 전문성 향상을 위해서 자율적으로 연수를 실시하겠습니다.
대전제	자기 주도적으로 본인 수업에 대해서 고민하고 발전하려고 하는 노력은 교사로서 요구되는 중요한 자질 중 하나입니다.
구체화	따라서 구체적인 방안을 예시로 들자면, 우수 수업 사례 동영상을 시청하고 분석하거나, 수석 교사나 교육 연수원에서 제공하는 다양한 강의를 찾아보고 저에게 필요한 부분을 자기 주도적으로 채워 나가는 것입니다.
기대 효과	이를 통해서, 전문성이 향상될 뿐만 아니라 자신이 부족한 부분을 스스로 발견하고 이를 적극적으로 개선하려는 태도가 형성될 것입니다. 또한, 점차 전문성이 향상되는 자기 자신을 바라보면서 성취감 및 교직 효능감도 높아질 것입니다.
마무리	따라서 저는 전문성 향상을 위해서 자율 연수를 실시하겠습니다.

4 동료 장학

주제 문장	저는 전문성 향상을 위해서 동료 장학을 실시하겠습니다.
대전제	혼자서 공부하는 것보다 여러 사람과 의견을 교환하는 것이 전문성 향상에 더 효과적일 수 있습니다.
구체화	예를 들면, 같은 교과 내, 같은 학년 내 다른 교과, 경력으로 구분한 선/후배 연구회 등 다양한 조합의 전문적 학습 공동체를 형성하고 제 수업을 공개하겠습니다. 그 후, 전문적 학습 공동체에 속한 선생님들과 수업 나눔 시간을 가지어 더 좋은 수업을 만들 방법에 대해서 논의하겠습니다.
기대 효과	이를 통해서 상호 협력적인 동료 문화를 형성할 수 있을 뿐만 아니라 다양한 관점의 조언을 들을 수 있음으로써 시너지 효과를 통한 전문성 향상을 기대할 수 있을 것입니다.
마무리	따라서 저는 전문성 향상을 위해서 동료 장학을 실시하겠습니다.

5 학생 피드백

주제 문장	저는 전문성 향상을 위해서 학생들의 피드백을 주기적으로 받겠습니다.
대전제	교사 수업의 개선점을 가장 잘 파악할 수 있는 사람은 바로 그 수업을 듣는 학생입니다.
구체화	따라서 구체적인 방안을 예시로 들자면, 저는 차시나 단원 마무리 단계에서 학생들에게 수업 중 좋았던 부분과 개선이 필요한 부분을 묻는 설문 조사를 실시하겠습니다. 그 후, 조사에서 언급된 의견을 토대로 향후 수업 준비에 참고하여 학생들이 더욱 만족할 수 있는 수업을 만들 수 있도록 노력하겠습니다.
기대 효과	이를 통해서, 자신의 수업에 대한 학생들의 솔직한 의견을 통해 더 발전된 수업을 제공할 수 있을 것입니다. 또한, 학생도 자신의 의견이 반영됨으로써 교사의 수업에 대한 신뢰도가 높아질 것입니다.
마무리	따라서 저는 전문성 향상을 위하여 학생들의 피드백을 주기적으로 받겠습니다.

6 수업 규칙 정하기

주제 문장	저는 원활한 수업 진행을 위해서 수업 규칙 정하기 활동이 필요하다고 생각합니다.
대전제	수업 시간도 교사와 학생 간 상호작용이 벌어지기 때문에 질서를 위한 적절한 규칙 설정이 필요합니다.
구체화	따라서, 수업 첫 시간을 활용하여 학생들과 함께 수업 규칙을 정하는 활동을 실시하겠습니다. 친구와 장난치는 행위, 엎드려 자는 행위, 소란을 피우는 행위 등에 대해서 한계선을 정하고 실천 약속을 하는 것입니다.
기대 효과	이를 통해서, 학생들은 자신이 설정한 규칙을 준수하며 타인을 존중하는 태도를 기를 수 있을 것입니다. 또한, 교사로서 즉흥적으로 학생들을 지도하는 것보다는, 함께 약속한 규칙을 지키는 것의 정당성을 언급함으로써 원활한 수업 진행에 도움이 될 것입니다.
마무리	따라서 저는 원활한 수업 진행을 위해서 수업 규칙 정하기 활동이 필요하다고 생각합니다.

7 다양한 학습 스타일 반영하기

주제 문장	저는 효과적인 수업을 위해서 다양한 학습 스타일이 반영된 활동을 기획하겠습니다.
대전제	학습자는 시각, 운동 감각, 청각 등 자신이 선호하는 자료 제시 방식에 따라 다양한 학습 유형으로 나누어집니다.
구체화	따라서 저는 시각 학습자에게는 만화를 활용한 수업, 운동 감각 학습자에게는 카테일 파티나 전신반응교수법(TPR), 청각 학습자에게는 챈트나 노래 가사 활용 수업 등 학생의 다양한 학습 유형을 충족시키는 활동을 기획하겠습니다.
기대 효과	이를 통해서, 교사로서는 학생의 다양한 학습 스타일을 반영함으로써 수업의 매력도와 효과성을 높일 수 있을 것입니다. 또한, 학생으로서는 다채로운 활동으로 수업 참여 동기 부여가 강화될 것입니다.
마무리	따라서 저는 효과적인 수업을 위해서 다양한 학습 스타일이 반영된 활동을 기획하겠습니다.

8 다양한 동기 부여 방식 활용하기

주제 문장	저는 수업 흥미도를 높이기 위하여 다양한 동기 부여 방식을 활용하겠습니다.
대전제	캘러의 ARCS 이론에 따르면, 학습자는 주의 집중, 관련성, 자신감, 만족감이 충족될 때 동기가 강화됩니다.
구체화	따라서 저는 주의 집중 충족이 필요할 때는 그림이나 도표, 유튜브나 인스타그램을 통한 색다른 표현 방식을 활용하고, 관련성 충족이 필요할 때는 실제 겪은 상황을 기반으로 한 문제 해결 방식의 수업 모형을 적용하겠습니다. 또한, 자신감 충족이 필요하다면 적절한 난이도를 통한 성공 경험 제공, 만족감 충족이 요구되는 상황에서는 성취감이나 보상 체계를 활용하는 등 각각의 상황에 따른 다양한 동기 부여 방식을 활용하겠습니다.
기대 효과	이를 통해서 교사로서 다양한 방식으로 학생의 학습 동기를 강화하여 적극적인 참여를 유도하고 활발한 수업을 진행할 수 있을 것입니다.
마무리	따라서 저는 수업 흥미도를 높이기 위하여 다양한 동기 부여 방식을 활용하겠습니다.

9 수업 스케줄표 작성

주제 문장	저는 원활한 수업 차시 운영을 위해 단계별 수업 스케줄 표를 작성하는 것이 중요하다고 생각합니다.
대전제	수업을 구성할 때 학기별, 분기별, 단원별로 계획을 세워 준비한 활동이 차질 없이 운영되도록 하는 것은 중요합니다.
구체화	따라서 구체적인 방안을 예시로 들자면, 학년 단위, 학기 단위, 중간/기말 고사 단위, 월별, 주별, 차시별로 단계별 수업 스케줄을 미리 계획해두는 것입니다. 또한, 단계별로 해당 차시에 진행할 활동과 수업 내용 및 진도를 유기적으로 정리해두는 것입니다.
기대 효과	이를 통해, 안정적으로 수업 진도를 운영할 수 있을 것입니다. 또한, 교재 연구 단계에서 적절한 분량을 조절함으로써 강의식과 학생 중심 활동 수업을 병행한 차시 운영도 가능할 것입니다.
마무리	따라서 저는 원활한 수업 차시 운영을 위해 단계별 수업 스케줄 표를 작성하는 것이 중요하다고 생각합니다.

Chapter 23 평가 전문성

1 적절한 양의 평가를 계획하기

주제 문장	저는 평가 전문성 영역에서 적절한 양의 평가를 계획하는 것이 중요하다고 생각합니다.
대전제	교사가 실시할 수 있는 양과 학생이 감당 가능한 양이 어느 정도인지 면밀하게 파악하는 것은 중요합니다.
구체화	따라서, 저는 평가 계획을 수립할 때 기존에는 어떤 방식으로 치러졌는지 평가 방식과 단계, 소요된 시간을 꼼꼼하게 살펴보고 계획을 수립하겠습니다.
기대 효과	이를 통해서 교사는 진도상 어려움 없이 자신이 준비한 평가 계획을 여유롭게 실시할 수 있을 것입니다. 또한, 학생들에게 스스로 감당 가능한 분량이 요구되고, 평가를 성실히 준비할 충분한 시간이 주어짐으로써 학습 동기 저하를 예방할 수 있을 것입니다.
마무리	따라서 저는 적절한 양의 평가를 계획하는 것이 중요하다고 생각합니다.

2 평가 시기를 조율하기

주제 문장	저는 학생의 능력이 최대한 발휘되기 위해서는 동료 교사 간 평가 시기를 조율하는 것이 중요하다고 생각합니다.
대전제	해당 과목마다 평가를 준비하기 위한 시간은 학생들에게 충분히 제공되어야 할 것입니다.
구체화	따라서, 저는 해당 학년을 지도하는 다른 과목 동료 교사와 협의회를 구성하여 평가 시기가 지나치게 맞물려 있지 않도록 조율하는 과정을 거치겠습니다.
기대 효과	이를 통해서, 여러 과목을 동시에 준비해야 하는 학생들의 부담을 줄일 수 있을 것입니다. 또한, 분산된 평가 일정으로 학생들은 충분한 준비 시간을 갖게 되어 자신의 능력이 온전히 발휘될 수 있을 것입니다.
마무리	따라서 저는 동료 교사 간 평가 시기를 조율하는 과정이 필요하다고 생각합니다.

3 평가의 목적 설명하기

주제 문장	저는 학생들에게 평가의 목적 및 필요성에 대해 언급하는 것이 중요하다고 생각합니다.
대전제	참여 동기를 강화하기 위해서는 평가 대상자에게 평가의 목적 및 필요성에 대한 충분한 사전 설명이 중요합니다.
구체화	이를 위한 구체적인 방안으로는 수행 평가를 실시하기 전에 사전 안내 시간을 갖는 것입니다. 또한, 사전 안내 시간을 활용하여 앞으로 치를 시험은 단순히 암기한 지식을 선택지에서 골라 점수를 받는 것이 목적이 아니라, 실제적인 상황에서 얼마나 배운 내용을 잘 활용하여 해결할 수 있는지 알아보는 것이 목적임을 충분히 이해시켜주는 것입니다.
기대 효과	이를 통해서 학생들은 자신이 치르는 평가의 목적과 필요성을 정확히 이해하고 성실한 태도로 준비하며, 학습 동기 부여가 강화될 것입니다.
마무리	따라서 저는 학생들에게 평가의 목적과 필요성에 대해 언급하는 것이 중요하다고 생각합니다.

4 정확한 기준으로 공정하게 대하기

주제 문장	저는 평가에 있어서 정확한 기준으로 공정하게 대하는 것이 중요하다고 생각합니다.
대전제	평가 결과의 신뢰도를 높이기 위해서는 주관적인 감정을 배제하고 객관적인 기준에 따라 점수를 부여하는 것이 중요합니다.
구체화	따라서 이를 위한 구체적인 방안으로는, 먼저 평가 기준표를 꼼꼼하게 작성하고, 교과 내 협의회를 통해 동료 교사의 검토를 받는 것입니다. 또한, 한 개의 예시 답변을 여러 교사가 주어진 기준에 따라 채점해보며 평가 기준의 신뢰도를 개선해나가는 것입니다.
기대 효과	이를 통해서, 해당 학생은 자신의 결과를 납득하며 인정할 수 있을 것입니다. 또한, 교사로서는 정확한 기준을 제시함에 따라 평가 전문성에 대한 신뢰도 및 공정성을 확보할 수 있을 것입니다.
마무리	따라서 저는 평가에 있어서 정확한 기준으로 학생들을 공정하게 대하는 것이 중요하다고 생각합니다.

5 다양한 평가 방식 활용하기

주제 문장	저는 평가에 있어서 다양한 방식을 활용하는 것이 중요하다고 생각합니다.
대전제	다양한 종류의 평가 방식을 활용하면 다양한 교육적 효과를 기대할 수 있습니다.
구체화	예를 들면, 팀 경쟁 활동을 통한 상대 평가, 학생 자신의 과거 성적 상승률을 비교한 성장 지향 평가, 단계별 프로젝트 과제를 활용한 노력 지향 평가, 형성 평가 및 성취도 수준을 기준으로 한 절대 평가 등을 상황에 맞게 활용하는 것입니다.
기대 효과	이를 통해서, 학생으로서는 서로 다른 평가 방식을 활용한 다양한 교육 활동 기회를 얻게 될 것입니다. 또한, 교사로서는 상대 평가에 대한 학생 부담을 줄이고 성취감 및 내적 동기 부여를 자극할 수 있을 것입니다.
마무리	따라서 저는 평가에 있어서 다양한 방식을 활용하는 것이 중요하다고 생각합니다.

6 교수-평가 일치

주제 문장	저는 평가에 있어서 교수 내용과 평가 내용을 일치시키는 것이 중요하다고 생각합니다.
대전제	평가 타당도를 확보하기 위해서는 학생들이 해결하도록 제시된 과제 및 평가 방식이 수업 시간에 진행된 활동과 밀접하게 연관되어 있어야 합니다.
구체화	따라서 저는 교수-평가를 일치시키기 위하여 과정 중심 평가를 적극적으로 활용하겠습니다. 형성 평가, 수업 마무리 활동 등으로 배운 내용을 수시로 점검하며 학생들의 이해도 및 활동 과정을 기록하겠습니다. 또한, 수업 시간에 배운 내용을 실제적 사례 속에 적용하도록 하는 최종 과제물을 제시함으로써 전체 수업 내용과 평가가 이어질 수 있도록 하겠습니다.
기대 효과	이를 통해서, 학생들은 배운 내용과 수업 활동이 직접 평가에 반영됨으로써 학습 동기가 강화될 것입니다. 또한, 교수 내용과 평가 내용이 일치됨으로써 평가 타당성도 확보될 것입니다.
마무리	따라서, 저는 평가에 있어서 교수 내용과 평가 내용을 일치시키는 것이 중요하다고 생각합니다.

7. 학생들의 강점 반영하기

주제 문장	저는 학생마다 강점과 재능이 다르므로 교사로서 이를 평가에 고려하는 노력도 중요하다고 생각합니다.
대전제	노래를 잘 부르는 학생이 배운 내용에 대해 노래로 평가를 받을 기회가 주어지고, 체육을 잘하는 학생이 운동과 교과 지식이 혼합된 형태로 평가를 받을 기회가 주어진다면 학습 의욕이 높아질 것입니다.
구체화	따라서 구체적인 방안으로는, 문예체가 골고루 요구되는 조별 과제를 제시하는 것입니다. 예를 들면 '팝송 릴스 만들기'에서 가사 번역가, 가수, 댄서, 카메라/오디오 스탭 등 서로 다른 재능이 요구되는 다양한 역할을 한 그룹 내에서 협력하여 결과물을 만들어내도록 유도하는 것입니다.
기대 효과	이를 통해서, 학생들의 다양한 관심사 및 재능이 존중됨으로써 학생들의 평가 활동 참여 의욕이 높아질 것입니다. 또한, 교사로서 학생들의 다양한 재능을 평가에 반영함으로써 학생 중심적인 평가 활동이 이루어질 수 있을 것입니다.
마무리	따라서 저는 학생들의 서로 다른 강점이 반영될 수 있는 평가 활동 구상 노력이 중요하다고 생각합니다.

8. 변별도 고려하기

주제 문장	저는 학생들의 성취 수준을 정확하게 파악하기 위하여 변별도를 확보하는 것이 중요하다고 생각합니다.
대전제	평가의 본질은 학생들의 성취 수준을 정확하게 진단하는 것입니다.
구체화	따라서, 문제 상황을 구상할 때 Bloom의 복잡성 원리에 따른 지식-이해-적용-분석-종합-평가 6단계를 반영하여 다양한 상황을 난이도에 맞게 제시하고, 이에 따라 학생들의 성취 수준이 단계적으로 드러날 수 있도록 노력하겠습니다.
기대 효과	이를 통해서, 다양한 이해 수준이 요구되는 문제 상황을 제시함에 따라 학생들의 성취도를 정확히 변별할 수 있을 것입니다.
마무리	따라서 저는 학생들의 성취 수준을 정확하게 파악하기 위하여 평가에서 변별도를 확보하는 것이 중요하다고 생각합니다.

9 결과 자체보다는 향후 방향성 제시하기

주제 문장	저는 평가 이후 결과 자체보다는 향후 방향성을 제시하는 것이 중요하다고 생각합니다.
대전제	점수는 과거의 학업 성취 수준을 수치화한 것일 뿐이며 앞으로 해당 학생의 노력에 따라 미래는 얼마든지 바뀔 수 있습니다.
구체화	따라서 저는 평가 활동 후 학생들에게 결과를 알려주는 단계에서 단순히 점수를 확인하는 것에 그치는 것이 아니라 앞으로 어떤 부분에 초점을 맞추어 공부해야 하는지, 어느 부분을 집중적으로 보완해야 하는지 언급하는 등 미래 지향적인 태도로 향후 방향성을 제시하겠습니다.
기대 효과	이를 통해서 학생들은 과거 자신의 점수에 연연하지 않고 긍정적인 발전 가능성을 가지며 목표 지향적인 태도를 지니게 될 것입니다.
마무리	따라서 저는 평가 결과에 대해 향후 방향성을 제시하는 것이 중요하다고 생각합니다.

Chapter 24 교직관

1 학생이 행복한 학교생활을 할 수 있도록 돕는 교사

주제 문장	저는 교사란 학생의 학교생활이 행복할 수 있도록 지원하는 존재라고 생각합니다.
대전제	학교는 학생이 가정만큼이나 오랜 시간을 보내는 곳이므로 학교에서의 학생 행복은 그들의 삶에서 가장 중요한 요소입니다.
구체화	따라서 저는 이를 실현하기 위해 학교에서 학생들의 자율성, 유능감, 관계 욕구가 충족될 수 있도록 노력하겠습니다. 먼저 자율성 욕구를 충족하기 위해서 규칙을 강요하지 않고 규칙에 대한 이해와 책임감을 바탕으로 스스로 규칙을 정하고 따를 수 있게끔 지도하겠습니다. 그리고 유능감 욕구를 충족시키기 위해서 저는 학급 재능교환 활동을 적극적으로 추진하겠습니다. 마지막으로 학생들의 관계 욕구를 충족시키기 위해서 주 1회 아침 시간을 활용하여 '툭 터놓고 이야기하는 날'을 지정하겠습니다.
기대 효과	이를 통해서 자신의 의견이 개방적으로 받아들여지는 학교생활을 할 수 있고, 학교 안에서 자신의 재능을 발견할 수 있으며, 교사와 친구들로부터 원만한 인간관계를 형성하여 훨씬 더 행복한 학교생활을 할 수 있을 것입니다.
주장 강화 1단계 (예상되는 반박)	물론 자율성, 유능감, 관계 욕구를 충족하는 것만으로는 학생의 행복도가 증가하기에 어려움이 있을 수 있습니다.
주장 강화 2단계 (재반박)	그러나, 위 3가지 요소는 학교생활에서 가장 기본적인 것으로, 이와 같은 부분들은 다른 부분에 앞서 가장 먼저 충족되어야 마땅한 행복의 선행 요소라고 생각합니다.
마무리	따라서, 저는 자율성, 유능감, 관계 욕구 충족을 선행하여 학생들이 행복한 학교생활을 할 수 있도록 돕는 존재가 되겠습니다.

2 교학 상장하는 교사

주제 문장	저는 학생들은 저에게 배우기만 하는 존재가 아니라 저를 가르치는 존재이기도 하다고 생각합니다.
대전제	계속해서 변화하는 사회 속에서 교사도 역시 학생과 마찬가지로 끊임없이 변화하고 성장하여야 하는 존재임을 인식하는 것은 중요할 것입니다.
구체화	따라서 저는 이를 실현하기 위해 학생들을 가르침을 받는 존재로만 인식할 것이 아니라, 학생들로부터 배울 점이 있는지 열린 자세로 관심을 가지며 자세히 관찰하겠습니다. 예를 들면 학교생활의 측면에서 친구의 고민을 잘 들어주는 학생을 보고 "아, 저렇게 하면 학생들이 고민을 잘 털어놓고 대화가 원만하게 이루어지는구나!", 또는 학업적인 측면에서 친구를 잘 이해시키는 학생을 보고 "저렇게 가르치면 학생들이 잘 이해하는구나." 등과 같이 학생을 통해서 무엇을 배울 수 있을지 찾아보겠습니다.
기대 효과	이를 통해서 학생은 자신의 재능을 교사로부터 인정받아 더욱 돈독한 사제관계가 형성될 수 있을 것입니다. 이뿐만 아니라 교사 역시도 학생과의 상호작용을 성장의 기회로 삼을 수 있고, 발전하는 자신의 모습을 통해 길러진 유능감으로 교직 생활의 보람도 느낄 수 있을 것입니다.
주장 강화 1단계 (예상되는 반박)	물론 교사가 확고한 철학과 심지를 가지고 학생을 교육해야 올바른 길로 인도할 수 있을 것입니다.
주장 강화 2단계 (재반박)	그러나, 우리 사회는 점점 더 빠른 속도로 변화하고 있으며 이에 맞춰서 중요한 핵심 가치와 요구되는 역량도 변화하고 있습니다. 이러한 흐름과 변화에 맞춰, 교사로서 적절히 대응할 줄 아는 것도 학생의 교육을 위한 중요한 자질이라고 생각합니다.
마무리	따라서, 저는 교사 역시도 학생과 마찬가지로 끊임없이 변화하고 성장하여야 하는 존재임을 인식하고 교학 상장하여 상호 발전을 도모할 수 있도록 노력하겠습니다.

3. 인격적으로 존중하는 교사

주제 문장	저는 교사란 학생들을 인격적으로 존중하는 것이 중요하다고 생각합니다.
대전제	학생들은 자신이 타인으로부터 존중받은 경험을 통해서 다른 사람을 존중하는 법을 배웁니다. 이뿐만 아니라 학생은 자신을 인격적으로 존중해주는 사람이 있음을 느낄 때 비로소 내적 통제감이 생기게 됩니다.
구체화	따라서 저는 이를 실현하기 위해 학생들의 이야기를 평소에 귀 기울여 경청하고 쉬는 시간이나 점심시간에 자주 교실에 방문하여 학생들과 친밀감을 형성하겠습니다. 또한 학생들이 이야기할 때면 이를 어른의 관점에서 섣불리 판단하지 않고 학생의 관점에서 이해하려 노력하겠습니다.
기대 효과	이를 통해서 학생은 자신이 인격적으로 존중받고 있음을 깨달을 것입니다. 또한, 이렇게 자신이 존중받은 경험을 통해 다른 사람을 존중할 수 있는 인간으로 성장할 것이며 자신의 행동을 스스로 통제할 수 있는 내적 통제력을 형성할 수 있을 것입니다.
주장 강화 1단계 (예상되는 반박)	물론 학생이 문제 행동을 일으켰을 때 교사로서 엄한 태도를 보여주는 것은 중요합니다.
주장 강화 2단계 (재반박)	그러나, 교사로서 학생의 감정과 행동은 분리하여 이해할 수 있어야 한다고 생각합니다. 학생이 문제 행동을 일으켰을 때 그 행동을 하게 된 감정적인 원인에는 깊게 이해와 공감을 해주되, 그 행동에 대해서는 엄격하게 대한다면 학생은 교사의 지도를 더욱 인간적이면서 합리적으로 받아들일 수 있을 것입니다.
마무리	따라서, 저는 학생들을 인격적으로 존중하는 교사가 될 수 있도록 노력하겠습니다.

4 미래 사회에 적응할 수 있게 하는 교사

주제 문장	저는 교사란 학생들이 미래 사회에 원활하게 적응할 수 있도록 필수 역량을 함양하도록 돕는 존재라고 생각합니다.
대전제	우리 사회는 과거보다 더 빠른 속도로 변화하고 있으며 앞으로도 점점 더 빠른 속도로 발전할 것입니다. 따라서 학생들이 앞으로 자신의 역량을 펼쳐 나갈 무대는 지금과 다름을 교사로서 인식하고 미래 사회를 적절히 준비시킬 수 있는 전문적 역량의 필요성은 강조되어야 마땅합니다.
구체화	따라서 저는 이를 실현하기 위해 4차 산업 혁명에 초점을 맞춘 교육 방식을 연구하고 수업에 적용하겠습니다. 구체적으로는 단순히 나열된 단어의 암기처럼 단편화된 지식을 전달하는 것이 아니라 맥락과 함께 수업 내용을 유기적으로 연결하여 제시해서 상황 이해력과 문제 해결력을 기를 수 있도록 하겠습니다. 또한 미래 사회에 점점 중요시될 역량인 공감과 의사소통 및 공동체 역량과 인성, 자기 주도성, 창의성을 함양할 수 있도록 여러 교수 모형을 교과 수업에 적용하겠습니다.
기대 효과	이를 통해서 학생의 높은 관심과 흥미를 바탕으로 수업의 동기부여 효과를 높일 수 있을 것입니다. 이뿐만 아니라 4차 산업 혁명을 비롯하여 사회의 여러 변화에 따라 요구되는 미래 역량을 효과적으로 함양하는 것을 도움으로써 준비된 미래 인재를 양성할 수 있을 것입니다.
주장 강화 1단계 (예상되는 반박)	물론 교사의 역할은 지식을 전문적으로 전달하는 것에만 머물지는 않습니다. 왜냐하면 교사로서 전문적 교과 지도 역량뿐만 아니라 생활 지도 역량도 중요하기 때문입니다.
주장 강화 2단계 (재반박)	그러나, 교과 지도와 생활 지도는 얼마든지 융합될 수 있다고 생각합니다. 왜냐하면, 수업 시간 외국의 문화를 소개하며 다른 문화를 존중하는 법을 배우거나, 소외당하는 학생의 이야기를 다룬 영어 소설을 읽고 연극 활동을 해보면서 피해 학생의 감정에 깊게 공감해 보는 등 인성적 요소를 결합한 교과 수업의 가능성은 무궁무진하기 때문입니다.
마무리	따라서, 저는 급변하는 사회 속에서 미래에 요구되는 역량을 학생들이 함양할 수 있도록 여러 수업 방식을 교과 수업에 적용하여 학생들이 미래 사회에 효과적으로 적응하는 데 도움이 되도록 노력하겠습니다.

5 수평적이고 민주적인 교사

주제 문장	저는 교사란 학생이 책임감 있고 자율적인 민주시민이 되게끔 하기 위하여, 수평적 분위기를 형성함으로써 이에 대한 가치를 실현할 수 있는 존재여야 한다고 생각합니다.
대전제	점차 중요시되고 있는 핵심 역량인 창의성은 강압적인 분위기에서보다는, 자유롭고 수평적이며 개인의 개성이 존중되는 분위기 속에서 길러지기 마련입니다. 또한 사실이 검증되지 않은 정보에 지나치게 쉽게 노출되는 현대 사회 속에서 비판적 사고력은 명령과 복종의 수직적인 분위기에서보다는, 자율적이고 민주적인 분위기에서 길러질 것입니다.
구체화	따라서 저는 이를 실현하기 위해 학급 내 의사결정 과정에서 학생의 참여를 적극적으로 유도하겠습니다. 학급 반장, 부반장은 학생들을 대표하는 역할임을 명확하게 이해하도록 하며 열린 분위기에서 학생들이 자신의 의견을 공유하도록 하겠습니다. 또한 학급 규칙에 관해서도 교사가 일방적으로 규칙을 제시하고 순응하도록 하는 것이 아니라 학생들의 의견을 수렴하고 투표를 통해 최종 결정을 내리는 등 복종에 의한 규칙 순응이 아니라 공동체 내 조화를 위한 자율적 규칙 준수를 유도하겠습니다.
기대 효과	이를 통해서 학생은 규칙의 필요성에 대해 깨닫고 자율적으로 책임감 있게 행동하는 인간으로 성장할 것입니다. 또한 자유롭고 수평적 분위기에서 비판적 사고력과 창의성을 함양하여 미래 사회를 위한 준비된 민주시민을 길러낼 수 있을 것입니다.
주장 강화 1단계 (예상되는 반박)	물론 혼자서 수십 명의 학생을 관리해야 하는 교사의 처지에서 수직적 분위기 형성이 효율적인 학급 운영의 한 가지 방법이 될 수 있습니다.
주장 강화 2단계 (재반박)	그러나, 수평적 분위기 형성 역시도 장기적 관점에서 효율적인 방안이라고 생각합니다. 왜냐하면 초반에 자율적인 분위기를 형성하여 학생들이 올바른 행동에 대해 스스로 생각하고 책임감 있게 행동할 수 있도록 돕는다면 후반부로 갈수록 교사 개입의 필요성이 점점 줄어들게 될 것이기 때문입니다.
마무리	따라서, 저는 수평적 분위기를 형성함으로써 학생이 자율적이고 책임감 있게 행동하는 민주시민이 될 수 있도록 노력하겠습니다.

6 겸손하고 배움에 열려있는 교사

주제 문장	저는 제가 가지고 있는 생각이 맞지 않을 수도 있음을 항상 인식하고 배움에 열려있는 겸손한 교사가 되도록 노력하겠습니다.
대전제	과거에는 옳았던 내용이 사회의 변화와 발전으로 미래에는 더 이상 적용되지 않을 수도 있습니다. 이에 대해 교사는 항상 열려있는 자세로 변화하는 학생과 학부모, 사회의 요구에 대응할 수 있어야 합니다.
구체화	따라서 저는 점점 더 빠른 속도로 발전하고 변화하는 요구에 발맞추어 항상 겸손한 태도로 배움에 열려있는 자세를 가지겠습니다. 또한 관련된 내용에 대한 연수 수강, 전문적 학습 공동체를 통한 동료 장학 등 한자리에 멈추지 않고 다양한 방면으로 지속적인 자기 계발을 추진하겠습니다.
기대 효과	이를 통해서 다양한 생각과 건설적인 의견으로 점점 더 발전하는 자신의 모습을 보면서 자신감 있는 교사, 스스로 효능감을 느끼는 교사가 될 수 있을 것입니다. 또한, 변화하는 사회의 요구에 발맞추어 적절한 교육을 제공할 수 있으므로 학생들, 더 나아가 사회에 긍정적인 영향력을 전파하는 교사가 될 수 있을 것입니다.
주장 강화 1단계 (예상되는 반박)	물론 교사로서 자신이 알고 있는 내용에 대해 항상 자신감을 가지고 전달하는 태도는 중요합니다.
주장 강화 2단계 (재반박)	그러나 자신감 있는 태도와 끊임없이 새로운 것을 배우고자 하는 태도는 양립 불가능한 것이 아니라고 생각합니다. 자신이 알고 있는 내용에 대해서는 자신감 있는 태도를 유지하되, 새롭게 배우게 되는 내용에 대해서는 겸손한 태도, 열려있는 자세로 받아들일 준비를 할 수 있기 때문입니다.
마무리	따라서 저는 점점 더 빠른 속도로 변화하고 있는 사회의 요구에 발맞추어, 스스로 발전할 수 있는 태도를 지닌 겸손하고 배움에 열려있는 교사가 되도록 노력하겠습니다.

7 한계를 뛰어넘도록 격려하는 운동 코치와 같은 교사

주제 문장	저는 '운동 코치'와 같이 학생이 자신의 한계를 두려워하지 않고 뛰어넘도록 응원하고 격려하는 교사가 되도록 노력하겠습니다.
대전제	잠재적 발달 영역(ZPD) 이론에 따르면, 학생들은 현재 능력과 앞으로 발휘할 수 있는 능력 사이 간격이 존재하며, 교사의 적절한 도움으로 학생의 잠재력을 최대한 끌어낼 수 있습니다.
구체화	따라서 저는 학생을 면밀하게 관찰하고 상담하면서 학생의 강점과 잠재력을 파악하고 이에 적합한 동기 부여를 실시하겠습니다. 학생이 잘한 부분을 칭찬해주고 가능성이 보이는 부분을 끊임없이 발견하게 해주어 효능감과 성취감을 느끼고 스스로 내적 동기 부여를 이룰 수 있게 할 것입니다. 또한, 학생이 자신의 능력을 의심하고 한계에 부딪혔다고 생각하였을 때 다독이고 격려하면서 앞으로 나아갈 수 있도록 지지하겠습니다.
기대 효과	이를 통해서 해당 학생은 자신에게 주어진 환경에 좌절하지 않고 적극적으로 극복 방안을 모색하며 발전 지향적인 태도를 보이게 될 것입니다. 또한, 이러한 과정에서 교사는 마치 운동선수 곁을 지키는 든든한 코치와 같이 해당 학생의 잠재력이 최대한 발휘되게끔 조력자 역할을 성실히 수행할 수 있을 것입니다.
주장 강화 1단계 (예상되는 반박)	물론 학생들의 인격적 성장을 도모하는 것에는 단순히 운동 능력을 향상하는 데 착안한 방법이 완벽하지 않을 수는 있습니다.
주장 강화 2단계 (재반박)	그러나 신체도 자신의 한계를 극복하면서 성장하듯, 효능감, 성취감, 사회성, 자존감 등과 같은 인격적 요소도 자신이 설정한 그릇의 크기를 키워 나가는 정신력을 통해서 발전한다고 생각합니다.
마무리	따라서 저는 학생이 자신의 한계를 두려워하지 않고 극복할 수 있도록 곁에서 응원하고 격려하는 '운동 코치'와 같은 교사가 되도록 노력하겠습니다.

8　학생의 자존감을 높여주는 교사

주제 문장	저는 학생들이 자기 스스로 긍정적인 자아 인식을 가지고 자신을 존중하고 사랑할 줄 아는 사람으로 성장하도록 돕는 교사가 되겠습니다.
대전제	신체뿐만 아니라 정신적으로도 건강한 사람이 되기 위해서는 높은 자존감을 형성하는 것이 중요합니다.
구체화	따라서, 구체적인 방안을 예시로 들자면, 성적과 같이 다른 사람과 비교하여 자신을 나타내는 방식이 아닌, 온전히 자기 자신에게 집중해보는 시간을 갖도록 도와주는 것입니다. '나'라는 사람은 어떤 사람인지, 내가 좋아하는 것, 잘할 수 있는 것은 무엇인지, 어떤 사람이 되고 싶은지 등을 스스로 파악해 보게끔 활동을 준비하는 것입니다.
기대 효과	이를 통해서, 해당 학생은 타인과의 비교가 아니라, 자기 자신에게 집중해보는 경험으로 자존감이 길러질 것입니다. 또한, 이러한 방식으로 형성된 높은 자존감은 향후 어려움이 닥쳤을 때 지혜롭게 헤쳐나갈 수 있는 건강한 마음과 높은 회복 탄력성을 가지게 할 것입니다.
주장 강화 1단계 (예상되는 반박)	물론, 선의의 경쟁을 통한 시너지 효과처럼 타인과의 비교를 통해 얻을 수 있는 긍정적 효과도 무시할 수는 없을 것입니다.
주장 강화 2단계 (재반박)	그러나 만약, 해당 학생의 낮은 자존감이 원인이 되어 타인의 성과를 존중하는 법을 배우지 못했다면, 지나친 경쟁의식 및 패배감으로 인한 좌절로 무기력한 자아가 형성될 위험이 있을 것입니다.
마무리	따라서 저는 학생들이 자기 스스로 긍정적인 자아 인식을 가지고 높은 자존감을 가진 사람으로 성장하도록 돕는 교사가 되겠습니다.

Part 6

심층 면접 Q&A

Chapter 01

심층 면접 Q&A

Q 어떤 것이 좋은 아이디어이고, 어떤 것이 부족한 아이디어인지를 구분하기가 어렵습니다. 어떻게 이 둘을 구분할 수 있나요?

아이디어가 일반적일수록, 학교 현장과 밀접할수록 좋은 답변이 나올 확률이 높아진다고 생각합니다. 간혹 참신한 아이디어를 떠올리기 위해서 노력하시는 분들을 많이 보았는데, 아이디어가 참신하면 참신할수록 채점관으로서도 낯선 아이디어이기 때문에 보수적인 관점에서는 위험할 수도 있습니다. 왜냐하면, 자신의 아이디어가 어떤 것인지 구체적으로 풀어서 설명할 필요가 생기기 때문입니다. 이뿐만 아니라, 제시한 것이 기존의 아이디어를 대체할 수 있을 정도로 교육적 효과가 긍정적임을 보여주어야 하는 부담도 있습니다. 그래서 참신한 아이디어보다는 일반적인 아이디어가 오히려 만점에 가까운 답이 쉽게 나온다고 생각합니다.

아이디어가 학교 현장에 밀접해야 할 필요도 있습니다. 너무 실제 현장과 동떨어진 아이디어를 제시한다면 실현 가능성 측면에서 의구심이 들기 때문에 좋은 점수를 받을 수 없습니다. 지나치게 이상적인 교육 활동을 제시하거나 주어진 수업 시간 안에 마치기 힘든 활동, 교사 한 명이 감당할 수 없는 활동을 제시하면 '학교 현장에 밀접한 아이디어'라고 할 수 없을 것입니다.

이렇게 '일반적'이고, '교육 현장에 밀접한' 아이디어를 얻기 위해서 합격자들의 복기 자료를 바탕으로 공통적인 요소를 뽑아내려고 했습니다. 그 부분들이 바로 득점 요소라고 생각했기 때문입니다. 직접 합격자들의 자료를 찾아보고 공통된 요소를 가려내니 오히려 'Simple is the best'라는 결론을 얻을 수 있었습니다.

좋은 아이디어를 얻는 두 번째 방법은 다큐멘터리입니다. 다큐멘터리에서는 학교 현장의 실제 모습이 담겨있으니, 그 안에서 소개되는 모든 활동은 '일반적'이고, '교육 현장에 밀접하다.'라고 할 수 있기 때문입니다. 특수한 상황에서 적용되는 방법은 일반적이라고 할 수는 없겠지만, 실제 교육 현장에서 사용될 가능성이 있다면 충분히 심층 면접 답변으로 활용할 수 있습니다.

물론 참신한 답변을 제시하는 것도 때로는 강렬한 인상을 남겨 고득점 전략이 될 수도 있습니다. 그러나, 일반적인 아이디어는 부가적인 설명이 약간 부족하더라도 채점자들의 배경지식에 의해 이러한 불리한 점이 상쇄되는 효과가 있지만, 참신한 답변은 그렇지 않습니다. 비록 참신한 답변이 완벽한 설명에 의해 뒷받침된다면 고득점을 받기 더 쉬울 것이지만, 그렇지 않다면, 즉 채점자들을 이해시키지 못한다면, 높은 점수를 기대할 수는 없을 것입니다.

Q 선생님, 한 문제에서 요구하는 가짓수가 3개 이상 될 때도 답변 틀을 모두 다 적용해서 맞추셨나요? 이렇게 하니까 시간이 너무 촉박해서 말이 빨라집니다.

제가 제시하는 답변 틀은 언제까지나 답변 구성에 대한 하나의 전략입니다. 그러므로 여러분들 스스로 문제 상황에 맞게 자유롭게 변형해서 사용하는 연습을 할 필요가 있습니다.

저의 답변은 가짓수가 2개인 것을 기준으로 만들어졌기 때문에 문제에서 3개 이상 요구할 때는 압축하는 과정이 필요합니다. 그럴 때는 답변 틀에서 대전제와 마지막 문장을 생략하여, '주제문 - 구체화 - 기대 효과'의 3단계로만 구성했습니다. 대전제와 마지막 문장은 결국 자신의 주장을 반복 강조하는 것이기 때문에 가짓수가 많거나 시간이 부족할 경우 생략해도 무관합니다.

Q 대전제를 말하는 것이 너무 힘듭니다. 혹시 대전제에 대한 팁이 있나요?

대전제라는 단어의 무게에 겁을 먹을 필요가 없습니다. 대전제는 마치 교육학 서론처럼, '당연한 말'을 제시하면 됩니다. '~가 중요하다', '~가 필요하다', '~가 바람직하다'와 같이 모두가 공감할 수 있는 내용을 제시한다고 생각하면 쉬울 것입니다.

어차피 심층 면접에서 채점관은 여러분들의 의견에 질문하거나, 반박하거나, 비판하지 않습니다. 대전제로 주장하는 내용에 대해서 겁먹지 마시고 편하게 생각하길 바랍니다. 만약, 주제가 너무 어려워서 대전제에 해당하는 내용이 잘 떠오르지 않는다면 대전제 자체를 통째로 생략해도 무방합니다. 어차피 대전제는 '있으면 좋지만, 없어도 되는' 부가적인 요소이기 때문입니다.

Q 실전 연습은 얼마나 자주, 얼마나 오래 하셨나요?

실전 연습은 시험 2~3주 전부터 하루에 1회 하였습니다. 실제 시험에 맞게 스터디를 구성하여 지도안, 수업 실연, 심층 면접을 차례대로 1세트 진행하였습니다. 그 후 점심을 먹고 개인 시간을 가졌습니다. 개인 시간에는 다시 시험 문제를 천천히 복기하면서 인풋을 쌓는 시간을 가졌습니다. '해당 문제에서 더 나은 수업 방법은 없을까?', '해당 상황에서 핵심은 무엇일까?', '더 좋은 아이디어는 없을까?' 등을 고민하면서 스스로 브레인스토밍을 해보고, 이와 같은 과정을 통해 나온 결과를 바탕으로 다시 1~2차례 정도 짧게 답변 연습을 해보았습니다.

Q 답변 시 서론을 따로 준비하지 않으신 이유가 무엇인지 궁금합니다.

'서론을 말하는가, 말하지 않는가'는 매년 심층 면접에서 뜨거운 토론 거리가 됩니다. 저는 서론을 다음과 같은 4가지 이유로 생략했습니다.

첫 번째로, 서론 다음에 제가 제시하는 정답이 나와 버리면 채점관분들이 자칫 놓칠 수도 있다고 생각했습니다. 두괄식으로 답변을 시작하자마자 바로 문제에 대한 정답이 나와야 채점하기가 쉽다고 생각하여 서론을 생략했습니다.

두 번째로는 서론은 배점에 없는 부분입니다. 왜냐하면 서론을 하지 않아도 만점이 나오기 때문입니다. 따라서 굳이 말해봤자 시간만 낭비하는 것이지, 점수 획득에는 영향이 없습니다. 우리는 지금 연설이 아니라 시험을 준비하는 것임을 잊지 말아야 합니다. 즉, 우리는 듣기 좋은 답변을 하는 것이 아니라 득점을 최대한 많이 해야 하는 상황이므로, 면접 상황에서 서론을 언급할 시간에 득점과 관련된 부분을 하나라도 더 언급하는 것이 현명한 합격 전략이 될 것입니다.

세 번째로는 첫인상 효과입니다. 심층 면접은 평가에서 주관적인 부분을 최대한 배제하려고 하지만, 채점자도 사람이기 때문에 한계가 있습니다. 따라서 저는 혹시나 서론에서 실수하여 채점관들에게 처음부터 부정적인 인상을 남긴다면 그 이후에 진행되는 저의 답변에 대한 매력도가 떨어지지 않을까 우려가 되었습니다.

누군가는 '서론을 멋지게 해서 좋은 인상을 남기고 시작하면 되지 않을까요?'라고 반문할 수도 있습니다. 그렇지만 채점되지 않는 서론을 멋있게 언급하는 것보다 직접적으로 문제와 관련된 '정답'을 제시하는 것이 '점수'와 '긍정적 첫인상', 두 마리의 토끼를 다 잡을 수 있는 전략이라고 생각합니다.

네 번째 이유는 서론의 내용은 대전제로 대체할 수 있기 때문입니다. 실제로, 여러분들이 서론으로 언급하려고 하는 부분을 대전제로 한번 구성해보시기 바랍니다. 때로는 논리 전개상 서론 대신 대전제로서 언급이 되는 것이 더 자연스럽게 들리기도 합니다.

Q 자신만의 교직관을 만드는 것이 너무 어렵습니다. 교직관, 교사상, 학생상 등의 막연한 내용을 어떻게 준비해야 할까요? 책이나 영상을 보고 느낀 점을 정리하는 방식으로 준비해도 괜찮을까요?

먼저, '자신만의 교직관을 만든다는 생각'에서 벗어날 필요가 있습니다. 물론, 현직 교사가 된다는 뜻에서 지금 나름의 철학을 세우고 교직관을 고민해보는 과정이 필요합니다. 그러나, 심층 면접 시험을 준비하는 상황에서 '교직관 유형'을 대비하고자 한다면 이러한 접근 방식은 비효율적이라고 생각합니다.

또한, 책이나 영상을 보고 느낀 점을 정리하는 활동은 여러분이 미래에 더 성숙한 교사가 되기에는 분명 도움이 될 것입니다. 그러나 교직관 유형을 대비하기 위해서 활용하기보다는 다른 방향으로 접근할 필요가 있습니다. 책과 영상을 통해, 실제 교육 현장에서 어떤 상황이 벌어지는지, 그리고 이를 교육적인 바람직한 방향으로 이끌기 위해서 어떠한 방식으로 대응할 수 있는지를 살펴야 합니다. 이와 같이, 책이나 영상은 학교 현장을 간접적으로나마 체험하고 구체적인 아이디어에 대한 인풋을 쌓는 용도로 활용하시기를 추천합니다.

오히려, 시험으로서의 교직관은 쟁점을 비교하는 방식으로 정리를 해 나가는 것이 답변 구성에 도움이 됩니다. 제가 앞서 소개한 교직관 시나리오들을 다시 한번 참고해보시기 바랍니다. :)

Q 면접 때 머뭇거리거나 버벅거려도 되나요?

괜찮습니다. 물론 실전 연습 때는 최대한 그러지 않도록 노력을 해야겠지만, 실제 시험장에서도 떨지 않는 강심장 소유자는 극히 드뭅니다. 모두가 조금씩 실수하고, 말도 더듬습니다. 따라서 이러한 부분에 대해서는 크게 걱정하지 않으셔도 됩니다.

자신이 말을 더듬거리거나 버벅거리는 정도가 심하다면 보통 첫 번째로는 긴장 관리, 두 번째로는 답변 틀 숙지 부족에 원인이 있는 경우가 많습니다. 자기 나름대로 원인을 한번 진단해보시고 조금이나마 개선된 상태로 시험장에 나가시길 바랍니다. :)

Q **감사 일기, ○○일지와 같이 만능 답변을 활용하는 것은 좋은데, 실제로 학생들이 그렇게 하라고 하면 하나요? 안 할 것 같은데 답변으로 제시하자니 망설여집니다.**

이러한 고민은 현직 교사의 관점에서 정말 좋은 고민입니다. 그러나 시험을 준비하는 수험생으로서는 아직은 불필요한 고민이라고 생각합니다. 왜냐하면, 어차피 채점자는 여러분에게 반박하거나 질문하지 않기 때문입니다. 얼마든지 자신의 생각을 이론적으로나마 펼칠 수가 있다면 그것만으로도 충분히 좋은 답변이 만들어집니다.

현재 우리의 목적은 합격하는 것이지, 실제 우리가 당면한 문제에 대한 해결책을 제시하는 것이 아닙니다. 물론, 지나치게 현실성 없는 답변은 좋은 점수를 받지 못하겠지만 이론적으로나마 해결책이 될 가능성을 논리적으로 보여주기만 한다면 높은 점수를 받을 수 있습니다.

'실제로 학생들이 그렇게 하라고 하면 하나요?'라는 질문에 대한 답은, '교사의 전달 방식에 따라 다를 수 있다.'가 될 것 같습니다. 당연히 학생들에게 '무작정 해와!'라고 하면 반발심이 들어서 해 오지 않고 반항할 것입니다. 그러나 학생의 상황에 충분히 공감을 표현하고 이유를 들어주면서 '이렇게 하는 것이 너에게 도움이 될 거야.', '네가 잘됐으면 하는 마음에서 이렇게 방법을 선생님이 한번 제시해보는 건데, 선생님 한번 믿어보고 해보는 게 어떻겠니?'라고 설득한다면, 학생이 자율적으로 필요를 인식하고 받아들일 것입니다.

Q 구상지에 문제별로 얼마나 필기하셨나요? 구상할 때 필기를 너무 많이 하게 되는데 얼마나 줄여야 할지 감이 잘 안 잡힙니다.

필기는 적을수록 좋습니다. 왜냐하면, 우선 필기할 공간이 많이 없고, 필기가 길어지면 구상할 시간이 부족해질 수도 있기 때문입니다.

저는 전체적으로 답변 틀에 맞게 필기했는데, 한 부분당 2~3단어 정도만 써두었습니다. 어차피 답변 틀이 익숙해지면 전체적인 문장 흐름은 비슷하고 키워드만 교체되는 정도이기 때문입니다. 그래서 실제 시험장에서는 그 단어를 이용해서 말로 작문하는 방식으로 답변을 했습니다.

그리고 지문을 인용하여 답변하는 내용에 대해서는 직접 밑줄을 치는 방식으로 필기를 최소화했습니다. 실제 문제 상황에 대해서 언급할 때 해당 상황을 기술한 문장에 밑줄을 쳐놓아 나중에 답변할 때 해당 부분이 언급될 수 있도록 하였습니다.

저는 이렇게 필기할 시간을 최소화해서 구상실에서 시간이 2~3분 정도 남았고, 그 시간 동안 구상형 1번 문제 답변을 연습했습니다. 아무래도 첫 문항이라 좋은 인상을 남기는 것이 중요하다고 생각했기 때문입니다. :)

Q 심층 면접 문제별 답변 시간 분배는 어떻게 하셨나요?

평가원 기준으로 구상형은 한 문제당 2분~2분 30초 정도 답변하였습니다. 그리고 즉답형은 생각할 시간 1분에서 1분 30초 정도 할당하고 남은 시간과 문항 개수에 따라 즉답형 답변 시간 배분을 하였습니다.

즉답형은 1~2문장 정도로 답변이 짧게 끝나는 문제도 있고, 문항 개수도 2개에서 3개로 매년 달라지는 경향이 있으므로, 시험장에서의 즉각적인 상황 판단이 필요할 것 같습니다.

Part 7

부록

- 아이디어 정리 & 예시 답변 노트
- 교직관 정리 & 예시 답변 노트
- 심층 면접 답변 채점지

부록 다운로드 바로가기

| 심층 면접 아이디어 정리 & 예시 답변 노트 |

아이디어		카테고리	
주제문장			
대전제			
구체화			
기대 효과			
마무리			

아이디어		카테고리	
주제문장			
대전제			
구체화			
기대 효과			
마무리			

| 심층 면접 교직관 정리 & 예시 답변 노트 |

교직관 내용		카테고리	교직관
주제문장			
대전제			
구체화			
기대 효과			
주장강화 1단계 (예상되는 반박)			
주장강화 2단계 (재반박)			
마무리			

| 심층 면접 답변 채점지 |

문항		답변자		채점자		총점	/100

구상형 1번		점수				
		⑤	④	③	②	①
내용 요소	문제에서 요구한 내용이 모두 언급되었는가?					
	제시한 근거가 논리적으로 타당한가?					
	실제 학교 현장에서 실현 가능한가?					
	기대 효과가 유기적으로 연결되었는가?					
태도 요소	자신감 있는 태도로 답변했는가?					
총점				/25		
문항별 피드백						
☺						
☹						

구상형 2번		점수				
		⑤	④	③	②	①
내용 요소	문제에서 요구한 내용이 모두 언급되었는가?					
	제시한 근거가 논리적으로 타당한가?					
	실제 학교 현장에서 실현 가능한가?					
	기대 효과가 유기적으로 연결되었는가?					
태도 요소	자신감 있는 태도로 답변했는가?					
총점				/25		
문항별 피드백						
☺						
☹						

구상형 3번		점수				
		⑤	④	③	②	①
내용 요소	문제에서 요구한 내용이 모두 언급되었는가?					
	제시한 근거가 논리적으로 타당한가?					
	실제 학교 현장에서 실현 가능한가?					
	기대 효과가 유기적으로 연결되었는가?					
태도 요소	자신감 있는 태도로 답변했는가?					
총점				/25		
문항별 피드백						
☺						
☹						

즉답형		점수				
		⑤	④	③	②	①
내용 요소	문제에서 요구한 내용이 모두 언급되었는가?					
	제시한 근거가 논리적으로 타당한가?					
	실제 학교 현장에서 실현 가능한가?					
	기대 효과가 유기적으로 연결되었는가?					
태도 요소	자신감 있는 태도로 답변했는가?					
총점				/25		
문항별 피드백						
☺						
☹						